Δημιουργία καθαρής σκέψης

Δημιουργία καθαρής σκέψης

IJN

Ινδία
2023

ΠΕΡΙΕΧΟΜΕΝΑ

Η ΣΥΜΜΟΡΦΩΣΗ ΔΕΝ ΕΠΙΒΆΛΛΕΤΑΙ ΣΕ ΚΆΘΕ ΠΕΡΙΠΤΩΣΗ

ΓΙΑΤΙ ΣΥΝΤΟΜΑ ΘΑ ΠΑΙΖΕΤΕ ΜΕΓΑΤΡΙΣΙΟΝ

Παράβλεψη Πιθανοτήτων

ΓΙΑΤΙ ΤΟ ΤΕΛΕΥΤΑΙΟ ΜΠΙΣΚΟΤΟ ΣΤΟ ΒΑΖΟ ΚΑΝΕΙ ΤΟ ΣΤΟΜΑ ΝΕΡΟ

ΌΤΑΝ ΑΚΟΥΤΕ ΧΑΜΠΆΡΙ ΜΗΝ ΠΕΡΙΜΕΝΕΤΕ!

Παραμέληση βασικού ποσοστού

Η ΕΞΙΣΟΡΡΟΠΗΤΙΚΗ ΔΥΝΑΜΗ

ΓΙΑΤΙ Ο ΤΡΟΧΟΣ ΤΗΣ ΤΥΧΗΣ ΜΑΣ ΚΑΝΕΙ ΣΠΕΙΡΑ;

ΠΏΣ ΜΠΟΡΟΥΜΕ ΝΑ ΑΠΕΛΕΥΘΕΡΏΣΟΥΜΕ ΕΚΑΤΟΜΜΥΡΙΑ ΑΠΌ ΤΑ ΔΕΙΝΆ ΤΟΥΣ

ΓΙΑΤΙ ΤΟ ΚΑΚΟ ΧΤΥΠΕΙ ΠΙΟ ΔΥΝΑΤΑ ΑΠΟ ΤΟ ΚΑΛΟ;

ΓΙΑΤΙ ΤΑ ΜΕΛΗ ΤΗΣ ΟΜΑΔΑΣ ΕΙΝΑΙ ΤΕΜΠΕΛΟΙ

Social Loafing

ΠΕΡΙΒΑΛΛΟΝΤΑΙ ΑΠΟ ΧΑΡΤΙ;

Εκθετική αύξηση

ΕΛΕΓΞΤΕ ΤΟΝ ΕΝΘΟΥΣΙΑΣΜΟ ΣΑΣ

Η κατάρα του νικητή

ΟΙ ΣΥΓΓΡΑΦΕΙΣ ΠΡΕΠΕΙ ΠΟΤΕ ΝΑ ΜΗΝ ΡΩΤΗΣΟΥΝ ΤΟΝ ΣΥΓΓΡΑΦΕΑ ΑΝ ΤΟ ΜΥΘΙΣΤΗΡΙ ΤΟΥ ΕΙΝΑΙ ΑΥΤΟΒΙΟΓΡΑΦΙΚΟ

Βασικό σφάλμα απόδοσης

ΓΙΑΤΙ ΔΕΝ ΠΡΕΠΕΙ ΝΑ ΠΙΣΤΕΨΕΙΣ ΑΥΤΑ ΠΟΥ ΛΕΕΙ Ο ΑΦΗΓΗΣ

Ψευδής αιτιότητα

ΣΤΟΝ ΠΥΡΗΝΑ ΤΟΥΣ, ΌΛΟΙ ΕΙΝΑΙ ΌΜΟΡΦΟΙ

ΣΥΓΧΑΡΗΤΗΡΙΑ! ΈΧΕΤΕ ΚΕΡΔΙΣΕΙ ΤΗ ΡΩΣΙΚΗ ΡΟΥΛΕΤΑ

Εναλλακτικά μονοπάτια

ΨΕΥΤΟΠΡΟΦΗΤΕΣ

Πρόβλεψη ψευδαίσθησης

Η ΔΟΛΟΣ ΤΩΝ ΣΥΓΚΕΚΡΙΜΕΝΩΝ ΠΕΡΙΠΤΩΣΕΩΝ

ΔΕΝ ΕΙΝΑΙ ΑΥΤΟ ΠΟΥ ΛΈΜΕ ΑΛΛΆ ΜΆΛΛΟΝ ΠΏΣ ΤΟ ΛΈΜΕ

Η ΠΑΡΑΚΟΛΟΥΘΗΣΗ ΚΑΙ Η ΠΕΡΙΜΕΝΗ ΕΙΝΑΙ ΟΔΥΝΗ

Προκατάληψη δράσης

ΓΙΑΤΙ ΕΙΣΤΕ ΕΣΥ Η ΛΥΣΗ Ή ΜΕΡΟΣ ΤΟΥ ΠΡΟΒΛΉΜΑΤΟΣ;

Μεροληψία παράλειψης

ΜΗ ΜΕ ΚΑΤΑΦΟΡΕΙΣ

Προκατάληψη αυτοεξυπηρέτησης

ΠΡΟΣΕΞΕ ΟΤΙ ΕΠΙΘΥΜΕΙΣ!

Ηδονικός διάδρομος

ΌΛΟΙ ΠΡΕΠΕΙ ΝΑ ΘΥΜΟΜΑΣΤΕ ΝΑ ΜΗΝ ΘΑΥΜΆΖΟΥΜΕ ΤΗΝ ΎΠΑΡΞΗ ΜΑΣ ΚΑΙ ΝΑ ΖΟΎΜΕ ΑΝΆΛΟΓΑ!

ΓΙΑΤΙ Η ΕΜΠΕΙΡΙΑ ΜΠΟΡΕΙ ΝΑ ΒΛΆΨΕΙ ΤΙΣ ΚΡΙΣΕΙΣ ΜΑΣ

Προκατάληψη Σωματείου

ΠΡΟΣΟΧΗ ΠΟΤΕ ΑΡΧΙΖΟΥΝ ΤΑ ΠΡΑΓΜΑΤΑ ΝΑ ΓΙΝΟΝΤΑΙ ΓΡΗΓΟΡΑ

ΕΙΣΑΓΩΓΗ

Τον Οκτώβριο του 2004, ένας Ευρωπαίος μεγιστάνας των μέσων ενημέρωσης με προσκάλεσε στο Μόναχο για αυτό που περιέγραψαν ως άτυπη ανταλλαγή διανοουμένων. Αν και δεν θεωρούσα τον εαυτό μου διανοούμενο - έχοντας σπουδάσει επιχειρήσεις και όχι λογοτεχνία - τα δύο λογοτεχνικά μου μυθιστορήματα πρέπει να με είχαν προσδώσει για μια τέτοια πρόσκληση.

Ο Nassim Nicholas Taleb καθόταν στο τραπέζι. Εκείνη την εποχή, ήταν ένας σκοτεινός έμπορος της Wall Street με πάθος για τη φιλοσοφία, τον οποίο γνώρισα ως ειδικός στην αγγλική και τη σκωτσέζικη φιλοσοφία του Διαφωτισμού, ειδικά αυτή του David Hume. Προφανώς με είχαν μπερδέψει με κάποιον άλλο. Σοκαρισμένος με το λάθος μου, αλλά εξακολουθώντας να προσπαθώ να διατηρήσω την ψυχραιμία μου, έριξα ένα πρόχειρο χαμόγελο στο δωμάτιο με την ελπίδα ότι η σιωπή θα χρησιμεύσει ως απόδειξη των φιλοσοφικών μου ικανοτήτων. Εκείνη τη στιγμή, ο Taleb τράβηξε μια διαθέσιμη καρέκλα και της χάιδεψε το κάθισμα. προσκαλώντας με να καθίσω. το έκανα. Αφού συζητήσαμε εν συντομία για τον Hume, η συζήτησή μας μεταφέρθηκε γρήγορα στη Wall Street. Θαυμάσαμε τα συστηματικά λάθη στη λήψη αποφάσεων από τους Διευθύνοντες Συμβούλους και τους ηγέτες επιχειρήσεων - συμπεριλαμβανομένων και των εαυτών μας! Συζητήσαμε γιατί τα απροσδόκητα γεγονότα φαίνονται πιο πιθανά εκ των υστέρων, ενώ συζητήσαμε γιατί οι επενδυτές αρνούνται να πουλήσουν μετοχές όταν η αξία τους πέσει κάτω από το κόστος κτήσης.

Μετά το συμβάν, ο Taleb μου έστειλε σελίδες από το χειρόγραφό του. ένα απίστευτο στολίδι που εξέτασα και σχολίασα εν μέρει. Αυτό έγινε μέρος του The Black Swan, του διεθνούς μπεστ σέλερ του που τον εκτόξευσε σε πνευματική θέση all-star. Εν τω μεταξύ, μου άνοιξε η όρεξη. Άρχισα να καταβροχθίζω βιβλία γραμμένα από γνωστικούς και κοινωνικούς επιστήμονες για θέματα όπως ευρετικές και προκαταλήψεις, καθώς και να αυξάνω τις συνομιλίες μέσω email με ερευνητές καθώς και να επισκέπτομαι τα εργαστήριά τους - μέχρι το 2009 είχα συνειδητοποιήσει ότι παράλληλα με το ότι ήμουν μυθιστοριογράφος είχα γίνει μαθητής κοινωνικών γνωστικών ψυχολογία επίσης.

Οι ειδικοί ορίζουν τα γνωστικά σφάλματα ως συστηματικές αποκλίσεις από τη λογική - βέλτιστη, ορθολογική σκέψη και συμπεριφορά που αποκλίνει από μια ιδανική κατάσταση. Με τον όρο "συστηματική", εννοώ ότι αυτές οι αποκλίσεις από τη βέλτιστη σκέψη δεν είναι απλώς περιστασιακές λανθασμένες εκτιμήσεις ή λάθη κρίσης, αλλά είναι μάλλον επαναλαμβανόμενα λάθη, εμπόδια στη λογική που αντιμετωπίζουμε κάθε φορά σε γενιές και αιώνες. Το να υπερεκτιμάμε τις γνώσεις μας είναι πιο διαδεδομένο από το να τις υποτιμάμε! Για παράδειγμα. Η υποτίμηση είναι αυτό που συμβαίνει πιο συχνά. Επιπλέον, ο φόβος να χάσουμε κάτι μας παρακινεί πολύ περισσότερο από την προοπτική να πετύχουμε παρόμοια κέρδη. όταν παρουσία άλλων ανθρώπων προσαρμόζουμε συχνά τη συμπεριφορά μας ώστε να ταιριάζει με τη δική τους. Τα ανέκδοτα τείνουν να συγκαλύπτουν τη στατιστική κατανομή (βασικό ποσοστό) πίσω από ένα συμβάν, κάνοντας τα σφάλματα να συσσωρεύονται σαν βρώμικα ρούχα σε μια γωνία ενώ αφήνουν τις άλλες γωνίες σχετικά καθαρές (δηλαδή σε αυτό που έχει γίνει γνωστό ως "γωνία υπερβολικής εμπιστοσύνης").

Άρχισα να κάνω μια λίστα με γνωστικά λάθη για να αποφύγω τον τζόγο με τον πλούτο που είχα συγκεντρώσει σε όλη τη λογοτεχνική μου καριέρα και να προφυλαχθώ από περιττούς κινδύνους με αυτόν τον πλούτο, χωρίς πρόθεση να δημοσιεύσω τη λίστα σε μελλοντικές εκδόσεις. Αρχικά σκόπευα αυτή τη λίστα για χρήση μόνο από τον εαυτό μου. Μερικά από τα λάθη σκέψης υπάρχουν εδώ και αιώνες, ενώ άλλα μπορεί να αναγνωρίστηκαν μόλις πρόσφατα. Μερικά έρχονται επίσης με δύο ή τρία ονόματα συνημμένα? Επέλεξα αυτά που χρησιμοποιούνται ευρέως. Σύντομα ανακάλυψα ότι η δημιουργία μιας τέτοιας λίστας δεν θα μπορούσε μόνο να βοηθήσει στις επενδυτικές μου αποφάσεις, αλλά και σε επαγγελματικά και προσωπικά θέματα. Μόλις ολοκληρωθεί, η δημιουργία αυτής της λίστας με βοήθησε να νιώσω πιο ήρεμος και καθαρός. Άρχισα να αναγνωρίζω τα λάθη μου νωρίτερα, επιτρέποντάς μου να διορθώσω την πορεία μου πριν προκληθεί οποιαδήποτε μόνιμη ζημιά. Επιπλέον, για πρώτη φορά στη ζωή μου μπόρεσα να αναγνωρίσω πότε και άλλοι μπορεί να πέφτουν θύματα αυτών των συστηματικών λαθών. Με τη λίστα μου, μπορούσα τώρα να αντισταθώ στην έλξη τους - και ακόμη και να κερδίσω το πάνω χέρι στις συναλλαγές μου. Τώρα είχα κατηγορίες, όρους και εξηγήσεις με τις οποίες να αποκρούσω την απειλή του παραλογισμού - όπως ο Μπέντζαμιν Φράνκλιν να πετάει τον χαρταετό του κατά τη διάρκεια καταιγίδων. Οι βροντές και οι αστραπές δεν έχουν γίνει λιγότερο συχνές, ισχυρές ή δυνατές - ωστόσο γίνονται λιγότερο ανησυχητικές. κάτι που αντηχούσε βαθιά μέσα μου όταν αντιμετώπισα τον δικό μου παραλογισμό τώρα.

Φίλοι γρήγορα σημείωσαν τη σύνοψή μου, δείχνοντας ενδιαφέρον και προκάλεσαν μια στήλη εβδομαδιαίας εφημερίδας στη Γερμανία, την Ολλανδία και την Ελβετία καθώς και πολλές παρουσιάσεις (κυρίως σε γιατρούς, επενδυτές, μέλη του διοικητικού συμβουλίου, διευθύνοντες συμβούλους και κυβερνητικούς αξιωματούχους) μέχρι να εμφανιστεί αυτό το βιβλίο.

Λάβετε υπόψη αυτά τα τρία σημεία καθώς εξερευνάτε αυτές τις σελίδες: πρώτον, αυτή η λίστα δεν είναι πλήρης - ενδέχεται να ανακαλυφθούν νέα σφάλματα. Δεύτερον, τα περισσότερα σφάλματα φαίνονται συνδεδεμένα και δεν πρέπει να αποτελούν έκπληξη. Εξάλλου, όλες οι περιοχές του εγκεφάλου συνδέονται μέσω νευρικών προβολών που ταξιδεύουν σε όλο το σώμα μας.
Τρίτον, η τεχνογνωσία μου έγκειται κυρίως ως μυθιστοριογράφος και επιχειρηματίας παρά ως κοινωνικός επιστήμονας. Ως εκ τούτου, δεν διαθέτω δικό μου εργαστήριο για τη διεξαγωγή πειραμάτων γνωστικών σφαλμάτων ή τη χρήση ερευνητών για την παρακολούθηση σφαλμάτων συμπεριφοράς. Έτσι, γράφοντας αυτό το βιβλίο θεωρούσα τον εαυτό μου περισσότερο σαν μεταφραστής του οποίου ο ρόλος είναι να ερμηνεύει και να συνθέτει όσα έχω διαβάσει και έμαθα, ώστε οι άλλοι να τα καταλάβουν πιο εύκολα. Γι' αυτό τρέφω τεράστια ευγνωμοσύνη προς τους ερευνητές που έχουν αποκαλύψει, επί δεκαετίες, λάθη συμπεριφοράς και γνωστικής φύσεως. Η έρευνά τους είναι ότι το χρέος πληρώνει μερίσματα που καθιστά δυνατό αυτό το βιβλίο, για το οποίο αξίζουν την ευγνωμοσύνη μου καθώς τους ευχαριστώ θερμά.

Αυτό το βιβλίο δεν είναι ένα βιβλίο με οδηγίες. Δεν θα υπάρχουν επτά βήματα για μια ζωή χωρίς σφάλματα εδώ. Τα γνωστικά λάθη έχουν γίνει πολύ ριζωμένα για να μπορέσουμε ποτέ να απαλλαγούμε εντελώς από αυτά, ούτε πρέπει να είναι αυτός ο στόχος μας. ορισμένα γνωστικά λάθη μπορεί ακόμη και να είναι απαραίτητα για μια ευτυχισμένη ζωή και επομένως θα πρέπει να παραμείνουν εκεί. Αν και αυτό το βιβλίο μπορεί να μην κρατά το κλειδί για την ευτυχία, τουλάχιστον λειτουργεί ως προστασία από την υπερβολική αυτοπροκαλούμενη δυστυχία.

Ο στόχος μου είναι απλός: αν μπορούσαμε να μάθουμε να αναγνωρίζουμε και να αποφεύγουμε μεγάλες γκάφες στη σκέψη στην προσωπική, επαγγελματική και πολιτική ζωή μας, ίσως η ευημερία θα αυξανόταν δραματικά. Το μόνο που απαιτεί είναι λιγότερος παραλογισμός - τίποτα από αυτά τα επιπλέον πονηρά ή νέα εργαλεία δεν χρειάζονται εδώ.

ΓΙΑΤΙ ΕΊΝΑΙ ΣΗΜΑΝΤΙΚΌ ΝΑ ΕΠΙΣΚΈΠΤΕΣΤΕ ΤΑ ΝΕΚΡΟΤΑΦΕΙΑ

Ο Ρικ μπορεί να βρει ροκ σταρ όπου κι αν κοιτάξει: τηλεοπτικές οθόνες, σελίδες περιοδικών, προγράμματα συναυλιών και διαδικτυακοί ιστότοποι θαυμαστών πλημμυρίζουν από εικόνες και τραγούδια τους. Η παρουσία τους δεν μπορεί να αποφευχθεί στο εμπορικό κέντρο ή στο γυμναστήριο - υπάρχουν εκατοντάδες! Ο Ρικ πιστεύει ότι κάτι δεν πάει καλά με αυτόν, αφού αυτά τα αστέρια εμφανίζονται τόσο συχνά και αξιόπιστα στη ζωή του. Ο Rick εμπνεύστηκε από ιστορίες πολλών ηρώων της κιθάρας για να δημιουργήσει το δικό του συγκρότημα και να αρχίσει να παίζει ζωντανή μουσική, αλλά το πιθανότερο είναι ότι δεν θα τα καταφέρει όπως αυτοί. όπως τόσοι πολλοί πριν από αυτόν, πιθανότατα θα ενταχθεί σε χιλιάδες αποτυχημένους μουσικούς που κατοικούν σε ένα νεκροταφείο αποτυχημένων μουσικών που φιλοξενεί 10.000 φορές περισσότερους μουσικούς από ό,τι η σκηνή, ωστόσο κανένας δημοσιογράφος δεν ενδιαφέρεται να καλύψει αποτυχίες εκτός από πεσόντες σούπερ σταρ - καθιστώντας αυτό το νεκροταφείο αόρατο από τους ξένους .

Στη δουλειά και στην καθημερινή ζωή, η επιτυχία συχνά φαίνεται πιο ορατή από την αποτυχία, με αποτέλεσμα να υπερεκτιμούμε την πιθανότητα επιτυχίας. Ακριβώς όπως ο Ρικ, οι ξένοι συχνά πέφτουν σε αυτήν την ψευδαίσθηση και δεν εκτιμούν σωστά την πιθανότητα της. Ο Ρικ είναι απλώς άλλο ένα θύμα του "Survivorship Bias".

Πίσω από κάθε επιτυχημένο συγγραφέα μπορεί να υπάρχουν άλλοι 100 συγγραφείς των οποίων τα βιβλία δεν θα πουληθούν ποτέ. Άλλοι 100 δεν έχουν βρει εκδότες. και άλλα 100 των οποίων τα ημιτελή χειρόγραφα μένουν αδιάβαστα στα συρτάρια. Πίσω από κάθε ένα από αυτά τα βιβλία κρύβονται 100 άνθρωποι που ονειρεύονται μια μέρα να εκδώσουν ένα βιβλίο - αλλά ακούς μόνο για επιτυχημένους συγγραφείς (πολλοί από τους οποίους αυτοεκδίδονται), οι οποίοι αποτυγχάνουν να εκτιμήσουν τις απίστευτες πιθανότητες τους για λογοτεχνική επιτυχία. Οι φωτογράφοι, οι επιχειρηματίες, οι καλλιτέχνες, οι αθλητές, οι αρχιτέκτονες, οι νικητές του βραβείου Νόμπελ, οι τηλεοπτικοί παρουσιαστές και οι βασίλισσες της ομορφιάς πρέπει επίσης να ξεφύγουν από την προκατάληψη της επιβίωσης προκειμένου να καταπολεμήσουν την επίδρασή της. Κανείς άλλος δεν θα το κάνει για εσάς! Για να ξεπεράσετε την προκατάληψη του επιζώντος.

Μεροληψία επιβίωσης προκύπτει επίσης σε οικονομικές αποφάσεις: σκεφτείτε ότι ο φίλος σας ανοίγει μια start-up. Ως ένας από τους πιθανούς επενδυτές τους, βλέπετε μια απίστευτη ευκαιρία εδώ: θα μπορούσε να γίνει η επόμενη Google ή Amazon. Ωστόσο, έλεγχος πραγματικότητας: στις περισσότερες περιπτώσεις τέτοια εγχειρήματα αποτυγχάνουν οριστικά ή κλείνουν μέσα σε μήνες ή χρόνια από την έναρξη. Τα δεύτερα πιθανά αποτελέσματα περιλαμβάνουν είτε την πτώχευση είτε την απλή επιβίωση - και οι δύο επιλογές είναι εξίσου πιθανές.
Αποτέλεσμα: η πιθανότητα είναι ότι οποιαδήποτε επιχείρηση που έχει συσταθεί θα χρεοκοπήσει εντός τριών ετών. Από αυτά που επιβιώνουν τόσο πολύ, τα περισσότερα δεν ξεπερνούν ποτέ

τους δέκα υπαλλήλους. Επομένως, δεν πρέπει ποτέ να ρισκάρετε τα χρήματα που έχετε κερδίσει με κόπο σε οποιοδήποτε εγχείρημα; Όχι απαραίτητα; Απλώς θυμηθείτε ότι η προκατάληψη της επιβίωσης παραμορφώνει την πιθανότητα επιτυχίας όπως το κομμένο γυαλί.

Πάρτε, για παράδειγμα, τον δείκτη Dow Jones Industrial Average: περιλαμβάνει μόνο επιτυχημένες επιχειρήσεις. απέτυχαν και οι μικρές επιχειρήσεις δεν εισέρχονται στο χρηματιστήριο παρά το γεγονός ότι εκπροσωπούν τα περισσότερα επιχειρηματικά εγχειρήματα. Έτσι, ένας χρηματιστηριακός δείκτης δεν απεικονίζει με ακρίβεια μια οικονομία και ομοίως ο Τύπος δεν αναφέρει εξίσου όλους τους μουσικούς. Ομοίως, η αφθονία των βιβλίων και των προπονητών που ασχολούνται με την επιτυχία θα πρέπει να σας κάνει επιφυλακτικούς καθώς αυτά τα αποτυχημένα άτομα δεν γράφουν βιβλία ή δεν δίνουν διαλέξεις για τις αποτυχίες τους.

Η προκατάληψη της επιβίωσης μπορεί να είναι ιδιαίτερα επικίνδυνη όταν κάποιος γίνεται μέλος μιας νικητήριας ομάδας. Ακόμη και όταν η επιτυχία προκύπτει από τύχη, οι ομοιότητες με άλλους νικητές μπορεί να μας δελεάσουν να αναγνωρίσουμε αυτές τις ομοιότητες ως βασικούς παράγοντες επιτυχίας. Ωστόσο, μια επίσκεψη σε νεκροταφεία αποτυχημένων ατόμων και εταιρειών θα αποκαλύψει πολλά παρόμοια χαρακτηριστικά μεταξύ των ενοικιαστών του που συνέβαλαν στα δικά σας!

Εάν αρκετοί επιστήμονες ερευνήσουν ένα φαινόμενο, ορισμένες μελέτες θα παράγουν στατιστικά σημαντικά ευρήματα μέσω καθαρής σύμπτωσης - για παράδειγμα τη συσχέτιση μεταξύ της κατανάλωσης κόκκινου κρασιού και του υψηλού προσδόκιμου ζωής. Τέτοιες "ψευδείς" μελέτες κερδίζουν γρήγορα δημοτικότητα και προσοχή - σε αντίθεση με μελέτες με λιγότερο συναρπαστικά αλλά σωστά ευρήματα που παραμένουν κρυμμένα στις πίσω σελίδες του ακαδημαϊκού κόσμου.

Η μεροληψία επιβίωσης αναφέρεται σε άτομα που υπερεκτιμούν τις πιθανότητές τους για επιτυχία. Ένας τρόπος καταπολέμησής του είναι να επισκέπτεστε τακτικά τους τάφους κάποτε υποσχόμενων έργων, επενδύσεων και σταδιοδρομιών. αν και αυτό μπορεί να είναι άβολο μερικές φορές, θα πρέπει να σας βοηθήσει να καθαρίσετε το μυαλό σας και να εξασφαλίσετε κάποιο πολύ αναγκαίο κλείσιμο.

Δείτε επίσης Self-Serving Bias (κεφ. 45). Beginner's Luck (κεφ. 49). Παραμέληση Βασικού Συντελεστή (κεφ. 28). Επαγωγή (κεφ. 31); Παράβλεψη Πιθανοτήτων (κεφ. 26). Illusion of Skill (κεφ. 94) & Intention-to-treat Errors (κεφ. 98).

ΤΟ ΧΑΡΒΑΡΔ ΣΑΣ ΚΑΝΕΙ ΠΙΟ ΕΞΥΠΝΟ;

Ο Nassim Taleb αποφάσισε να κάνει κάτι για τα επίμονα περιττά κιλά του κάνοντας διάφορες αθλητικές δραστηριότητες, αλλά σύντομα απογοητεύτηκε με όλες - από τζόκινγκ και τενίστες μέχρι bodybuilders και bodybuilders. Το Swimming ήταν περισσότερο ελκυστικό λόγω του καλοφτιαγμένου και βελτιωμένου σώματός του - έτσι εγγράφηκε στην τοπική του πισίνα και άρχισε να προπονείται δύο φορές την εβδομάδα σε αυτήν την πισίνα.

Λίγο αργότερα, συνειδητοποίησε την πτώση του στην ψευδαίσθηση: οι επαγγελματίες κολυμβητές δεν πετυχαίνουν τέλεια σώματα προπονώντας ατελείωτα. Μάλλον, η σωματική διάπλασή τους καθορίζει αν θα γίνουν σπουδαίοι κολυμβητές - όχι το αντίστροφο. Τα γυναικεία μοντέλα που διαφημίζουν καλλυντικά δημιουργούν επίσης την εντύπωση ότι η χρήση τους κάνει κάποιον όμορφο. αλλά αυτή η πεποίθηση πηγάζει από το ότι οι καταναλωτές πιστεύουν λανθασμένα ότι τα προϊόντα κάνουν τις γυναίκες να μοιάζουν με μοντέλα. Μάλλον είναι απλώς η φυσική τους ελκυστικότητα που προσελκύει τους αγοραστές. ακριβώς όπως τα σώματα των επαγγελματιών κολυμβητών επιλέγονται εξαιτίας αυτού και όχι το αντίστροφο.

Όταν μπερδεύουμε τους παράγοντες επιλογής με τα αποτελέσματα, γινόμαστε ευάλωτοι σε αυτό που ο Taleb αποκαλεί «ψευδαίσθηση του σώματος του κολυμβητή». Χωρίς αυτό, οι μισές διαφημιστικές καμπάνιες θα απέτυχαν χωρίς να λειτουργήσει καθόλου - ωστόσο αυτή η προκατάληψη πηγαίνει πολύ πιο βαθιά από μια απλή εμμονή για καθορισμένα ζυγωματικά και στήθος. Το Χάρβαρντ θεωρείται ευρέως ένα από τα κορυφαία πανεπιστήμια, με πολλούς επιτυχημένους ανθρώπους να σπουδάζουν εκεί. Αυτό δείχνει ότι το Χάρβαρντ είναι ένα εξαιρετικό εκπαιδευτικό ίδρυμα; Όχι. Ίσως το Χάρβαρντ απλώς προσελκύει ευφυείς φοιτητές. Έζησα αυτό το φαινόμενο από πρώτο χέρι στο Πανεπιστήμιο του St Gallen στην Ελβετία, μια από τις δέκα κορυφαίες σχολές επιχειρήσεων στην Ευρώπη. Ωστόσο, βρήκα τα μαθήματα (πριν από 25 χρόνια!) απογοητευτικά και πολλοί απόφοιτοι ήταν επιτυχημένοι παρά αυτό. πιθανώς λόγω κλίματος ή φαγητού στην καφετέρια - αν και πιο πιθανό λόγω αυστηρών διαδικασιών επιλογής.

Οι σχολές MBA δελεάζουν τους υποψηφίους με εντυπωσιακά στατιστικά στοιχεία σχετικά με τις μελλοντικές δυνατότητες κερδών.
Πολλοί υποψήφιοι φοιτητές πέφτουν σε αυτήν την προσέγγιση για να αποδείξουν ότι τα δίδακτρα πληρώνονται για τον εαυτό τους με την πάροδο του χρόνου, ωστόσο πολλοί πέφτουν θύματα της. Δεν προτείνω στα σχολεία να χειραγωγούν τις στατιστικές. Ωστόσο, οι δηλώσεις τους δεν πρέπει να ληφθούν υπόψη, επειδή τα άτομα που επιδιώκουν ένα MBA διαφέρουν σημαντικά από αυτά που δεν το κάνουν, με διαφορές στο εισόδημα που προέρχονται από πολλές πηγές εκτός από το ίδιο το MBA - μια άλλη περίπτωση της «ψευδαίσθησης του σώματος του κολυμβητή». Επομένως, εάν η περαιτέρω μελέτη είναι στην ατζέντα σας, κάντε το για λόγους άλλους από το να κερδίσετε περισσότερα χρήματα αργότερα.

Όταν ρωτάω τους χαρούμενους ανθρώπους για το κλειδί της ικανοποίησής τους, ακούω συχνά απαντήσεις όπως «Πρέπει να βλέπεις τα πράγματα ως μισογεμάτα αντί για μισοάδεια» - υποδηλώνοντας ότι δεν αναγνωρίζουν ότι γεννήθηκαν ευτυχισμένοι και αντίθετα βλέπουν ευκαιρίες σε όλα. γύρω τους. Μελέτες που διεξήχθησαν στο Χάρβαρντ από τον Dan Gilbert αποκαλύπτουν ότι η ευθυμία είναι σε μεγάλο βαθμό ένα διαρκές χαρακτηριστικό της προσωπικότητας που παραμένει αναλλοίωτο σε όλη τη ζωή. Οι κοινωνικοί επιστήμονες Lykken και Tellegen έχουν καταστήσει σαφές αυτό το σημείο. Το να προσπαθείς να είσαι πιο ευτυχισμένος είναι εξίσου μάταιο με το να προσπαθείς να ψηλώσεις. Συνεπώς, η ψευδαίσθηση του σώματος του κολυμβητή είναι επίσης αυταπάτη. όταν οι αισιόδοξοι γράφουν βιβλία αυτοβοήθειας διαδίδοντας περαιτέρω αυτήν την αυταπάτη. Σε αυτό το σημείο, είναι σημαντικό να αποφεύγουμε να δίνουμε υπερβολική προσοχή στις συμβουλές από συγγραφείς αυτοβοήθειας. Δυστυχώς, οι προτάσεις τους δεν τείνουν να βοηθήσουν δισεκατομμύρια ανθρώπους - ωστόσο, καθώς οι περισσότεροι δυστυχισμένοι άνθρωποι δεν δημοσιεύουν βιβλία για τις αποτυχίες τους, αυτή η πραγματικότητα παραμένει κρυφή.

Συμπέρασμα: είναι καλύτερο να είστε προσεκτικοί όταν σας ενθαρρύνουν να αγωνίζεστε για ορισμένα πράγματα - είτε πρόκειται για ατσάλινους κοιλιακούς, άψογη εμφάνιση, υψηλότερο εισόδημα, μεγάλη διάρκεια ζωής ή ευτυχία - καθώς αυτά μπορεί να οδηγήσουν στην ψευδαίσθηση του σώματος του κολυμβητή. Πριν κάνετε ένα άλμα πίστης και βουτήξετε πρώτα στο κεφάλι, κοιτάξτε πρώτα στον καθρέφτη - να είστε ειλικρινείς με αυτό που βλέπετε εκεί!

Βλέπε επίσης Halo Effect (Κεφ. 38). Μεροληψία έκβασης (Κεφ. 20); Προκατάληψη Αυτοεπιλογής (Κεφ. 47) και Εναλλακτική Τύφλωση (Κεφ.71) για περαιτέρω διορατικότητα.

ΓΙΑΤΙ ΒΛΕΠΕΤΕ ΣΧΗΜΑΤΑ ΣΤΑ ΣΥΝΝΕΦΑ

Ομαδοποίηση ψευδαίσθησης
Το 1957, ο Σουηδός τραγουδιστής όπερας Friedrich Jorgensen αγόρασε ένα κασετόφωνο για να ηχογραφήσει τα φωνητικά του. Ενώ άκουγα πίσω, εμφανίστηκαν περίεργοι θόρυβοι και ψίθυροι που έμοιαζαν υπερφυσικοί. Λίγα χρόνια αργότερα ηχογράφησε το τραγούδι των πουλιών. Κατά τη διάρκεια μιας ηχογράφησης, ακουγόταν η φωνή της νεκρής μητέρας του να ψιθυρίζει στο βάθος: «Φρίντ, μικρή μου Φριτ... Με ακούς... Η μαμά καλεί». Μετά από αυτή τη συνάντηση, ο Jorgensen αφιερώθηκε στην επικοινωνία με εκείνους που έφυγαν μέσω ηχογραφήσεων.

Η Diane Duyser από τη Φλόριντα βίωσε κάτι παρόμοιο όταν, ενώ δάγκωνε ένα κομμάτι φρυγανιάς και το επέστρεφε στο πιάτο της, παρατήρησε μια εικόνα της Μαίρης μέσα σε αυτό. Εκείνη τη στιγμή σταμάτησε να τρώει και άφησε το θείο μήνυμα μακριά για να το κρατήσει με ασφάλεια (μείον μια μπουκιά). Αργότερα τον Νοέμβριο του 2004, η Diane δημοπρατήθηκε αυτό το αρκετά καλά διατηρημένο σνακ μέσω eBay και ανταμείφθηκε με $28.000!

Το 1978, μια γυναίκα στο Νέο Μεξικό βίωσε κάτι παρόμοιο. οι μαυρισμένες κηλίδες της τορτίγιας της έμοιαζαν με το πρόσωπο του Ιησού. Τα μέσα ενημέρωσης συνέλαβαν αυτήν την ιστορία, προσελκύοντας χιλιάδες στο Νέο Μεξικό για να δουν τον Ιησού σε μορφή burrito. Δύο χρόνια νωρίτερα - το 1976 - το διαστημόπλοιο Viking φωτογράφισε σχηματισμό βράχου που έμοιαζε. Έγινε πρωτοσέλιδο σε όλο τον κόσμο. γνωστό ως «Πρόσωπο στον Άρη».

Έχετε ξαναδεί πρόσωπα στα σύννεφα, περιγράμματα ζώων σε βράχους ή κρυμμένα μηνύματα σε διάχυτα σήματα; Πιθανώς. Αυτό είναι απολύτως φυσιολογικό: ο εγκέφαλός μας αναζητά μοτίβα και κανόνες, και όταν δεν υπάρχουν, απλώς τα δημιουργεί ο ίδιος! Τα διάχυτα σήματα, όπως ο θόρυβος φόντου στην ταινία, μας διευκολύνουν να εντοπίσουμε "κρυμμένα μηνύματα". Είκοσι πέντε χρόνια μετά την ανακάλυψη του "Face on Mars", το Mars Global Surveyor επέστρεψε καθαρές εικόνες που έδειχναν σχηματισμούς βράχων με ανθρώπινα πρόσωπα να διαλύονται σε απλό βράχο.

Αυτά τα περίεργα παραδείγματα μπορεί να κάνουν την ψευδαίσθηση ομαδοποίησης να φαίνεται αβλαβής. αλλά απέχει πολύ από το να είναι ακίνδυνο.

Σκεφτείτε τις χρηματοπιστωτικές αγορές, οι οποίες παράγουν τεράστιους όγκους πληροφοριών κάθε δευτερόλεπτο.
Εν αγνοία του, ο φίλος μου με χαρά εξήγησε πώς είχε ανακαλύψει μια ανωμαλία μεταξύ όλων των δεδομένων: πολλαπλασιάζοντας την ποσοστιαία μεταβολή του Dow Jones με την ποσοστιαία μεταβολή στην τιμή του πετρελαίου θα έδινε την κίνηση της τιμής του χρυσού εντός δύο ημερών - που σημαίνει αν οι τιμές των μετοχών και το λάδι σκαρφαλώνει ή πέφτει

ταυτόχρονα, ο χρυσός θα ακολουθήσει το παράδειγμά του και θα ανέβει την επόμενη μέρα. Η θεωρία του λειτούργησε καλά για αρκετές εβδομάδες μέχρι που άρχισε να επενδύει με ολοένα και μεγαλύτερα ποσά και τελικά έχασε όλες τις οικονομίες του - αισθανόμενος ένα τεχνητό μοτίβο όπου δεν υπήρχε!

Ο καθηγητής ψυχολογίας Τόμας Γκίλοβιτς πήρε συνεντεύξεις από εκατοντάδες ανθρώπους για μια απάντηση σχετικά με το εάν αυτή η ακολουθία ήταν τυχαία ή προγραμματισμένη, με τους περισσότερους να απορρίπτουν μια αυθαίρετη εξήγηση καθώς πίστευαν ότι κάποιος νόμος διέπει τη σειρά της. Σύμφωνα με το μοντέλο φυσικής ζαριών του Gilovich, είναι στην πραγματικότητα πολύ πιθανό για τέσσερις διαδοχικές ροές να αποκαλύψουν έναν αριθμό. Ωστόσο, πολλοί αγωνίζονται να αποδεχτούν ότι τέτοια γεγονότα συμβαίνουν μόνο τυχαία.

Κατά τη διάρκεια του Β' Παγκοσμίου Πολέμου, γερμανικά βομβαρδιστικά επιτέθηκαν στο Λονδίνο χρησιμοποιώντας πυραύλους V1 - έναν τύπο αυτοπλοηγούμενου drone - ως μια μορφή πυρομαχικών. Κάθε επίθεση περιελάμβανε προσεκτική σχεδίαση σημείων πρόσκρουσης σε χάρτες για να τρομοκρατήσει τους Λονδρέζους. Πολλοί νόμιζαν ότι είχαν εντοπίσει πρότυπα και είχαν αναπτύξει θεωρίες σχετικά με το ποια μέρη του Λονδίνου ήταν πιο ασφαλή. Ωστόσο, οι μεταπολεμικές στατιστικές αναλύσεις έδειξαν ότι η διανομή ήταν εντελώς τυχαία λόγω της ανακρίβειας του πυραύλου V1 καθώς το σύστημα πλοήγησής του ήταν τόσο ανακριβές.

Συμπέρασμα: όταν πρόκειται για την αναγνώριση προτύπων, τείνουμε να αντιδρούμε υπερβολικά. Ανακτήστε τον σκεπτικισμό σας. εάν πιστεύετε ότι έχετε ανακαλύψει ένα μοτίβο, υποθέστε πρώτα ότι θα μπορούσε να έχει συμβεί τυχαία και εξετάστε τη στατιστική ανάλυση πριν καταλήξετε σε μια απόφαση. Ομοίως, αν τα τραγανά μέρη της τηγανίτας σας μοιάζουν με το πρόσωπο του Ιησού με οποιονδήποτε τρόπο, αναρωτηθείτε γιατί δεν έχει εμφανιστεί εδώ στην Times Square ή στο CNN!
Βλέπε επίσης Illusion of Control (κεφ. 17). Σύμπτωση (κεφ. 24); Ψευδής αιτιότητα (κεφ. 37).

Ο ΑΡΙΘΜΟΣ ΕΊΝΑΙ ΜΟΤΙΒΟ

Κοινωνική απόδειξη Φανταστείτε το εξής: είστε καθ' οδόν για μια συναυλία όταν σε μια διασταύρωση βλέπετε μια ομάδα ανθρώπων που κοιτάζουν προς τα πάνω. Χωρίς να το σκέφτεστε δύο φορές, κοιτάτε κι εσείς προς τα πάνω -χωρίς καν να καταλαβαίνετε γιατί- ακολουθώντας ασυναίσθητα το παράδειγμά σας. Γιατί; Κοινωνική απόδειξη. Κατά τη διάρκεια της παράστασης ενός εξαιρετικού σολίστ σε μια αίθουσα συναυλιών, κάποιος αρχίζει να χειροκροτεί, προτρέποντας και άλλους στην αίθουσα να συμμετέχουν στο χειροκρότημα επίσης. συμμετέχετε και εσείς για κανέναν άλλο λόγο εκτός από κοινωνική απόδειξη. Μετά το τέλος της παράστασης ξεκινάτε για να παραλάβετε την επιταγή του παλτού σας, όπου οι άνθρωποι κάνουν ουρά μπροστά σας αφήνουν κέρματα, παρόλο που η υπηρεσία περιλαμβάνεται στην τιμή του εισιτηρίου, αλλά ακόμα κι έτσι... μετά από την οποία, όταν πηγαίνετε στον έλεγχο παλτό για να το ανακτήσετε μόνοι σας, παρατηρείτε τους ανθρώπους να φεύγουν κέρματα σε πινακίδες, παρά το γεγονός ότι περιλαμβάνονται επίσημα στην τιμή του εισιτηρίου, καθώς το φιλοδώρημα ενθαρρύνεται στην πράξη από πολλούς άλλους συναυλιακούς επισκέπτες, αφήνοντας φιλοδώρημα και για κοινωνική απόδειξη!

Η κοινωνική απόδειξη ή το «ένστικτο της αγέλης», υπαγορεύει ότι τα άτομα αισθάνονται επικυρωμένα όταν οι συμπεριφορές τους συμφωνούν με αυτές άλλων ατόμων. Με απλά λόγια, όσο περισσότεροι άνθρωποι υποστηρίζουν ή υιοθετούν μια ιδέα ή συμπεριφορά, την αντιλαμβανόμαστε ως πιο αληθινή. ομοίως, όταν περισσότερα άτομα το δείχνουν παρά όχι. Αν και προφανώς γελοίο, αυτή η λογική ισχύει.

Η κοινωνική απόδειξη είναι η κινητήρια δύναμη πίσω από τις οικονομικές φούσκες και τον πανικό στο χρηματιστήριο. Εκδηλώνεται στη μόδα, τις τεχνικές διαχείρισης, τα χόμπι, τη θρησκεία και τις δίαιτες. μερικές φορές οδηγεί σε τόσο δραματικές συνέπειες όπως όταν οι αιρέσεις αυτοκτονούν μαζικά.

Ο Solomon Asch διεξήγαγε ένα ενδιαφέρον πείραμα κατά τη διάρκεια της δεκαετίας του 1950, το οποίο έδειξε πώς η πίεση των συνομηλίκων μπορεί να αλλάξει την πραγματικότητα. Στα υποκείμενα παρουσιάστηκε μια γραμμή που σχεδιάστηκε σε χαρτί και τρεις πανομοιότυπες, κοντές, μεσαίες και μακριές γραμμές που αντιστοιχούν σε αυτήν σε διαφορετικά μέρη του σώματός τους - όλες με τη σήμανση "1, 2," για κοντό. μεγαλύτερη από την αρχική γραμμή σε μήκος και ίδια με την αρχική αντίστοιχα. Αυτός ή αυτή πρέπει να επιλέξει ποια από τις τρεις γραμμές αντιστοιχεί στην αρχική, δεν προκαλεί έκπληξη δεδομένου του πόσο απλή είναι η εργασία. Μόλις εισέλθουν πέντε άτομα, όλοι οι ηθοποιοί που δεν είναι εξοικειωμένοι με αυτόν δίνουν λανθασμένες απαντήσεις απαντώντας με "αριθμός 1", παρόλο που είναι σαφές ότι ο αριθμός τρία θα πρέπει να αναφέρεται. Όταν είναι πάλι στο χέρι του, συχνά απαντά λανθασμένα για να ταιριάζει με αυτό με το οποίο απάντησαν οι άλλοι - στο ένα τρίτο περίπου των περιπτώσεων δίνουν επίσης λάθος απαντήσεις.

Γιατί ενεργούμε με αυτόν τον τρόπο; Στο παρελθόν, το να ακολουθείς άλλους θεωρούνταν συχνά ως η καλύτερη στρατηγική για επιβίωση. Φανταστείτε να ταξιδεύετε γύρω από το Σερενγκέτι μαζί με κάποιους κυνηγούς-τροφοσυλλέκτες πριν από 50.000 χρόνια, όταν ξαφνικά όλοι τους σκορπίστηκαν και βιδώθηκαν χωρίς προειδοποίηση; Πώς θα απαντούσατε τότε; Θα είχατε σταθεί εκεί, μπερδεμένοι και αναρωτιέστε εάν αυτό που είδατε ήταν πραγματικά ένα λιοντάρι ή απλά κάτι ακίνδυνο που θα μπορούσε να δημιουργήσει υπέροχα γεύματα πλούσια σε πρωτεΐνη; Όχι! Αντίθετα, πιθανότατα θα είχατε απογειωθεί κυνηγώντας τους φίλους σας. Αργότερα, όταν ήσασταν ασφαλείς από επίθεση, μπορεί να είχατε αφιερώσει χρόνο για να σκεφτείτε ποιος ήταν πραγματικά το «λιοντάρι» σας. Οποιοσδήποτε ενεργούσε διαφορετικά από τους συνομηλίκους του -που είμαι σίγουρος ότι υπήρχαν- πιθανότατα εξαλειφόταν από το γονιδιακό μας απόθεμα. είμαστε απόγονοι εκείνων που αντέγραψαν αυτό που έκαναν οι συνομήλικοί τους. Εμείς οι άνθρωποι είμαστε συνδεδεμένοι με αυτό το πρότυπο κοινωνικής απόδειξης. Επομένως το χρησιμοποιούμε ακόμα και όταν δεν υπάρχει πλεονέκτημα επιβίωσης σε αυτό. που είναι τις περισσότερες φορές. Υπάρχουν, ωστόσο, περιπτώσεις όπου η κοινωνική απόδειξη μπορεί να είναι επωφελής: για παράδειγμα όταν δειπνείτε σε μια ξένη πόλη χωρίς να γνωρίζετε καλά εστιατόρια κοντά και πεινασμένοι - η επιλογή ενός όπου συχνάζουν οι ντόπιοι μπορεί να έχει πιο νόημα και να αντιγράψει τη συμπεριφορά τους αντί για τη δική σας.

Οι κωμωδίες και οι εκπομπές ομιλίας χρησιμοποιούν κοινωνική απόδειξη εισάγοντας κονσέρβα γέλιου σε στρατηγικά σημεία για να ενθαρρύνουν τους θεατές να γελούν μαζί. Ίσως ένα από τα πιο αξιοσημείωτα και ανησυχητικά παραδείγματα είναι η ομιλία του Joseph Goebbels ενώπιον ενός τεράστιου κοινού το 1943 (δείτε το μόνοι σας στο YouTube). Όταν ο πόλεμος επιδεινώθηκε για τη Γερμανία, ο Γκέμπελς απαίτησε από τους παρευρισκόμενους: «Θέλετε ολοκληρωτικό πόλεμο; Εάν είναι απαραίτητο, υποστηρίζετε τον ριζοσπαστικό πόλεμο σε αντίθεση με οτιδήποτε μπορούμε να φανταστούμε σήμερα;» Η απαίτησή του προκάλεσε ένα βροντερό χειροκρότημα· αν είχαν ερωτηθεί μεμονωμένα οι συμμετέχοντες, πιθανότατα δεν θα είχαν αποδεχτεί αυτή την τρελή πρόταση!

Η διαφήμιση αξιοποιεί στο έπακρο την τάση μας για κοινωνική απόδειξη. αυτή η προσέγγιση λειτουργεί καλά όταν αντιμετωπίζουμε αβεβαιότητα (όπως η επιλογή ανάμεσα σε διάφορες μάρκες αυτοκινήτων, προϊόντα καθαρισμού και προϊόντα ομορφιάς χωρίς σαφή πλεονεκτήματα ή μειονεκτήματα) και όταν εμφανίζονται άνθρωποι που φαίνονται «σαν εμάς».

Να είστε δύσπιστοι κάθε φορά που μια εταιρεία ισχυρίζεται ότι το προϊόν της είναι ανώτερο επειδή είναι δημοφιλές - αυτό το επιχείρημα δεν έχει νόημα εάν η πώληση περισσότερων μονάδων δεν υποδηλώνει υπεροχή! Και θυμηθείτε τα σοφά λόγια του W. Somerset Maugham: «Ακόμα κι αν 50 εκατομμύρια άνθρωποι λένε κάτι ανόητο, αυτό παραμένει ανόητο».
Δείτε επίσης: Ομαδική σκέψη (κεφ. 25); Social Loafing (κεφ. 33); In-Group Out-Group Bias (κεφ. 79) και False-Consensus Effect (κεφ. 77) για περαιτέρω αναφορά.

ΓΙΑΤΙ ΠΡΕΠΕΙ ΝΑ ΞΕΧΑΣΕΤΕ ΤΟ ΠΑΡΕΛΘΟΝ

Πλάνη βυθισμένου κόστους

Μετά από μιάμιση ώρα παρακολούθησης μιας απαίσιας ταινίας, ρώτησα ήσυχα τη γυναίκα μου: «Έλα, πάμε σπίτι». Στην οποία απάντησε: «Καμία περίπτωση. δεν θα πετάξουμε 30 $». Σε εκείνο το σημείο διαμαρτυρήθηκα: "Αυτός δεν είναι λόγος να μείνω - αυτό είναι απλώς παραμόρφωση επαγγελματίας στη δουλειά εδώ - που δεν θα έπρεπε να παίζει κανένα ρόλο στην απόφασή μας να μείνουμε ή να φύγουμε!" Όπως ήταν φυσικό, τελικά υποχώρησα και βυθίστηκα ξανά στο κάθισμά μου

Βρέθηκα να κάθομαι σε μια συνάντηση μάρκετινγκ την επόμενη μέρα, όπου συζητήθηκε μια διαφημιστική καμπάνια που είχε ξεκινήσει εδώ και τέσσερις μήνες αλλά δεν κατάφερε να πετύχει ούτε έναν στόχο. Ενώ υποστήριξα την κατάργησή του, ο διευθυντής διαφημίσεών μας αντιτάχθηκε: «Αλλά έχουμε ήδη επενδύσει τόσα πολλά χρήματα σε αυτό. Το να σταματήσουμε τώρα θα σήμαινε ότι όλα μας τα χρήματά μας ήταν για τίποτα'- άλλο ένα θύμα της πλάνης του βυθισμένου κόστους.

Ένας από τους φίλους μου υπέφερε για χρόνια σε μια δύσκολη σχέση. Η κοπέλα του απατούσε επανειλημμένα, ζητώντας κάθε φορά συγχώρεση. Παρ' όλα αυτά, ο φίλος μου συνέχισε να επενδύει ενέργεια στο ειδύλλιό τους γιατί ένιωθε λάθος να πετάξει ό,τι είχε ήδη επενδύσει. ένα παράδειγμα της «πλάνης του βυθισμένου κόστους».

Η πλάνη του βυθισμένου κόστους είναι ιδιαίτερα επικίνδυνη όταν έχουμε επενδύσει πολύ χρόνο, χρήματα, ενέργεια ή συναισθήματα σε κάτι. Η επένδυσή μας μπορεί να γίνει η βάση για να συνεχίσουμε παρά τους προφανείς λόγους να σταματήσουμε. Όσο περισσότερος χρόνος και πόροι επενδύονται σημαίνει ότι τόσο μεγαλύτερο είναι το εξαντλημένο κόστος μας. εξ ου και η ανάγκη μας να συνεχίσουμε ακόμα κι αν κάτι φαίνεται αδύνατο ή απελπιστικό. Όσο περισσότερο επενδύουμε σε κάτι τόσο ισχυρότερη είναι η παρόρμησή μας να συνεχίσουμε.

Οι επενδυτές πέφτουν συχνά θύματα της πλάνης του βυθισμένου κόστους. Οι αποφάσεις συναλλαγών μπορούν να ληφθούν αποκλειστικά από τις τιμές κτήσης. Η επίκληση αυτού του επιχειρήματος ως αιτιολόγησης απλά δεν είναι λογική. Αυτό που έχει μεγαλύτερη σημασία από την τιμή θα πρέπει να είναι η μελλοντική απόδοση (και άλλες διαθέσιμες εναλλακτικές λύσεις για επένδυση) κάθε μετοχής ή χαρτοφυλακίου επενδύσεων - κατά ειρωνικό τρόπο, όσο περισσότερα χρήματα χάνονται, τόσο περισσότερο οι επενδυτές θα τείνουν να τηρούν αυτό!

Η συνέπεια είναι ο λόγος ύπαρξής μας. Όταν κάτι ξεφεύγει από αυτό το μοτίβο σκέψης και δράσης, βρίσκουμε τις αντιφάσεις αποκρουστικές και επιλέγουμε να ακυρώσουμε τα μισά του δρόμου αντί να παραδεχτούμε ότι αλλάξαμε γνώμη κάποια στιγμή στη διάρκεια του έργου. Η καθυστέρηση της επίπονης υλοποίησης συνεχίζοντας με έργα χωρίς νόημα διατηρεί την εμφάνιση για περισσότερο.

Το Concorde ήταν ένα εμβληματικό παράδειγμα κρατικών ελλειμματικών δαπανών. Τόσο η Βρετανία όσο και η Γαλλία γνώριζαν πολύ καλά ότι η επιχείρηση υπερηχητικών αεροσκαφών δεν θα λειτουργούσε, ωστόσο επένδυσαν τεράστια ποσά για να σώσουν το πρόσωπο. Η εγκατάλειψή της θα σήμαινε την παραδοχή της ήττας. εξ ου και το όνομά του, «φαινόμενο Concorde». Οδηγεί σε δαπανηρά, ακόμη και καταστροφικά λάθη κρίσης. Οι Αμερικανοί επεξέτειναν τη συμμετοχή τους στον πόλεμο του Βιετνάμ εξαιτίας αυτού του φαινομένου: σκέφτηκαν: «Έχουμε θυσιάσει τόσα πολλά. θα ήταν λάθος να τα παρατήσεις τώρα».

Σκέφτεστε "Έχουμε φτάσει εδώ;." "Έχω διαβάσει τόσα πολλά από αυτό το βιβλίο ήδη..." Εάν κάποια από αυτές τις δηλώσεις ισχύει για εσάς, υποδηλώνουν ότι η πλάνη του βυθισμένου κόστους λειτουργεί στο μυαλό σας.

Φυσικά, η επένδυση για να οριστικοποιήσει κάτι μπορεί να έχει τα δικά της πλεονεκτήματα. απλά να είστε επιφυλακτικοί να το κάνετε αποκλειστικά για να δικαιολογήσετε τις μη ανακτήσιμες επενδύσεις. Η ορθολογική λήψη αποφάσεων απαιτεί να ξεχνάτε τα προηγούμενα κόστη. Τελικά μόνο το μελλοντικό κόστος και τα οφέλη έχουν σημασία όταν κάνετε ορθολογικές επιλογές.

Βλέπε επίσης: Θα-Θα-Γίνει-Χειρότερα-Πριν-Γίνεται-Καλύτερη Πλάνη (κεφ. 12); Αδυναμία Κλείσιμου Πόρτων (κεφ. 68). Endowment Effect (κεφ. 23); Αιτιολόγηση προσπάθειας (κεφ. 60). Η αποστροφή για την απώλεια (κεφ. 32) και η προκατάληψη της έκβασης (κεφ. 20) ως άλλες γνωστικές προκαταλήψεις που οδηγούν σε ακατάλληλες αποφάσεις.

Αμοιβαιότητα

Πρόσφατα, μπορεί να έχετε συναντήσει οπαδούς της αίρεσης Χάρε Κρίσνα να επιπλέουν με τις λαμπερές ρόμπες τους στο χρώμα του σαφράν ενώ τρέχατε σε αεροδρόμια ή σιδηροδρομικούς σταθμούς στο ταξίδι σας για να φτάσετε στον προορισμό σας. Ίσως ένα μέλος σας έδωσε ένα μικρό λουλούδι και χαμογέλασε θερμά καθώς το έδινε. Όπως οι περισσότεροι άνθρωποι, το πιθανότερο είναι ότι πήρες το λουλούδι μόνο και μόνο για να αποφύγεις να είσαι αγενής. Η άρνηση μπορεί να είχε μια εξήγηση όπως: «Πάρτε το. αυτό είναι το δώρο μας για σένα». Όταν προσπαθούσαμε να πετάξουμε την άνθιση σε έναν κάδο απορριμμάτων κοντά, υπήρχαν ήδη πολλές ρυθμίσεις εκεί. ψάχνοντας αλλού για τη διάθεσή του, διαπιστώσατε ότι υπήρχαν ήδη πολλοί σωροί. Καθώς η κακή σας συνείδηση άρχισε να σας τσιγκουνεύει πιο έντονα, ένας άλλος μαθητής του Κρίσνα θα πλησίαζε ζητώντας δωρεές. Πολλά αεροδρόμια τελικά απαγόρευσαν αυτήν την αίρεση λόγω αυτού του επιτυχημένου αγωνιστικού χώρου.

Ο Robert Cialdini μπορεί να εξηγήσει την επιτυχία αυτών των εκστρατειών με την έρευνά του για την αμοιβαιότητα. Διαπίστωσε ότι οι άνθρωποι δυσκολεύονται πολύ να χρωστήσουν σε άλλο άτομο.

Πολλές μη κυβερνητικές οργανώσεις και φιλανθρωπικές οργανώσεις χρησιμοποιούν παρόμοιες στρατηγικές: πρώτα δίνουν, μετά παίρνουν. Πρόσφατα, έλαβα έναν φάκελο που περιείχε καρτ ποστάλ με ειδυλλιακά τοπία από έναν οργανισμό προστασίας. Η συνοδευτική επιστολή τους με διαβεβαίωσε ότι θα έπρεπε να κρατηθούν ως δώρα, ανεξάρτητα από την απόφασή μου να δώσω χρήματα. Ενώ καταλάβαινα αρκετά καλά τις τακτικές τους, χρειαζόταν μεγάλη θέληση και πειθαρχία από την πλευρά μου για να τους αποτρέψω χωρίς να τους εκμεταλλευτώ!

Δυστυχώς, αυτή η μορφή ήπιου εκβιασμού - που μερικές φορές αναφέρεται και ως διαφθορά - είναι συνηθισμένη. Ένας προμηθευτής βιδών μπορεί να προσκαλέσει πιθανούς πελάτες να τον συνοδεύσουν σε ένα συναρπαστικό αθλητικό παιχνίδι. ελάτε να παραγγείλετε ένα μήνα αργότερα, η επιθυμία τους να μην χρεωθούν είναι τόσο έντονη που ο αγοραστής συμφωνεί και κάνει μια παραγγελία μέσω αυτής της νέας γνωριμίας.

Η αμοιβαιότητα είναι μια αρχαία αρχή που απαντάται σε όλα τα είδη με κυμαινόμενες προμήθειες τροφίμων. Φανταστείτε ότι είστε ένας κυνηγός-τροφοσυλλέκτης που, μια μέρα, καταφέρνει να σκοτώσει ένα ελάφι και πρέπει να το μοιράσει στα μέλη της ομάδας σας. Κάνοντας αυτό διασφαλίζετε ότι θα επωφεληθείτε από τα λάφυρα των άλλων, εάν η έλξη σας ήταν λιγότερο εντυπωσιακή. χρησιμεύουν ως ψυγεία.
Η αμοιβαιότητα είναι μια ανεκτίμητη στρατηγική επιβίωσης και μια μορφή διαχείρισης κινδύνου, χωρίς την οποία οι άνθρωποι - καθώς και πολλά είδη ζωικής ζωής - θα αφανίζονταν σύντομα. Η αμοιβαιότητα βρίσκεται στον πυρήνα της συνεργασίας μεταξύ ανθρώπων που δεν

σχετίζονται μεταξύ τους και είναι αναπόσπαστο στοιχείο για την οικονομική ανάπτυξη και τη δημιουργία πλούτου - χωρίς αυτήν δεν θα υπήρχε καθόλου παγκόσμια οικονομία! Αυτό είναι το όφελος της αμοιβαιότητας.

Ωστόσο, η αμοιβαιότητα φέρνει μαζί της και τη σκοτεινή της πλευρά: τα αντίποινα. Η εκδίκηση γεννά την αντί-εκδίκηση μέχρι να ξεκινήσει πόλεμος πλήρους κλίμακας. Ο Ιησούς κήρυξε ότι πρέπει να σπάσουμε αυτόν τον κύκλο γυρίζοντας το άλλο μάγουλο - αν και αυτό αποδεικνύεται δύσκολο καθώς η αμοιβαιότητα τραβάει ακόμη και όταν τα διακυβεύματα είναι πολύ λιγότερο υψηλά.

Πριν από χρόνια, ήμασταν καλεσμένοι από ένα ζευγάρι που είχαμε γνωρίσει μόνο περιστασιακά. ήταν αρκετά καλοί αλλά μακριά από το να διασκεδάσουν. Δυστυχώς, βγήκε ακριβώς όπως το φαντάζονταν: το δείπνο τους ήταν πέρα για πέρα βαρετό. Ωστόσο, αισθανθήκαμε υποχρεωμένοι να τους προσκαλέσουμε ξανά αρκετούς μήνες αργότερα λόγω αμοιβαιότητας. μόλις εβδομάδες αργότερα ήρθε μια άλλη πρόσκληση από αυτούς... Συχνά αναρωτιέμαι πόσα άλλα δείπνα έχουν αντέξει για να διατηρηθεί η αμοιβαιότητα;

Όπως όταν πλησιάζετε στο σούπερ μάρκετ, η καλύτερη συμβουλή μου θα ήταν να αρνηθείτε την προσφορά τους σε κρασί, τυρί ή ελιές, εκτός αν θέλετε το ψυγείο σας να γεμίσει με πράγματα που δεν σας αρέσουν καν.

Βλέπε επίσης Framing (κεφ. 42). Τάση υπέρ-ανταπόκρισης κινήτρων (κεφ. 18). Σας αρέσει το Bias (κεφ. 22) και το Motivation Crowding (κεφ. 56) για να μάθετε περισσότερα.

ΠΡΟΣΟΧΗ ΓΙΑ ΤΗΝ ΕΙΔΙΚΗ ΠΕΡΙΠΤΩΣΗ

ΟΤΑΝ Η ΕΠΙΒΕΒΑΙΩΣΗ ΠΡΟΣΟΧΗ! (Μέρος 1).

Ο Gil κάνει δίαιτα για να χάσει κιλά. Κάθε πρωί πατάει στη ζυγαριά, ελέγχοντας για πρόοδο σε σχέση με το επιλεγμένο πλάνο του και γιορτάζοντας κάθε απώλεια ή κέρδος ως απόδειξη ότι λειτουργεί ή το διαγράφει ως κανονικές διακυμάνσεις. Για μήνες στο τέλος, ωστόσο, το βάρος του παραμένει σταθερό ενώ ο Gil ζει με μια ψευδαίσθηση ότι η δίαιτα λειτουργεί παρά το γεγονός ότι δεν κάνει τίποτα - ένα παράδειγμα επιβεβαίωσης μεροληψίας στην αβλαβή μορφή της.

Η μεροληψία επιβεβαίωσης βρίσκεται στον πυρήνα των περισσότερων παρανοήσεων. Αναφέρεται στην τάση μας να ερμηνεύουμε νέες πληροφορίες ώστε να ταιριάζουν στις υπάρχουσες θεωρίες, πεποιθήσεις και πεποιθήσεις - φιλτράροντας αποτελεσματικά κάθε στοιχείο που έρχεται σε αντίθεση με υπάρχουσες απόψεις (γνωστά ως αποδεικτικά στοιχεία) που θα μπορούσαν να τις αμφισβητήσουν (για το οποίο ο Aldous Huxley έγραψε περίφημα ως "Facts do δεν παύει να υπάρχει αν αγνοηθεί»), αλλά αυτή η επικίνδυνη τάση παραμένει μεταξύ των ανθρώπων - ο υπερ-επενδυτής Warren Buffett το δηλώνει καλύτερα: «Οι άνθρωποι διαπρέπουν στην ερμηνεία όλων των νέων πληροφοριών, έτσι ώστε τα προηγούμενα συμπεράσματά τους να παραμένουν άθικτα»

Η μεροληψία επιβεβαίωσης είναι ζωντανή και καλά στην επιχείρηση σήμερα. Για παράδειγμα, σκεφτείτε το εξής: μια ομάδα στελεχών αποφασίζει για μια νέα στρατηγική, γιορτάζοντας κάθε σημάδι ότι μπορεί να λειτουργήσει καλά - ενώ τυχόν ενδείξεις που υποδεικνύουν κάτι άλλο παραμένουν απαρατήρητες ή απορρίπτονται γρήγορα ως εξαιρέσεις ή ειδικές περιπτώσεις - έως ότου τα αποδεικτικά στοιχεία καταστούν αόρατα σε αυτούς εντελώς.

Τι μπορείς να κάνεις; Να είστε προσεκτικοί όταν εμφανίζεται η λέξη «εξαίρεση». συχνά αυτό υποδηλώνει ότι υπάρχουν αποδεικτικά στοιχεία. Πάρτε ένα σύνθημα από τον Κάρολο Δαρβίνο: από τη νεότητά του ξεκίνησε συστηματικά να αντιμετωπίσει την προκατάληψη επιβεβαίωσης παίρνοντας πολύ σοβαρά υπόψη οποιεσδήποτε παρατηρήσεις που έρχονταν σε αντίθεση με τη θεωρία του, καταγράφοντας τις αμέσως μόλις εμφανίστηκαν - γνωρίζοντας πολύ καλά πόσο εύκολα ο εγκέφαλός μας "ξεχνάει «Διαψεύδοντας αποδεικτικά στοιχεία μετά από κάποιο χρονικό διάστημα - σημειώνοντας κάθε αντίφαση μόλις την είδε να εμφανίζεται και αναζητώντας ενεργά τις αντιφάσεις με βάση την εκτίμησή του για την ορθότητά τους - τόσο περισσότερο όσο περισσότερο κοιτούσε ενεργά κοίταζε έξω.

Αυτό το πείραμα υπογραμμίζει πόσο δύσκολο μπορεί να είναι να αμφισβητήσουμε τις δικές μας θεωρίες. Ένας καθηγητής παρουσίασε στους μαθητές του την αριθμητική ακολουθία 2-4-6.

Οι μαθητές κλήθηκαν από τον καθηγητή τους να καθορίσουν τον υποκείμενο κανόνα γραμμένο σε ένα φύλλο χαρτιού παρέχοντας αριθμούς στη σειρά που είτε ταιριάζουν στον κανόνα είτε όχι, με απαντήσεις όπως «ταιριάζει στον κανόνα» ή «δεν ταιριάζει στον κανόνα» από αυτόν. . Ενώ οι μαθητές μπορούσαν να μαντέψουν πολλούς αριθμούς τυχαία από το 8-14, για παράδειγμα (οι περισσότεροι πρότειναν 8 και έλαβαν την απάντηση: «Ταιριάζει στον κανόνα».). Πολλοί κατέληξαν στο συμπέρασμα: «Ο κανόνας είναι να προσθέτουμε δύο σε κάθε αριθμό. Μόνο που ο καθηγητής διαφωνεί μαζί τους λέγοντας ότι αυτός δεν είναι στην πραγματικότητα ο κανόνας.

Ένας έμπειρος μαθητής δοκίμασε μια αντισυμβατική προσέγγιση. Δοκίμασε τον αριθμό -2, στον οποίο ο καθηγητής του απάντησε λέγοντας ότι δεν ταίριαζε στον κανόνα, πριν προτείνει το επτά ως ταιριαστό πιο κοντά από τον προκάτοχό του -2. Όταν αυτό αποδείχθηκε άκαρπο, ο μαθητής πειραματίστηκε περαιτέρω δοκιμάζοντας -24, 9, 43... Όταν δεν μπόρεσαν να βρεθούν άλλα αντιπαραδείγματα, δήλωσε «Ο κανόνας είναι: κάθε διαδοχικός αριθμός πρέπει να υπερβαίνει τον προκάτοχό του». Γυρίζοντας το χαρτί του αποκάλυψε αυτόν ακριβώς τον κανόνα!

Τι ξεχώριζε τον πολυμήχανο μαθητή από τους συνομηλίκους του; Ενώ οι περισσότεροι φοιτητές προσπαθούσαν μόνο να επιβεβαιώσουν τις θεωρίες τους, εκείνος έψαχνε ενεργά για στοιχεία που τις διαψεύδουν. Μπορεί να σκεφτείτε: «Καλό για εκείνον, αλλά όχι μεγάλη υπόθεση για τους άλλους». Ωστόσο, το να πέφτουμε θύματα της μεροληψίας επιβεβαίωσης δεν είναι μια μικρή διανοητική προσβολή - όπως αποκαλύφθηκε σε επόμενα κεφάλαια, μπορεί να επηρεάσει δραστικά την καθημερινότητά μας.

Δείτε επίσης: mes disponibilite Bias (κεφ. 11); The Feature-Positive Effect (κεφ. 95). Σύμπτωση (κεφ. 24); Forer Effect (κεφ. 64) και Illusion of Attention (κεφ. 88).

ΣΚΟΤΩΣΕ ΤΑ ΑΓΑΠΗΜΕΝΑ ΣΟΥ

ΜΕΡΟΛΗΨΙΑ ΕΠΙΒΕΒΑΙΩΣΗΣ ΜΕΡΟΣ 2

Στο προηγούμενο κεφάλαιό μας, εξερευνήσαμε ένα από τα βασικά λάθη - την προκατάληψη επιβεβαίωσης. Τα ανθρώπινα όντα πρέπει να σχηματίσουν πεποιθήσεις για τη ζωή, την οικονομία, τις επενδύσεις, τις σταδιοδρομίες και πολλά άλλα - από την κοσμοθεωρία μας μέχρι την πολιτική και την οικονομία στην τέχνη - που πρέπει στη συνέχεια να υποστηριχθούν με στοιχεία που να υποστηρίζουν αυτές τις υποθέσεις. Είτε περνάει κανείς στη ζωή του πιστεύοντας ότι οι άνθρωποι είναι εγγενώς καλοί ή κακοί, θα βρει στοιχεία που να υποστηρίζουν οποιαδήποτε άποψη. Τόσο οι φιλάνθρωποι όσο και οι μισάνθρωποι φιλτράρουν τα αποδεικτικά στοιχεία που δεν επιβεβαιώνουν, ενώ ευνοούν εκείνους που υποστηρίζουν την αντίστοιχη κοσμοθεωρία τους, δίνοντας προτεραιότητα σε αυτούς που ενισχύουν τις απόψεις τους με πράκτορες ή δικτάτορες που τις προωθούν.

Οι αστρολόγοι και οι οικονομολόγοι λειτουργούν με παρόμοιες στρατηγικές: το να κάνουν προβλέψεις τόσο ασαφείς που οποιοδήποτε γεγονός θα μπορούσε να τις τεκμηριώσει: «τις επόμενες εβδομάδες θα νιώσετε θλίψη» ή «η μεσοπρόθεσμη πίεση στο δολάριο θα αυξηθεί» είναι και τα δύο αρκετά ασαφή για να αντέξει οποιοδήποτε γεγονός. έξω αυτές οι προβλέψεις; μέτρα υποτίμησης έναντι του χρυσού, γιεν, πέσος σιταριού τιμές κατοικιών στο Μανχάταν Μανχάταν Τιμές χοτ ντογκ του Μανχάταν

Η θρησκεία και οι φιλοσοφικές πεποιθήσεις χρησιμεύουν ως γόνιμο έδαφος για την άνθηση της προκατάληψης επιβεβαίωσης. Εδώ, με τη μαλακή σπογγώδη του μορφή, ευδοκιμεί άγρια και ελεύθερη - για παράδειγμα, οι λάτρεις βρίσκουν πάντα στοιχεία για την ύπαρξη του Θεού, παρόλο που σπάνια εμφανίζεται φανερά - εκτός από τους αναλφάβητους που ζουν σε απομακρυσμένα ορεινά χωριά. δεν εμφανίστηκε ποτέ σε μαζικό κοινό όπως η Φρανκφούρτη ή η Νέα Υόρκη. Τα αντεπιχειρήματα κατά της ύπαρξής του απορρίπτονται ευθέως από τους πιστούς, δείχνοντας πόσο ισχυρή είναι πραγματικά αυτή η δύναμη.

Οι δημοσιογράφοι των επιχειρήσεων μπορεί να είναι ιδιαίτερα επιρρεπείς σε μεροληψία επιβεβαίωσης. Κατά τη δημιουργία θεωριών, οι δημοσιογράφοι των επιχειρήσεων συχνά καταλήγουν σε εύκολες εξηγήσεις με ελάχιστα «αποδεικτικά στοιχεία» που τις υποστηρίζουν και στη συνέχεια προχωρούν γρήγορα στη συγγραφή της ιστορίας τους - για παράδειγμα: η Google είναι τόσο επιτυχημένη επειδή η κουλτούρα της προωθεί τη δημιουργικότητα. Μόλις γραφτεί αυτή η ιδέα, οι δημοσιογράφοι συνήθως επιβεβαιώνουν αυτόν τον ισχυρισμό με παραδείγματα άλλων ευημερούμενων εταιρειών που καλλιεργούν τη δημιουργικότητα ενώ σπάνια αναζητούν αποδεικτικά στοιχεία όπως δυσκολευόμενες επιχειρήσεις με έμφαση στη δημιουργικότητα ή ακμάζουσες εταιρείες που δεν διαθέτουν καμία απολύτως δημιουργικότητα - και οι δύο ομάδες θα ήταν υπέροχα ιστορίες!

Οι δημοσιογράφοι τείνουν να παραβλέπουν πολλά μέλη μιας φυλής. οποιαδήποτε απόπειρά τους να επισημάνουν μόνο ένα θα μπορούσε να εκτροχιάσει ολόκληρη την πλοκή του άρθρου τους.

Τα βιβλία αυτοβοήθειας και γρήγορης πλουτισμού είναι ένα άλλο παράδειγμα μονόπλευρης αφήγησης. Οι έμπειροι συγγραφείς τους συγκεντρώνουν στοιχεία που υποστηρίζουν ακόμη και φαινομενικά γελοίες θεωρίες, όπως «ο διαλογισμός είναι το κλειδί για την ευτυχία». Οποιοσδήποτε αναγνώστης αναζητούσε αποδεικτικά στοιχεία που να μην επιβεβαιώνουν δεν θα έβρισκε τέτοια στοιχεία εδώ: πουθενά δεν υπάρχουν παραδείγματα ανθρώπων που ζουν ολοκληρωμένες ζωές χωρίς διαλογισμό ή εκείνοι που παρόλο που τον ασκούν, εξακολουθούν να νιώθουν θλίψη.

Οι ιστότοποι του Διαδικτύου παρέχουν ένα ιδιαίτερα πρόσφορο έδαφος για προκατάληψη επιβεβαίωσης. Όταν περιηγούμαστε σε ειδησεογραφικούς ιστότοπους και ιστολόγια για να είμαστε ενημερωμένοι, συχνά καταλήγουμε να επιλέγουμε σελίδες που ενισχύουν τις υπάρχουσες αξίες μας - είτε φιλελεύθερες, είτε συντηρητικές είτε κάπου ενδιάμεσα. Επιπλέον, πολλοί ιστότοποι προσαρμόζουν πλέον περιεχόμενο ειδικά στα ατομικά ενδιαφέροντα ή στο ιστορικό περιήγησης, καθιστώντας τις νέες ή διαφορετικές απόψεις εντελώς ανεπιθύμητες και οδηγώντας μας σε μονοπάτια που επιβεβαιώνουν τις υπάρχουσες πεποιθήσεις περιβάλλοντας τους εαυτούς μας με κοινότητες ομοϊδεατών που ενισχύουν αυτές τις ίδιες πεποιθήσεις - ενισχύοντας περαιτέρω τις προκαταλήψεις επιβεβαίωσης και ενισχύοντας τις πεποιθήσεις μας, ενισχύοντάς τες περαιτέρω, ενισχύοντάς τις περαιτέρω και ενισχύοντας περαιτέρω τις πεποιθήσεις που ενισχύουν την προκατάληψη επιβεβαίωσης.

Ο Arthur Quiller-Couch είχε ένα διαρκές μάντρα: «Kill Your Darlings». Αυτή η συμβουλή για συγγραφείς που αγωνίζονται να κόψουν τις αγαπημένες αλλά περιττές προτάσεις απήχησε ευρέως πέρα από τους κριτικούς λογοτεχνίας και τους χάκερ. Η συμβουλή του έχει απήχηση σε όλους εμάς που υποφέρουμε από μεροληψία επιβεβαίωσης. Για να το καταπολεμήσετε, δοκιμάστε να γράψετε όλες τις πεποιθήσεις σας - κοσμοθεωρία, επενδύσεις, γάμος, υγειονομική περίθαλψη, δίαιτα ή στρατηγικές καριέρας - και ξεκινήστε να αναζητάτε αποδεικτικά στοιχεία εναντίον του καθενός. Η αποκοπή πεποιθήσεων που αισθάνονται σαν παλιοί φίλοι είναι δύσκολη δουλειά αλλά ζωτικής σημασίας!

Δείτε επίσης: Introspection Illusion (κεφ. 67); Salience Effect (κεφ. 83); Γνωστική Ασυμφωνία (κεφ. 50); Forer Effect (κεφ. 64) και News Illusion (κεφ. 99) για περισσότερες λεπτομέρειες.

ΣΗΜΕΙΩΣΤΕ ΤΑ ΛΟΓΙΑ ΤΩΝ ΑΡΧΩΝ

Μεροληψια Αρχης

Στη Γένεση 1, ο Θεός μας λέει τι συμβαίνει αν δεν υπακούσουμε σε ένα από τα στοιχεία εξουσίας του: αποβολή από τον παράδεισο. Δυστυχώς, λιγότερο θεϊκές προσωπικότητες (πολιτικοί ειδήμονες, επιστήμονες, γιατροί, διευθύνοντες σύμβουλοι, οικονομολόγοι, αρχηγοί κυβερνήσεων, αθλητικοί σχολιαστές και γκουρού του χρηματιστηρίου) θα ήθελαν να το πιστέψουμε και εμείς.

Ο ψυχολόγος Στάνλεϊ Μίλγκραμ διεξήγαγε ένα πείραμα που απεικόνιζε με παραστατικό τρόπο την προκατάληψη της εξουσίας. Τα υποκείμενά του έλαβαν οδηγίες να κάνουν αυξανόμενες ηλεκτροπληξίες σε ένα άτομο που κάθεται πίσω από το τζάμι. Ξεκινώντας με 15 βολτ, τους δόθηκε εντολή να αυξηθούν σταδιακά στα 30 V, 45 V και στη συνέχεια, τελικά, η μέγιστη δόση των 450 V - αν και στην πραγματικότητα δεν διέρρευσε ηλεκτρικό ρεύμα - ο Milgram χρησιμοποίησε έναν ηθοποιό ως θύμα του. δυστυχώς όσοι χορηγούσαν σοκ δεν το γνώριζαν. Τα αποτελέσματα ήταν σοκαριστικά: καθώς το άτομο στο άλλο δωμάτιο έκλαιγε από τον πόνο και το υποκείμενο που χορηγούσε σοκ ήθελε να σταματήσει, ο καθηγητής τους ενθάρρυνε να συνεχίσουν επειδή «αυτό το πείραμα εξαρτάται από αυτό». Συνεχής ηλεκτροπληξία. πάνω από τα μισά ανέβηκαν σε πλήρη τάση από απόλυτη υπακοή.

Την τελευταία δεκαετία, οι αεροπορικές εταιρείες έχουν επίσης συνειδητοποιήσει τους κινδύνους που συνδέονται με την προκατάληψη των αρχών. Τις προηγούμενες μέρες, οι καπετάνιοι κυριαρχούσαν. Οι εντολές τους δεν θα μπορούσαν ποτέ να αμφισβητηθούν και οποιοσδήποτε συγκυβερνήτης υποψιαζόταν μια παράλειψη μπορεί να μην τολμούσε ποτέ να μιλήσει γι' αυτό. Από τότε που ανακαλύφθηκε αυτή η συμπεριφορά, σχεδόν κάθε αεροπορική εταιρεία έχει εφαρμόσει τη Διαχείριση Πόρων Πληρώματος (CRM). Το CRM προπονεί τους πιλότους και τα πληρώματά τους για να συζητήσουν ανοιχτά και γρήγορα τυχόν κρατήσεις. με άλλα λόγια: μεροληψία αρχής αποπρογραμματισμού. Το CRM έχει συμβάλει περισσότερο στην ασφάλεια των πτήσεων τις τελευταίες δεκαετίες παρά στην τεχνική πρόοδο.

Πολλές εταιρείες δεν διαθέτουν προνοητικότητα. Οι επιχειρήσεις με κυρίαρχους διευθύνοντες συμβούλους διατρέχουν ιδιαίτερο κίνδυνο, όπου οι εργαζόμενοι μπορεί να κρατούν για τον εαυτό τους τις λιγότερο ευνοϊκές απόψεις τους - πιθανόν εις βάρος της εταιρείας στο σύνολό της.

Οι αρχές αναζητούν αναγνώριση και βρίσκουν πάντα νέους τρόπους για να εδραιώσουν το καθεστώς τους. Οι γιατροί και οι ερευνητές φορούν συχνά λευκά παλτά. Οι διευθυντές τραπεζών φορούν κοστούμια και γραβάτες. οι διευθυντές των τραπεζών δένουν γραβάτες, ενώ οι βασιλιάδες που φορούν το στέμμα χρησιμοποιούν κονκάρδες από τον στρατό. Τα μέλη του στρατού συχνά αθλητικά κονκάρδες επίσης! Σήμερα, περισσότερα σύμβολα και στηρίγματα χρησιμοποιούνται ως δείκτες εμπειρογνωμοσύνης, όπως εμφανίσεις talk show ή εξώφυλλα περιοδικών, περιηγήσεις βιβλίων ή καταχωρήσεις στη Wikipedia. με την εξουσία να εξελίσσεται όπως και η μόδα και η κοινωνία να λαμβάνει υπόψη αναλόγως.

Συμπέρασμα: Προτού λάβετε οποιαδήποτε σημαντική απόφαση, σκεφτείτε πάντα προσεκτικά ποιες αρχές ενδέχεται να ασκούν σημαντική επιρροή στη διαδικασία συλλογισμού σας και προσπαθήστε να αμφισβητήσετε όσους βρίσκονται στην εξουσία εάν είναι απαραίτητο.

Δείτε επίσης: Twaddle Tendency (κεφ. 57); Chauffeur Knowledge (κεφ. 16); Forecast Illusion (κεφ. 40); Illusion of Skill (κεφ. 94)

Ο Robert Cialdini αφηγείται στο βιβλίο του Influence την ιστορία δύο αδερφών που ονομάζονται Sid και Harry που διατηρούσαν ένα κατάστημα ρούχων κατά τη δεκαετία του 1930 στην Αμερική. Ο Σιντ ήταν υπεύθυνος για τις πωλήσεις ενώ ο Χάρι ήταν επικεφαλής των υπηρεσιών ραπτικής. Ο Σιντ ήταν βαρήκοος όποτε οι πελάτες που στέκονταν μπροστά στον καθρέφτη του ήταν πολύ ευχαριστημένοι με τα κοστούμια τους, ωθώντας τον να ρωτήσει τον Χάρι: «Χάρι, πόσο κοστίζει αυτό το κοστούμι;» Στη συνέχεια, ο Χάρι σήκωσε το βλέμμα από το τραπέζι κοπής του και απαντούσε γρήγορα φωνάζοντας ότι για αυτό το όμορφο βαμβακερό κοστούμι κόστιζε 42 $. Ο Σιντ συμπεριφερόταν μπερδεμένος και έκανε πως δεν το είχε καταλάβει. Ο Χάρι θα αναφώνησε: «Σαράντα δύο δολάρια!» Στη συνέχεια, ο Σιντ γύρισε και ανέφερε: «Λέει 22 $». Μέχρι εκείνη τη στιγμή, ο πελάτης του θα είχε βάλει γρήγορα χρήματα στο τραπέζι πριν φύγει γρήγορα με το κοστούμι του πριν ο καημένος Σιντ καταλάβει το λάθος του.

Γνωρίζετε αυτό το πείραμα από τα σχολικά σας χρόνια; : Γεμίστε δύο κουβάδες - τον έναν με χλιαρό και τον άλλο με παγωμένο νερό - και μετά βυθίστε το δεξί σας χέρι για ένα λεπτό μέσα στον καθένα. Αλλάξτε τα χέρια πίσω, τοποθετώντας και τα δύο ξανά σε χλιαρό νερό ταυτόχρονα - τι έχετε παρατηρήσει; Το δεξί το βρίσκει ζεστό ενώ το αριστερό το βρίσκει μια χαρά!

Αυτές οι ιστορίες απεικονίζουν το φαινόμενο της αντίθεσης: όταν παρουσιάζεται με κάτι άσχημο, φτηνό ή μικρό, τείνουμε να το κρίνουμε ως πιο όμορφο ή ακριβό. αντίστροφα βρίσκουμε δύσκολη την απόλυτη κρίση.

Το φαινόμενο αντίθεσης είναι μια διάχυτη ψευδαίσθηση: όταν αγοράζετε δερμάτινα καθίσματα για το νέο σας αυτοκίνητο, σε σύγκριση με την τιμή των 60.000 $, τα 3.000 $ φαίνονται ασήμαντα σε σύγκριση με το συνολικό κόστος. Όλες οι βιομηχανίες που προσφέρουν επιλογές αναβάθμισης εκμεταλλεύονται αυτήν την παραπλανητική αντίληψη για να προσελκύσουν τους καταναλωτές και να πουλήσουν αναβαθμίσεις.

Το φαινόμενο αντίθεσης μπορεί επίσης να διαδραματίσει ζωτικό ρόλο αλλού: πειράματα δείχνουν ότι οι άνθρωποι θα περπατήσουν επιπλέον δέκα λεπτά εάν εξοικονομήσουν 10 $ σε φαγητό, ωστόσο δεν θα σκεφτόταν ποτέ να επιστρέφουν για να εξοικονομήσουν 10 $ σε ένα ακριβό κοστούμι. μια παράλογη κίνηση από 10 λεπτά ισούται με 10 δολάρια ανεξάρτητα. Επομένως, το περπάτημα προς τα πίσω πρέπει πάντα να γίνεται ή απλά να μην συμβαίνει καθόλου.

Χωρίς το φαινόμενο της αντίθεσης, οι εκπτωτικές επιχειρήσεις θα έπαυαν να υπάρχουν εντελώς. Υπάρχει μια αβάσιμη θέση όταν οι τιμές των προϊόντων πέφτουν από $100 σε $70 σε μια στιγμή. Η τιμή εκκίνησης δεν θα πρέπει να παίζει κανένα ρόλο εδώ. Κάποτε ένας επενδυτής μου είπε ότι μια μετοχή είχε εξαιρετική αξία επειδή είχε πέσει 50 τοις εκατό κάτω από την τιμή αιχμής. Απάντησα με τον ίδιο τρόπο κουνώντας το κεφάλι μου: οι τιμές των μετοχών δεν έχουν ποτέ χαμηλά ή υψηλά σημεία - το μόνο που έχει σημασία είναι αν κινούνται προς τα πάνω ή προς τα κάτω από εκεί και πέρα.

Αν συναντήσουμε αντιθέσεις, ο εγκέφαλός μας ανταποκρίνεται σαν πουλιά σε έναν πυροβολισμό: φτερουγίζουμε έξω και κινούμαστε γρήγορα. Δυστυχώς, όμως, η τάση μας είναι να μην αναγνωρίζουμε τις σταδιακές αλλαγές καθώς συμβαίνουν: ένας παραισθησιολόγος θα μπορούσε να κάνει το ρολόι σας να εξαφανιστεί χωρίς καν να το καταλάβετε γιατί όταν πιέζετε ένα μέρος του σώματός σας πιέζοντας ένα άλλο μέρος δεν παρατηρείτε πότε το ελαφρύτερο άγγιγμα του στον καρπό σας αφαιρεί το ρολόι Rolex από αυτό. Ομοίως, αποτυγχάνουμε να παρατηρήσουμε πώς τα χρήματά μας εξαφανίζονται μέσω του πληθωρισμού που σιγά σιγά αφαιρεί την αξία τους ενώ επιβάλλονται ως φόροι (που στην ουσία είναι πραγματικά) θα αντιδρούσαμε πολύ πιο έντονα σε τέτοιους φόρους (που στην πραγματικότητα είναι βασικά).

Η αντίθεση είναι επικίνδυνη δύναμη: Μια όμορφη γυναίκα παντρεύεται έναν πιο μέσο άντρα. αλλά, επειδή οι γονείς της ήταν ανυπόληπτα άτομα, της φαίνεται σαν μια εξαιρετική φιγούρα.

Μια τελευταία σκέψη: με όλες τις διαφημίσεις που παρουσιάζουν σούπερ μόντελ, πλέον βλέπουμε τους όμορφους ανθρώπους ως μετρίως επιθυμητούς. Όταν ψάχνετε για αγάπη, μην βγαίνετε ποτέ με φίλους σούπερ μοντέλο, καθώς οι άνθρωποι θα σας θεωρήσουν λιγότερο ελκυστικούς από ό,τι πραγματικά είστε αν πάτε μόνοι ή φέρετε μαζί δύο άσχημους φίλους.

Δείτε επίσης: Προκατάληψη διαθεσιμότητας (κεφ. 11). Endowment Effect (κεφ. 23); Εφέ Halo (κεφ. 38); Social Comparison Bias (κεφ. 72); Regression to Mean (κεφ. 19). Σφάλμα σπανιότητας (κεφ. 27); Καδράρισμα (κεφ. 42)

Λέγοντας κάτι όπως, «Το κάπνισμα δεν είναι τόσο επιβλαβές αν ο παππούς μου κατάφερε να επιβιώσει καπνίζοντας τρία πακέτα την ημέρα και ζώντας πάνω από 100» ή: «Το Μανχάταν είναι πραγματικά ασφαλές· ο φίλος μου μένει ακριβώς στο χωριό χωρίς να κλειδώσει την πόρτα του ακόμη και κατά τη διάρκεια των διακοπών - το διαμέρισμά του δεν έχει διαρρήξει ποτέ!». μπορούν να χρησιμοποιηθούν για να προσπαθήσουν να αποδείξουν ένα σημείο, αλλά στην πραγματικότητα δεν αποδεικνύουν τίποτα απολύτως. Κάνοντας αυτό, υποκύπτουμε στην προκατάληψη διαθεσιμότητας.

Είναι περισσότερες αγγλικές λέξεις που ξεκινούν με Κ, ή περισσότερες με αυτό ως τρίτο γράμμα; Απάντηση: Πάνω από δύο φορές περισσότερες αγγλικές λέξεις παρουσιάζουν το Κ στην τρίτη θέση από ό,τι ξεκινούν με αυτό. αν και πολλοί πιστεύουν ότι οι τελευταίες είναι πιο πολυάριθμες. Οι άνθρωποι πιστεύουν λανθασμένα το αντίθετο επειδή είναι πιο πιθανό να ανακαλέσουν λέξεις που ξεκινούν με ένα Κ πιο γρήγορα. επομένως αυτά είναι πιο εύκολα για τις αναμνήσεις μας.

Η μεροληψία διαθεσιμότητας δηλώνει: το μυαλό μας τείνει να δημιουργεί μια εικόνα της πραγματικότητας με βάση παραδείγματα που βρίσκουμε πιο εύκολα στις αναμνήσεις μας, παρόλο που αυτά τα γεγονότα δεν συμβαίνουν στην πραγματικότητα πιο συχνά επειδή μπορούν εύκολα να τα φανταστούμε.

Λόγω της μεροληψίας διαθεσιμότητας, συχνά πλοηγούμαστε στη ζωή έχοντας κατά νου έναν ανακριβή χάρτη κινδύνου. Λόγω αυτής της προκατάληψης, τείνουμε να υπερεκτιμούμε τους κινδύνους αεροπορικών δυστυχημάτων, τροχαίων ατυχημάτων ή δολοφονιών, ενώ υποτιμούμε αυτούς που προέρχονται από λιγότερο θεαματικές αιτίες όπως ο διαβήτης ή ο καρκίνος του στομάχου. Οι βομβιστικές επιθέσεις είναι λιγότερο συχνές από ό,τι πιστεύουμε, ενώ τα ποσοστά κατάθλιψης μπορεί να είναι πολύ υψηλότερα - αυτή η μεροληψία μας οδηγεί να δίνουμε πολύ βάρος σε θεαματικά αποτελέσματα ενώ υποβαθμίζουμε τα ήσυχα ή αόρατα πιο εύκολα από ό,τι θα έπρεπε. Ο εγκέφαλός μας ευνοεί τα επιδεικτικά αποτελέσματα πιο εύκολα παρά τα εγκόσμια - αυτό μας οδηγεί να σκεφτόμαστε με δραματικούς και όχι ποσοτικούς τρόπους!

Οι γιατροί συχνά υποκύπτουν στην προκατάληψη της διαθεσιμότητας: χρησιμοποιούν τις συνήθεις θεραπείες τους σε όλες τις πιθανές περιπτώσεις, παρόλο που μπορεί να υπάρχουν πιο κατάλληλες αλλά παραμένουν κρυμμένες στις τράπεζες μνήμης τους. Οι σύμβουλοι, επίσης, συχνά πέφτουν θύματα αυτού του φαινομένου - αντί να απορρίψουν μια εντελώς άγνωστη περίπτωση λέγοντας: «Πραγματικά δεν ξέρω» προσπαθούν ό,τι μπορούν για να μην ενεργούν με βάση τη διαίσθηση αλλά να αναλαμβάνουν δράση.
Αντί να μάθουν τι ακριβώς πρέπει να σας πουν, οι άνθρωποι συχνά υποχωρούν σε μια από τις δοκιμασμένες προσεγγίσεις τους, ανεξάρτητα από το αν είναι ιδανική ή όχι.

Η επανάληψη μπορεί να δημιουργήσει ένα μακροπρόθεσμο αποτύπωμα στο μυαλό μας. κάτι που επαναλαμβάνεται αρκετά συχνά γίνεται μέρος της συλλογικής συνείδησης, ακόμα κι αν το περιεχόμενό του είναι ψευδές. Απλώς ρωτήστε τους ηγέτες των Ναζί πόσο συχνά επαναλάμβαναν «Το Εβραϊκό Ζήτημα», προτού οι άνθρωποι αρχίσουν να πιστεύουν ότι ήταν ένα σημαντικό ζήτημα! Το μόνο που χρειάζεται για να αρχίσετε να πιστεύετε αυτές τις έννοιες είναι να πείτε τις λέξεις UFO, ενέργεια ζωής ή κάρμα αρκετές φορές προτού οι άνθρωποι τις σημειώσουν και τις πιστέψουν!

Η μεροληψία διαθεσιμότητας έχει γίνει ένα καθιερωμένο χαρακτηριστικό στα εταιρικά συμβούλια παγκοσμίως. Τα μέλη του διοικητικού συμβουλίου τείνουν να εστιάζουν τις συζητήσεις τους σε αυτά που έχει υποβάλει η διοίκηση - συνήθως τριμηνιαία στοιχεία - αντί να ασχολούνται με πιο σημαντικά θέματα, όπως κινήσεις ανταγωνισμού, ζητήματα κινήτρων εργαζομένων ή αλλαγές στη συμπεριφορά των πελατών που μπορεί να τους επηρεάσουν άμεσα. Δεν έχουν την τάση να συζητούν πράγματα εκτός ατζέντας. Οι άνθρωποι τείνουν να προτιμούν εύκολα προσβάσιμες πληροφορίες - είτε οικονομικά δεδομένα είτε συνταγές - όταν λαμβάνουν αποφάσεις. Το να κάνουν τις επιλογές τους σε αυτή τη βάση και όχι σε πιο σχετικά αλλά πιο δυσπρόσιτα δεδομένα θα μπορούσε να αποδειχθεί καταστροφικό για τις αποφάσεις τους. Παράδειγμα: γνωρίζουμε εδώ και 10 χρόνια ότι ο λεγόμενος τύπος Black-Scholes για την τιμολόγηση των παραγώγων χρηματοοικονομικών προϊόντων δεν λειτουργεί, ωστόσο, λόγω έλλειψης βιώσιμων λύσεων, συνεχίζουμε να χρησιμοποιούμε ένα ακατάλληλο εργαλείο. Θα ήταν σαν να βρίσκεστε σε μια άγνωστη πόλη χωρίς χάρτη, αλλά μετά να βρίσκετε έναν για το σπίτι από κάπου και να τον χρησιμοποιείτε - προτιμώντας τις λανθασμένες πληροφορίες παρά καθόλου πληροφορίες - οδηγώντας έτσι τις τράπεζες σε ζημίες δισεκατομμυρίων λόγω μεροληψίας διαθεσιμότητας.

Ο Frank Sinatra τραγούδησε περίφημα: «Ωχ η καρδιά μου χτυπά άγρια/Όλα εξαιτίας σου/Όταν δεν είμαι κοντά σε αυτόν που αγαπώ/ακόμα την αγαπώ». τη συμβολή άλλων με διαφορετικές εμπειρίες και τεχνογνωσία από εμάς, προκειμένου να ξεπεράσουμε τις επιπτώσεις της.
Βλέπε επίσης Ambiguity Aversion (κεφ. 80). Ψευδαίσθηση Προσοχής (κεφ. 88). Association Bias (κεφ. 48); Feature-Positive Effect (κεφ. 95); Μεροληψία επιβεβαίωσης (κεφ. 7-8); Εφέ αντίθεσης (κεφ. 10); Παράβλεψη Πιθανοτήτων (κεφ. 26) για περισσότερα σχετικά με αυτό το θέμα.

ΓΙΑΤΙ ΠΡΕΠΕΙ ΝΑ ΗΧΟΥΝ ΤΟ ΣΥΝΑΓΕΡΜΟ "ΟΧΙ ΠΟΝΟΣ, ΟΧΙ ΚΕΡΔΟΣ"

Το "ΘΑ ΧΕΙΡΟΤΕΡΕΨΕΙ ΠΡΙΝ ΓΙΝΕΙ ΚΑΛΥΤΕΡΟ ΛΆΘΟΣ"

Κάποτε, ενώ έκανα διακοπές στην Κορσική, αρρώστησα. Τα συμπτώματα ήταν άγνωστα και ο πόνος αυξανόταν μέρα με τη μέρα. Έτσι αναζήτησα ιατρική βοήθεια σε μια κοντινή κλινική. Ένας νεαρός γιατρός άρχισε να με επιθεωρεί προσεκτικά - κουνώντας το στομάχι μου, πιάνοντας σφιχτά τους ώμους και τα γόνατα και χτυπώντας κάθε σπόνδυλο για σημάδια προβλημάτων. Η εξέτασή του μου φάνηκε περίεργη, αλλά επέμεινα μέχρι που βγήκε το σημειωματάριό του με αντιβιοτικά γραμμένα: «Πάρτε ένα δισκίο τρεις φορές την ημέρα μέχρι να υποχωρήσουν τα συμπτώματά σας. Πάρτε τα αντιβιοτικά σας μέχρι να βελτιωθούν τα συμπτώματα προτού εξετάσετε τη φαρμακευτική αγωγή ως θεραπεία!». Όταν τελείωσα, επέστρεφα στο δωμάτιο του ξενοδοχείου μου με ιατρική συνταγή.

Ο πόνος επιδεινώθηκε τις επόμενες τρεις ημέρες - όπως ακριβώς είχε προβλέψει ο γιατρός μου. Αν και πρέπει να ήξερε τι έπαθα με εμένα, όταν ο πόνος δεν υποχώρησε μετά από τρεις ημέρες, τον τηλεφώνησα ξανά για να τον ρωτήσω τι να κάνω γι' αυτό και τον συμβούλεψε να αυξήσει τη δόση σε πέντε φορές την ημέρα γιατί "μπορεί να πονέσει για λίγο ακόμα». Αφού πέρασαν άλλες δύο οδυνηρές μέρες, αποφάσισα να καλέσω ένα διεθνές ασθενοφόρο όπου ο Ελβετός γιατρός διέγνωσε σκωληκοειδίτιδα αμέσως πριν με χειρουργήσει αμέσως, ρωτώντας μετά, "γιατί περίμενες τόσο πολύ;".

«Όλα πήγαν ακριβώς όπως είχε προβλέψει ο γιατρός, οπότε εμπιστεύτηκα τη συμβουλή του».

"Ω, όχι! Έπεσες στην πλάνη που λέει ότι τα πράγματα θα χειροτερέψουν μόνο πριν βελτιωθούν." Ο Κορσικανός γιατρός σας πιθανότατα δεν το γνώριζε αυτό. πιθανότατα μια άλλη τουριστική παγίδα κατά τη διάρκεια της περιόδου αιχμής».

Πάρτε ένα άλλο παράδειγμα: ένας Διευθύνων Σύμβουλος βρίσκεται απογοητευμένος, με τις πωλήσεις στην τουαλέτα, τους πωλητές χωρίς κίνητρα και τις εκστρατείες μάρκετινγκ να εξαφανίζονται εντελώς. Σε απόγνωση, προσλαμβάνει έναν σύμβουλο με 5.000 $ την ημέρα, η αξιολόγηση του οποίου περιλαμβάνει ευρήματα που περιλαμβάνουν ευρήματα που περιλαμβάνουν ότι το τμήμα πωλήσεών σας δεν έχει όραμα και η επωνυμία σας δεν είναι σαφώς τοποθετημένη - Μπορώ να διορθώσω και τα δύο για εσάς, αλλά μπορεί να χρειαστεί περισσότερος χρόνος για να γίνουν βελτιώσεις - πιθανότατα οι πωλήσεις θα μειωθούν πιο πριν βελτιωθούν τα πράγματα» Ο Διευθύνων Σύμβουλος προσλαμβάνει αυτόν τον σύμβουλο. Ένα χρόνο αργότερα, οι πωλήσεις μειώνονται για άλλη μια φορά πριν σημειωθεί πρόοδος, όπως τόνισε ο συγκεκριμένος σύμβουλος. επανειλημμένα κατά τη διάρκεια αυτών των διαβουλεύσεων

τονίζουν πόσο στενά συνδέεται η πρόοδος με την πρόοδο της εταιρείας, όπως μετριέται με τα ευρήματά του σχετικά με τις αναλύσεις που διατίθενται από τα ευρήματά του σήμερα από αυτόν τον άνθρωπο του οποίου η ανάλυση.
Καθώς οι πωλήσεις συνεχίζουν την πτωτική τους πορεία τον τρίτο χρόνο, ο Διευθύνων Σύμβουλος αποφασίζει να απολύσει τον σύμβουλο.

Η πλάνη είναι απλώς μια δικαιολογία, ένα παράδειγμα μεροληψίας επιβεβαίωσης. Εάν το πρόβλημα συνεχίσει να επιδεινώνεται όπως προβλέπεται, η μεροληψία επιβεβαίωσης επιβεβαιώνεται, ενώ εάν συμβεί απροσδόκητα απροσδόκητη βελτίωση, τότε ο πελάτης είναι ευχαριστημένος και ο ειδικός μπορεί να λάβει τα εύσημα για τις ικανότητές του. ούτως ή άλλως κερδίζει.

Φανταστείτε τον εαυτό σας ως πρόεδρο μιας χώρας, χωρίς την τεχνογνωσία να τη διαχειριστείτε αποτελεσματικά. Ποια θα ήταν η πρώτη σας κίνηση; Ίσως προβλέποντας «δύσκολα χρόνια», ζητώντας από τους πολίτες να σφίξουν τη ζώνη τους και υποσχόμενοι βελτίωση μετά από αυτό το λεπτό στάδιο «κάθαρσης», «κάθαρσης» και «αναδιάρθρωσης», αφήνοντας ανοιχτό πόσο καιρό και βαριά μπορεί να διαρκέσει αυτή η περίοδος;

Ο Χριστιανισμός αποτελεί την τελική απόδειξη της αποτελεσματικότητας αυτής της στρατηγικής: οι πιστοί του πιστεύουν ότι πριν γνωρίσουν τον παράδεισο στη Γη, ο κόσμος πρέπει πρώτα να καταστραφεί μέσω καταστροφών όπως πλημμύρες, πυρκαγιές και θάνατοι - όλα αυτά αποτελούν μέρος του μεγαλύτερου σχεδίου του Θεού - οποιαδήποτε επιδείνωση των συνθηκών. μια ένδειξη ότι η προφητεία τους εκπληρώθηκε. οποιεσδήποτε βελτιώσεις θεωρούνται ως ευλογία του Θεού.

Συμπέρασμα: Όταν κάποιος λέει, «Θα χειροτερέψει πριν βελτιωθεί», αυτό θα πρέπει να σημάνει συναγερμό. Ωστόσο, προσέξτε: υπάρχουν καταστάσεις όπου τα πράγματα πρώτα χειροτερεύουν πριν βελτιωθούν με την πάροδο του χρόνου. Για παράδειγμα, μια αλλαγή σταδιοδρομίας συχνά περιλαμβάνει απώλεια μισθού, ενώ η αναδιάρθρωση μιας επιχείρησης μπορεί επίσης να πάρει χρόνο. Αλλά σε όλες αυτές τις περιπτώσεις μπορούμε να δούμε σχετικά γρήγορα εάν τα μέτρα που ελήφθησαν λειτουργούν. τα ορόσημα παρέχουν σαφείς δείκτες. Εστιάστε σε αυτά αντί να αναζητήσετε ανακούφιση μέσω μαγικών λύσεων.

Βλέπε επίσης Action Bias (κεφ. 43). Βυθισμένη πλάνη κόστους (κεφ. 5); Παλινδρόμηση στη μέση τιμή (κεφ. 19) για περαιτέρω εξήγηση.

ΑΚΟΜΑ ΚΑΙ ΑΛΗΘΙΝΈΣ ΙΣΤΟΡΊΕΣ ΜΠΟΡΕΙ ΝΑ ΕΙΝΑΙ ΜΥΘΟΙ

Η ζωή μπορεί να είναι μπερδεμένη. Σκεφτείτε έναν αόρατο Αρειανό να σας ακολουθεί με ένα εξίσου αόρατο σημειωματάριο για να τεκμηριώνει όλα όσα κάνετε, σκέφτεστε και ονειρεύεστε. Η ζωή σας θα έγραφε ως εξής: «Ήπιε καφέ με δύο σάκχαρα». «Πάτησα σε μια πινέζα και ορκίστηκα σαν ναύτης», «ονειρεύτηκα ότι φίλησα τον γείτονά μου», «έκλεισα διακοπές στις Μαλδίβες, αλλά τώρα σχεδόν δεν έχω λεφτά», ή «βρήκα μαλλιά να βγαίνουν κάτω από το αυτί μου - τα έβγαλα αμέσως». Όλα αυτά θα ήταν καταχωρήσεις στο ημερολόγιό σας που καταγράφουν τι συμβαίνει κάθε μέρα - οι καταχωρήσεις θα συνεχίσουν να έρχονται. Οι άνθρωποι απολαμβάνουν να υφαίνουν τα κομμάτια της ζωής τους σε μια συνεκτική ιστορία, σχηματίζοντας ιστορίες από διάσπαρτες λεπτομέρειες που ονομάζουμε νόημα και ταυτότητα αντίστοιχα. Max O Frisch, ένας αξιόλογος Ελβετός μυθιστοριογράφος σημείωσε κάποτε: «Δοκιμάζουμε ιστορίες όπως τα ρούχα.

Ως άνθρωποι, χρησιμοποιούμε την αφήγηση για να κατανοήσουμε την παγκόσμια ιστορία, συμπυκνώνοντας διαφορετικά γεγονότα σε μια συνεκτική ιστορία. Μέσα από αυτό το πρίσμα καταλαβαίνουμε ορισμένα ζητήματα. όπως γιατί η Συνθήκη των Βερσαλλιών συνέβαλε στον Δεύτερο Παγκόσμιο Πόλεμο ή γιατί η χαλαρή νομισματική πολιτική του Άλαν Γκρίνσπαν προκάλεσε την κατάρρευση της Lehman Brothers. Οι κατανοήσεις μπορεί να ποικίλλουν. Εδώ, αναφερόμαστε στις κατανοήσεις ως κατανόηση, αλλά αυτά τα πράγματα δεν μπορούν να κατανοηθούν στην αρχική τους κατάσταση - δημιουργούμε νόημα από αυτές αργότερα. Οι ιστορίες είναι άκρως υποκειμενικές οντότητες. Συχνά διαστρεβλώνουν την πραγματικότητα και φιλτράρουν οτιδήποτε δεν ταιριάζει, ωστόσο είμαστε ανίσχυροι χωρίς αυτούς. Γιατί αυτό είναι ακόμα ασαφές. Αυτό που γνωρίζουμε με βεβαιότητα είναι ότι οι άνθρωποι χρησιμοποίησαν για πρώτη φορά ιστορίες ως τρόπους εξήγησης του κόσμου πριν γίνουν επιστημονικοί. καθιστώντας έτσι τη μυθολογία παλαιότερη από τη φιλοσοφία και δίνοντας αφορμή για προκατάληψη της ιστορίας.

Η προκατάληψη της ιστορίας είναι ανεξέλεγκτη στις αναφορές των μέσων ενημέρωσης. Για να δώσουμε ένα παράδειγμα: όταν ένα αυτοκίνητο περνάει πάνω από μια γέφυρα και ξαφνικά καταρρέει, τι διαβάζουμε την επόμενη μέρα; Μια ιστορία για τον άτυχο οδηγό του. από πού ήρθαν και πού κατευθύνονταν. διαβάζουμε τη βιογραφία του (γεννημένος κάπου, μεγαλωμένος αλλού, κερδίζοντας το ψωμί τους αλλού). αν επιζήσει και μπορεί να δώσει συνεντεύξεις, παίρνουμε λεπτομέρειες για το τι ακριβώς ένιωσε όταν κατέρρευσε η γέφυρα - αλλά καμία από αυτές τις ιστορίες δεν εξηγεί την αιτία της - απλώς προσπεράστε τις
Θα πρέπει επίσης να εξεταστεί η ίδια η γέφυρα: πού ήταν το αδύνατο σημείο της, αν την προκάλεσε η κούραση και αν έγινε ζημιά. χρησιμοποιήθηκε ένα κατάλληλο σχέδιο και υπήρχαν παρόμοιες γέφυρες παρόμοιες με αυτήν. Παρόλο που όλες αυτές οι ερωτήσεις είναι έγκυρες, οι απαντήσεις τους δεν συνιστούν ενδιαφέρουσες ιστορίες. μας αρέσουν οι ιστορίες πάνω από τις αφηρημένες λεπτομέρειες. Ως εκ τούτου, οι διασκεδαστικές παράπλευρες ιστορίες έχουν

προτεραιότητα έναντι των σχετικών γεγονότων (κάτι που, εκ των υστέρων, θα σήμαινε ότι θα διαβάζαμε μόνο βιβλία μη μυθοπλασίας!)

Ακολουθούν δύο ιστορίες του Άγγλου μυθιστοριογράφου E. M. Forster για να εξετάσετε. ποιο θα θυμόσασταν καλύτερα; Α) «Ο βασιλιάς πέθανε και η βασίλισσα πέθανε από θλίψη». Β) «Ο βασιλιάς πέθανε και η βασίλισσα πέθανε από τη θλίψη». Οι περισσότεροι πιθανότατα θα θυμούνται την ιστορία Β πιο εύκολα, καθώς οι δύο θάνατοι της δεν συμβαίνουν απλώς διαδοχικά αλλά συνδέονται συναισθηματικά. Το Α είναι πιο πραγματικό ενώ το Β έχει βαθύτερη σημασία - η θεωρία πληροφοριών προτείνει ότι πρέπει να θυμόμαστε το Α πιο εύκολα επειδή είναι πιο κοντό, αλλά ο εγκέφαλός μας δεν λειτουργεί με αυτόν τον τρόπο!

Οι διαφημιστές έχουν μάθει να εκμεταλλεύονται επίσης αυτό το γεγονός, δημιουργώντας συναρπαστικές αφηγήσεις γύρω από τα προϊόντα και όχι μόνο τα οφέλη τους. Η Google απεικόνισε αυτή την τεχνική τέλεια στη διαφήμιση του Super Bowl του 2010 με την ονομασία «Google Parisian Love» στο YouTube - ρίξτε μια ματιά εδώ.

Η μείωση της πραγματικότητας σε ιστορίες με νόημα διαστρεβλώνει την πραγματικότητα και επηρεάζει τις αποφάσεις μας. για να διορθωθεί αυτή η στρέβλωση υπάρχει μια λύση. Διαλέξτε αυτές τις αφηγήσεις. Αναρωτηθείτε: τι προσπαθούν να κρύψουν; Επισκεφτείτε μια βιβλιοθήκη και αφιερώστε μισή μέρα διαβάζοντας παλιές εφημερίδες. θα δείτε ότι τα συμβάντα που τώρα εμφανίζονται συνδεδεμένα δεν ήταν εκείνη τη στιγμή. Προσπαθήστε επιπλέον να δείτε την ιστορία της ζωής σας εκτός πλαισίου: σκάψτε παλιά ημερολόγια και σημειώσεις για να ανακαλύψετε ότι η ζωή δεν ακολούθησε μια ευθεία πορεία που οδηγεί κατευθείαν στο σήμερα. Αντίθετα, ήταν μια απρογραμμάτιστη, απρόβλεπτη σειρά εμπειριών και γεγονότων - κάτι που θα διερευνήσουμε περαιτέρω στο κεφάλαιο 5.

Μόλις ακούσετε μια ιστορία, σκεφτείτε από ποιον προήλθε και τις προθέσεις της. τι έχει μείνει ανείπωτο; ποιες λεπτομέρειες μπορεί να έχουν παραλειφθεί που μπορεί να είναι ακόμη πιο σχετικές από αυτές που παρουσιάζονται, για παράδειγμα όταν συζητούνται οικονομικές κρίσεις ή πόλεμος. Ένα πρόβλημα με τις ιστορίες: μας δίνουν μια ψευδή αίσθηση ασφάλειας. Η κατανόηση μάς οδηγεί αναπόφευκτα να αναλαμβάνουμε μεγαλύτερους κινδύνους και να βαδίζουμε προσεκτικά σε αχαρτογράφητα νερά.

Βλέπε ψευδή αιτιότητα (κεφ. 37). «Επειδή» αιτιολόγηση (κεφ. 52). Προσωποποίηση (κεφ.87); Hindsight Bias (κεφ. 14); Βασικό σφάλμα απόδοσης (κεφ. 36). Συνδετική πλάνη (κεφ. 41); Παραποίηση της Ιστορίας (κεφ.78); Cherry Picking (κεφ.96) και News Illusion (κεφ. 99) ως πρόσθετα ζητήματα που πρέπει να ληφθούν υπόψη.

Υπερβολική προκατάληψη Πρόσφατα, συνάντησα τα ημερολόγια του θείου μου. Το 1932 μετακόμισε από ένα ελβετικό χωριό στο Παρίσι αναζητώντας ευκαιρίες για κινηματογραφική παραγωγή και έκανε αυτή την καταχώρηση μόλις δύο μήνες μετά την εισβολή στη Γαλλία: «Όλοι πιστεύουν ότι οι γερμανικές δυνάμεις θα φύγουν μέχρι τον Δεκέμβριο, με την Αγγλία να πέφτει γρήγορα μετά. τότε οι ζωές μας στο Παρίσι μπορούν επιτέλους να ξαναρχίσουν υπό τη Γερμανία». Δυστυχώς αυτή η ενασχόληση κράτησε τέσσερα χρόνια.

Τα σημερινά ιστορικά βιβλία παρουσιάζουν τη γερμανική κατοχή της Γαλλίας ως μέρος μιας οργανωμένης στρατιωτικής στρατηγικής. επομένως φαίνεται πιθανό εκ των υστέρων. Δυστυχώς, πέσαμε θύμα εκ των υστέρων μεροληψίας.

Σκεφτείτε τώρα αυτό το παράδειγμα από το 2007: οι οικονομικοί εμπειρογνώμονες προέβλεπαν λαμπρές προοπτικές για τα επόμενα χρόνια, αλλά μέσα σε ένα χρόνο οι χρηματοπιστωτικές αγορές κατέρρευσαν. Όταν οι δημοσιογράφοι κλήθηκαν να εξηγήσουν αυτήν την κρίση, οι ειδικοί απαρίθμησαν τις αιτίες της: Νομισματική επέκταση του Γκρίνσπαν. χαλαρά πρότυπα επικύρωσης υποθηκών. διεφθαρμένοι οίκοι αξιολόγησης· χαμηλές κεφαλαιακές απαιτήσεις και ούτω καθεξής - εκ των υστέρων αυτές οι εξηγήσεις φαίνονται όλο και πιο προφανείς.

Η προκατάληψη της υστέρησης είναι μια από τις πιο διάχυτες πλάνες. Θα μπορούσαμε να το αναφέρουμε ως το φαινόμενο «σας το είπα»: όταν κοιτάμε προς τα πίσω όλα γίνονται εμφανή και προβλέψιμα. Εάν ένας Διευθύνων Σύμβουλος βρίσκει την επιτυχία μέσα από καθαρή σκληρή δουλειά και καθαρή τύχη, η αντίληψή του για την πιθανότητα είναι συχνά πολύ μεγαλύτερη από ό,τι ήταν στην πραγματικότητα. Μετά τη θριαμβευτική εκλογική νίκη του Ρόναλντ Ρίγκαν επί του Τζίμι Κάρτερ το 1980, οι σχολιαστές προέβλεψαν τον διορισμό του παρά το γεγονός ότι ήταν πολύ κοντά μέχρι λίγες μέρες πριν από την τελευταία ημέρα της ψηφοφορίας. Οι σημερινοί επιχειρηματικοί δημοσιογράφοι φαίνονται πεπεισμένοι για την τελική κυριαρχία της Google, παρόλο που τέτοιες προβλέψεις θα προκαλούσαν γέλιο αν είχαν γίνει το 1998. Ένα εκπληκτικό γεγονός: σήμερα φαίνεται απίστευτα εύλογο ότι ένας πυροβολισμός στο Σεράγεβο το 1914 θα οδηγούσε σε 30 χρόνια συγκρούσεις και κόστισαν 50 εκατομμύρια ζωές - κάτι που διδάσκεται κάθε σχολικό παιδί στο σχολείο - αλλά τότε κανείς δεν θα το ονειρευόταν. Η κλιμάκωση θα φαινόταν πολύ παράλογη.

Τι κάνει την εκ των υστέρων προκατάληψη τόσο επικίνδυνη; Απλώς, μας κάνει να πιστεύουμε ότι είμαστε καλύτεροι προγνωστικοί παράγοντες από ό,τι είμαστε στην πραγματικότητα και προκαλεί υπεροπτική υπερεμπιστοσύνη στις γνώσεις μας, οδηγώντας μας να παίρνουμε πολύ ρίσκο με παγκόσμια θέματα καθώς και με τοπικά: "Έχετε ακούσει; Η Σύλβια και ο Κρις έχουν χωρίσει. Πάντα πήγαινε στραβά αφού είναι τόσο διαφορετικές προσωπικότητες - ή απλά τόσο όμοιες - ή ίσως περνούσαν πάρα πολύ χρόνο μαζί ή μόλις έβλεπαν ο ένας τον άλλον».

Η υπέρβαση της εκ των υστέρων προκατάληψης μπορεί να είναι δύσκολη. Μελέτες έχουν δείξει ότι ακόμη και άτομα που το γνωρίζουν συχνά το ερωτεύονται, γι' αυτό λυπάμαι ειλικρινά που έχασα τον χρόνο σας διαβάζοντας αυτό το κεφάλαιο.

Εάν το έχετε φτάσει μέχρι εδώ, προσφέρω μια τελευταία συμβουλή που βασίζεται σε προσωπική και όχι επαγγελματική εμπειρία: κρατήστε ένα ημερολόγιο. Καταγράψτε τυχόν προβλέψεις που σχετίζονται με πολιτικές αλλαγές, την εξέλιξη της καριέρας σας, θέματα βάρους ή χρηματιστήρια. Μετά από κάποιο χρονικό διάστημα, ελέγξτε αυτές τις προβλέψεις με τις πραγματικές εξελίξεις για να αξιολογήσετε τυχόν αποκλίσεις. Εκπλαγείτε με το πόσο κακές είναι οι δεξιότητές σας στις προβλέψεις! Μην διαβάζετε μόνο εγχειρίδια ιστορίας - μην βασίζεστε αποκλειστικά σε αναδρομικές θεωρίες εκ των υστέρων! Ημερολόγια, προφορικές ιστορίες και ιστορικά ντοκουμέντα από εκείνη την περίοδο προσφέρουν ανεκτίμητες πληροφορίες που ξεφεύγουν ακόμη και από τους ειδικούς! Όσοι δεν μπορούν να κάνουν χωρίς ειδήσεις θα πρέπει να διαβάζουν εφημερίδες πριν από πέντε, δέκα ή είκοσι χρόνια - αυτό θα δώσει μια ακόμη βαθύτερη αίσθηση του πόσο απρόβλεπτος μπορεί να είναι ο κόσμος μας. Το να κοιτάς πίσω μπορεί να προσφέρει προσωρινή άνεση. αλλά για βαθύτερες αποκαλύψεις σχετικά με το πώς λειτουργούν όλα, θα ωφελήσουμε περισσότερο κοιτάζοντας μπροστά.

Βλέπε επίσης: Πλάνη της Μονής Αιτίας (κεφ. 97). Παραποίηση της Ιστορίας (κεφ. 78). Story Bias (κεφ. 13); Forecast Illusion (κεφ. 40); Η προκατάληψη της έκβασης (κεφ. 20) και η προκατάληψη αυτοεξυπηρέτησης (κεφ. 45) ως πρόσθετες προοπτικές που πρέπει να ληφθούν υπόψη κατά την υπερεκτίμηση της γνώσης και της ικανότητας.

ΓΙΑΤΙ ΥΠΕΡΕΚΤΙΜΟΥΜΕ ΣΥΝΕΧΩΣ ΤΙΣ ΓΝΩΣΕΙΣ ΚΑΙ ΤΙΣ ΙΚΑΝΟΤΗΤΕΣ ΜΑΣ;

Ο Johann Sebastian Bach δεν ήταν απλώς θαύμα με ένα χτύπημα. Το έργο του είναι πολυάριθμο και θα συζητηθεί περαιτέρω στο τέλος αυτού του κεφαλαίου. Προς το παρόν, εδώ είναι μια απλή εργασία για να δοκιμάσετε να υπολογίσετε πόσα κοντσέρτα συνέθεσε. επιλέξτε ένα εύρος από 100-500 ιδανικά με 98% ακριβείς εκτιμήσεις και μόνο 2-2% διακυμάνσεις μεταξύ των εκτιμήσεων.

Πόσο σίγουροι πρέπει να είμαστε στις γνώσεις μας; Οι ψυχολόγοι Howard Raiffa και Marc Alpert έθεσαν την ίδια ερώτηση σε εκατοντάδες άτομα που πήραν συνέντευξη μέσω συνεντεύξεων και ομάδων εστίασης. Ζήτησαν από τους συμμετέχοντες να υπολογίσουν τη συνολική παραγωγή αυγών στις ΗΠΑ ή να υπολογίσουν τον αριθμό των γιατρών και χειρουργών που αναφέρονται στον κατάλογο του Χρυσού Οδηγού της Βοστώνης ή να υπολογίσουν τις εισαγωγές ξένων αυτοκινήτων στις ΗΠΑ ή ακόμη και να υπολογίσουν τις εισπράξεις διοδίων στη Διώρυγα του Παναμά σε εκατομμύρια δολάρια. Ζητήθηκε από τα υποκείμενα να επιλέξουν οποιοδήποτε εύρος επιθυμούν με στόχο να μην είναι λανθασμένα περισσότερο από 2% των φορών, αλλά στην πραγματικότητα ήταν μειωμένα κατά 40%! Οι ερευνητές ονόμασαν αυτό το εκπληκτικό φαινόμενο υπερβολικής αυτοπεποίθησης.

Η υπερβολική εμπιστοσύνη ισχύει για τις προβλέψεις όσον αφορά την απόδοση της χρηματιστηριακής αγοράς για ένα έτος ή τα κέρδη σε διάστημα τριών ετών, καθώς και τις προβλέψεις των γνώσεων και της ικανότητάς μας να προβλέπουμε. Οι άνθρωποι συχνά υποτιμούν τόσο τις γνώσεις και την ικανότητά μας για πρόβλεψη, όσο και την εμπιστοσύνη μας ότι οι μεμονωμένες εκτιμήσεις είναι σωστές ή εσφαλμένες. Μάλλον μετά αυτό που γνωρίζουν οι άνθρωποι σε σχέση με το πόσο σίγουροι αισθάνονται ότι κάνουν προβλέψεις. Μπορεί να εκπλήσσει ορισμένους το γεγονός ότι οι ειδικοί υποφέρουν ακόμη περισσότερο από τους λαϊκούς από υπερβολική αυτοπεποίθηση. Όταν του ζητηθεί να προβλέψει τις τιμές του πετρελαίου σε πέντε χρόνια από τώρα, ένας καθηγητής οικονομικών μπορεί να δώσει την πρόβλεψή του με μεγαλύτερη πεποίθηση από ό,τι θα έκανε ο ομόλογός του. Ωστόσο, όταν τους ζητήθηκε να προβλέψει τις τιμές του πετρελαίου πέντε χρόνια μετά, με μεγαλύτερη σιγουριά από ό,τι θα έδινε την πρόβλεψή του ο ομόλογός τους!

Η υπερβολική αυτοπεποίθηση εκτείνεται πέρα από τα οικονομικά: έρευνες αποκαλύπτουν ότι το 84% των Γάλλων εκτιμά ότι είναι εραστές άνω του μέσου όρου. Χωρίς επιπτώσεις υπερβολικής εμπιστοσύνης, το ποσοστό αυτό θα έπρεπε να ήταν ακριβώς 50%. Ο στατιστικός διάμεσος σημαίνει ότι το 50% θα πρέπει να κατατάσσεται υψηλότερα και 50% χαμηλότερα αντίστοιχα. Μια άλλη έρευνα δείχνει ότι το 93% πιστεύει ότι είναι εραστές άνω του μέσου όρου παρά αυτό το φαινόμενο υπερβολικής αυτοπεποίθησης.

Οι φοιτητές των ΗΠΑ που συμμετείχαν στην έρευνα υπολόγισαν τους εαυτούς τους ως οδηγούς «πάνω από το μέσο όρο» και το 68% των σχολών του Πανεπιστημίου της Νεμπράσκα βαθμολογήθηκε στο κορυφαίο 25% ως προς την ικανότητα διδασκαλίας. Οι επιχειρηματίες και όσοι επιθυμούσαν να παντρευτούν θεωρούσαν επίσης ότι ήταν ανώτεροι: πίστευαν ότι μπορούσαν να νικήσουν τις πιθανότητες. Χωρίς την ύπαρξη υπερβολικής εμπιστοσύνης, η επιχειρηματική δραστηριότητα πιθανότατα θα μειωνόταν δραματικά. Για παράδειγμα, κάθε εστιάτορας ελπίζει ότι το εστιατόριό του θα γίνει το επόμενο ίδρυμα με αστέρι Michelin, αλλά πολλοί αποτυγχάνουν μέσα σε τρία χρόνια λόγω των χαμηλών αποδόσεων των επενδύσεων που παραμένουν σταθερά κάτω από το μηδέν.

Σχεδόν κανένα μεγάλο έργο δεν ολοκληρώνεται εγκαίρως και με μικρότερο κόστος από το προβλεπόμενο. Αξιοσημείωτα παραδείγματα περιλαμβάνουν το Airbus A400M, την Όπερα του Σίδνεϊ και το Big Dig της Βοστώνης. Για να καταλάβουμε γιατί, δύο δυνάμεις μπαίνουν στο παιχνίδι ταυτόχρονα: η υπερβολική αυτοπεποίθηση είναι ένας παράγοντας. Δεύτερον, όσοι ενδιαφέρονται άμεσα για το έργο έχουν συχνά κίνητρα να υποτιμήσουν το κόστος: σύμβουλοι, εργολάβοι και προμηθευτές αναζητούν όλοι περισσότερες επιχειρήσεις. Οι οικοδόμοι αισθάνονται ενθαρρύνονται από αισιόδοξα στοιχεία, ενώ οι πολιτικοί κερδίζουν περισσότερη υποστήριξη μέσω αυτών των δραστηριοτήτων - θα συζητήσουμε τη στρατηγική παραποίηση (Κεφάλαιο 89).

Αυτό που κάνει την υπερβολική αυτοπεποίθηση τόσο διάχυτη και την επίδρασή της τόσο ανησυχητική είναι το αδυσώπητο: δεν ανταποκρίνεται στα κίνητρα, καθώς είναι ένα ενστικτώδες χαρακτηριστικό αντί να οδηγείται από κίνητρα. Ούτε το αντίστοιχό του, «υποεμπιστοσύνη», είναι παρόν. Δεν αποτελεί έκπληξη για ορισμένους αναγνώστες: η υπερβολική αυτοπεποίθηση των ανδρών τείνει να είναι πιο εμφανής, ενώ οι γυναίκες δεν τείνουν να υπερβάλλουν τις γνώσεις και τις ικανότητές τους σχεδόν τόσο πολύ. Επιπλέον, οι αισιόδοξοι δεν είναι μόνοι όταν πρόκειται να υπερεκτιμήσουν τον εαυτό τους - ακόμα και οι αυτοαποκαλούμενοι απαισιόδοξοι εξακολουθούν να υπερεκτιμούν τον εαυτό τους, αν και λιγότερο ακραίοι.

Συμπέρασμα: Θυμηθείτε να παραμείνετε ενήμεροι ότι είναι εύκολο για εμάς να υπερεκτιμήσουμε τις γνώσεις μας. Να είστε προσεκτικοί με τις προβλέψεις των ειδικών. Σε όλα τα σχέδια, ευνοήστε το απαισιόδοξο σενάριο, καθώς αυτό σας δίνει την ευκαιρία να κρίνετε με ακρίβεια τις καταστάσεις πιο ρεαλιστικά.

Επιστροφή στην ερώτησή μας: Ο Johann Sebastian Bach άφησε πίσω του 1127 έργα που έχουν διασωθεί μέχρι σήμερα, αν και πολλά μπορεί να έχουν χαθεί με την πάροδο του χρόνου. Για περαιτέρω ανάγνωση, βλέπε: Illusion of Skill (κεφ. 94); Forecast Illusion (κεφ. 40) και Strategic Misrepresentation.
(Κεφ. 89); Τάση υπέρ-ανταπόκρισης κινήτρων (Κεφ. 18). Self-Serving Bias (Κεφ. 45).

ΜΗΝ ΠΑΙΡΝΕΤΕ ΣΟΒΑΡΑ ΤΟΥΣ ΑΓΟΡΕΣ ΕΙΔΗΣΕΩΝ

Αφού του απονεμήθηκε το Νόμπελ Φυσικής το 1918, ο Μαξ Πλανκ πήγε σε μια εθνική περιοδεία διάλεξης στη Γερμανία για να παρουσιάσει νέες θεωρίες κβαντικής μηχανικής. Όπου κι αν πήγαινε έδωσε την ίδια διάλεξη. Με την πάροδο του χρόνου, ο σοφέρ του εξοικειώθηκε με την ομιλία του: «Ο καθηγητής Planck πρέπει να θεωρεί μονότονη την επανάληψη. να το κάνω για σένα στο Μόναχο; Καθίστε στην πρώτη σειρά φορώντας το καπέλο του σοφέρ μου και φορέστε το καπάκι του σοφέρ, καθώς αυτό θα μας έδινε και στους δύο μια ποικιλία!». Ο Planck ήταν ευχαριστημένος με αυτή την ιδέα, έτσι ο οδηγός έκανε μια βραδινή διάλεξη για την κβαντική μηχανική ενώπιον ενός εκλεκτού κοινού. Όταν ένας από τους καθηγητές φυσικής του Μονάχου σηκώθηκε με μια ερώτηση προς αυτόν, ο οδηγός του εξεπλάγη: «Ποτέ δεν περίμενα ότι κάποιος από μια τόσο προηγμένη πόλη όπως το Μόναχο θα έκανε μια τόσο απλή ερώτηση! Ο σοφέρ μου θα δώσει ευχαρίστως μια απάντηση».

Ο Charlie Munger, ένας από τους κορυφαίους επενδυτές στον κόσμο (από τον οποίο πήρα αυτή την ιστορία), εντόπισε δύο τύπους γνώσης. Η πραγματική γνώση μπορεί να φανεί μεταξύ εκείνων που έχουν αφιερώσει σημαντικό χρόνο και προσπάθεια για να κατανοήσουν ένα θέμα. Η γνώση σοφέρ αναφέρεται στη γνώση από ανθρώπους που ξέρουν πώς να κάνουν μια παράσταση με εντυπωσιακές φωνές ή εντυπωσιακά στυλ μαλλιών. Ωστόσο, τα λόγια τους βγαίνουν σαν να διαβάζουν από σενάριο.

Δυστυχώς, έχει γίνει πιο δύσκολο από ποτέ να διακρίνουμε την αληθινή γνώση από τη γνώση του σοφέρ. Οι παρουσιαστές ειδήσεων παρέχουν ένα καλό παράδειγμα αυτής της διχογνωμίας. Όλοι γνωρίζουν ότι αυτοί οι ηθοποιοί απλώς ερμηνεύουν ρόλους - ωστόσο συνεχίζω να εκπλήσσομαι με τον σεβασμό που δίνουν αυτοί οι εκλεπτυσμένοι αναγνώστες σεναρίων εκτός από την εποπτεία των πάνελ για θέματα που μόλις και μετά βίας κατανοούν οι ίδιοι.

Οι δημοσιογράφοι παρουσιάζουν περισσότερες προκλήσεις. Μερικοί δημοσιογράφοι διαθέτουν πραγματική εμπειρία. αυτοί οι βετεράνοι ρεπόρτερ συνήθως ειδικεύονται σε έναν τομέα για χρόνια. Αυτοί οι ρεπόρτερ προσπαθούν να κατανοήσουν την πολυπλοκότητα ενός θέματος και στη συνέχεια να το εξηγήσουν αποτελεσματικά μέσα από μεγάλα άρθρα που περιγράφουν λεπτομερώς περιπτώσεις και εξαιρέσεις. Οι περισσότεροι δημοσιογράφοι, ωστόσο, μοιάζουν με σοφέρ: γράφουν μονόπλευρα κείμενα γρήγορα χρησιμοποιώντας αναζητήσεις Google χωρίς να κάνουν πολλή έρευνα για αποζημίωση. Τα κείμενά τους τείνουν να είναι μονόπλευρα, σύντομα και μονοδιάστατα ως προς το περιεχόμενο.
Αυτά τα άτομα τείνουν να επιδεικνύουν λίγη γνώση, ενώ αποπνέουν έναν αέρα ανωτερότητας στον τόνο.

Οι επιχειρήσεις μπορεί συχνά να επιδεικνύουν επιπολαιότητα. Καθώς οι εταιρείες γίνονται μεγαλύτερες, οι Διευθύνοντες Σύμβουλοι αναμένεται να έχουν «αστέρια ποιότητα». Δυστυχώς, η αφοσίωση, η επισημότητα και η αξιοπιστία συχνά υποτιμώνται στην κορυφή. Μερικές φορές οι μέτοχοι και οι δημοσιογράφοι πιστεύουν λανθασμένα ότι η επίδειξη θα δώσει καλύτερα αποτελέσματα, κάτι που σίγουρα δεν είναι αλήθεια.

Ο Warren Buffett, ο επιχειρηματικός συνεργάτης του Munger, έχει βρει μια εξαιρετική λύση: τον «κύκλο των ικανοτήτων» του. Αυτό που εμπίπτει σε αυτόν τον κύκλο μπορεί να γίνει κατανοητό διαισθητικά, ενώ αυτό που βρίσκεται έξω από αυτόν μπορεί μόνο εν μέρει να έχει νόημα. Ο Munger συμβουλεύει τους ανθρώπους να παραμείνουν μέσα σε αυτό που αναφέρει ως τον κύκλο των ικανοτήτων τους: να κατανοήσουν τι καταλαβαίνετε και τι όχι. Το μέγεθος δεν έχει σημασία αρκεί να ξέρουν πού βρίσκονται οι περιμέτρους τους ». Ο Munger τονίζει αυτό το σημείο. Για να πετύχει κανείς σε οποιαδήποτε προσπάθεια, πρέπει να κατανοήσει τις δικές του ικανότητες. Εάν το να παίξετε εναντίον ατόμων με μεγαλύτερες ικανότητες από τους ίδιους είναι εις βάρος σας, και δεν το κάνετε, πιθανότατα θα καταλήξει σε απώλεια - αυτό μπορεί να είναι εγγυημένο. Επομένως, είναι υψίστης σημασίας να βρει κανείς μια άκρη και να παραμείνει εντός του κύκλου των ικανοτήτων του.

Συμπέρασμα: Να είστε σε επιφυλακή για τη γνώση του σοφέρ. Μην μπερδεύετε τους εκπροσώπους εταιρειών, τους ringmasters, τους παρουσιαστές ειδήσεων, τους schmoozers ή τους πωλητές πολυφωνίας ως ειδικούς με αληθινές γνώσεις. Ένας σαφής δείκτης: οι πραγματικοί ειδικοί γνωρίζουν πότε τελειώνει η εμπειρία τους και πότε ξεκινά ξανά. Οι πραγματικοί ειδικοί αναγνωρίζουν επίσης πότε κάτι δεν ξεφεύγει από τον κύκλο της εμπειρογνωμοσύνης τους και σιωπούν ή μιλούν ελεύθερα για να υποδείξουν τέτοια κενά γνώσης. Οι σοφέρ σπάνια το κάνουν αυτό σε σχέση με τον εαυτό τους!

Βλέπε επίσης Προκατάληψη Αρχής (κεφ. 9). Εξάρτηση τομέα (κεφ. 76); Twaddle Tendency (κεφ. 57) για περαιτέρω εξερευνήσεις.

Κάθε βράδυ γύρω στις εννιά, περίπου στις εννιά και μισή, ένα άτομο με κόκκινο καπέλο στέκεται σε ένα τετράγωνο και αρχίζει να κουνάει άγρια το καπέλο του τριγύρω. Μετά από πέντε λεπτά εξαφανίζεται και μια μέρα αργότερα, όταν τον πλησίασε ένας αστυνομικός, αυτό το άτομο απάντησε ότι κρατούσε μακριά τις καμηλοπαρδάλεις αλλά καμία δεν φαινόταν εδώ, οπότε πρέπει να κάνει αποτελεσματική δουλειά σε αυτό!». Σε αυτό ο αστυνομικός απάντησε "Λοιπόν, τότε πρέπει να τα πάω καλά!"

Μια μέρα που ο φίλος μου με σπασμένο πόδι ήταν κλειστός στο σπίτι και μου ζήτησε να του αγοράσω λαχεία, πήγα στην πόλη, τσέκαρα μερικά κουτιά, έγραφα το όνομά του και πλήρωσα. Ωστόσο, μόλις του το έδωσα, μου έφερε αντίρρηση: «Γιατί το έκανες αυτό; Ήθελα να το συμπληρώσω μόνος μου. αυτοί οι αριθμοί δεν θα μου κερδίσουν τίποτα!».

«Πιστεύετε πραγματικά ότι η επιλογή αριθμών θα έχει κάποια σχέση με την κλήρωση;» ρώτησα. Το πρόσωπό του συνάντησε το βλέμμα μου.
Οι παίκτες του καζίνο συχνά ρίχνουν τα ζάρια όσο το δυνατόν πιο δυνατά, αν χρειάζονται υψηλό αριθμό, και πιο δυναμικά όταν ελπίζουν για χαμηλούς - μια παράλογη πρακτική όπως οι οπαδοί του ποδοσφαίρου που ελπίζουν ότι μπορούν να επηρεάσουν ένα παιχνίδι χειρονομώντας μπροστά σε μια τηλεόραση. Δυστυχώς μοιράζονται αυτήν την ψευδαίσθηση με άλλους που επιδιώκουν επίσης να επηρεάσουν τις παγκόσμιες υποθέσεις στέλνοντας θετικά vibes ή «κάρμα».

Οι Jenkins και Ward ανακάλυψαν το 1965 την ψευδαίσθηση του ελέγχου, την τάση να πιστεύουμε ότι μπορούμε να επηρεάσουμε κάτι στο οποίο δεν έχουμε καμία επιρροή, μέσω ενός πειράματος που χρησιμοποιεί δύο διακόπτες και ένα φως. Με το χτύπημα των διακοπτών μπορούσαν να επηρεάσουν το πότε και αν το φως άναβε τυχαία. τα θέματα εξακολουθούσαν να πίστευαν ότι μπορούσαν να επηρεάσουν τη φωτεινότητά του πατώντας τους διακόπτες.

Σκεφτείτε αυτό το παράδειγμα: ένας Αμερικανός ερευνητής διεξήγαγε δοκιμές για να διερευνήσει την ακουστική ευαισθησία στον πόνο τοποθετώντας τους ανθρώπους σε θαλάμους ήχου και αυξάνοντας σταδιακά την ένταση έως ότου τα άτομα του έκαναν σήμα να σταματήσει. Τα δύο δωμάτιά του (Α και Β) ήταν πανομοιότυπα εκτός από το ότι ο Β είχε ένα κόκκινο κουμπί πανικού στον τοίχο του.
Το κουμπί προοριζόταν μόνο ως ψευδαίσθηση ελέγχου. Ωστόσο, η παρουσία του έδωσε στους συμμετέχοντες την αίσθηση ότι μπορούσαν να διαμορφώσουν την κατάστασή τους και έτσι να τους επιτρέψουν να ανεχθούν σημαντικά μεγαλύτερα επίπεδα θορύβου. Εάν έχετε διαβάσει ποτέ τον Aleksandr Solzhenitsyn, τον Primo Levi ή τον Viktor Frankl, αυτό το εύρημα δεν πρέπει να σας εκπλήσσει. Τα βιβλία τους περιγράφουν πώς ακόμη και μικρές επιρροές στο πεπρωμένο ενθάρρυναν τους κρατούμενους να μην εγκαταλείψουν την ελπίδα τους.

Το να διασχίζουμε δρόμους στο Λος Άντζελες μπορεί να είναι δύσκολο, αλλά με το πάτημα ενός κουμπιού μπορούμε να σταματήσουμε την κυκλοφορία - ή μπορούμε; Ο σκοπός του κουμπιού είναι να μας κάνει να πιστεύουμε ότι έχουμε κάποιο έλεγχο στα φανάρια, ώστε να μπορούμε να αντέξουμε να περιμένουμε περισσότερο χωρίς να γίνουμε ανυπόμονοι ή να χάσουμε την υπομονή μας περιμένοντας να αλλάξει πιο υπομονετικά. Παρόμοια κόλπα χρησιμοποιούνται όταν πρόκειται για κουμπιά «πόρτας-άνοιγμα/κλείσιμο» του ανελκυστήρα: πολλά δεν είναι καν συνδεδεμένα σε ηλεκτρικό πίνακα! Παρόμοια μέτρα έχουν εφαρμοστεί και σε ανοιχτά γραφεία: για κάποιους μπορεί να είναι πάντα πολύ ζεστό, ενώ για άλλους πολύ κρύο. Έξυπνοι τεχνικοί δημιουργούν την ψευδαίσθηση του ελέγχου εγκαθιστώντας ψεύτικους επιλογείς θερμοκρασίας. Αυτό μειώνει τους λογαριασμούς ενέργειας - και τα παράπονα. Τέτοιες στρατηγικές έχουν γίνει γνωστές ως κουμπιά εικονικού φαρμάκου και χρησιμοποιούνται παντού, από ανελκυστήρες και γραφεία μέχρι καταστήματα με ταμεία.

Οι κεντρικοί τραπεζίτες και οι κυβερνητικοί αξιωματούχοι χρησιμοποιούν έμπειρα τα κουμπιά εικονικού φαρμάκου. Ένα παράδειγμα θα ήταν το επιτόκιο ομοσπονδιακών κεφαλαίων - ένα εξαιρετικά βραχυπρόθεσμο επιτόκιο μίας ημέρας. Αν και αυτό το επιτόκιο δεν επηρεάζει τα μακροπρόθεσμα επιτόκια (τα οποία εξαρτώνται από την προσφορά και τη ζήτηση και επομένως είναι κρίσιμα στις επενδυτικές αποφάσεις), κάθε αλλαγή του προκαλεί έντονες αντιδράσεις στο χρηματιστήριο. Κανείς δεν καταλαβαίνει γιατί τα επιτόκια μιας ημέρας έχουν τέτοια επίδραση στις αγορές, αλλά όλοι νομίζουν ότι το κάνουν και έτσι συμβαίνει. Οι δηλώσεις του προέδρου της Federal Reserve μπορούν να έχουν τον ίδιο αντίκτυπο: οι αγορές κινούνται παρόλο που τα λόγια του παρέχουν ελάχιστα πραγματικά απτά οφέλη για την πραγματική οικονομία. δημιουργούν απλώς ηχητικά κύματα. Ωστόσο, επιτρέπουμε στους οικονομικούς ηγέτες να συνεχίσουν να παίζουν με απατηλούς αριθμούς. Θα ερχόταν ένα πραγματικό σήμα αφύπνισης εάν όλα τα εμπλεκόμενα μέρη καταλάβαιναν ότι η παγκόσμια οικονομία είναι τελικά έξω από τα χέρια μας και δεν μπορεί να αντιμετωπιστεί αποτελεσματικά.

Είστε σίγουροι ότι όλα είναι υπό έλεγχο; Μάλλον Λιγότερο από όσο νομίζετε
Βλέπε επίσης Σύμπτωση (κεφ. 24). Παράβλεψη Πιθανοτήτων (κεφ. 26). Forecast Illusion (κεφ. 40); Illusion of Skill (κεφ. 94); Clustering Illusion (κεφ. 3); Introspection Illusion (κεφ. 67) σε αυτό το κεφάλαιο.

ΤΆΣΗ ΥΠΕΡ-ΑΠΟΚΡΙΣΗΣ

Οι Γάλλοι αποικιακοί ηγεμόνες στο Ανόι τον 19ο αιώνα θέσπισε νόμο για τον έλεγχο της προσβολής από αρουραίους: για κάθε νεκρό που προσήχθη στις αρχές, οι συλλαμβάνοντες θα έπαιρναν μια ανταμοιβή. Πολλοί αρουραίοι καταστράφηκαν μέσω αυτής της πρωτοβουλίας, αλλά και πολλοί περισσότεροι που εκτράφηκαν ειδικά για αυτήν.

Οι αρχαιολόγοι που ανακάλυψαν τους κυλίνδρους της Νεκράς Θάλασσας το 1947 όρισαν μια αμοιβή εύρεσης ανά περγαμηνή. Αντί να ανακαλύψουν πολλούς περισσότερους κυλίνδρους, οι αρχαιολόγοι απλώς έσκισαν τις υπάρχουσες περγαμηνές για να αυξήσουν την αμοιβή του ανιχνευτή. Παρόμοια κίνητρα προσφέρθηκαν στην Κίνα κατά τη διάρκεια του 19ου αιώνα: οι αγρότες βρήκαν πολλά οστά δεινοσαύρων στη γη τους και στη συνέχεια τα έσπασαν για να τα εξαργυρώσουν ως ανταμοιβή. Τα σύγχρονα διοικητικά συμβούλια εταιρειών προσφέρουν μπόνους όταν επιτυγχάνονται οι στόχοι και οι διευθυντές ξοδεύουν την ενέργειά τους προσπαθώντας να μειώσουν τους στόχους αντί να αναπτύξουν την επιχείρησή τους.

Αυτές οι περιπτώσεις απεικονίζουν τη διάσημη παρατήρηση του Charlie Munger σχετικά με τα κίνητρα που προκαλούν τάσεις υπερ-απόκρισης. Οι άνθρωποι ανταποκρίνονται στα κίνητρα κάνοντας ό,τι είναι προς το συμφέρον τους. Αυτό που είναι αξιοσημείωτο, ωστόσο, είναι πόσο γρήγορα και σημαντικά αλλάζει η συμπεριφορά των ανθρώπων όταν εισέρχονται νέα κίνητρα ή αλλάζουν τα υπάρχοντα. Επιπλέον, φαίνεται ότι οι άνθρωποι ανταποκρίνονται άμεσα στα κίνητρα οι ίδιοι και όχι σε οποιεσδήποτε μεγαλύτερες προθέσεις πίσω από αυτά.

Τα καλά συστήματα κινήτρων συνδυάζουν την πρόθεση και την ανταμοιβή. Για παράδειγμα, στην Αρχαία Ρώμη οι μηχανικοί κλήθηκαν να σταθούν κάτω από την κατασκευή της γέφυρας τους κατά τη διάρκεια των τελετών εγκαινίων. Τα κακά συστήματα κινήτρων από την άλλη πλευρά συχνά συσκοτίζουν ή ακόμη και διαστρέφουν τον επιδιωκόμενο στόχο. Η λογοκρισία ενός βιβλίου μπορεί απλώς να κάνει το περιεχόμενό του πιο διαβόητο, η επιβράβευση των τραπεζικών υπαλλήλων για κάθε δάνειο που πωλείται μπορεί να βλάψει περαιτέρω τα πιστωτικά χαρτοφυλάκια και η δημοσιοποίηση των μισθών των CEO δεν έκανε τίποτα άλλο παρά την αύξησή τους. κανείς δεν ήθελε να εκληφθεί ως «χαμένος CEO».

Θέλετε να αλλάξετε τη συμπεριφορά των ατόμων ή των οργανισμών; Το κήρυγμα για αξίες και οράματα ή η έκκληση στη λογική θα μπορούσε να λειτουργήσει, αλλά τα κίνητρα συχνά λειτουργούν καλύτερα - δεν χρειάζεται καν να είναι οικονομικά!
Όλα όσα μάθαμε μπορούν να αξιοποιηθούν - από καλούς βαθμούς και βραβεία Νόμπελ, μέχρι ειδική μεταχείριση στη μετά θάνατον ζωή.

Πολύ πριν καταλάβω γιατί οι μορφωμένοι ευγενείς του Μεσαίωνα εγκατέλειψαν την πολυτελή ζωή τους για να λάβουν μέρος στις Σταυροφορίες, αγωνίστηκα να καταλάβω τι θα μπορούσε να κάνει τους καλά μορφωμένους ευγενείς από αυτήν την περίοδο να αφήσουν πίσω τους τον άνετο τρόπο ζωής τους και να καβαλήσουν άλογα, γνωρίζοντας πολύ καλά Το ταξίδι διήρκεσε τουλάχιστον έξι μήνες και πέρασε απευθείας από το εχθρικό έδαφος - ωστόσο πήραν το ρίσκο. Μετά από λίγη σκέψη και προβληματισμό συνειδητοποίησα: τα συστήματα κινήτρων έπαιξαν ουσιαστικό ρόλο. Αν επιζούσαν, θα μπορούσαν να κρατήσουν όλα τα λάφυρα του πολέμου ενώ γίνονταν πλούσιοι, ενώ όσοι πέθαιναν αυτόματα γίνονταν μάρτυρες με όλα τα οφέλη για αυτούς ή αλλιώς πήγαιναν κατευθείαν στον παράδεισο ως μάρτυρες - καθιστώντας δυνατή αυτή τη λύση κερδοφόρα για όλους τους συμμετέχοντες - κάνοντας αυτό το εγχείρημα είναι κερδοφόρο από την πρώτη μέρα και για τα δύο εμπλεκόμενα μέρη, εάν και τα δύο μπορούσαν να επιστρέψουν ζωντανά. σε κάθε περίπτωση ήταν win/win κατάσταση

Φανταστείτε για ένα δευτερόλεπτο αν πολεμιστές και στρατιώτες χρέωναν τους εχθρούς την ώρα για τις υπηρεσίες που παρείχαν - θα τους ενθαρρύναμε ουσιαστικά να πάρουν όσο το δυνατόν περισσότερο, σωστά; Γιατί λοιπόν πληρώνουμε ωριαίες τιμές όταν προσλαμβάνουμε δικηγόρους, αρχιτέκτονες, συμβούλους, λογιστές ή εκπαιδευτές οδήγησης; Η συμβουλή μου: αντ 'αυτού να διαπραγματευτείτε συμφωνίες σταθερής τιμής προτού δεσμεύσετε τις υπηρεσίες τους.

Να είστε προσεκτικοί με τους συμβούλους επενδύσεων που εγκρίνουν συγκεκριμένα χρηματοοικονομικά προϊόντα. Η εστίασή τους μπορεί να μην είναι η οικονομική σας ευημερία, αλλά η απόκτηση προμήθειας. Τα επιχειρηματικά σχέδια των επιχειρηματιών και των τραπεζιτών επενδύσεων συχνά αποδεικνύονται άχρηστα, επειδή οι πωλητές έχουν μόνο τα δικά τους συμφέροντα στο επίκεντρο. όπως λέει το παλιό ρητό «Ποτέ μην ρωτάς έναν κουρέα αν χρειάζεσαι κούρεμα».

Παρακολουθήστε τις τάσεις σούπερ-ανταπόκρισης κινήτρων. Όταν η συμπεριφορά κάποιου ή ενός οργανισμού σας μπερδεύει, ρωτήστε ποια κίνητρα μπορεί να κρύβονται πίσω από αυτό και πιθανότατα θα είστε σε θέση να εξηγήσετε το 90% των περιπτώσεων με ευκολία. οποιοδήποτε υπόλοιπο 10% μπορεί να είναι πάθος, ηλιθιότητα, ψύχωση ή κακία.

Βλέπε επίσης Motivation Crowding (κεφ. 56). Αμοιβαιότητα (κεφ. 6); Επίδραση υπερβολικής αυτοπεποίθησης (κεφ. 15) για πρόσθετο υλικό σχετικά με τον συνωστισμό κινήτρων.

ΠΑΛΙΝΔΡΟΜΗΣΗ ΣΕ ΜΕΣΟ

Ο πόνος στην πλάτη του κυμαινόταν μεταξύ του καλύτερου και του χειρότερου. Μερικές μέρες ήταν καλύτερες από άλλες. Θα υπήρχαν μέρες που ένιωθε ότι ήθελε να μετακινήσει βουνά, άλλες που ακόμη και η ελάχιστη κίνηση ήταν αδύνατη. Όταν αυτό γινόταν προβληματικό - που ευτυχώς συνέβη μόνο σπάνια - η γυναίκα του τον οδηγούσε να δει έναν χειροπράκτη. Μόλις εκεί, η επόμενη μέρα θα τον έβρισκε πιο κινητό και θα τον συνιστούσε ανεπιφύλακτα σε όλες τις επαφές του.

Ένας άλλος, νεότερος άνδρας με μειονέκτημα στο γκολφ 12, ενθουσιαζόταν με τον εκπαιδευτή του, με τον οποίο έκλεινε μια ώρα κράτηση όποτε το παιχνίδι του έπεφτε και λίγο αργότερα η απόδοσή του βελτιωνόταν σημαντικά.

Ένας επενδυτικός σύμβουλος από μια μεγάλη τράπεζα δημιούργησε έναν περίεργο «χορό της βροχής», εκτελώντας τον κάθε φορά που οι μετοχές του είχαν κακή απόδοση στην τουαλέτα. Αν και φαινόταν παράλογο εκείνη την εποχή, ένιωθε υποχρεωμένος να το κάνει. και τα πράγματα πάντα βελτιώνονταν μετά.

Αυτό που συνδέει τους τρεις άντρες είναι ένα σφάλμα γνωστό ως αυταπάτη παλινδρόμησης σε μέση.

Ας υποθέσουμε ότι η περιοχή σας έχει βιώσει μια ασυνήθιστα ψυχρή περίοδο. Οι πιθανότητες είναι ότι οι θερμοκρασίες θα επιστρέψουν σταδιακά στον μηνιαίο μέσο όρο τις επόμενες ημέρες. Το ίδιο είναι πιθανό να ισχύει και με την υπερβολική ζέστη, την ξηρασία ή τη βροχή: ο καιρός κυμαίνεται γύρω από το μέσο όρο. Ο καιρός είναι μόνο ένας δείκτης. Το ίδιο συμβαίνει και με τον χρόνιο πόνο, τα μειονεκτήματα του γκολφ, τις επιδόσεις στο χρηματιστήριο, την τύχη στον έρωτα, τα υποκειμενικά επίπεδα ευτυχίας και τις βαθμολογίες των τεστ - όλα αυτά κυμαίνονται γύρω από κάποιο είδος μέσου όρου. Και ομοίως για ανακούφιση από χρόνιο πόνο στην πλάτη χωρίς επισκέψεις χειροπρακτικής. Χάντικαπ που επιστρέφουν στα 12 χωρίς να προστεθούν μαθήματα. Η απόδοση του επενδυτικού συμβούλου επιστρέφει σε μια μέση απόδοση της αγοράς - ανεξάρτητα από τους χορούς της τουαλέτας!

Οι ακραίες παραστάσεις διανθίζονται με λιγότερο ακραίες. Ακόμη και οι πιο επιτυχημένες επιλογές μετοχών πριν από τρία χρόνια δεν θα παραμείνουν πιθανότατα έτσι σε άλλα τρία. Μπορείτε να καταλάβετε γιατί ορισμένοι αθλητές προτιμούν να αποφεύγουν να κάνουν πρωτοσέλιδα.

Οι εφημερίδες συχνά αναφέρουν κορυφαία αποτελέσματα, αλλά υποσυνείδητα γνωρίζουν ότι την επόμενη φορά μπορεί να μην επιτύχουν παρόμοια κορυφαία αποτελέσματα - κάτι που δεν έχει καμία σχέση με την προσοχή των μέσων ενημέρωσης. αλλά οφείλεται σε φυσικές διακυμάνσεις στην απόδοση.

Ή εξετάστε την περίπτωση ενός διευθυντή τμήματος που επιδιώκει να τονώσει το ηθικό των εργαζομένων στέλνοντας το λιγότερο κίνητρο 3% του εργατικού δυναμικού του σε μια σειρά μαθημάτων, μόνο για να μην επιστρέφουν τα επίπεδα κινήτρων όπως πριν (αυτοί που συμμετείχαν δεν αποτελούν πλέον αυτό το ποσοστό - θα πιθανώς να είναι άλλοι αντί για τον εαυτό τους στο κάτω μέρος). Άξιζε τον κόπο το μάθημα; Δύσκολο να πει κανείς, καθώς τα επίπεδα κινήτρων πιθανότατα θα επέστρεφαν στα πρότυπα τους ακόμη και χωρίς εκπαίδευση. παρόμοια με τους ασθενείς που νοσηλεύονται για κατάθλιψη που συχνά φεύγουν νιώθοντας κάπως καλύτερα, αλλά μπορεί κάλλιστα να μην συνέβαλε καθόλου!

Παράδειγμα 2: Στη Βοστώνη, σχολεία με χαμηλές επιδόσεις εντάχθηκαν σε πρόγραμμα εντατικής υποστήριξης. Μέσα σε ένα χρόνο, η απόδοσή τους είχε βελτιωθεί - κάτι που οι αρχές απέδωσαν άμεσα σε αυτήν την προσπάθεια παρά στη φυσική οπισθοδρόμηση προς το μέτριο.

Η παλινδρόμηση στη μέση μπορεί να έχει καταστροφικές συνέπειες, οδηγώντας τους δασκάλους (ή τους διευθυντές) να πιστεύουν ότι η πειθαρχία είναι καλύτερη από τον έπαινο, για παράδειγμα επιβραβεύοντας άτομα με υψηλές επιδόσεις ενώ τιμωρούν όσους έχουν χαμηλή επίδοση μετά από τεστ. Ως αποτέλεσμα, οι δάσκαλοι μπορεί να καταλήξουν στο συμπέρασμα ότι η επίπληξη βοηθά και ο έπαινος εμποδίζει - δημιουργώντας έναν επαναλαμβανόμενο κύκλο όπου η τιμωρία βοηθά και ο έπαινος εμποδίζει την απόδοση - έτσι η πεποίθησή τους γίνεται "η μομφή βοηθάει και ο έπαινος εμποδίζει", δημιουργώντας μια άλλη πλάνη που δεν μπορεί να αποφευχθεί.

Συμπέρασμα: Όταν ακούω ιστορίες όπως «αρρώστησα, επισκέφτηκα τον γιατρό μου και σταδιακά βελτιώθηκα» ή «Η εταιρεία μας αντιμετώπισε δυσκολίες κατά τη διάρκεια του έτους. Ως εκ τούτου, προσλάβαμε έναν σύμβουλο και τώρα τα αποτελέσματα έχουν επιστρέψει στο φυσιολογικό», θα μπορούσε να είναι ενδεικτικό σφάλματος παλινδρόμησης σε μέση τιμή.

Δείτε επίσης Πρόβλημα με μέσους όρους (κεφ. 55). Εφέ αντίθεσης (κεφ. 10); Θα χειροτερέψει προτού βελτιωθεί η πλάνη (κεφ. 12). Σύμπτωση (κεφ. 24); Gambler's Fallacy (κεφ. 29)

Ποτε μην αξιολογειτε μια αποφαση με βαση το αποτελεσμα της

Μεροληψια αποτελεσματος

Φανταστείτε ένα εκατομμύριο μαϊμούδες να επενδύουν στο χρηματιστήριο. αγορά και πώληση μετοχών φαινομενικά τυχαία - τι συμβαίνει; Μετά από μία εβδομάδα, περίπου οι μισοί θα έχουν κάνει κέρδη ενώ οι μισοί έχουν ζημιές. Μόνο εκείνοι οι πίθηκοι που έκαναν κέρδος μπορούν να μείνουν. οποιοσδήποτε είχε απώλειες θα πρέπει να σταλεί σπίτι του. Μετά από μία εβδομάδα, οι μισοί θα συνεχίσουν να οδηγούν ψηλά ενώ οι μισοί έχουν ζήσει απώλειες και πρέπει να απομακρυνθούν. αυτός ο κύκλος συνεχίζεται καθ' όλη τη διάρκεια. Μετά από 10 εβδομάδες, θα παραμείνουν περίπου 1000 πίθηκοι που έχουν επενδύσει με συνέπεια τα κεφάλαιά τους με σύνεση. Μετά από 20 εβδομάδες, θα μείνει μόνο μία και αυτός ο πίθηκος -θα αναφερόμαστε ως ο πίθηκος της επιτυχίας- επέλεγε με συνέπεια μετοχές με τις οποίες θα μπορούσε να κερδίσει και είναι πλέον δισεκατομμυριούχος! Ας τον φωνάξουμε.

Πώς θα αντιδράσουν τα ΜΜΕ; Θα επιτεθούν πάνω σε αυτό το ζώο αναζητώντας τις «αρχές επιτυχίας» του και αναμφίβολα θα βρουν μερικές: ίσως ο πίθηκος τρώει περισσότερες μπανάνες από τους συναδέλφους του πρωτεύοντα. Ίσως κάθεται σε μια άλλη γωνιά του κλουβιού του. Ίσως ταλαντεύεται μέσα από κλαδιά ακάθεκτη, κάνοντας μεγάλες, στοχαστικές παύσεις όταν περιποιείται τον εαυτό του. Σίγουρα πρέπει να υπάρχει κάποιο μυστικό συστατικό που να επιτρέπει σε αυτόν τον λαμπρό ερμηνευτή να μείνει ακλόνητος για είκοσι εβδομάδες; Αδύνατο!

Η ιστορία των πιθήκων απεικονίζει την προκατάληψη του αποτελέσματος: τείνουμε να κρίνουμε τις αποφάσεις με βάση τα αποτελέσματά τους και όχι από διαδικασίες, συχνά γνωστές ως σφάλμα ιστορικού. Ένα κλασικό παράδειγμα αυτής της πλάνης θα ήταν η επίθεση της Ιαπωνίας στο Περλ Χάρμπορ. θα έπρεπε να είχε εκκενωθεί η στρατιωτική της βάση πριν δεχθεί επίθεση; Σήμερα: Ναι. Τα στοιχεία ήταν συντριπτικά για μια επικείμενη επίθεση. Ωστόσο, μόνο εκ των υστέρων είναι εμφανή τα σήματα. Εκείνη την εποχή, το 1941 παρείχε πολλά αντιφατικά σήματα που έδειχναν μια επίθεση. κάποιοι το υπέδειξαν ενώ άλλοι όχι. Για να αξιολογηθεί η ποιότητα αυτής της απόφασης κατά την έναρξή της (δηλαδή πριν από την έκδοσή της), πρέπει να λαμβάνονται υπόψη μόνο οι διαθέσιμες πληροφορίες εκείνη τη στιγμή. οτιδήποτε μαθαίνουμε μετά την επίθεση πρέπει επίσης να λαμβάνεται υπόψη.

Ένα άλλο πείραμα απαιτεί να αξιολογήσετε τρεις καρδιοχειρουργούς. Για να γίνει αυτό, ο καθένας καλείται να κάνει πέντε δύσκολες επεμβάσεις στον εαυτό του διαδοχικά.
Με την πάροδο του χρόνου, η πιθανότητα θανάτου από αυτές τις διαδικασίες έχει σταθεροποιηθεί στο 20%. Ο χειρουργός Α δεν χάνει κανέναν κατά τη διάρκεια της επέμβασης ενώ ο χειρουργός Β χάνει έναν ασθενή ενώ με τον χειρουργό Γ δύο χάνει. Πώς πρέπει να κρίνονται αυτοί οι τρεις χειρουργοί ο ένας εναντίον του άλλου; Εάν είστε όπως οι περισσότεροι άνθρωποι, η βαθμολογία Α ως το καλύτερο, το Β ως το δεύτερο καλύτερο και το Γ ως το

χειρότερο είναι απλώς να πέφτετε θύματα της προκατάληψης του αποτελέσματος - πιθανώς λόγω πολύ λίγων δειγμάτων που εξετάζονται - καθιστώντας τα αποτελέσματα χωρίς νόημα. Μια ακριβής αξιολόγηση ενός χειρουργού απαιτεί πρώτα την κατανόηση του πεδίου του/της, ακολουθούμενη από προσεκτική παρατήρηση κατά την προετοιμασία και την εκτέλεση των επεμβάσεων - με άλλα λόγια, πρέπει να αξιολογήσετε τόσο τη διαδικασία όσο και το αποτέλεσμα όταν κάνετε τέτοιες αξιολογήσεις. Εναλλακτικά, εάν υπάρχουν αρκετοί ασθενείς που χρειάζονται τη συγκεκριμένη χειρουργική επέμβαση - 100 ή 1000 επεμβάσεις - τότε θα μπορούσατε να χρησιμοποιήσετε μεγαλύτερο μέγεθος δείγματος. Προς το παρόν, αρκεί να κατανοήσουμε ότι για έναν μέσο χειρουργό υπάρχει πιθανότητα 33% να μην πεθάνει κανείς, 41% πιθανότητα να πεθάνει ένα άτομο και 20% πιθανότητα να πεθάνουν δύο άνθρωποι. Αυτός είναι ένας απλός υπολογισμός πιθανοτήτων και δεν δείχνει τεράστια απόκλιση μεταξύ μηδέν νεκρών και δύο νεκρών. Το να κρίνουμε αυτούς τους τρεις χειρουργούς αποκλειστικά βάσει αυτών των αποτελεσμάτων θα ήταν αμέλεια και ανήθικο.

Συμπέρασμα: είναι συνετό να μην κρίνουμε αποφάσεις αποκλειστικά με βάση το αποτέλεσμα, ιδιαίτερα όταν παίζει ρόλο η τυχαιότητα ή οι εξωτερικές επιρροές. Ένα κακό αποτέλεσμα δεν σημαίνει αυτόματα κακή απόφαση, το αντίστροφο. Επομένως, αντί να θρηνείτε για κακές επιλογές που έγιναν ή να επικροτείτε τον εαυτό σας για αυτές που οδήγησαν σε επιτυχία μόνο τυχαία ή μόνο από σύμπτωση, θυμηθείτε γιατί επιλέξατε αυτό που κάνατε. ήταν λογικοί και κατανοητοί οι λόγοι σας; Εάν αυτή η μέθοδος λειτούργησε πριν, αλλά δεν απέδωσε αποτελέσματα αυτή τη φορά - μείνετε σε αυτήν και δείτε πού αλλού μπορεί να οδηγήσει!

Βλέπε επίσης Πλάνη Βυθισμένου Κόστους (Κεφ. 5). Swimmer's Body Illusion (Κεφ. 2), Hindsight Bias (Κεφ. 14) και Illusion of Skill (Κεφ. 94) ως σχετικές έννοιες.

ΓΙΑΤΙ ΛΙΓΟΤΕΡΑ ΕΙΝΑΙ ΠΕΡΙΣΣΟΤΕΡΟ

Δεδομένου ότι η αδερφή μου και ο σύζυγός της αγόρασαν πρόσφατα ένα ημιτελές σπίτι, το μόνο για το οποίο μπορούμε να μιλήσουμε είναι πλακάκια μπάνιου: κεραμικό, γρανίτης, μάρμαρο, μέταλλο, πέτρα, ξύλινο γυαλί laminate. Η αδερφή μου συχνά αναφωνεί «Υπάρχουν πάρα πολλά για να διαλέξει», σηκώνει τα χέρια της με θυμό πριν επιστρέψει στον κατάλογο ως την πηγή γνώσης της.

Η έρευνά μου δείχνει ότι το τοπικό μου παντοπωλείο διαθέτει 48 ποικιλίες γιαουρτιού, 134 είδη κόκκινου κρασιού και 64 προϊόντα καθαρισμού για ένα συνολικό σύνολο 30.000 ειδών. Η Amazon διαθέτει επί του παρόντος δύο εκατομμύρια τίτλους που είναι διαθέσιμοι σε διαδικτυακό βιβλιοπωλείο. Οι άνθρωποι σήμερα αντιμετωπίζουν πολλές επιλογές από ψυχικές διαταραχές μέχρι καριέρα σε προορισμούς διακοπών και επιλογές τρόπου ζωής - ποτέ δεν είχαν τόσες πολλές επιλογές στη διάθεσή τους!

Στο παιδικό μου σπίτι στην Ελβετία, υπήρχαν μόνο τρία είδη γιαουρτιού, τρία τηλεοπτικά κανάλια, δύο εκκλησίες, δύο είδη τυριών (ήπιο ή δυνατό), η πέστροφα ως το μόνο διαθέσιμο ψάρι και ένα τηλέφωνο που παρείχε η Swiss Post - με το μονό καντράν της εξυπηρετεί μόνο για την πραγματοποίηση κλήσεων - κάνει τη ζωή μας πιο απλή από τις σημερινές βιτρίνες που είναι γεμάτες μάρκες, μοντέλα και επιλογές συμβολαίου!

Αλλά η επιλογή είναι το μέτρο της προόδου. μας ξεχωρίζει από τις προγραμματισμένες οικονομίες και τη πέτρινη εποχή. Ενώ η αφθονία μπορεί να σας κάνει ευτυχισμένους, όταν ξεπεραστεί μπορεί να καταστρέψει την ποιότητα ζωής - αυτό το φαινόμενο είναι γνωστό ως παράδοξο της επιλογής.

Ο ψυχοθεραπευτής Barry Schwartz αναφέρει στο ομότιτλο βιβλίο του γιατί αυτό είναι αλήθεια. Μια μεγάλη επιλογή μπορεί να οδηγήσει σε εσωτερική παράλυση. Για να αποδείξει αυτό το αποτέλεσμα, ένα σούπερ μάρκετ έστησε ένα περίπτερο όπου οι πελάτες μπορούσαν να δοκιμάσουν 24 είδη ζελέ, τα οποία μπορούσαν να δοκιμάσουν πριν αγοράσουν με μειωμένη τιμή. Τη δεύτερη μέρα του πειράματός τους χρησιμοποιώντας έξι γεύσεις, οι πωλήσεις εκτοξεύτηκαν στα ύψη. Γιατί; Μήπως η τόση ποικιλία καθιστά τη διαδικασία λήψης αποφάσεων συντριπτική;
Οι πελάτες δεν μπορούσαν να αποφασίσουν, έτσι αποχώρησαν χωρίς να αγοράσουν τίποτα. Αυτό το πείραμα επαναλήφθηκε αρκετές φορές με διάφορα προϊόντα. κάθε φορά όμως παρήγαγε παρόμοια αποτελέσματα.

Δεύτερον, η ευρεία επιλογή μπορεί να οδηγήσει σε κακές αποφάσεις. Όταν ρωτήθηκαν από τους νέους ποιες ιδιότητες καθιστούν έναν ιδανικό σύντροφο ζωής, πολλοί αναφέρουν ως προτεραιότητες την εξυπνάδα, τους καλούς τρόπους, τη ζεστασιά, την ικανότητα ακρόασης, το χιούμορ και τη σωματική ελκυστικότητα. Λαμβάνονται όμως πραγματικά υπόψη αυτά τα κριτήρια κατά την επιλογή κάποιου; Στο παρελθόν, νεαροί άνδρες από χωριά μέσου μεγέθους μπορούσαν να επιλέξουν ανάμεσα σε είκοσι ίσως κορίτσια της σχολικής τους ηλικίας που θα μπορούσε να σκεφτεί για γάμο. Γνώριζε τις οικογένειές τους, με αποτέλεσμα να πάρει μια απόφαση με βάση μια σειρά κοινών χαρακτηριστικών. Τώρα στην εποχή των διαδικτυακών γνωριμιών, υπάρχουν εκατομμύρια πιθανοί συνεργάτες διαθέσιμοι σε όλους μας. Μελέτες έχουν αποδείξει ότι ο ανδρικός εγκέφαλος κατακλύζεται από τη συντριπτική επιλογή πιθανών συντρόφων που η διαδικασία επιλογής τους περιορίζεται σε ένα μόνο κριτήριο: τη φυσική ελκυστικότητα. Πιθανότατα γνωρίζετε καλά αυτή τη διαδικασία επιλογής από τις προσωπικές σας εμπειρίες ή μέσω της αναφοράς των μέσων ενημέρωσης.

Η μεγάλη επιλογή μπορεί να οδηγήσει σε δυσαρέσκεια. Πώς μπορείτε να είστε σίγουροι ότι κάνετε την κατάλληλη επιλογή όταν 200 επιλογές σας βομβαρδίζουν και σας μπερδεύουν; Απλά δεν μπορείς. Με περισσότερες επιλογές στα χέρια σας έρχεται περισσότερη αβεβαιότητα και τελικά δυσαρέσκεια στη συνέχεια.

Τι πρέπει να κάνετε λοιπόν; Σκεφτείτε προσεκτικά τα κριτήρια που επιθυμείτε πριν αναζητήσετε διαθέσιμες προσφορές και, στη συνέχεια, μείνετε σταθερά σε αυτά. Λάβετε επίσης υπόψη ότι οι τέλειες αποφάσεις δεν μπορούν να υπάρξουν δεδομένης της απεραντοσύνης των επιλογών εκεί έξω. στοχεύστε στο αρκετά καλό και όχι στην τελειομανία! Αντίθετα, εκτιμήστε τις «αρκετά καλές» επιλογές -- οι οποίες θα μπορούσαν να περιλαμβάνουν συντρόφους ζωής (αλλά μόνο εσείς και εγώ μπορούμε να διαλέξουμε ακριβώς αυτούς που θέλουμε!).

Βλ. Decision Fatigue (κεφ. 53). Εναλλακτική τύφλωση (κεφ. 71) και προεπιλεγμένο εφέ (κεφ. 81) για περαιτέρω ανάγνωση.

ΣΟΥ ΑΡΕΣΩ ΠΟΛΥ? ΔΕΝ ΘΑ ΗΘΕΛΑΤΕ ΝΑ ΜΟΥ ΠΕΙΤΕ ΑΥΤΟ;;!

Ο Kevin έκανε πρόσφατα μια παρορμητική αγορά δύο κουτιών εκλεκτού κρασιού Margaux. Αν και συνήθως δεν πίνει κρασιά Μπορντό, γοητεύτηκε τόσο πολύ από τον βοηθό πωλήσεών τους. όχι ψεύτικο ή πιεστικό αλλά πραγματικά προσιτό που αποφάσισε να αγοράσει δύο θήκες ως δώρα για κάποιον ξεχωριστό.

Ο Joe Girard θεωρείται ευρέως ο κορυφαίος πωλητής αυτοκινήτων στον κόσμο. Το μάντρα του για την επιτυχία: «Δεν υπάρχει τίποτα πιο αποτελεσματικό στο να πουλάς οτιδήποτε από το να πείσεις τους πελάτες ότι έχουν σημασία και ότι τους εκτιμάς αληθινά ως ανθρώπους» Αντί να μιλάει απλά για να μιλήσει, ο Girard χρησιμοποιεί κάρτες με μια φράση που διαβάζεται δυνατά κάθε μήνα για να δείξει στοργή: Μου αρέσεις

Το φαινόμενο της προτίμησης μεροληψίας είναι εκπληκτικά απλό στην κατανόηση, ωστόσο συχνά πέφτουμε θύματα του. Με απλά λόγια, σημαίνει αυτό: όσο περισσότερο μας αρέσει κάποιος, τόσο πιο πιθανό είναι να αγοράσουμε ή να βοηθήσουμε αυτό το άτομο. Ωστόσο, μπορεί κανείς να αναρωτηθεί τι ακριβώς συνιστά «συμπαθές». Σύμφωνα με έρευνες, αντιλαμβανόμαστε τους ανθρώπους ως ευχάριστους εάν Α) διαθέτουν ελκυστικά χαρακτηριστικά, Β) έχουν παρόμοια υπόβαθρο ή ενδιαφέροντα με εμάς τους ίδιους και Γ) μοιράζονται τα ενδιαφέροντά μας. Η διαφήμιση συχνά εμφανίζει ελκυστικά άτομα. Οι άσχημοι άνθρωποι θεωρούνται εχθρικοί και δεν κάνουν καν το κόψιμο (βλ. Α). Η διαφήμιση απασχολεί επίσης «ανθρώπους σαν εμάς», δηλαδή αυτούς που έχουν παρόμοια εμφάνιση, προφορά ή υπόβαθρο - όσο πιο όμοιοι τόσο το καλύτερο! Το Mirroring είναι μια αποτελεσματική τεχνική πωλήσεων που χρησιμοποιείται για να επιτευχθεί ακριβώς αυτό το αποτέλεσμα. Εδώ, ο πωλητής προσπαθεί να αντικατοπτρίσει τις χειρονομίες, τη γλώσσα και τις εκφράσεις του προσώπου του υποψήφιου πελάτη του για να επιτύχει το μέγιστο αποτέλεσμα. Εάν ένας αγοραστής μιλάει αργά και ήσυχα ενώ συχνά ξύνει το κεφάλι του, θα ήταν λογικό και ο πωλητής να κάνει το ίδιο, αυξάνοντας έτσι τις πιθανότητές του να κλείσει μια επιχειρηματική συμφωνία. Οι διαφημιστές χρησιμοποιούν συχνά φιλοφρονήσεις ως μέρος της προσφοράς τους για τις πωλήσεις: πόσο συχνά έχετε ακούσει διαφημίσεις να λένε κάτι σαν: «το αξίζεις αυτό!»; Και πάλι, ο παράγοντας Γ παίζει εδώ - οι άνθρωποι μας βρίσκουν πιο ελκυστικούς αν μας αρέσουν. τα κομπλιμέντα κάνουν μαγικά ακόμα κι αν ηχούν ψεύτικα.

Το πολυεπίπεδο μάρκετινγκ (πώληση μέσω προσωπικών δικτύων) βασίζεται αποκλειστικά στην ικανότητά του να προσελκύει τις προτιμήσεις. Παρόλο που υπάρχουν κορυφαία πλαστικά δοχεία στην αγορά, το πολυεπίπεδο μάρκετινγκ εξακολουθεί να λειτουργεί εκμεταλλευόμενος την προτίμηση.
Η Tupperware μπορεί να υπερηφανεύεται για έναν ετήσιο τζίρο δύο δισεκατομμυρίων δολαρίων, λόγω των προσιτών λιανικών τιμών και των φιλικών πάρτι που διοργανώνονται από φίλους που πληρούν τέλεια και τα δύο πρότυπα ευγένειας.

Οι υπηρεσίες βοήθειας χρησιμοποιούν την προκατάληψη της αρέσκειας προς όφελός τους. Οι καμπάνιες περιλαμβάνουν σχεδόν αποκλειστικά χαμογελαστά παιδιά ή γυναίκες. ποτέ δεν θα δεις έναν πληγωμένο αντάρτη μαχητή με πέτρινο πρόσωπο να κοιτάζει πίσω από τις διαφημιστικές πινακίδες, παρόλο που χρειάζεται επίσης την υποστήριξή σου. Οι οργανώσεις διατήρησης χρησιμοποιούν παρόμοιες τεχνικές. μην κοιτάξετε παραπέρα από οποιοδήποτε φυλλάδιο του Παγκόσμιου Ταμείου Άγριας Ζωής που περιλαμβάνει αράχνες, σκουλήκια, φύκια ή βακτήρια ως αστέρια - παρόλο που αυτά τα πλάσματα που απειλούνται με εξαφάνιση μπορεί να είναι εξίσου κρίσιμα για το οικοσύστημα με τα πάντα, τους γορίλες, τα κοάλα ή τις φώκιες! Αλλά δεν αισθανόμαστε τίποτα για αυτά τα πλάσματα - αντίθετα συνδεόμαστε πιο έντονα με πλάσματα που δρουν παρόμοια και μοιάζουν με εμάς παρά κάτι που έχει εξαφανιστεί όπως η μύγα του οστού καπετάνιου έχει εξαφανιστεί... αυτό είναι πολύ κακό!

Οι πολιτικοί είναι δεξιοτέχνες στο να δημιουργούν μια ατμόσφαιρα συμπάθειας μεταξύ του κοινού τους. Με βάση τη δημογραφική ανάλυση και την ανάλυση συμφερόντων, προσαρμόζουν μηνύματα ανάλογα με την οικιστική περιοχή, το κοινωνικό υπόβαθρο ή τα οικονομικά ζητήματα - και μας κολακεύουν: κάθε δυνητικός ψηφοφόρος αισθάνεται απαραίτητος, ακούγοντας λέξεις όπως: "Η ψήφος σας μετράει!" και ακόμη και τότε μόνο με το πιο μικροσκοπικό κλάσμα - μερικές φορές οριακά άσχετο!

Ένας από τους φίλους μου που ασχολείται με αντλίες πετρελαίου που σχετίζονται με αγωγούς, μου είπε πώς έκλεισε με επιτυχία μια οκταψήφια συμφωνία για έναν αγωγό στη Ρωσία χωρίς να χρησιμοποιήσει καμία δωροδοκία για να τον κλείσει. "Δωροδοκία?" Ρώτησα, στην οποία ο φίλος μου απάντησε όχι: άρχισαν να κουβεντιάζουν για την ιστιοπλοΐα και ξαφνικά ανακάλυψαν ότι και οι δύο λατρεύαμε την ιστιοπλοΐα 470 λέμβων! Από εκεί και πέρα, η συμφωνία τους ήταν πλήρης με τη φιλικότητα να είναι πολύ ανώτερη από τη δωροδοκία».

Έτσι, εάν είστε πωλητής, κάντε τους αγοραστές σας να πιστεύουν ότι σας αρέσουν με κολακεία ή άλλα μέσα. Από την πλευρά των καταναλωτών, κρίνετε πάντα αντικειμενικά τα προϊόντα, ανεξάρτητα από το ποιος τους τα πούλησε - διώχνοντας τους πωλητές από το μυαλό σας προσποιούμενοι ότι δεν τους αρέσουν!
Βλ. Reciprocity (κεφ. 6). Προσωποποίηση (κεφ. 87) για περαιτέρω ανάγνωση σε αυτά τα θέματα.

Endowment Effect Έμεινα έκπληκτος όταν είδα την BMW που στεκόταν περήφανη στο πάρκινγκ μιας αντιπροσωπείας μεταχειρισμένων αυτοκινήτων, αστραφτερή σαν καινούργια με λίγα μόλις χιλιόμετρα στο χιλιομετρητή της και έμοιαζε τόσο καλή όσο καινούργια. Μου φαινόταν ότι αξίζει περίπου 40.000 δολάρια. Δυστυχώς, ωστόσο, ο πωλητής του ήθελε 50.000 $ και δεν υποχώρησε ούτε μια ίντσα στην τιμή. Αποφάσισα να το πάρω όταν μου τηλεφώνησε την επόμενη εβδομάδα και είπε ότι θα δεχόταν 40.000 $ αντ 'αυτού, βγάζοντάς το στην πρώτη του περιστροφή εκείνη την ημέρα και σταματώντας σε ένα βενζινάδικο όπου ο ιδιοκτήτης βγήκε θαυμάζοντας το αυτοκίνητό μου - μόνο για εκείνον για να πρόσφερε μου 53.000 $ μετρητά αμέσως και εκεί! Περιττό να πω ότι αρνήθηκα ευγενικά. Καθώς οδήγησα προς το σπίτι, μου φάνηκε πόσο γελοία ήταν η απόφασή μου: ένα αντικείμενο αξίας 40.000 δολαρίων είχε περιέλθει στην κατοχή μου και έγινε αμέσως αξίας άνω των 53.000 δολαρίων! Ωστόσο, εάν η σκέψη μου βασιζόταν καθαρά στον ορθολογισμό, το αυτοκίνητο θα είχε πουληθεί αμέσως - αλλά δυστυχώς για μένα, λόγω κάτι που είναι γνωστό ως το φαινόμενο της προικοδότησης (όπου τα αντικείμενα γίνονται πιο πολύτιμα όταν κατέχονται) και επομένως τείνουμε να χρεώνουμε περισσότερο όταν πουλούσαμε ένα αντικείμενο από ό,τι θα κάναμε αν αγοράζαμε απευθείας οι ίδιοι.

Ο ψυχοθεραπευτής Dan Ariely διεξήγαγε ένα πείραμα για να ελέγξει αυτή τη θεωρία: σε ένα από τα μαθήματά του, κληρώθηκε εισιτήρια για έναν σημαντικό αγώνα μπάσκετ και ζήτησε από τους μαθητές να μετρήσουν την εκτίμησή τους. φοιτητές με άδεια χέρια υπολογίζονται περίπου 170 $. Ωστόσο, οι νικητές μαθητές δεν θα πουλούσαν ποτέ το εισιτήριό τους κάτω από μια μέση τιμή πώλησης 2.400 $ - η ιδιοκτησία συνδέεται με υψηλότερες τιμές πώλησης από τις αναμενόμενες.

Η ακίνητη περιουσία έχει αποδείξει εδώ και καιρό το αποτέλεσμα της προικοδότησης. Οι πωλητές δένονται συναισθηματικά με τα σπίτια τους, κάτι που τους κάνει συχνά να υπερεκτιμούν την αξία του και να περιμένουν από τους αγοραστές να πληρώσουν περισσότερα από ό,τι επιτρέπει η τιμή της αγοράς - κάτι που απλά δεν μπορεί να συμβεί καθώς αυτή η υπέρβαση αντιπροσωπεύει μόνο συναισθηματική αξία.

Ο Richard Thaler διεξήγαγε ένα πείραμα στην τάξη που άνοιξε τα μάτια στο Πανεπιστήμιο Cornell για να μετρήσει το φαινόμενο της δωρεάς. Μοίρασε κούπες καφέ τυχαία στους μισούς μαθητές του, λέγοντάς τους ότι μπορούσαν είτε να τον πάρουν είτε να τον πουλήσουν στην επιθυμητή τιμή. Όσοι δεν το είχαν στη συνέχεια ρωτήθηκαν πόσο θα ήταν διατεθειμένοι να πληρώσουν για ένα. Εν ολίγοις, ο Thaler μέτρησε αυτό που είναι γνωστό ως φαινόμενο προικοδότησης.
Δημιουργήστε μια αγορά για κούπες καφέ. Θα μπορούσε κανείς να υποθέσει ότι περίπου το 50% των μαθητών θα συναλλάσσονταν, είτε πουλώντας είτε αγοράζοντας. Αλλά το αποτέλεσμα

ήταν πολύ χαμηλότερο. μόνο 1 στους 4 ιδιοκτήτες πούλησε κάτω από 5,25 $, ενώ οι αγοραστές συνήθως δεν πλήρωναν περισσότερα από 2,25 $ ανά κούπα.

Μπορεί κανείς να πει με ασφάλεια ότι οι άνθρωποι είναι καλύτεροι στο να συλλέγουν πράγματα παρά να τα πετάμε, γεγονός που εξηγεί γιατί μαζεύουμε τόση ακαταστασία στα σπίτια μας και γιατί οι συλλέκτες γραμματοσήμων, ρολογιών και έργων τέχνης σπάνια αποχωρίζονται τα πολύτιμα υπάρχοντά τους.

Παραδόξως, το αποτέλεσμα της προικοδότησης επεκτείνεται όχι μόνο στην κατοχή αλλά και στην σχεδόν ιδιοκτησία. Οίκοι δημοπρασιών όπως ο Christie's και ο Sotheby's ευδοκιμούν από αυτό το φαινόμενο: οι άνθρωποι που υποβάλλουν προσφορές μέχρι την τελευταία στιγμή αισθάνονται ότι ένα αντικείμενο είναι πρακτικά δικό τους και είναι πρόθυμοι να πληρώσουν πολύ περισσότερα από όσα είχαν προγραμματιστεί. οποιαδήποτε απόσυρση από την υποβολή προσφορών θεωρείται ως απώλεια παρ' όλη τη λογική. Οι μεγάλες δημοπρασίες, όπως αυτές για δικαιώματα εξόρυξης ή ραδιοσυχνότητες κινητής τηλεφωνίας συχνά εμφανίζουν "την κατάρα του νικητή", όπου ο αρχικός νικητής καταλήγει να χάνει οικονομικά όταν τον πιάνει η ζέση των προσφορών και οι υπερπροσφορές. Για περισσότερες πληροφορίες σχετικά με αυτό το θέμα, ανατρέξτε στο κεφάλαιο 35!

Υπάρχει ένα ανάλογο φαινόμενο στην αγορά εργασίας. Εάν κάνετε αίτηση για δουλειά και δεν λάβετε σχόλια ή απορριφθείτε σε ένα στάδιο συνέντευξης, η απογοήτευσή σας μπορεί να ενταθεί ακόμη περισσότερο με το να επενδύσετε συναισθηματικά σε κάτι που θα μπορούσε να ήταν μια κατά τα άλλα συνηθισμένη διαδικασία επιλογής. Είτε πιάνεις τη δουλειά είτε όχι. τίποτα άλλο δεν πρέπει να έχει σημασία.

Συμπέρασμα: Μην κολλάτε με φυσικά αντικείμενα. δείτε τα ως προσωρινά δώρα από το σύμπαν που θα μπορούσαν να εξαφανιστούν γρήγορα χωρίς προειδοποίηση. Έχε αυτό στο μυαλό σου και απολαύστε τον λίγο χρόνο που απομένει.

Βλέπε επίσης House-Money Effect (κεφ. 84). Βυθισμένη πλάνη κόστους (κεφ. 5); Winner's Curse (κεφ. 35). Εφέ αντίθεσης (κεφ. 10); Loss Aversion (κεφ. 32); Γνωστική Ασυμφωνία (κεφ. 50); Σύνδρομο Not-Invented-Here (κεφ. 74) και φόβος μετάνοιας (κεφ. 82)

Το ΑΝΑΠΟΦΕΥΚΤΟ ΤΩΝ ΑΠΙΘΑΝΩΝ ΓΕΓΟΝΟΤΩΝ

ΣΥΜΠΤΩΣΗ

Την 1η Μαρτίου 1950 στις 7.15 μ.μ. στο Beatrice της Νεμπράσκα τα 15 μέλη μιας εκκλησιαστικής χορωδίας είχαν προγραμματιστεί για πρόβα. Για διάφορους λόγους, όλοι έτρεξαν πίσω από το πρόγραμμα. ιδιαίτερα καθώς η οικογένεια του υπουργού καθυστέρησε να σιδερώσει το φόρεμα της κόρης τους. Στις 7.25 μ.μ., η εκκλησία εξερράγη, προκαλώντας σοκ στο χωριό και γκρεμίζοντας τοίχους και στέγη. Ως εκ θαύματος κανείς δεν σκοτώθηκε στην έκρηξη που αποδόθηκε από τον αρχηγό της πυροσβεστικής σε διαρροή αερίου, ακόμα κι αν τα μέλη της χορωδίας πίστευαν ότι επρόκειτο για θεϊκή παρέμβαση ή απλώς καθαρή σύμπτωση.

Κάτι την περασμένη εβδομάδα μου θύμισε τον Άντι, έναν παλιό σχολικό φίλο με τον οποίο δεν είχα μιλήσει για καιρό. Προς έκπληξή μου και έκπληξή μου, το τηλέφωνό μου χτύπησε ακριβώς εκείνη τη στιγμή χωρίς κανέναν άλλο καλούντα εκτός από τον Andy! «Πρέπει να είσαι τηλεπαθητικός!» Ήταν το επιφώνημα μου ενθουσιασμένο καθώς το σήκωσα για να το απαντήσω... Ήταν όμως σύμπτωση ή τηλεπάθεια;

Στις 5 Οκτωβρίου 1990, το The San Francisco Examiner ανέφερε ότι η Intel θα μηνύσει την αντίπαλό της AMD στο δικαστήριο αφού ανακάλυψε ότι σχεδίαζε να κυκλοφορήσει ένα τσιπ υπολογιστή με ακρωνύμιο γνωστό ως AM386, που σαφώς παραπέμπει στο τσιπ 386 της Intel. Η Intel γνώριζε τις προθέσεις της AMD μόνο από καθαρή τύχη: και οι δύο εταιρείες απασχολούσαν κάποιον που ονομαζόταν Mike Webb. Και οι δύο άνδρες έκαναν check out από το ίδιο ξενοδοχείο την ίδια μέρα αφού έμειναν μαζί. Η υποδοχή έλαβε ένα πακέτο που προοριζόταν για τον Mike Webb, αλλά το έστειλε αντ' αυτού στην Intel, όπου προωθήθηκε αμέσως για νομική ανάλυση και δράση κατά της AMD αμέσως από δικηγόρους νομικών τμημάτων από νομικά τμήματα και των δύο εταιρειών.

Πόσο πιθανές είναι τέτοιες ιστορίες; Ο Ελβετός ψυχίατρος C.G. Ο Γιουνγκ είδε σε αυτά στοιχεία μιας αόρατης δύναμης που ονόμασε συγχρονικότητα. πώς πρέπει να προσεγγίζουν οι ορθολογικοί στοχαστές τέτοιες ιστορίες; Κατά προτίμηση με χαρτί και μολύβι. Για παράδειγμα, στην περίπτωση της έκρηξης εκκλησίας, σκεφτείτε να σχεδιάσετε τέσσερα πλαίσια για να αναπαραστήσετε πιθανά αποτελέσματα, με το πρώτο να είναι αυτό που πραγματικά συνέβη: η χορωδία καθυστέρησε και η εκκλησία εξερράγη (στην πραγματικότητα). Αυτά τα τέσσερα πλαίσια μπορούν στη συνέχεια να αναπαριστούν τέσσερα πιθανά γεγονότα: (1) καθυστέρησε η χορωδία πριν συμβεί έκρηξη στην εκκλησία (2) πιθανές καθυστερήσεις χορωδίας χωρίς να συμβεί έκρηξη (3) πιθανά γεγονότα ακύρωσης χορωδίας που συμβαίνουν μεταξύ καθυστερήσεων χορωδίας πριν από την έκρηξη της εκκλησίας (στην πραγματικότητα αυτό ήταν ακριβώς αυτό που χρειάστηκε τόπος) πριν την καταστροφή του (καθυστερημένη πρόβα χορωδίας, έκρηξη εκκλησίας). Υπάρχουν τέσσερις πιθανές πιθανότητες κατά την προσέγγιση

τέτοιων λογαριασμών με χαρτί και μολύβι: 1) Η χορωδία καθυστέρησε την πρόβα και μετά συνέβη έκρηξη στην εκκλησία (δηλ.
Υπολογίστε τη συχνότητα αυτών των γεγονότων και γράψτε τα στα αντίστοιχα κουτιά, δίνοντας ιδιαίτερη προσοχή στο πόσο συχνά έχει συμβεί «η χορωδία στην ώρα της και η εκκλησία δεν εξερράγη». Σημειώστε πόσο συχνά εκατομμύρια χορωδίες συναντώνται για πρόβες και δεν αντιμετωπίζουν παρόμοιες συνθήκες όπως αυτό που συνέβη στο Beatrice της Νεμπράσκα (που θα μπορούσε να συμβεί μία φορά κάθε αιώνα ή περισσότερο με βάση στατιστικές πιθανότητες), επομένως δεν μπορεί να υπάρξει θεϊκή παρέμβαση (εξάλλου, φαίνεται μάλλον ανόητο να θέλει ο Θεός να ανατινάξει μια εκκλησία!)

Εφαρμόστε αυτόν τον τρόπο σκέψης στις τηλεφωνικές κλήσεις: σκεφτείτε όλες τις φορές που ο 'Andy' σας σκέφτεται αλλά δεν σας καλεί. όταν τον σκέφτεσαι αλλά δεν σου τηλεφωνεί. ή όταν κανένας από τους δυο σας δεν τους σκέφτεται αλλά εξακολουθούν να τηλεφωνούν;...Μπορεί να υπάρχουν πολλές περιπτώσεις που κανένας δεν σκέφτεται ο ένας τον άλλον - ωστόσο τελικά κάποιος παίρνει και τηλεφωνεί, ειδικά με 100 φίλους για να διαλέξετε!

Η εκτίμηση των πιθανοτήτων μπορεί να είναι δύσκολη. Όταν κάποιος λέει "ποτέ", συνήθως το καταχωρώ ως εκτίμηση μεγαλύτερη από το μηδέν, καθώς το "ποτέ" δεν μπορεί ποτέ να αντισταθμιστεί με αρνητικές πιθανότητες.

Ας μην παρασυρόμαστε λοιπόν: οι απίθανες συμπτώσεις είναι πράγματι απίθανα αλλά εντελώς πιθανά γεγονότα. Η εμφάνισή τους δεν πρέπει να προκαλεί σοκ. Αυτό που θα ήταν έκπληξη θα ήταν αν δεν υλοποιούνταν ποτέ.

Δείτε επίσης: Ψευδής αιτιότητα (κεφ. 37). Μεροληψία επιβεβαίωσης (κεφ. 7-8). Regression to Mean (κεφ. 19). Illusion of Control (κεφ. 17) και Clustering Illusions (κεφ. 3).

Η ΣΥΜΜΟΡΦΩΣΗ ΔΕΝ ΕΠΙΒΆΛΛΕΤΑΙ ΣΕ ΚΆΘΕ ΠΕΡΙΠΤΩΣΗ

Έχετε βιώσει ποτέ την ομαδική σκέψη σε μια συνάντηση; Σίγουρα. Το να κάθεσαι εκεί, να γνέφεις ήσυχα μαζί, ελπίζοντας να μην είσαι η διαρκής φωνή της διαφωνίας είναι δύσκολο όταν όλοι γύρω συμφωνούν, οπότε αποφασίζεις να μην μιλήσεις. Δυστυχώς, η ομαδική σκέψη παίζει εδώ: όταν όλα τα μέλη ενεργούν με αυτόν τον τρόπο παίρνουν απερίσκεπτες αποφάσεις επειδή όλα ευθυγραμμίζουν τις απόψεις τους με αυτό που φαίνεται να είναι συναίνεση, παρόλο που τα μεμονωμένα μέλη γνωρίζουν καλύτερα. Αυτό με τη σειρά του έχει ως αποτέλεσμα να γίνονται κινήσεις που διαφορετικά δεν θα είχαν περάσει χωρίς την πίεση των ομοτίμων - ένα αποτέλεσμα που συζητήσαμε εκτενώς στο Κεφάλαιο 4.

Τον Μάρτιο του 1960, η Μυστική Υπηρεσία των ΗΠΑ άρχισε να στρατολογεί αντικομμουνιστές εξόριστους που ζούσαν στο Μαϊάμι από την Κούβα ως όπλα κατά του καθεστώτος του Φιντέλ Κάστρο. Λίγες μέρες μετά την ανάληψη των καθηκόντων του, ο Πρόεδρος Κένεντι ενημερώθηκε για αυτό το μυστικό σχέδιο εισβολής στην Κούβα. Τρεις μήνες αργότερα, σε μια κρίσιμη συνάντηση του Λευκού Οίκου στην οποία συμμετείχαν ο Κένεντι και οι σύμβουλοί του, όλοι ψήφισαν υπέρ μιας εισβολής. Στις 17 Απριλίου 1961, 1.400 εξόριστοι Κουβανοί αποβιβάστηκαν στον Κόλπο των Χοίρων στη νότια ακτή της Κούβας με την υποστήριξη του Ναυτικού, της Πολεμικής Αεροπορίας των ΗΠΑ και των δυνάμεων της CIA. Στην αρχή, όλα πήγαν όπως τα σχεδίαζαν στην προσπάθειά τους να ανατρέψουν την κυβέρνηση του Κάστρο. Ωστόσο, την πρώτη μέρα, κανένα πλοίο εφοδιασμού δεν έφτασε στην Κούβα. δύο βυθίστηκαν από τις κουβανικές αεροπορικές δυνάμεις προτού επέστρεφαν άλλοι δύο στην πατρίδα τους - όλοι γύρισαν πίσω, γύρισαν ή φυγαδεύτηκαν προς την Αμερική εντελώς. Τη δεύτερη μέρα ο Κάστρο περικύκλωσε και κατέστρεφε την ταξιαρχία τους ολοσχερώς. Την τρίτη ημέρα, και οι 1.200 επιζώντες συνελήφθησαν και κρατήθηκαν σε στρατιωτικές φυλακές. Η εισβολή του Προέδρου Κένεντι στον Κόλπο των Χοίρων θεωρείται ευρέως ως μια από τις χειρότερες γκάφες στην αμερικανική εξωτερική πολιτική. Η σύλληψη και η εφαρμογή του φαίνονται παράλογες ακόμη και τώρα. Όλες οι υποθέσεις υπέρ της εισβολής ήταν ψευδείς. Για παράδειγμα, ο Κένεντι και η ομάδα του υποτίμησαν την αεροπορία της Κούβας με τεράστια διαφορά. Ως μέρος της στρατηγικής έκτακτης ανάγκης, προοριζόταν επίσης ότι, σε περίπτωση εμφάνισης επιδημίας, η ταξιαρχία θα μπορούσε να διαφύγει στα βουνά Escambray και να διεξάγει υπόγειο πόλεμο εναντίον του Κάστρο από εκεί. Μια γρήγορη ματιά σε έναν χάρτη δείχνει ότι αυτό το πιθανό ασφαλές καταφύγιο ήταν 100 μίλια από τον Κόλπο των Χοίρων - παρέχοντας άφθονη κάλυψη.
Όμως ο Κένεντι και οι σύμβουλοί του διέθεταν αξιοσημείωτη ευφυΐα για την ηγεσία μιας αμερικανικής κυβέρνησης. Τι πήγε στραβά λοιπόν μεταξύ Ιανουαρίου και Απριλίου 1961;

Ο καθηγητής ψυχολογίας Irving Janis έχει διεξαγάγει εκτενείς μελέτες για πολλά φιάσκο. Βρήκε ένα κοινό θέμα: οι δεμένες ομάδες αναπτύσσουν ομαδικό πνεύμα δημιουργώντας (άθελά του) ψευδαισθήσεις. Μια τέτοια αυταπάτη είναι η αίσθηση του αήττητου: Εάν και ο αρχηγός μας

[Kennedy] και η ομάδα μας είναι σίγουροι ότι το σχέδιό μας λειτουργεί, τότε η τύχη θα έρθει στο δρόμο μας. Η ομοφωνία βοηθά επίσης στη δημιουργία αυτής της αυταπάτης: όταν όλοι συμφωνούν σε κάτι, τυχόν αποκλίνουσες απόψεις πρέπει να είναι άκυρες. Σε κανέναν δεν αρέσει να είναι το άτομο που διαταράσσει την ενότητα της ομάδας. Τα άτομα γενικά εκτιμούν ότι συμπεριλαμβάνονται, επομένως η έκφραση αντιρρήσεων θα μπορούσε να σημαίνει αποκλεισμό. μια τέτοια εξορία πιθανότατα θα σήμαινε θάνατο για το είδος μας, εξ ου και το ισχυρό μας ένστικτο να παραμείνουμε μέρος μιας ομάδας.

Το Groupthink στις επιχειρήσεις δεν είναι κάτι καινούργιο, όπως αποδεικνύει η Swissair. Εδώ, μια ομάδα υψηλά αμειβόμενων συμβούλων συσπειρώθηκε πίσω από τον πρώην CEO της και ανέπτυξε μια στρατηγική επέκτασης υψηλού κινδύνου (η οποία περιελάμβανε την αγορά πολλών ευρωπαϊκών αεροπορικών εταιρειών). Καθώς ο ζήλος τους δημιούργησε μια συντριπτική συναίνεση εντός της ομάδας τους, ακόμη και οι ορθολογικές επιφυλάξεις καταργήθηκαν μέχρι την κατάρρευσή της το 2001.

Αν ποτέ βρεθείτε σε ένα περιβάλλον στο οποίο όλοι συμφωνούν σε όλα, το να μιλάτε όχι μόνο θα πρέπει να είναι ανεκτή αλλά και ευπρόσδεκτη. Η αμφισβήτηση σιωπηρών υποθέσεων, ακόμη και σε κίνδυνο αποβολής, μπορεί επίσης να βοηθήσει στη διάλυση της στάσιμης σκέψης και στη δημιουργία ουσιαστικού διαλόγου. Ως ηγέτης, σκεφτείτε να ορίσετε κάποιον ως συνήγορο του διαβόλου. Ενώ μπορεί να μην είναι το πιο δημοφιλές μέλος, αλλά θα μπορούσε να αποδειχθεί πιο ευεργετική.

Βλέπε επίσης: Κοινωνική Απόδειξη (κεφ. 4). Social Loafing (κεφ. 33); Μεροληψία εντός ομάδας εκτός ομάδας (κεφ. 79) και πλάνη προγραμματισμού (κεφ. 91).

ΓΙΑΤΙ ΣΥΝΤΟΜΑ ΘΑ ΠΑΙΖΕΤΕ ΜΕΓΑΤΡΙΣΙΟΝ

ΠΑΡΆΒΛΕΨΗ ΠΙΘΑΝΟΤΗΤΩΝ

Φανταστείτε δύο τυχερά παιχνίδια όπου το καθένα σας προσφέρει ίσες πιθανότητες να κερδίσετε 10 εκατομμύρια δολάρια. ποιο θα διαλεγες Το να κερδίσεις το πρώτο θα μεταμορφώσει τη ζωή σου. Θα μπορούσατε να παρατήσετε τη δουλειά σας, να απολύσετε το αφεντικό σας και να ζήσετε από τα κέρδη σας. Αντίθετα, το να κερδίσεις 10.000 $ θα σου έδινε άδεια από τη δουλειά, ενώ θα έκανες αξέχαστες διακοπές στην Καραϊβική, χωρίς να φοβάσαι ότι αμέσως μετά, η καρτ ποστάλ σου θα επιστρέψει στη δουλειά - οι πιθανότητες και οι δύο είναι μία στα 100 εκατομμύρια, αντίστοιχα - οπότε ποια θα διαλέγατε; Η πιθανότητα για το καθένα είναι 1/10000! Ποιο παιχνίδι επιλέγετε;

Τα συναισθήματα συχνά μας κάνουν να επιλέγουμε το ένα παιχνίδι έναντι του άλλου παρά την αντικειμενική αξιολόγηση των αποδόσεων τους (αναμενόμενη πιθανότητα νίκης φορές). Έτσι, η τάση ήταν προς ολοένα μεγαλύτερα τζάκποτ όπως Mega Millions, Mega Billions ή Mega Trillions, ανεξάρτητα από τις μικρές πιθανότητες.

Σε ένα πείραμα που διεξήχθη το 1972, οι συμμετέχοντες χωρίστηκαν σε δύο ομάδες. Όσοι είχαν ανατεθεί στο ένα ενημερώθηκαν ότι μπορεί να υποστούν ηλεκτροπληξία, ενώ σε εκείνους του δεύτερου είπαν ότι υπήρχε μόνο 50% κίνδυνος να συμβεί αυτό. Οι ερευνητές έλαβαν μέτρα για το σωματικό άγχος (καρδιακός ρυθμός, νευρικότητα και εφίδρωση) λίγο πριν ξεκινήσουν. Αυτό που ανακάλυψαν ήταν συγκλονιστικό: δεν υπήρχε καμία απολύτως διαφορά στα επίπεδα άγχους σε καμία από τις δύο ομάδες - όλοι οι συμμετέχοντες και στις δύο ήταν εξίσου κυριευμένοι από ανησυχία. Στη συνέχεια, οι ερευνητές ανακοίνωσαν μια σειρά μειώσεων στην πιθανότητα σοκ για τη δεύτερη ομάδα: από 50% σε 20% και στη συνέχεια 10% και τέλος 5%. Ωστόσο, καμία διαφορά δεν μπορούσε να σημειωθεί! Ωστόσο, όταν είπαν και στις δύο ομάδες ότι επρόκειτο να αυξήσουν τη δύναμη του αναμενόμενου ρεύματος, τα επίπεδα άγχους αυξήθηκαν ξανά - στον ίδιο περίπου βαθμό. Αυτό δείχνει πώς αντιδρούμε σε γεγονότα με βάση το αναμενόμενο μέγεθος και όχι την πιθανότητα τους. μας λείπει μια διαισθητική αντίληψη των πιθανοτήτων.

Η παραμέληση των πιθανοτήτων οδηγεί σε λάθη στη λήψη αποφάσεων. Επενδύουμε σε νεοσύστατες επιχειρήσεις επειδή τα πιθανά κέρδη τους τραβούν το ενδιαφέρον μας, ωστόσο αμελούμε (ή είμαστε πολύ τεμπέληδες) να διερευνήσουμε εάν οι νέες επιχειρήσεις επιτυγχάνουν πράγματι τέτοια ανάπτυξη. Ή μετά από εκτεταμένη κάλυψη από τα μέσα ενημέρωσης για ένα αεροπορικό δυστύχημα, ακυρώνουμε πτήσεις χωρίς να εξετάσουμε πλήρως τις επιλογές μας. Δεδομένου ότι είναι απίθανο να συμβεί κατάρρευση (και επομένως δεν αλλάζει τις αποδόσεις τους), οι ερασιτέχνες επενδυτές συχνά συγκρίνουν τις επενδύσεις αποκλειστικά με βάση την απόδοση - για παράδειγμα, οι μετοχές της Google με αναμενόμενη απόδοση 20% θεωρούνται δύο φορές πιο επιθυμητές από την ιδιοκτησία με αποδόσεις 10% το μυαλό τους. Δυστυχώς, αυτή η προσέγγιση παραβλέπει τους κινδύνους, κάτι που η φυσική μας διαίσθηση δεν μας λέει να εξετάσουμε σωστά.

Επιστροφή στο πείραμα που περιελάμβανε ηλεκτροπληξία: στην ομάδα Β, η πιθανότητα να δεχτεί ηλεκτροπληξία μειώθηκε σταδιακά από 5% σε 4% σε 3% έως ότου η πιθανότητα να φθάσει στο μηδέν. Μόνο τότε η ομάδα Β αντέδρασε διαφορετικά από την ομάδα Α. αυτό φαινόταν απείρως προτιμότερο από το να ρισκάρεις έστω και μόλις 1%!

Ας το δοκιμάσουμε εξετάζοντας δύο προσεγγίσεις για την επεξεργασία του πόσιμου νερού. Ας υποθέσουμε ότι ένας ποταμός έχει δύο εξίσου μεγάλους παραπόταμους, που αντιμετωπίζονται και οι δύο με τη χρήση των μεθόδων Α και Β που μειώνουν τους κινδύνους θανάτου λόγω μόλυνσης κατά 5 ποσοστιαίες μονάδες σε 2 ποσοστιαίες μονάδες αντίστοιχα. και Β που τη μειώνει από 1 ποσοστιαία μονάδα στο μηδέν, εξαλείφοντας την εντελώς, δηλαδή εξαλείφοντας εντελώς την απειλή. Θα φαινόταν λογικό για τους περισσότερους ανθρώπους να πάνε με το Β. Ωστόσο, αυτό θα ήταν ανόητο δεδομένου ότι με το μέτρο Α πεθαίνουν τρεις φορές λιγότεροι άνθρωποι από ότι με το Β. ενώ η μέθοδος Α είναι τρεις φορές καλύτερη! Αυτή η πλάνη είναι γνωστή ως προκατάληψη μηδενικού κινδύνου

Χαρακτηριστικό παράδειγμα είναι ο νόμος των ΗΠΑ για τα τρόφιμα του 1958, ο οποίος απαγόρευε τα τρόφιμα που περιέχουν καρκινογόνους παράγοντες για την επίτευξη μηδενικού κινδύνου καρκίνου. Αν και αρχικά ήταν αποτελεσματική, αυτή η απαγόρευση οδήγησε στην εισαγωγή πιο επικίνδυνων (αλλά μη καρκινογόνων) πρόσθετων τροφίμων. Ο Παράκελσος έδειξε τον δέκατο έκτο αιώνα ότι η δηλητηρίαση είναι πάντα θέμα δοσολογίας, καθιστώντας κάθε νόμο που απαγορεύει τη δηλητηρίαση ουσιαστικά αναποτελεσματικό, καθώς δεν θα υπήρχε τρόπος να εξαλειφθεί κάθε απαγορευμένο μόριο από τα τρόφιμα. Κάθε φάρμα θα έπρεπε να λειτουργεί σαν ένα υπερ-στείρο εργοστάσιο τσιπ υπολογιστών και το κόστος των τροφίμων θα εκτοξευόταν στα ύψη. Από οικονομική άποψη, ο μηδενικός κίνδυνος σπάνια έχει νόημα. με εξαίρεση θανατηφόρους ιούς που διαφεύγουν από εργαστήρια βιοτεχνολογίας ή σφοδρές καταιγίδες που καταστρέφουν μια γεωργική καλλιέργεια.

Τα ανθρώπινα όντα στερούνται μια διαισθητική αντίληψη του κινδύνου και ως εκ τούτου δεν κάνουν διάκριση μεταξύ των απειλών. Αντιλαμβανόμαστε μια αύξηση του κινδύνου ως λιγότερο καθησυχαστική όταν ασχολούμαστε με ένα συναισθηματικό θέμα όπως η ραδιενέργεια. δύο ερευνητές από το Πανεπιστήμιο του Σικάγο απέδειξαν αυτό το εύρημα.
Ο φόβος της μόλυνσης από τοξικές χημικές ουσίες είναι συχνά μια παράλογη απάντηση. ωστόσο παραμένει κατανοητό.

Δείτε επίσης Προκατάληψη Διαθεσιμότητας (κεφ. 11). Παραμέληση βασικού ποσοστού (κεφ. 28), Πρόβλημα με μέσους όρους (κεφ. 55), προκατάληψη επιβίωσης (κεφ. 1), ψευδαίσθηση ελέγχου (κεφ. 17) εκθετική ανάπτυξη (κεφ. 34) και αποστροφή αμφισημίας (κεφ. 80).

ΓΙΑΤΙ ΤΟ ΤΕΛΕΥΤΑΙΟ ΜΠΙΣΚΟΤΟ ΣΤΟ ΒΑΖΟ ΚΑΝΕΙ ΤΟ ΣΤΟΜΑ ΝΕΡΟ

Στο σπίτι της φίλης μου για καφέ ένα βράδυ, τα τρία παιδιά της άρχισαν να παλεύουν στο πάτωμα και προσπαθήσαμε να τα βάλουμε σε κουβέντα, ενώ τα σώματά τους πάλευαν για το ποιος θα έπαιρνε ένα τελευταίο μάρμαρο από την τσάντα μου με γυάλινα μάρμαρα - θυμήθηκα ότι είχα φέρει μερικοί και τους απλώνουν με την ελπίδα ότι θα παίξουν ειρηνικά μαζί. προς μεγάλη μου δυσπιστία, ξέσπασε έντονος καυγάς! Αυτό που είχε συμβεί ήταν εντελώς απροσδόκητο: ανάμεσα σε όλα τα πολλά μπλε μάρμαρα ήταν μόνο ένα μπλε που τα παιδιά ανακατεύτηκαν. Όλα τα άλλα μάρμαρα είχαν ακριβώς τα ίδια μεγέθη και φωτεινότητα, αλλά το ένα μπλε μάρμαρο είχε ένα πλεονέκτημα λόγω του ότι ήταν μοναδικό στο είδος του. με έκανε να γελάσω δυνατά με το πόσο παιδικά μπορεί να είναι τα παιδιά!

Μόλις άκουσα ότι η Google θα λανσάρει την υπηρεσία ηλεκτρονικού ταχυδρομείου της τον Αύγουστο του 2005, ήξερα ότι ήθελα μια (κάτι που τελικά έκανα). Εκείνη την εποχή, όμως, οι νέοι λογαριασμοί ήταν εξαιρετικά περιορισμένοι και χορηγήθηκαν μόνο κατόπιν πρόσκλησης - αυτό έκανε την επιθυμία μου ακόμη μεγαλύτερη! Όχι ότι χρειαζόμουν άλλο λογαριασμό email (είχα ήδη τέσσερις σε εκείνο το σημείο). όχι επειδή το Gmail ήταν ανώτερο από τον ανταγωνισμό. μόνο που δεν είχαν όλοι πρόσβαση σε αυτό και έκανε τη λαχτάρα μου για ένα ακόμα μεγαλύτερη! Κοιτάζοντας πίσω, αυτό με κάνει να χαμογελάω. οι ενήλικες μερικές φορές μπορεί να είναι παιδικοί!

Rara sunt cara, όπως έλεγαν οι Ρωμαίοι. Το σπάνιο είναι πολύτιμο. Πράγματι, οι άνθρωποι έχουν υποφέρει εδώ και καιρό από αυτήν την εσφαλμένη αντίληψη της σπανιότητας. Ο φίλος μου με τρία παιδιά εργάζεται με μερική απασχόληση ως κτηματομεσίτης. όποτε έχει πιθανούς αγοραστές που δεν μπορούν να αποφασίσουν μεταξύ δύο επιλογών ακινήτων τηλεφωνεί και λέει ότι "Ένας γιατρός από το Λονδίνο το επισκέφτηκε χθες". "Του άρεσε πολύ. Τι γίνεται με σένα, ενδιαφέρεσαι ακόμα;" Ο γιατρός από το Λονδίνο (μερικές φορές μπορεί να είναι και καθηγητής ή τραπεζίτης) είναι προφανώς φανταστικός. Ωστόσο, η επίδρασή του μπορεί να είναι πολύ πραγματική: οι προοπτικές βλέπουν ότι μια ευκαιρία χάνεται μπροστά τους και ενεργούν γρήγορα για να κλείσουν μια συμφωνία, και πάλι λόγω πιθανής έλλειψης εφοδιασμού. Αυτή η κατάσταση δεν μπορεί να εξηγηθεί αντικειμενικά αφού είτε θέλουν τη γη στην καθορισμένη τιμή είτε όχι. ανεξάρτητα από τυχόν εικονικούς γιατρούς από το Λονδίνο που μπορεί να εμφανιστούν.

Ο καθηγητής Stephen Worchel χώρισε τους συμμετέχοντες σε δύο ομάδες για τον έλεγχο της ποιότητας των cookie: η μία έλαβε ένα ολόκληρο κουτί ενώ η δεύτερη πήρε μόνο μερικά. Η υποομάδα Β περιελάμβανε μόνο δύο cookies. Όταν τους ζητήθηκε να βαθμολογήσουν την ποιότητά τους, αυτά τα άτομα ξεπέρασαν κατά πολύ αυτά της Ομάδας 1. Το πείραμα επαναλήφθηκε αρκετές φορές με παρόμοια αποτελέσματα κάθε φορά.

Οι διαφημίσεις συχνά λένε, "Μόνο μέχρι εξαντλήσεως των αποθεμάτων." Οι αφίσες μας προειδοποιούν συχνά να ενεργούμε γρήγορα όταν προκύπτουν σφάλματα έλλειψης. Οι ιδιοκτήτες γκαλερί εκμεταλλεύονται αυτό το σφάλμα τοποθετώντας κόκκινες κουκκίδες κάτω από τους περισσότερους πίνακες, κάνοντας τα υπόλοιπα λίγα σπάνια και επιθυμητά κομμάτια ακόμα πιο επιθυμητά και έτσι δημιουργώντας σφάλματα σπανιότητας που πρέπει να αρπάξουν γρήγορα προτού γίνουν πιο σπάνια αντικείμενα που πρέπει να κοπούν γρήγορα. Συλλέκτες γραμματοσήμων, λάτρεις των νομισμάτων, όσοι λάτρεις των vintage αυτοκινήτων συλλέγουν συχνά γραμματόσημα, νομίσματα και αυτοκίνητα, παρόλο που αυτά δεν χρησιμεύουν πλέον στην πρακτική χρήση - η έλξη που πηγάζει από τα λάθη της σπανιότητας και όχι από οτιδήποτε πρακτικό! Όλα αυτά αθροίζονται.

Οι μαθητές έλαβαν οδηγίες να τακτοποιήσουν 10 αφίσες ανάλογα με την ελκυστικότητα - με την κατανόηση ότι στη συνέχεια θα μπορούσαν να κρατήσουν μία ως ανταμοιβή για τη συμμετοχή. Πέντε λεπτά αργότερα ενημερώθηκαν ότι το ένα δεν ήταν διαθέσιμο - με τρεις να μην ήταν διαθέσιμοι λόγω της απομάκρυνσης από το προσωπικό ασφαλείας. Μετά από αυτό, τους ζητήθηκε να ελέγξουν και τις δέκα αφίσες από την αρχή, με μια αφίσα που δεν υπήρχε πια να γίνεται ξαφνικά η πιο όμορφη. Οι ψυχολόγοι αναφέρουν αυτό το φαινόμενο ως αντίδραση: όταν έρχεται αντιμέτωπος με επιλογές που δεν μπορούμε να έχουμε, ο εγκέφαλός μας αντιδρά συχνά αποδίδοντας μεγαλύτερη ελκυστικότητα σε εναλλακτικές που δεν υπάρχουν πια - μια πράξη περιφρόνησης ενάντια στην απώλεια του ελέγχου μιας επιλογής. Το φαινόμενο Ρωμαίος και Ιουλιέτα είναι γνωστό: ο απαγορευμένος ρομαντισμός μεταξύ των εφήβων του Σαίξπηρ τους οδηγεί σε μια ακατανίκητη λαχτάρα που δεν γνωρίζει σύνορα. Όχι απαραίτητα ρομαντική φύση - στην Αμερική τα φοιτητικά πάρτι είναι γεμάτα με απελπισμένους μεθυσμένους φοιτητές λόγω της απαγόρευσης των νόμων για το ποτό ανηλίκων.

Συμπέρασμα: Ως απάντηση στην έλλειψη, οι περισσότεροι άνθρωποι τείνουν να λαμβάνουν αποφάσεις με ελάχιστη καθαρή σκέψη. Όταν κάνετε αγορές και αποφάσεις που βασίζονται αποκλειστικά στην ανάλυση κόστους-οφέλους, τυχόν σημάδια ότι ένα αντικείμενο μπορεί να εξαφανίζεται γρήγορα δεν θα πρέπει να έχουν σημασία. ούτε οι γιατροί του Λονδίνου πρέπει να ενδιαφέρονται.
Σημειώσεις για το εφέ αντίθεσης (κεφ. 10). Φόβος λύπης (κεφ. 82) και Επίδραση σπιτιών χρημάτων (κεφ. 84) Για περαιτέρω διορατικότητα, όταν ακούτε χτύπους των όπλων μην περιμένετε μια ζέβρα!

ΌΤΑΝ ΑΚΟΎΤΕ ΧΑΜΠΆΡΙ ΜΗΝ ΠΕΡΙΜΈΝΕΤΕ!

ΠΑΡΑΜΈΛΗΣΗ ΒΑΣΙΚΟΎ ΠΟΣΟΣΤΟΎ

Φανταστείτε ότι ο Μαρκ είναι ένας αδύνατος άνδρας από τη Γερμανία που φοράει γυαλιά και του αρέσει να ακούει Μότσαρτ. Είναι πιθανότατα είτε: Α) οδηγός φορτηγού στη Γερμανία, είτε Β) καθηγητής λογοτεχνίας στη Φρανκφούρτη; Οι περισσότεροι θα μαντέψουν το Β, κάτι που θα ήταν λάθος καθώς η Γερμανία έχει 10.000 φορές περισσότερους οδηγούς φορτηγών από καθηγητές φιλολογίας - που σημαίνει ότι είναι πιο πιθανό να είναι φορτηγατζής! Το μυαλό μας ξεγελάστηκε από τη λεπτομερή περιγραφή που μας απομακρύνει από τη στατιστική πραγματικότητα. Οι επιστήμονες αναφέρονται σε αυτό το σφάλμα λογικής ως παραμέληση του βασικού ρυθμού, που μας οδηγεί μακριά από το να εξετάσουμε τα θεμελιώδη επίπεδα κατανομής - ένα από τα πιο συχνά λάθη συλλογισμού μας! Πολλοί δημοσιογράφοι, οικονομολόγοι και πολιτικοί πέφτουν τακτικά θύματα του, με αποτέλεσμα να λαμβάνονται λανθασμένες αποφάσεις όταν κάνουν υποθέσεις σχετικά με το ποιο αποτέλεσμα μπορεί να προκύψει από τις υποθέσεις μας σχετικά με τα θεμελιώδη επίπεδα διανομής που αγνοούνται όταν παίρνουμε αποφάσεις που μπορεί να μας οδηγήσουν σε αυτόν τον δρόμο!

Εδώ είναι ένα άλλο σενάριο στο οποίο ένας νεαρός άνδρας μαχαιρώνεται θανάσιμα: ποια επιλογή είναι πιο πιθανή; Α) Ένας εισβολέας θα μπορούσε να είναι ένας παράνομος Ρώσος μετανάστης που εισάγει παράνομα μαχαίρια μάχης, ή Β) Ένας εισβολέας είναι από τη μεσαία τάξη της Αμερικής που εισάγει αυτά τα μαχαίρια παράνομα - η επιλογή Β είναι πολύ πιο πιθανή, δεδομένου ότι υπάρχουν εκατομμύρια περισσότεροι Αμερικανοί μεσαίας τάξης από ό, τι υπάρχουν ρωσικά μαχαίρια εισαγωγείς.

Η παραμέληση του βασικού συντελεστή παίζει καθοριστικό ρόλο στην ιατρική. Οι ημικρανίες, για παράδειγμα, θα μπορούσαν να υποδηλώνουν οτιδήποτε, από ιογενή λοίμωξη ή όγκο στον εγκέφαλο έως καρδιακά προβλήματα. Οι γιατροί συνήθως αξιολογούν για ιογενείς λοιμώξεις πρώτα πριν κάνουν εξετάσεις για όγκους για να εξασφαλίσουν την ευημερία του ασθενούς. Οι κάτοικοι της ιατρικής σχολής ξοδεύουν σημαντικό χρόνο για να εξαλείψουν την παραμέληση του βασικού ποσοστού. ένα σύνθημα που επαναλαμβάνεται συχνά στους μελλοντικούς γιατρούς στις ΗΠΑ είναι "Όταν ακούς χτυπήματα οπλών από πίσω, μην περιμένεις να δεις ζέβρα!" που σημαίνει: διερευνήστε πρώτα τις πιο πιθανές παθήσεις πριν διαγνώσετε εξωτικές, ακόμα κι αν αυτή η ειδικότητα σας απαιτεί.

Οι γιατροί είναι οι μόνοι επαγγελματίες με πρόσβαση σε τόσο εκτεταμένη εκπαίδευση. Δυστυχώς, λίγοι άνθρωποι στην επιχείρηση λαμβάνουν μια τέτοια εισαγωγή. Συχνά ενθουσιάζομαι όταν διαβάζω επιχειρηματικά σχέδια για επιχειρηματίες που θα μπορούσαν να γίνουν η επόμενη Google! Ωστόσο, μετά από πιο προσεκτική εξέταση, συνειδητοποιώ ότι η πιθανότητα η επιχείρησή τους να επιβιώσει τα πρώτα πέντε χρόνια της είναι μόνο 20%. Ως εκ τούτου, η πιθανότητα επιβίωσής τους πρέπει επίσης να αντικατοπτρίζει αυτήν την πραγματικότητα.

Ο Warren Buffett εξήγησε κάποτε γιατί δεν επενδύει σε εταιρείες βιοτεχνολογίας: «Πόσες από αυτές τις εταιρείες κάνουν κύκλο εργασιών πολλών εκατοντάδων εκατομμυρίων δολαρίων; Απλώς δεν συμβαίνει;...;Το πιο πιθανό σενάριο για αυτές τις εταιρείες πιθανότατα θα παραμείνει κάπου στη μέση». Αυτή είναι μια ξεκάθαρη σκέψη βασικού επιτοκίου. Η παραμέληση του βασικού ποσοστού των περισσότερων ανθρώπων μπορεί να αποδοθεί σε μεροληψία επιβίωσης (κεφάλαιο 1): τείνουν να βλέπουν μόνο επιτυχημένα άτομα και εταιρείες, καθώς οι αποτυχημένες περιπτώσεις τείνουν να μην αναφέρονται (ή υποδηλώνονται), με αποτέλεσμα να παραβλέπουν αυτές τις πιο «αόρατες» περιπτώσεις που υπάρχουν μέσα.

Φανταστείτε το εξής: όταν δοκιμάζετε κρασί σε ένα εστιατόριο, η ετικέτα σε κάθε μπουκάλι έχει αφαιρεθεί, αφήνοντας μόνο μια ένδειξη ως προς την προέλευσή του: Η Γαλλία είναι συνήθως τα τρία τέταρτα των κρασιών που προσφέρονται, οπότε, χωρίς να γνωρίζετε καλύτερα, πιθανότατα θα προτιμούσατε τη Γαλλία. Χιλιανές ή Καλιφορνέζικες επιλογές.

Μερικές φορές έχω την ατυχή ευχαρίστηση να μιλάω μπροστά σε φοιτητές από αναγνωρισμένες σχολές επιχειρήσεων. Όταν ρωτήθηκαν για τους επαγγελματικούς τους στόχους, πολλοί απαντούν ότι μεσοπρόθεσμα βλέπουν τους εαυτούς τους σε διοικητικά συμβούλια παγκόσμιων εταιρειών - παρόμοιες απαντήσεις έδωσαν και συμφοιτητές μου όταν παρακολουθήσαμε. Όταν δίνονται αυτές οι πληροφορίες, οι μαθητές συνήθως απαντούν ότι με ένα πτυχίο από αυτό το σχολείο οι πιθανότητες να κατακτήσουν μια θέση στο διοικητικό συμβούλιο της εταιρείας Fortune 500 είναι μικρότερες από 0,1% - ότι πιθανότατα θα καταλήξουν κάπου στη μεσαία διοίκηση - κάτι που πάντα συγκεντρώνει σοκαρισμένα βλέμματα αλλά νομίζω ότι συνέβαλα λίγο στον μετριασμό των μελλοντικών κρίσεων μέσης ηλικίας τους!
Δείτε επίσης:hesitez 1 26 Gambler's Fallacy (κεφ. 29); Συνδετική πλάνη (κεφ. 41); Πρόβλημα με μέσους όρους (κεφ. 55) Προκατάληψη πληροφοριών (κεφ. 59). Ambiguity Aversion (κεφ. 8) (Baloney Theory 29 - A Proven Fact).

Η Εξισορροπητικη Δυναμη

Η πλάνη του τζογαδόρου Κάτι αξιοσημείωτο συνέβη στο Μόντε Κάρλο το 1913: μεγάλα πλήθη που συγκεντρώθηκαν γύρω από ένα τραπέζι ρουλέτας έμειναν έκπληκτοι βλέποντας ότι η μπάλα του προσγειώθηκε στο μαύρο είκοσι φορές διαδοχικά! Οι παίκτες εκμεταλλεύτηκαν πλήρως αυτό το φαινόμενο, βάζοντας γρήγορα χρήματα στο κόκκινο, αλλά μια άλλη φορά η μπάλα έμεινε στα μαύρα παρά το γεγονός ότι περισσότεροι άνθρωποι στοιχημάτιζαν κόκκινο από πριν - μέχρι τελικά στην εικοστή έβδομη περιστροφή της, όταν η μπάλα τελικά σταμάτησε στο κόκκινο - αφήνοντας εκατομμύρια στοίχημα και πτώχευση παικτών μέσα σε λίγα λεπτά.

Φανταστείτε αυτό: ο μέσος όρος IQ των μαθητών σε μια μεγάλη πόλη είναι 100. Για να το διερευνήσετε περαιτέρω, παίρνετε ένα τυχαίο δείγμα 50 μαθητών με ένα παιδί να έχει δοκιμαστεί με δείκτη νοημοσύνης 150 και παρατηρείτε την πρόοδό του για αρκετούς μήνες. Οι περισσότεροι μαντεύουν 100. Ίσως πιστεύοντας ότι ο υπερ-έξυπνος μαθητής θα αντισταθμιστεί είτε από κάποιον που έχει μέσο δείκτη νοημοσύνης 50 είτε από δύο μαθητές κάτω του μέσου όρου που έχουν 75 IQ αντίστοιχα - ωστόσο αυτό το σενάριο είναι πολύ απίθανο. Αντίθετα, πρέπει να περιμένουμε ότι καθένας από τους υπόλοιπους 49 μας θα αντιπροσωπεύει τον πληθυσμό του με το καθένα να έχει μέσο δείκτη νοημοσύνης 100 δίνοντάς μας μέσο όρο βαθμολογίας 101 για τους 50 μαθητές σας.

Τα πειράματα Monte Carlo και IQ δείχνουν πώς οι άνθρωποι τείνουν να πιστεύουν ότι υπάρχει μια αόρατη «εξισορροπητική δύναμη του σύμπαντος». αυτό είναι γνωστό ως πλάνη του τζογαδόρου. Ωστόσο, με ανεξάρτητα γεγονότα, δεν υπάρχει τέτοια δύναμη: οι μπάλες δεν θυμούνται πόσο συχνά προσγειώνονται στο μαύρο. Ωστόσο, ένας από τους φίλους μου εισάγει τους εβδομαδιαίους αριθμούς του Mega Millions σε ένα υπολογιστικό φύλλο του Excel πριν παίξει αυτούς που έχουν εμφανιστεί λιγότερο συχνά - όλο αυτό δεν πάει καλά - πέφτει κι αυτός θύμα της πλάνης του τζογαδόρου!

Ένα αστείο απεικονίζει αυτό το φαινόμενο: Ένας μαθηματικός που φοβάται να πετάξει λόγω του κινδύνου τρομοκρατικής επίθεσης παίρνει κάθε πτήση με μια βόμβα στις χειραποσκευές του σε περίπτωση που συμβεί κάτι στο αεροπλάνο. με αυτό το μέτρο σε εφαρμογή, η πιθανότητα του να έχει έναν επί του σκάφους αυξάνεται σημαντικά.
«Οι πιθανότητες να υπάρχουν δύο βόμβες σε ένα αεροπλάνο είναι εξαιρετικά απομακρυσμένες!» Δηλώνει περαιτέρω.

Φανταστείτε να αναγκάζεστε να ξοδεύετε χιλιάδες δολάρια από τα δικά σας χρήματα στοιχηματίζοντας στο αποτέλεσμα της επόμενης ρίψης νομίσματος, κάθε φορά που προσγειώνεστε με κεφάλια κάθε φορά. Δεδομένου αυτού του σεναρίου, πολλοί άνθρωποι πιθανότατα θα επέλεγαν ουρές, παρόλο που τα κεφάλια είναι εξίσου πιθανά. Η πλάνη του τζογαδόρου μας κάνει να πιστεύουμε ότι κάτι πρέπει να αλλάξει!

Για άλλη μια φορά, κάποιος σας αναγκάζει να τοποθετήσετε ένα στοίχημα. Διαλέγετε κεφάλια ή ουρές αυτή τη φορά; Τώρα που έχετε δει μερικά παραδείγματα, είστε εξοικειωμένοι με το παιχνίδι. γνωρίζοντας ότι θα μπορούσε να πάει με τον έναν ή τον άλλο τρόπο. Δυστυχώς, μόλις βρεθήκαμε σε μια άλλη παγίδα της παραμόρφωσης των μαθηματικών professionnelle (επαγγελματική επίβλεψη). Η λογική λέει ότι τα κεφάλια είναι πιθανώς η πιο σοφή επιλογή, καθώς το νόμισμα φαίνεται στημένο με τις ουρές.

Πρόσφατα άρθρα εξέτασαν την παλινδρόμηση ως μέσο όρο. Ενδεικτικά, λάβετε υπόψη αυτό το σενάριο: Εάν η περιοχή σας έχει ρεκόρ ψύχους, οι πιθανότητες είναι ότι η θερμοκρασία θα επιστρέψει στις κανονικές τιμές τις επόμενες ημέρες - ακριβώς όπως σε ένα καζίνο! Οι σύνθετοι μηχανισμοί ανάδρασης στην ατμόσφαιρα διασφαλίζουν ότι τα άκρα εξισορροπούνται με την πάροδο του χρόνου, ενώ τα άκρα μερικές φορές εντείνονται - για παράδειγμα όταν οι πλούσιοι γίνονται πλουσιότεροι και οι μετοχές που εκρήγνυνται δημιουργούν πρόσθετη ζήτηση λόγω της εξέχουσας θέσης - δημιουργώντας κάτι σαν αντίστροφη αντιστάθμιση.

Να προσέχετε τόσο ανεξάρτητα όσο και αλληλεξαρτώμενα γεγονότα στο περιβάλλον σας. Οι καθαρά ανεξάρτητες εκδηλώσεις υπάρχουν μόνο σε καζίνο, λοταρίες και θεωρητικές ρυθμίσεις - αυτές μπορεί να υπάρχουν σε καζίνο, λοταρίες ή θεωρητικά επίπεδα. Η πραγματική ζωή μας παρουσιάζει συχνά αλληλένδετα γεγονότα που επηρεάζουν το ένα το άλλο - σκεφτείτε τις χρηματοπιστωτικές αγορές ή την υγεία. Τα γεγονότα του παρελθόντος επηρεάζουν τα μελλοντικά. Όσο παρηγορητική μπορεί να ακούγεται μια ιδέα, απλά δεν υπάρχει εξισορροπητική δύναμη εκεί έξω για να προστατεύσει ανεξάρτητα γεγονότα από αρνητικές επιρροές. Δεν υπάρχει ούτε αυτή η έννοια «ό,τι πάει γύρω, έρχεται γύρω»!
Δείτε επίσης: Averages (κεφ. 55); Παραμέληση βασικού ποσοστού (κεφ. 28); Deformation Professionnelle (κεφ. 92); Regression to the Mean (κεφ. 19). Απλή Λογική (κεφ. 63) για επιπλέον συζήτηση αυτών των θεμάτων. 29

ΓΙΑΤΙ Ο ΤΡΟΧΟΣ ΤΗΣ ΤΥΧΗΣ ΜΑΣ ΚΑΝΕΙ ΣΠΕΙΡΑ;

Πού γεννήθηκε ο Αβραάμ Λίνκολν; Χωρίς άμεση πρόσβαση σε απάντηση και με την μπαταρία του smartphone σας να έχει μόλις εξαντληθεί, πώς θα απαντούσατε σε μια τέτοια ερώτηση; Ίσως σας αρκεί το να γνωρίζετε ότι υπηρέτησε ως Πρόεδρος κατά τη διάρκεια του Αμερικανικού Εμφυλίου Πολέμου της δεκαετίας του 1860 και ότι έγινε ο πρώτος πρόεδρος των ΗΠΑ που δολοφονήθηκε ποτέ; Η θέαση του Μνημείου του Λίνκολν στην Ουάσιγκτον δεν φέρνει στο νου εικόνες ενός δυναμικού νεαρού ατόμου, αλλά περισσότερο στις γραμμές ενός ηλικιωμένου βετεράνου 60 ετών. Δεδομένου ότι δολοφονήθηκε κάποια στιγμή μεταξύ 1860-1864 (πέθανε το 1809), το 1805 είναι η εκτιμώμενη χρονιά γέννησής μας (στην πραγματικότητα θα έπρεπε να είναι το 1809). Πώς το καταλάβαμε αυτό; Χρησιμοποιώντας ένα σημείο αγκύρωσης όπως το 1865 ως σημείο εκκίνησης και εργαζόμαστε προς τα πίσω από εκεί για να κάνουμε μια ενημερωμένη εκτίμηση.

Όταν χρειάζεται να μαντέψουμε κάτι - για παράδειγμα το μήκος του ποταμού Μισισιπή, την πυκνότητα του πληθυσμού στη Ρωσία ή τον αριθμό των πυρηνικών σταθμών στη Γαλλία - χρησιμοποιούμε άγκυρες. Ξεκινώντας από κάτι οικείο εξερευνούμε άγνωστη περιοχή από εκεί. Ποιος άλλος τρόπος θα μπορούσε να υπάρξει για να το κάνουμε αν δεν πάρουμε τυχαίους αριθμούς από το κεφάλι μας; Αυτό θα ήταν εντελώς παράλογο!

Δυστυχώς, οι άγκυρες μπορούν επίσης να χρησιμοποιηθούν κατάχρηση. Για παράδειγμα, σε ένα μάθημα διάλεξης ένας καθηγητής έβαλε τους μαθητές του να γράφουν τα δύο τελευταία ψηφία των αριθμών κοινωνικής ασφάλισης πριν λάβουν αποφάσεις σχετικά με το αν θα υποβάλουν προσφορά για ένα μπουκάλι κρασί στη δημοπρασία με βάση αυτά τα στοιχεία - οδηγώντας τους να υποβάλουν σχεδόν δύο φορές περισσότερες προσφορές εάν ο αριθμός τους ήταν μεγαλύτερος σε σύγκριση με τους χαμηλότερους! Αποδεικνύοντας έτσι πώς οι αριθμοί κοινωνικής ασφάλισης λειτουργούν ως άγκυρα. έστω και με έμμεσο ή παραπλανητικό τρόπο.

Ο ψυχολόγος Amos Tversky πραγματοποίησε ένα πείραμα χρησιμοποιώντας έναν τροχό της τύχης. Οι συμμετέχοντες θα το γύριζαν και στη συνέχεια ρωτήθηκαν πόσα κράτη μέλη έχουν τα Ηνωμένα Έθνη. Οι εικασίες τους επιβεβαίωσαν το φαινόμενο της άγκυρας: άτομα που είχαν στρίψει υψηλούς αριθμούς στον τροχό είχαν δώσει υψηλότερες εκτιμήσεις από τα άτομα που δεν είχαν στρίψει τόσο ψηλά σε αυτόν.

Ο Russo και ο Shoemaker διεξήγαγαν έρευνα με στόχο να αποκαλύψουν πότε ο Αττίλας ο Ούννος ηττήθηκε στην Ευρώπη - παρόμοια με το να ρωτούσαν μαθητές ποια χρονιά ξεκίνησε η ανάπτυξη της κοινωνικής ασφάλισης.
Στη συνέχεια δόθηκαν στους συμμετέχοντες σημεία αγκύρωσης με βάση τα τελευταία ψηφία του αριθμού τηλεφώνου τους, με εκείνους με υψηλότερους αριθμούς να επιλέγουν τα επόμενα χρόνια και το αντίστροφο (ο Attila σκοτώθηκε το 453)

Οι άγκυρες αφθονούν και όλοι κολλάμε πάνω τους. Για παράδειγμα, πολλά προϊόντα περιέχουν μια διαφημιζόμενη "προτεινόμενη τιμή λιανικής", που λειτουργεί ως σημείο αγκύρωσης. Οι επαγγελματίες πωλήσεων γνωρίζουν ότι πρέπει να καθορίσουν τις τιμές νωρίς - πολύ πριν από την παρουσίαση μιας προσφοράς - για να εξασφαλίσουν την επιτυχία των πωλήσεων. Επιπλέον, η έρευνα έχει δείξει ότι η γνώση των προηγούμενων βαθμών των μαθητών επηρεάζει τον τρόπο με τον οποίο οι εκπαιδευτικοί σημειώνουν τη νέα εργασία - οι πιο πρόσφατοι βαθμοί λειτουργούν ως σημείο εκκίνησης.

Τα πρώτα μου χρόνια τα πέρασα σε μια εταιρεία συμβούλων. Το αφεντικό μου ήταν έμπειρο στη χρήση άγκυρων. Στην αρχική του συνομιλία με οποιονδήποτε πελάτη, θα όριζε μια τιμή ανοίγματος η οποία, βάσει νόμου, ξεπέρασε κατά πολύ τα εσωτερικά μας κόστη: «Ακριβώς για να μην εκπλαγείτε όταν λαμβάνετε την προσφορά σας, κύριε Λοιπόν: πρόσφατα ολοκλήρωσε μια παρόμοιο έργο για έναν από τους ανταγωνιστές σας ήταν της τάξης των πέντε εκατομμυρίων δολαρίων». Αυτή η άγκυρα τότε εγκαταλείφθηκε - οι διαπραγματεύσεις για τις τιμές ξεκίνησαν ακριβώς σε αυτό το ποσό.

Βλέπε επίσης Πλαίσιο (κεφ. 42).

Στην αρχή, το ντροπαλό ζώο φαίνεται δύσπιστο. τελικά όμως, η αντίστασή του υποχωρεί και αρχίζουν να τρώνε τακτικά ο ένας από τον άλλον. Τελικά όμως, η καχυποψία τους υποχωρεί και τελικά η εμπιστοσύνη τους γίνεται πιο δυνατή από πριν. Μετά από αρκετούς μήνες, η χήνα πιστεύει ότι ο αγρότης της έχει στο επίκεντρο τα καλύτερα συμφέροντά της, καθώς κάθε επιπλέον ημέρα σίτισης επιβεβαιώνει αυτή την υπόθεση. Έμεινε άναυδη όταν ανήμερα των Χριστουγέννων το έβγαλε από το περίβλημά του - μόνο και μόνο για να τη σφάξει! Ο Ντέιβιντ Χιουμ χρησιμοποίησε μια αλληγορία που περιελάμβανε τις χριστουγεννιάτικες χήνες ως προειδοποίηση ενάντια στην επαγωγική σκέψη - την τάση να συμπεραίνουμε καθολικές αλήθειες από μεμονωμένες παρατηρήσεις. Παρόλο που η ιστορία του μπορεί να φαίνεται σχετική μόνο κατά τη διάρκεια των Χριστουγέννων, τα μαθήματά της εκτείνονται πολύ πέρα από αυτό το συμβολικό πουλί διακοπών. Αλλά ο επαγωγικός συλλογισμός δεν επηρεάζει μόνο τις χήνες.

Ένας επενδυτής αγοράζει τη μετοχή Χ και αρχικά γίνεται καχύποπτος καθώς η τιμή της μετοχής του εκτοξεύεται, υποπτευόμενος ότι μπορεί να υπάρχει φούσκα. Καθώς όμως ο χρόνος περνά και συνεχίζει την ανοδική του τροχιά, η υποψία του δίνει τη θέση του στον ενθουσιασμό: αυτή η μετοχή μπορεί να μην πέσει ποτέ! Σε μόλις μισό χρόνο δεσμεύει όλες τις αποταμιεύσεις του σε αυτό, χωρίς να λαμβάνει υπόψη τον κίνδυνο του συμπλέγματος που σχετίζεται με την επένδυση των οικονομιών της ζωής του σε αυτό - μόνο αργότερα για να πληρώσει ακριβά για τέτοιες ανόητες αποφάσεις που ελήφθησαν από απληστία και άγνοια.

Η επαγωγική σκέψη δεν χρειάζεται να σας οδηγήσει σε μια πορεία προς την καταστροφή. Στην πραγματικότητα, θα μπορούσατε να μετατρέψετε την επαγωγική σκέψη σε πηγή κέρδους στέλνοντας μηνύματα ηλεκτρονικού ταχυδρομείου με προβλέψεις τόσο για τις αυξανόμενες τιμές τον επόμενο μήνα όσο και για τις φθίνουσες τιμές - κάποιος προβλέπει ότι μπορεί να πέσει. Στείλτε το πρώτο email σε 50.000 άτομα και στη συνέχεια μια ξεχωριστή ομάδα 50.000 ατόμων μετά από ένα μήνα, όταν οι δείκτες είχαν μειωθεί σημαντικά. Τώρα στείλτε ένα άλλο email, αλλά αυτή τη φορά μόνο σε εκείνα τα 50.000 άτομα που έλαβαν ακριβείς προβλέψεις στο πρώτο τους email. Μετά από 10 μήνες, περίπου 100 από τους πελάτες σας θα παραμείνουν. Από τη σκοπιά τους, έχετε αποδείξει τις προφητικές σας δυνάμεις. Κάποιοι θα σας εμπιστευτούν τα χρήματά τους - πάρτε τα και αρχίστε να ζείτε ξανά τη ζωή στη Βραζιλία.
Ωστόσο, δεν ξεγελιόμαστε μόνο από αφελείς ξένους. Ακόμα και τον εαυτό μας μπορεί να ξεγελαστεί. όσοι αρρωσταίνουν σπάνια πιστεύουν ότι είναι αθάνατοι. Οι διευθύνοντες σύμβουλοι που σημειώνουν συνεχόμενα τρίμηνα αυξημένων κερδών τείνουν να θεωρούν τους εαυτούς τους ασυναγώνιστους - όπως και οι εργαζόμενοι και οι μέτοχοί τους. Κάποτε είχα έναν φίλο που του άρεσε το base jumping. Θα εκτοξευόταν από γκρεμούς, κεραίες, κτίρια κλπ., τραβώντας μόνο το κορδόνι του την τελευταία στιγμή πριν προσγειωθεί με ασφάλεια στη γη. Μια μέρα, ρώτησα το επίπεδο κινδύνου που έθεσε το επιλεγμένο άθλημά του και η απάντησή του ήταν αρκετά περιστασιακή: «Έχω πάνω από 1.000 άλματα κάτω από τη ζώνη μου και δεν μου συμβαίνει ποτέ

τίποτα». Δύο μήνες αργότερα είχε πεθάνει όταν πηδούσε από έναν ιδιαίτερα επικίνδυνο βράχο στη Νότια Αφρική - αυτό το τραγικό γεγονός διέψευσε όλες τις θεωρίες που είχαν επανειλημμένα αποδειχθεί.

Η επαγωγική σκέψη μπορεί να έχει καταστροφικές επιπτώσεις, ωστόσο εξαρτόμαστε από αυτήν καθημερινά για την επιβίωση. Όταν επιβιβαζόμαστε σε ένα αεροσκάφος, οι αεροδυναμικοί νόμοι παραμένουν σε ισχύ. Πιστεύουμε ότι οι τυχαίες επιθέσεις δεν θα συμβούν στο δρόμο. Οι καρδιές μας θα πρέπει να χτυπούν ακόμα αύριο -αυτές είναι βασικές διαβεβαιώσεις χωρίς τις οποίες η ζωή δεν θα συνεχιζόταν- ωστόσο πρέπει πάντα να θυμόμαστε ότι μόνο βεβαιότητες όπως ο θάνατος και οι φόροι είναι μόνιμες. Ο Μπέντζαμιν Φράνκλιν το είπε καλύτερα: «Τίποτα δεν είναι σίγουρο παρά ο θάνατος και οι φόροι».

Η επαγωγή μπορεί να μας παρασύρει στο να πιστέψουμε πράγματα όπως: «Η ανθρωπότητα πάντα επιβίωνε, επομένως θα είμαστε σε θέση να αντιμετωπίσουμε και τις μελλοντικές προκλήσεις». Αν και αυτό φαίνεται λογικό στη θεωρία, αυτό που πολλοί αποτυγχάνουν να αναγνωρίσουν είναι ότι τέτοιες δηλώσεις μπορούν να προέρχονται μόνο από είδη που έχουν επιζήσει μέχρι αυτό το σημείο. Το να κάνουμε υποθέσεις ότι η επιβίωσή μας σήμερα υποδηλώνει ότι η μελλοντική επιβίωση θα ήταν ένα επικό λάθος και πιθανώς το σοβαρότερο συλλογιστικό λάθος που έγινε ποτέ.

Ψευδής αιτιότητα (κεφ.37); Το Survivorship Bias (κεφ. 1) καλύπτεται επίσης εδώ.

ΓΙΑΤΙ ΤΟ ΚΑΚΟ ΧΤΥΠΕΙ ΠΙΟ ΔΥΝΑΤΑ ΑΠΟ ΤΟ ΚΑΛΟ;

Αποστροφή απώλειας Πώς νιώθετε αυτήν τη στιγμή σε μια κλίμακα από το 1 έως το 10; Τώρα φανταστείτε τι θα σας έφερνε στους 10, όπως εκείνο το ταξίδι στην Καραϊβική που πάντα λαχταρούσατε ή μια αύξηση στην επαγγελματική ανέλιξη; Συνέχιση αυτής της άσκησης: τι μπορεί να μειώσει τη βαθμολογία σας κατά τον ίδιο αριθμό; Παράλυση, Αλτσχάιμερ, καρκίνος, κατάθλιψη, πολεμική πείνα βασανιστήρια οικονομική καταστροφή απώλεια φήμης φίλος να πάρει απαγωγή θάνατος από τύφλωση είναι μόνο μερικές διαθέσιμες επιλογές που θα προκαλούσαν μεγάλη δυσαρέσκεια. Η απλή σκέψη όλων αυτών των πιθανοτήτων μας κάνει να συνειδητοποιήσουμε πόσα εμπόδια υπάρχουν όσον αφορά τη διατήρηση του φάσματος της ευτυχίας σε σύγκριση με όλες αυτές τις θετικές επιρροές. Όλες αυτές οι λίστες υπογραμμίζουν πόσα εμπόδια υπάρχουν και τα πολύ πιο σοβαρά αποτελέσματά τους από τα οφέλη. Δεν είναι περίεργο που δεν αναζητούμε την ευτυχία από ό,τι πιστεύαμε ποτέ.

Κάποια στιγμή στο εξελικτικό μας παρελθόν, αυτό ήταν ακόμη πιο αληθινό - ένα μικρό λάθος θα μπορούσε να οδηγήσει στον θάνατο αμέσως. Οποιαδήποτε πράγματα θα μπορούσαν να προκαλέσουν τη γρήγορη αποχώρηση σας από τη ζωή: απρόσεκτες πρακτικές κυνηγιού, φλεγμονή των τενόντων ή αποκλεισμός από την ομάδα. Οι άνθρωποι που ήταν απρόσεκτοι ή απερίσκεπτοι συχνά πέθαιναν πριν περάσουν τα γονίδιά τους στις μελλοντικές γενιές. μόνο προσεκτικοί επέζησαν και είναι απόγονοί μας σήμερα.

Είναι λοιπόν κατανοητό γιατί φοβόμαστε την απώλεια περισσότερο από το κέρδος. Η απώλεια 100 \$ μας κοστίζει πολύ μεγαλύτερη ευτυχία από οποιαδήποτε χαρά που θα μπορούσε να μας φέρει αν μας τα έδινα. Πράγματι, μελέτες έχουν αποδείξει ότι μια συναισθηματική απόκριση ζυγίζει διπλάσια από οποιοδήποτε παρόμοιο κέρδος - οι κοινωνικοί επιστήμονες αναφέρονται σε αυτό το φαινόμενο ως αποστροφή για την απώλεια.

Για αυτό το λόγο, όταν προσπαθείτε να πείσετε κάποιον για κάτι, μην εστιάζετε στα οφέλη του. Αντίθετα, τονίστε πώς τους βοηθά να αποφύγουν τα μειονεκτήματα. Μια εκστρατεία για την προώθηση της αυτοεξέτασης του μαστού (ΣΕΒ) χρησιμοποίησε δύο διαφορετικά φυλλάδια που διανεμήθηκαν μεταξύ των γυναικών για τη διάδοση πληροφοριών για τη ΣΕΒ. Το φυλλάδιο Α ανέφερε, «Η έρευνα δείχνει ότι οι γυναίκες που συμμετέχουν στη ΣΕΒ έχουν αυξημένες πιθανότητες να ανακαλύψουν όγκους σε πρώιμο, πιο θεραπεύσιμο στάδιο». Το φυλλάδιο Β ανέφερε: «Η έρευνα αποκάλυψε ότι οι γυναίκες που απέχουν από τη ΣΕΒ έχουν αυξημένες πιθανότητες να βρουν καρκινικούς όγκους πρώιμα και πιο θεραπεύσιμα στάδια», Η μελέτη έδειξε ότι η αφήγηση του φυλλαδίου Β (γραμμένη από ένα «πλαίσιο απώλειας») δημιούργησε σημαντικά μεγαλύτερη ευαισθητοποίηση. και η συμπεριφορά αλλάζει από το φυλλάδιο Α (γραμμένο σε "κέρδη πλαίσιο").

Ο φόβος της απώλειας παρακινεί τους ανθρώπους περισσότερο από την προοπτική να αποκτήσουν κάτι ίσης αξίας, επομένως εάν η επιχείρησή σας προσφέρει προϊόντα μόνωσης για το σπίτι, ένας αποτελεσματικός τρόπος για να ενθαρρύνετε τους πελάτες να αγοράσουν είναι να τους δείξετε πόσα χρήματα θα μπορούσαν να χάσουν χωρίς μόνωση αντί για πόσα μπορεί να εξοικονομήσει χρήματα μαζί του - παρόλο που και τα δύο ποσά θα παρέμεναν ίδια.

Στο χρηματιστήριο, οι επενδυτές συχνά αγνοούν τις απώλειες στα χαρτιά, καθώς μια μη πραγματοποιηθείσα ζημία είναι λιγότερο επώδυνη από την πραγματική. έτσι παραμένουν επενδυτές, παρόλο που οι πιθανότητες για ανάκαμψη ή περαιτέρω πτώση μπορεί να είναι μικρές. Κάποτε συνάντησα έναν πολυεκατομμυριούχο που ήταν πολύ αναστατωμένος που είχε χάσει 100 $ σε μια στιγμή. όμως το χαρτοφυλάκιό του κυμαινόταν τουλάχιστον κατά αυτό το ποσό κάθε δευτερόλεπτο! Προσπάθησα να του εξηγήσω ότι αυτό το συναίσθημα είναι αδικαιολόγητο αφού το χαρτοφυλάκιό του κυμαίνεται κάθε δευτερόλεπτο τουλάχιστον κατά αυτό το ποσό!

Οι διευθυντές σε μεγάλες εταιρείες συνήθως πιέζουν τους υπαλλήλους να είναι πιο τολμηροί και πιο επιχειρηματικοί, ωστόσο στην πραγματικότητα πολλοί εργαζόμενοι τείνουν να αποστρέφονται τον κίνδυνο. Από την άποψή τους, αυτό είναι λογικό: γιατί να ρισκάρετε κάτι που θα μπορούσε να φέρει είτε αυξημένο μπόνους είτε χειρότερο - ένα ροζ ολίσθημα; Στις περισσότερες περιπτώσεις και καταστάσεις, η προστασία της σταδιοδρομίας υπερισχύει κάθε πιθανής ανταμοιβής - οπότε αν έχετε μπερδευτεί σχετικά με το γιατί η ανάληψη κινδύνων από τους υπαλλήλους σας φαίνεται να λείπει, τώρα ξέρετε γιατί (αν και όταν οι εργαζόμενοι αναλαμβάνουν σημαντικούς κινδύνους, αυτό συχνά έρχεται με το πρόσχημα του ομαδικές αποφάσεις - μάθετε περισσότερα στο κεφάλαιο 33 σχετικά με το κοινωνικό λούσιμο).

Το κακό είναι πιο ισχυρό και διαδεδομένο από το καλό. Έχουμε την τάση να αντιδρούμε πιο έντονα όταν έρχονται αρνητικά πράγματα από ό,τι όταν τα θετικά. Τα τρομακτικά πρόσωπα τείνουν να ξεχωρίζουν περισσότερο στο δρόμο από τα χαμογελαστά. θυμόμαστε την κακή συμπεριφορά περισσότερο - εκτός από όταν αφορά τον εαυτό μας!
Βλέπε επίσης House-Money Effect (κεφ. 84). Εφέ Endowment (κεφ. 23), Social Loafing, (κεφ. 33) Προεπιλεγμένο εφέ, Πλάνη βυθισμένου κόστους και πλαισίωση καθώς και Ερειστικό επηρεασμό στο Κεφάλαιο 42 για περισσότερες πληροφορίες. (CH 66) .

ΓΙΑΤΙ ΤΑ ΜΕΛΗ ΤΗΣ ΟΜΑΔΑΣ ΕΙΝΑΙ ΤΕΜΠΕΛΟΙ

SOCIAL LOAFING

Το 1913, ο Γάλλος μηχανικός Maximilian Ringelmann διεξήγαγε έρευνα για την απόδοση αλόγων. Προς έκπληξή του, δύο άλογα που τραβούσαν ένα πούλμαν δεν ισοδυναμούσαν με το διπλάσιο του ενός αλόγου μόνο. Σαστισμένος με αυτό το αποτέλεσμα, ο Ringelmann έστρεψε την έρευνά του στους ανθρώπους. Έχοντας πολλά άτομα να τραβούν σχοινιά μαζί ταυτόχρονα, ενώ μετρούσε τη δύναμη που ασκείται από το καθένα ξεχωριστά, διαπίστωσε ότι όταν δύο άτομα τραβούσαν μαζί, επένδυσαν κατά μέσο όρο το 93% της ατομικής τους δύναμης στο τράβηγμα μαζί. Με τρεις συνδυασμούς έπεσε στο 86% της επένδυσης. όταν τρεις συγκέντρωσαν μόλις το 49%!

Η επιστήμη αναφέρεται σε αυτό το φαινόμενο ως το φαινόμενο της κοινωνικής άρσης. Αυτό συμβαίνει όταν η ατομική απόδοση δεν είναι άμεσα αισθητή - όταν οι ατομικές συνεισφορές αναμειγνύονται στη συλλογική προσπάθεια αντί να είναι άμεσα ορατές στους παρατηρητές. Το κοινωνικό loafing συμβαίνει συχνά στους αγώνες κωπηλατών, αλλά όχι στους αγώνες σκυταλοδρομίας όπου γίνονται εμφανείς οι ατομικές συνεισφορές. Το κοινωνικό loafing μπορεί να είναι λογική συμπεριφορά: γιατί να επενδύσετε όλη σας την ενέργεια όταν το μισό θα το κάνει; Το να κάνετε συντομεύσεις χωρίς να το καταλάβει κανείς είναι επίσης κοινή πρακτική - όπως τα άλογα του Ringelmann! Συνολικά, το κοινωνικό loafing μπορεί να θεωρηθεί ως μια μορφή εξαπάτησης, στην οποία όλοι μας είμαστε ένοχοι ότι εμπλακούμε ασυνείδητα, όπως έκανε ο Ringelmann όταν δούλευε εναντίον τους εναντίον αντιπάλων!

Καθώς οι άνθρωποι συνεργάζονται, οι επιμέρους επιδόσεις τείνουν να μειώνονται - κάτι που δεν πρέπει να αποτελεί έκπληξη - αλλά αυτό που πρέπει να ξεχωρίζει είναι η συνεχής συμβολή μας παρά τη μείωση των επιμέρους επιδόσεων. Τι μας εμποδίζει να τα παρατήσουμε εντελώς και να αφήσουμε όλη τη σκληρή δουλειά στους άλλους; Συνέπειες - θα παρατηρηθεί μηδενική απόδοση και θα μπορούσε να οδηγήσει σε σοβαρές συνέπειες, όπως αποκλεισμό από μια ομάδα ή δυσφήμιση. Η εξέλιξή μας έχει δώσει καλά συντονισμένες αισθήσεις που μας επιτρέπουν να διακρίνουμε πόση αδράνεια μπορεί να περάσει απαρατήρητη από τον εαυτό μας ή να την ανιχνεύσει στους άλλους.

Το κοινωνικό loafing εκτείνεται πολύ πέρα από τη φυσική απόδοση. χαλαρώνουμε και ψυχικά. Για παράδειγμα, οι συναντήσεις όπου είναι παρόντες πάρα πολλοί συμμετέχοντες τείνουν να έχουν πιο αδύναμη ατομική συμμετοχή από ό,τι όταν παρευρίσκονται μόνο 20 ή 100. Ωστόσο, όταν ξεπεραστεί αυτό το όριο, τα επίπεδα απόδοσης πέφτουν. Το αν μια ομάδα αποτελείται από 20 ή 100 μέλη δεν έχει σημασία, καθώς έχουμε φτάσει στη μέγιστη αδράνεια και έχουμε φτάσει στο μέγιστο δυναμικό απόδοσης.

Ένα ενοχλητικό ερώτημα παραμένει: ποιος δημιούργησε την ιδέα ότι οι ομάδες ξεπέρασαν τα άτομα; Ίσως γιαπωνέζικα. Πριν από τριάντα χρόνια.

Οι οικονομολόγοι των επιχειρήσεων εξέτασαν το βιομηχανικό θαύμα της Ιαπωνίας και παρατήρησαν τα εργοστάσιά της να οργανώνονται σε ομάδες. Στη συνέχεια, οι οικονομολόγοι των επιχειρήσεων προσπάθησαν να αντιγράψουν αυτό το μοντέλο με μικτή επιτυχία - ορισμένες ομάδες είχαν εξαιρετικά καλή απόδοση, αλλά όχι άλλες (πιθανόν επειδή σπάνια εμφανιζόταν κοινωνικό loafing), ενώ στην Ευρώπη ομάδες που αποτελούνταν από διαφορετικούς αλλά εξειδικευμένους ανθρώπους είχαν τις καλύτερες επιδόσεις συνολικά. μέσα σε τέτοιες ομάδες θα μπορούσαν εύκολα να εντοπιστούν και να εντοπιστούν μεμονωμένες παραστάσεις.

Το κοινωνικό loafing μπορεί να έχει βαθιές επιπτώσεις. Τα μέλη της ομάδας τείνουν να περιορίζουν τόσο τη συμμετοχή όσο και την ευθύνη για ομαδικά παραπτώματα ή κακές αποφάσεις. Κανείς δεν θέλει να επωμιστεί μόνος του τις ευθύνες. Ένα τρανταχτό παράδειγμα είναι η δίωξη των Ναζί στις δίκες της Νυρεμβέργης. λιγότερο αμφιλεγόμενα, εξετάστε οποιοδήποτε διοικητικό συμβούλιο ή ομάδα διαχείρισης. Συχνά κρυβόμαστε πίσω από ομαδικές αποφάσεις για να αποφύγουμε την ανάληψη ευθύνης. Αυτή η πρακτική είναι γνωστή ως διάχυση ευθύνης. Η δυναμική της ομάδας τους αναγκάζει επίσης να αναλαμβάνουν μεγαλύτερους κινδύνους από αυτούς που θα έπαιρναν μεμονωμένα. Τα μέλη τείνουν να πιστεύουν ότι δεν θα θεωρηθούν προσωπικά υπεύθυνοι εάν κάτι πάει στραβά, κάτι που οδηγεί σε επικίνδυνη αλλαγή. Αυτό το φαινόμενο είναι ιδιαίτερα επικίνδυνο μεταξύ των στρατηγικών εταιρειών και συνταξιοδοτικών ταμείων που διακυβεύονται δισεκατομμύρια και τα τμήματα άμυνας όπου οι ομάδες αποφασίζουν πότε πρέπει να αναπτυχθούν πυρηνικά όπλα.

Συμπέρασμα: Οι άνθρωποι συμπεριφέρονται διαφορετικά όταν είναι σε ομάδες παρά μόνοι τους (διαφορετικά δεν θα υπήρχαν ομάδες). Οι αρνητικές πτυχές των ομάδων μπορούν να αντισταθμιστούν κάνοντας τις μεμονωμένες παραστάσεις ορατές όσο το δυνατόν περισσότερο - ζήτω η αξιοκρατία! Ζήτω η κοινωνία των παραστάσεων!

Motivation Crowding (κεφ. 56); Κοινωνική Απόδειξη (κεφ. 4); Ομαδική σκέψη (κεφ. 25); Αποστροφή για την απώλεια (κεφ. 32)

ΠΕΡΙΒΑΛΛΟΝΤΑΙ ΑΠΟ ΧΑΡΤΙ;

ΕΚΘΕΤΙΚΗ ΑΥΞΗΣΗ

Φανταστείτε ότι διπλώνετε ένα φύλλο χαρτιού επανειλημμένα στα δύο, μόνο που αυτή τη φορά το διπλώνετε ξανά μόνο του - 50 φορές συνολικά; Ποιο υπολογίζετε ότι θα είναι το πάχος του μετά από 50 φορές δίπλωμα; Σημειώστε την εικασία σας πριν συνεχίσετε την ανάγνωση.

Δεύτερη εργασία. Επιλέξτε μία από τις δύο επιλογές από παρακάτω. Α) Τις επόμενες 30 ημέρες, θα σας δίνω 1.000 $ καθημερινά. Β) Θα δίνω ένα σεντ καθημερινά ξεκινώντας από την Ημέρα 1, ακολουθούμενο από δύο σεντς την Ημέρα 2, μετά τέσσερα σεντ και ούτω καθεξής μέχρι να φτάσει η Ημέρα 31 και το σύνολο της ανταμοιβής σας να φτάσει τα οκτώ σεντ κάθε μέρα στη συνέχεια. Αλλά να αποφασίσετε γρήγορα μεταξύ Α ή Β;

Είσαι προετοιμασμένος; Αν υποθέσουμε ότι ένα φύλλο χαρτιού αντιγραφής έχει πάχος περίπου 0,004 ίντσες, το πάχος του μετά από 50 διπλώσεις γίνεται πάνω από 60 εκατομμύρια μίλια. που ισούται με την απόσταση μεταξύ Γης και Ήλιου όπως μετριέται με μια αριθμομηχανή. Όταν απαντάτε στην ερώτηση 2, η επιλογή της επιλογής Β μπορεί να φαίνεται λιγότερο ελκυστική, αλλά θα αποφέρει περισσότερες ανταμοιβές σε μόλις 30 ημέρες από ό,τι η Α. Η επιλογή Α θα σας έδινε 30.000 $, αλλά η Β περισσότερα από 5 εκατομμύρια δολάρια!

Η γραμμική ανάπτυξη γίνεται διαισθητικά κατανοητή. Αλλά δεν έχουμε αίσθηση εκθετικής (ή ποσοστιαίας) ανάπτυξης - πιθανότατα επειδή οι πρόγονοί μας δεν το χρειάζονταν πριν! Οι εμπειρίες τους έτειναν να είναι γραμμικές: ο διπλάσιος χρόνος συλλογής μούρων απέφερε διπλάσια κέρδη και η δολοφονία δύο μαμούθ αντί για ένα επέκτεινε το κυνήγι κατά το ήμισυ. Αλλά σήμερα, η εκθετική ανάπτυξη δεν είναι πλέον σπάνια! Στη Λίθινη Εποχή οι άνθρωποι σπάνια αντιμετώπιζαν εκθετική ανάπτυξη. Τώρα τα πράγματα είναι διαφορετικά.

«Κάθε χρόνο τα τροχαία ατυχήματα αυξάνονται κατά 7%», προειδοποιεί πολιτικός. Για να καταλάβουμε τι σημαίνει αυτό διαισθητικά, ας χρησιμοποιήσουμε έναν εύκολο τύπο: 70 διαιρούμενο με 7 = 10 χρόνια - που δείχνει ότι τα τροχαία ατυχήματα διπλασιάζονται κάθε δεκαετία (σημειώσεις ενότητα για περαιτέρω εξήγηση γιατί αυτός ο αριθμός 70;). Αυτό θα έδειχνε ένα ανησυχητικό σενάριο! Εάν αυτό το σχήμα σας φαίνεται άγνωστο, λάβετε υπόψη τον λογάριθμο. ο ορισμός του μπορεί να βρεθεί εκεί).

Ένα άλλο παράδειγμα: ο πληθωρισμός βρίσκεται στο 5%, με αποτέλεσμα πολλοί άνθρωποι να πιστεύουν ότι δεν αποτελεί μεγάλη απειλή - μέχρι να υπολογίσει κανείς τον χρόνο διπλασιασμού: 70 διαιρούμενο με 5 = 14 χρόνια, που σημαίνει ότι σε 14 χρόνια ένα δολάριο θα αξίζει το μισό - μια απόλυτη καταστροφή για όποιον έχει λογαριασμούς ταμιευτηρίου!

Φανταστείτε ότι είστε δημοσιογράφος που αναφέρει ότι οι εγγεγραμμένες εγγραφές σκύλων στην πόλη σας αυξάνονται κατά 10% ετησίως. πώς θα πείτε στους αναγνώστες αυτά τα νέα; Κανείς δεν νοιάζεται, οπότε αντ' αυτού ανακοινώστε: «Κατακλυσμός σκύλων: διπλάσιο μούτρα σε 7 χρόνια!» Κανείς δεν θα νοιαστεί τόσο πολύ - ούτε ο κόσμος θα νοιάζεται που οι εγγραφές έχουν αυξηθεί κατά 10%.

Τίποτα που μεγαλώνει εκθετικά δεν θα συνεχιστεί για πάντα. Πολλοί πολιτικοί, οικονομολόγοι και δημοσιογράφοι ξεχνούν αυτή την αλήθεια. Αυτή η ανάπτυξη φτάνει τελικά στο όριό της. Για παράδειγμα, το Escherichia coli διαιρείται κάθε είκοσι λεπτά και θα μπορούσε να καλύψει τον πλανήτη μέσα σε λίγες μέρες, αλλά δεν μπορεί να συνεχίσει επειδή καταναλώνει περισσότερο οξυγόνο και ζάχαρη από το διαθέσιμο. Ως εκ τούτου, η ανάπτυξή του έρχεται τελικά σε αδιέξοδο και διακόπτεται.

Οι αρχαίοι Πέρσες κατανοούσαν τη δυσκολία που σχετίζεται με την ποσοστιαία αύξηση. Εδώ είναι μια ενδιαφέρουσα τοπική ιστορία: ένας σοφός αυλικός έδωσε στον βασιλιά μια σκακιέρα ως δώρο και ρώτησε πώς θα μπορούσαν να τον ευχαριστήσουν. η απάντησή του; Καλύψτε το με ρύζι καλύπτοντας έναν κόκκο σε κάθε τετράγωνο πριν αυξήσετε με δύο επιπλέον κόκκους δύο φορές ανά τετράγωνο στη συνέχεια! Όταν ξαφνιάστηκε, ο βασιλιάς Δαρείος απάντησε ότι ήταν όντως τιμή για αυτούς που προέρχονταν τόσο μέτρια αιτήματα από τόσο άξιους αυλικούς!

Πόσο ρύζι όμως χρειάζεται; Στην αρχή υπολόγισε περίπου ένα σάκο. Όταν οι υπηρέτες του ξεκίνησαν το έργο - βάζοντας έναν κόκκο σε κάθε τετράγωνο με τη σειρά μέχρι να υπάρχουν τέσσερις κόκκοι ανά τετράγωνο και ούτω καθεξής - συνειδητοποίησε ότι χρειαζόταν περισσότερους κόκκους από αυτούς που ήταν διαθέσιμοι στη γη.

Όταν πρόκειται για ρυθμούς ανάπτυξης, μην βασίζεστε στη διαίσθηση - δεν έχετε καμία. Αντ' αυτού αποδέξου το. Αυτό που πραγματικά βοηθάει είναι η χρήση μιας αριθμομηχανής - ή σε περιπτώσεις με χαμηλούς ρυθμούς ανάπτυξης χρησιμοποιώντας το 70 ως τον μαγικό αριθμό.

Βλέπε επίσης, Simple Logic (κεφ. 63). Παράβλεψη Πιθανοτήτων (κεφ. 26). Ο νόμος των μικρών αριθμών (κεφ. 61)

ΕΛΈΓΞΤΕ ΤΟΝ ΕΝΘΟΥΣΙΑΣΜΟ ΣΑΣ

Η ΚΑΤΑΡΑ ΤΟΥ ΝΙΚΗΤΗ

Τέξας τη δεκαετία του 1950. Δέκα εταιρείες πετρελαίου ανταγωνίζονται για ένα οικόπεδο που έχει δημοπρατηθεί με αξία μεταξύ 10 και 100 εκατομμυρίων δολαρίων. όταν οι τιμές κλιμακώνονται κατά τη διάρκεια της υποβολής προσφορών, περισσότερες εταιρείες βγαίνουν από την προσφορά μέχρι τελικά μια εταιρεία να υποβάλει την υψηλότερη προσφορά και να κερδίσει τη δημοπρασία με τους φελλούς της σαμπάνιας να σκάνε!

Το «Winner's Curse» υποστηρίζει ότι οι νικητές δημοπρασιών συχνά καταλήγουν ως χαμένοι, όπως αποδεικνύεται από αναλυτές του κλάδου που σημείωσαν ότι εταιρείες που έβγαιναν σταθερά ως νικητές πλειοδότες από δημοπρασίες πετρελαιοπηγών υπερπλήρωσαν και αργότερα χρεοκόπησαν - κάτι που δεν θα έπρεπε να αποτελεί έκπληξη όταν οι εκτιμήσεις ποικίλλουν μεταξύ \$10 εκατομμύρια και \$100 εκατομμύρια; Οι εκτιμήσεις συχνά βρίσκονται κάπου στο ενδιάμεσο. Συχνά, οι υψηλές προσφορές δημοπρασίας υπερβαίνουν την πραγματική τους αξία. Ωστόσο, στο Τέξας, οι διευθυντές πετρελαίου πανηγύρισαν αυτό που έγινε τελικά μια δαπανηρή νίκη.

Σήμερα, αυτό το φαινόμενο μας αφορά όλους. Από το eBay στο Groupon στο Google AdWords, οι τιμές καθορίζονται με δημοπρασίες - από το eBay στο Groupon στο Google AdWords. Οι πόλεμοι προσφορών για τις συχνότητες των κινητών τηλεφώνων οδηγούν τις εταιρείες τηλεπικοινωνιών πιο κοντά στη χρεοκοπία. τα αεροδρόμια νοικιάζουν τους εμπορικούς τους χώρους για τον πλειοδότη· ή όταν η Walmart σχεδιάζει μια διάθεση απορρυπαντικού ζητώντας προσφορές από πέντε προμηθευτές (στην πραγματικότητα μια δημοπρασία με κίνδυνο που σχετίζεται με τη νίκη και την κατάρα με την κατάρα του νικητή!). Ακόμη και η Walmart εισάγει προϊόντα μέσω δημοπρασιών - το να ζητάει από προμηθευτές διαγωνισμούς από πέντε προμηθευτές είναι απλώς άλλη μια δημοπρασία - μόνο που αυτή τη φορά κινδυνεύει να με καταραστεί!

Οι διαδικτυακοί πλειστηριασμοί της καθημερινής ζωής έχουν εξαπλωθεί και στους εμπόρους. Όταν χρειαζόμουν τους τοίχους μου να βάφουν, αντί να ψάξω για οποιονδήποτε ζωγράφο κοντά, δημοσίευσα τη διαφήμισή μου στο Διαδίκτυο - 30 ζωγράφοι από 300 μίλια διαγωνίστηκαν για αυτήν, προσφέροντας τόσο χαμηλές τιμές που μου ήταν αδύνατο να αποδεχτώ - από καλοσύνη για το εμπορικό κέντρο! Η καλύτερη προσφορά ήρθε από έναν τόσο φτωχό που από συμπάθεια την απέρριψα για να γλιτώσω την κατάρα του νικητή!

Οι Αρχικές Δημόσιες Προσφορές (IPO) και οι συγχωνεύσεις και εξαγορές, που συνήθως αναφέρονται ως συγχωνεύσεις και εξαγορές, μπορούν επίσης να θεωρηθούν ως δημοπρασίες. Δυστυχώς, περισσότερες από τις μισές εξαγορές κατέστρεψαν την αξία σύμφωνα με μια μελέτη της McKinsey!

Γιατί υποκύπτουμε στην κατάρα του νικητή; Υπάρχουν μερικοί παράγοντες στη δουλειά. Πρώτον, οι πραγματικές αξίες για πολλά πράγματα παραμένουν αβέβαιες. Επιπλέον, περισσότερα ενδιαφερόμενα μέρη αυξάνουν τις πιθανότητες να υποβληθεί μια υπερβολικά ενθουσιώδης προσφορά. Δεύτερον είναι ο ανταγωνισμός μεταξύ των πωλητών. Ένας φίλος που είχε ένα εργοστάσιο μικρο-κεριών αφηγήθηκε πώς η Apple υποκίνησε έναν έντονο πόλεμο προσφορών για τους προμηθευτές κατά την ανάπτυξη του iPhone - όλοι θέλουν ένα επίσημο συμβόλαιο ακόμα κι αν αυτό μπορεί να σημαίνει οικονομικές απώλειες στο δρόμο για τους κερδισμένους προμηθευτές.

Πόσο θα προσφέρατε για 100 $; Ας υποθέσουμε ότι εσείς και ένας αντίπαλος προσκαλείστε σε μια δημοπρασία όπου όποιος κάνει την υψηλότερη προσφορά κερδίζει και και οι δύο πλειοδότες πρέπει να υποβάλουν τις τελικές τους προσφορές σε εκείνο το σημείο - πόσο ψηλά θα πήγαινε η προσφορά σας; Από τη δική σας οπτική γωνία, είναι λογικό να προσφέρετε $20, $30 ή $40. Ο αντίπαλος σας κάνει το ίδιο και ακόμη και τα 99 $ φαίνονται λογικά όταν συζητάτε λογαριασμούς 100 $ - ωστόσο τώρα προτείνουν να προσφέρουν 100 $! Εάν αυτή παραμένει η υψηλότερη προσφορά, θα ξεπεράσει το ισο (πληρώνοντας 100 $ για 100 $), ενώ θα χρειαστεί να βήξετε μόνο 99 $. Όσο αυτή παραμένει η υψηλότερη προσφορά, και οι δύο παίκτες θα φύγουν ακόμη. Έτσι συνεχίζετε να προσφέρετε. Στα 110$ έχετε εγγυημένη απώλεια 10$. Ο αντίπαλός σας θα πρέπει να βρει $109 (την τελευταία του προσφορά), που σημαίνει ότι και οι δύο θα συνεχίσουν να παίζουν μέχρι ο ένας ή και οι δύο να σταματήσουν να παίζουν εντελώς - πότε θα σταματήσετε να κάνετε προσφορές και πότε θα σταματήσει ο ανταγωνιστής σας; Δοκιμάστε το με φίλους!

Ο Warren Buffett πρόσφερε κάποιες καλές συμβουλές σχετικά με τις δημοπρασίες: «Μην πας». Εάν οι δημοπρασίες είναι απαραίτητες στον κλάδο σας, ορίστε μια μέγιστη τιμή και αφαιρέστε 20% από αυτήν ως αντιστάθμιση έναντι της κατάρας του νικητή. γράψτε αυτόν τον αριθμό και μην τον υπερβείτε με κανέναν τρόπο.

Δείτε το Endowment Effect (κεφ. 23) για περισσότερες πληροφορίες.

ΟΙ ΣΥΓΓΡΑΦΕΙΣ ΠΡΕΠΕΙ ΠΟΤΕ ΝΑ ΜΗΝ ΡΩΤΗΣΟΥΝ ΤΟΝ ΣΥΓΓΡΑΦΕΑ ΑΝ ΤΟ ΜΥΘΙΣΤΗΡΙ ΤΟΥ ΕΙΝΑΙ ΑΥΤΟΒΙΟΓΡΑΦΙΚΟ

ΒΑΣΙΚΌ ΣΦΆΛΜΑ ΑΠΌΔΟΣΗΣ

Ανοίγοντας την εφημερίδα σας, μαθαίνετε ότι ένας ακόμη Διευθύνων Σύμβουλος αναγκάζεται να αποχωρήσει λόγω κακών αποτελεσμάτων. Εν τω μεταξύ, στο αθλητικό τμήμα διαβάζετε ότι ο παίκτης Χ ή ο προπονητής Υ συνέβαλαν σημαντικά στη νικηφόρα σεζόν της ομάδας σας, ενώ τα βιβλία ιστορίας σας λένε ότι ο Ναπολέων ήταν υπεύθυνος για την ηγεσία και την ηγεσία του στρατού του με τόση επιτυχία στις αρχές του 1800 στη Γαλλία. Το "Κάθε ιστορία έχει ένα πρόσωπο" μοιάζει αναπαλλοτρίωτος κανόνας κάθε newsroom. Οι δημοσιογράφοι (και οι αναγνώστες τους) προχωρούν περαιτέρω αυτή την αρχή, αναζητώντας οποιαδήποτε πιθανή «γωνία ανθρώπων». Ως αποτέλεσμα αυτής της «γωνίας των ανθρώπων», πολλοί δημοσιογράφοι (όσο και αναγνώστες) πέφτουν θύματα θεμελιώδους λάθους απόδοσης: ένα σφάλμα που προκαλείται από την υπερεκτίμηση της επιρροής των ατόμων ενώ υποτιμά τους εξωτερικούς παράγοντες της κατάστασης.

Ερευνητές από το Πανεπιστήμιο Duke διεξήγαγαν ένα πείραμα το 1967: οι συμμετέχοντες διάβασαν επιχειρήματα που είτε επαινούσαν είτε υποτιμούσαν τον Φιντέλ Κάστρο από έναν συγγραφέα στον οποίο είχε ανατεθεί ανεξάρτητα από τις πραγματικές του απόψεις. Ωστόσο, τα περισσότερα μέλη του κοινού πίστευαν ότι αυτά που είπε αντιπροσώπευαν τις αληθινές του απόψεις και αγνόησαν εξωτερικούς παράγοντες - δηλαδή τους καθηγητές που το δημιούργησαν.

Το βασικό σφάλμα απόδοσης είναι ιδιαίτερα αποτελεσματικό στην απλοποίηση των αρνητικών συμβάντων σε διαχειρίσιμες μονάδες. Συχνά αποδίδουμε την ευθύνη για τους πολέμους σε άτομα - όπως ο γιουγκοσλάβος δολοφόνος στο Σεράγεβο έχει τον Α Παγκόσμιο Πόλεμο στους ώμους τους ή ο Χίτλερ ξεκίνησε μόνος του τον Β' Παγκόσμιο Πόλεμο - παρόλο που οι πόλεμοι είναι απρόβλεπτα γεγονότα με περίπλοκη δυναμική που πιθανότατα δεν θα καταλάβουμε ποτέ πλήρως - όπως οι χρηματοπιστωτικές αγορές και κλιματικά θέματα!

Καθώς οι εταιρείες ανακοινώνουν καλά ή κακά αποτελέσματα, όλα τα βλέμματα τείνουν να εστιάζουν στον Διευθύνοντα Σύμβουλό τους παρόλο που γνωρίζουν την αλήθεια: η οικονομική επιτυχία εξαρτάται πολύ περισσότερο από παράγοντες εκτός του ελέγχου τους, όπως η ελκυστικότητα του κλάδου. Είναι αξιοσημείωτο το πόσο συχνά οι εταιρείες σε προβληματικές βιομηχανίες αντικαθιστούν τον Διευθύνοντα Σύμβουλό τους σε σύγκριση με το πόσο σπάνια συμβαίνει αυτό σε πιο ακμάζουσες επιχειρήσεις.
Οι βιομηχανίες αντιμετωπίζουν δυσκολίες λιγότερο προσεκτικές στις πρακτικές πρόσληψης; Τέτοιες αποφάσεις δεν φαίνονται λιγότερο παράλογες από ό,τι συμβαίνει μεταξύ των προπονητών ποδοσφαίρου και των συλλόγων τους.

Η γενέτειρά μου, η Λουκέρνη της Ελβετίας, μου προσφέρει πολλά λαχταριστά κλασικά ρεσιτάλ που δεν σταματούν να εντυπωσιάζουν. Ωστόσο, κατά τη διάρκεια του διαλείμματος οι συνομιλίες τείνουν να επικεντρώνονται σχεδόν αποκλειστικά σε μαέστρους και σολίστες, ενώ η σύνθεση σπάνια γίνεται πρωτοσέλιδο. εκτός από τις παγκόσμιες πρεμιέρες που οι συνθέτες μπορούν να το συζητήσουν ανοιχτά. Γιατί αυτό; Το αληθινό θαύμα της μουσικής βρίσκεται στη σύνθεση: η δημιουργία ήχων, διαθέσεων και ρυθμών από το φαινομενικά τίποτα. Ωστόσο, συχνά υποτιμάται λόγω της αδυναμίας μας να θεωρήσουμε ότι οι παρτιτούρες δεν έχουν πρόσωπα για σύγκριση με μαέστρους και σολίστ, ενώ στην πραγματικότητα αυτά τα δύο στοιχεία συνθέτουν τις παραστάσεις αυτής της παρτιτούρας (σε αντίθεση με τους μαέστρους ή τους σολίστ ή τους μαέστρους/σολίστ).

Ως συγγραφέας μυθοπλασίας, αντιμετωπίζω αυτό το θεμελιώδες σφάλμα απόδοσης κάθε φορά μετά από αναγνώσεις (το οποίο από μόνο του μπορεί να είναι αμφιλεγόμενο), όταν οι άνθρωποι ρωτούν: "Ποιο μέρος του μυθιστορήματός σας είναι αυτοβιογραφικό;" Σε τέτοιες στιγμές θα ήθελα να μπορούσα να φωνάξω: "Δεν με αφορά - είναι για αυτό το βιβλίο, το κείμενο, τη γλώσσα και την ιστορία!" αλλά η ανατροφή μου δεν επιτρέπει αρκετά συχνά τέτοια ξεσπάσματα.

Τα σφάλματα απόδοσης δεν πρέπει να κρίνονται αυστηρά. Η ενασχόλησή μας με τους άλλους ανθρώπους πηγάζει από το εξελικτικό μας παρελθόν: η συμμετοχή στην ομάδα ήταν απαραίτητη για την επιβίωση - η αναπαραγωγή, η άμυνα, το κυνήγι μεγάλων ζώων ήταν αδύνατον χωρίς τη βοήθεια της φυλής κάποιου - η εξορία σήμαινε βέβαιο θάνατο. Εκείνοι που επέλεγαν για σόλο ζωή συχνά αντιμετώπιζαν επίσης κάποια καταστροφή.

Αλλά ακόμη και όσοι επέζησαν τελικά εγκατέλειψαν τη γονιδιακή δεξαμενή, κάνοντας τη ζωή ακόμη πιο δύσκολη για τις επόμενες γενιές. Η ζωή μας εξαρτιόταν και περιστρεφόταν γύρω από τους άλλους. Αυτό εξηγεί γιατί σήμερα παραμένουμε τόσο απασχολημένοι μαζί τους - σε σημείο να ξοδεύουμε περίπου το 90% του χρόνου μας σκεπτόμενοι άλλους ανθρώπους, ενώ αφιερώνουμε μόνο το 10% στην εξέταση άλλων παραγόντων και πλαισίων.

Συμπέρασμα: Αν και βρίσκουμε το θέαμα της ζωής καθηλωτικό, οι κάτοικοί του απέχουν πολύ από το να είναι ιδανικοί χαρακτήρες που παίρνουν αποφάσεις χωρίς να χρειάζονται εξωτερική βοήθεια. Πετάνε από κατάσταση σε κατάσταση αντί να ενεργούν με δική τους βούληση. Για να κατανοήσετε πραγματικά οποιοδήποτε τρέχον θεατρικό έργο ή μιούζικαλ, κοιτάξτε πέρα από τους ερμηνευτές του και δώστε ιδιαίτερη προσοχή στο πώς οι επιρροές διαμορφώνουν τους χαρακτήρες των ηθοποιών.

Βλέπε επίσης Story Bias (Κεφ. 13). Swimmer's Body Illusion (Κεφ. 2), Φαινόμενο Salience (Κεφ. 83), Ψευδαίσθηση Ειδήσεων (Κεφ. 99), Εφέ Halo (Κεφ. 38) και Πλάνη μεμονωμένων αιτιών (Κεφ. 97)

ΓΙΑΤΙ ΔΕΝ ΠΡΕΠΕΙ ΝΑ ΠΙΣΤΕΨΕΙΣ ΑΥΤΑ ΠΟΥ ΛΕΕΙ Ο ΑΦΗΓΗΣ

ΨΕΥΔΗΣ ΑΙΤΙΟΤΗΤΑ

Οι ψείρες του κεφαλιού ήταν αναπόσπαστο μέρος της ζωής στα νησιά Εβρίδες βόρεια της Σκωτίας και η απουσία τους θα έκανε τους οικοδεσπότες τους να αρρωστήσουν και να πυρετώσουν. Προκειμένου να καταπολεμήσουν την ασθένεια και τον πυρετό τους, οι άρρωστοι πρόσθεταν σκόπιμα ψείρες στα μαλλιά τους για να απαλλαγούν από τον πυρετό τους. Μόλις αυτές οι νέες ψείρες είχαν ριζώσει και εγκατασταθούν ξανά στη θέση τους, οι ασθενείς άρχισαν να παρουσιάζουν βελτιώσεις.

Μελέτες που διεξήχθησαν σε μια πόλη έδειξαν ότι όσο περισσότεροι πυροσβέστες καλούσαν να καταπολεμήσουν τις πυρκαγιές, τόσο μεγαλύτερη ήταν η ζημιά της. Μετά από αυτά τα αποτελέσματα, ο δήμαρχος θέσπισε αμέσως πάγωμα προσλήψεων και μείωσε ανάλογα τον προϋπολογισμό της πυρόσβεσης.

Και οι δύο ιστορίες προέρχονται από τους Γερμανούς καθηγητές φυσικής Hans-Peter Beck-Bornholdt και το βιβλίο του Hans-Hermann Dubben (δυστυχώς δεν υπάρχει αγγλική έκδοση). Και οι δύο ιστορίες δείχνουν πώς η αιτιότητα μπορεί να συγχέεται. Όταν οι ψείρες φεύγουν από το κεφάλι ενός αναπήρου επειδή έχει πυρετό, η παρουσία τους γίνεται προσωρινή καθώς χτυπάνε τα καυτά πόδια. μόλις σπάσει ο πυρετός επιστρέφουν! Και οι μεγαλύτερες πυρκαγιές απαιτούν περισσότερους πυροσβέστες - όχι το αντίστροφο!

Η ψευδής αιτιότητα συχνά μας παραπλανά και οι συγγραφείς και οι σύμβουλοι επιχειρηματικών βιβλίων συχνά λειτουργούν χρησιμοποιώντας αυτήν την λανθασμένη σκέψη για να μας πουλήσουν ψευδείς αφηγήσεις αιτιότητας. Πάρτε για παράδειγμα τον τίτλο, «Το κίνητρο των εργαζομένων οδηγεί σε υψηλότερα εταιρικά κέρδη». Κρατάει πραγματικά αυτό το νερό ή μπορεί οι άνθρωποι απλώς να αποκτήσουν περισσότερο κίνητρο όταν η εταιρεία τους τα πάει καλά; Ομοίως, ένας άλλος ισχυρισμός δηλώνει ότι οι γυναίκες στα διοικητικά συμβούλια συσχετίζονται με την αυξημένη κερδοφορία - ωστόσο είναι πραγματικά έτσι λειτουργεί ή είναι απλώς πιο πιθανό αυτές οι εταιρείες να προσλαμβάνουν περισσότερες γυναίκες στα διοικητικά συμβούλια από λιγότερο κερδοφόρες; Αυτοί οι συγγραφείς και οι σύμβουλοι επαγγελματικών βιβλίων συχνά λειτουργούν χρησιμοποιώντας παρόμοιες ψευδείς (ή τουλάχιστον ασαφείς) αιτιάσεις όταν γράφουν ή συμβουλεύονται τα επαγγελματικά βιβλία ή παρέχουν συμβουλές.

Ο Άλαν Γκρίνσπαν ήταν σεβαστός ως επικεφαλής της Ομοσπονδιακής Τράπεζας κατά τη διάρκεια της δεκαετίας του '90. Οι σκοτεινές δηλώσεις του έδωσαν στη νομισματική πολιτική την εμφάνιση μιας ακριβούς επιστήμης που κράτησε την Αμερική σε ανοδική πορεία προς την ευημερία, αποσπώντας επαίνους από πολιτικούς, δημοσιογράφους και ηγέτες επιχειρήσεων. Δυστυχώς για αυτούς τους σχολιαστές όμως, οι στενοί δεσμοί της Αμερικής με την Κίνα (ένας

παραγωγός χαμηλού κόστους που αγόρασε εύκολα το χρέος των Η.Π.Α.) έπαιξε πολύ μεγαλύτερο ρόλο από ό,τι αναμενόταν αρχικά. Ο Γκρίνσπαν απλά στάθηκε τυχερός που οι πολιτικές του λειτούργησαν τόσο καλά.
Τόσο καλά υπηρέτησε τη θητεία του.

Οι επιστήμονες διεξήγαγαν πρόσφατα μελέτες που πρότειναν ότι η παρατεταμένη παραμονή στο νοσοκομείο ήταν επιζήμια για την υγεία των ασθενών. Αυτή η πληροφορία ευχαρίστησε τους ασφαλιστές υγείας. όσοι θέλουν μένουν να είναι σύντομοι. Ωστόσο, η παραμονή μεγαλύτερης διάρκειας δεν φαίνεται καθόλου επιζήμια, καθώς οι ασθενείς που μπορούν να φύγουν αμέσως είναι πιο υγιείς από εκείνους που χρειάζονται περαιτέρω θεραπείες - και ως εκ τούτου η μεγάλη παραμονή μπορεί να έχει θετικά αποτελέσματα!

Ή πάρτε αυτόν τον τίτλο: «Γεγονός: Οι γυναίκες που χρησιμοποιούν σαμπουάν XYZ σε τακτική βάση έχουν πιο δυνατά μαλλιά». Αν και τα επιστημονικά στοιχεία μπορούν να υποστηρίξουν τέτοιους ισχυρισμούς, αυτή η δήλωση δεν μας λέει πραγματικά πολλά - λιγότερο από όλα ότι το σαμπουάν κάνει τις κλειδαριές σας πιο δυνατές! Ίσως οι γυναίκες με δυνατές μπούκλες τείνουν να χρησιμοποιούν τη συγκεκριμένη μάρκα - ίσως επειδή το μπουκάλι της γράφει «ειδικά σχεδιασμένο για πυκνά μαλλιά».

Πρόσφατα διάβασα ότι οι μαθητές με σπίτια που περιέχουν πολλά βιβλία τείνουν να επιτυγχάνουν υψηλότερους βαθμούς στο σχολείο. Αν και αυτή η μελέτη μπορεί να έδωσε ώθηση στους βιβλιοπώλες, αυτή η έρευνα απέδειξε ψευδή αιτιότητα - οι πιο μορφωμένοι γονείς τείνουν να δίνουν μεγαλύτερη αξία στην εκπαίδευση των παιδιών τους, όπως και τα μορφωμένα άτομα που έχουν γενικά περισσότερα βιβλία στο σπίτι. Ακόμα κι έτσι, ένα καλυμμένο με σκόνη αντίγραφο του War and Peace δεν θα αλλάξει τους βαθμούς κανενός. Σημασία έχει τόσο το μορφωτικό επίπεδο των γονιών όσο και τα γονίδια!

Η ψευδής αιτιότητα ήταν στα καλύτερά της στη Γερμανία μεταξύ του ποσοστού γεννήσεων και του αριθμού των ζευγών πελαργών σε πτώση από το 1965-1987. Και οι δύο τάσεις φάνηκαν σχεδόν συσχετισμένες. μπορεί αυτό να σημαίνει ότι ο πελαργός φέρνει πραγματικά μωρά; Χωρίς αμφιβολία όχι. μάλλον αυτή η συσχέτιση θα μπορούσε απλώς να ήταν τυχαία.

Συμπέρασμα: η συσχέτιση δεν ισοδυναμεί με αιτιότητα. Ρίξτε μια πιο προσεκτική ματιά σε γεγονότα που συνδέονται με συσχέτιση: μερικές φορές αυτό που φαίνεται σαν την αιτία αποδεικνύεται ότι είναι το αποτέλεσμά του και το αντίστροφο. Άλλες φορές μπορεί ακόμη και να μην υπάρχει εμφανής αιτιώδης σύνδεση - όπως ήταν με τους πελαργούς και τα μωρά.

Βλέπε επίσης Σύμπτωση (Κεφ. 24). Association Bias (Κεφ. 48); Ομαδοποίηση ψευδαισθήσεων (Κεφ. 3); Story Biases (Κεφ. 13) * Επαγωγή (Κεφ. 31) και Τύχη αρχαρίων (Κεφ. 49)

ΣΤΟΝ ΠΥΡΗΝΑ ΤΟΥΣ, ΌΛΟΙ ΕΙΝΑΙ ΌΜΟΡΦΟΙ

Η Cisco, η εταιρεία Silicon Valley, φημιζόταν κάποτε από τους επιχειρηματικούς δημοσιογράφους ως σύμβολο της νέας οικονομίας, λαμβάνοντας διθυραμβικές κριτικές για τη φανταστική εξυπηρέτηση πελατών, την εξαιρετική στρατηγική, τις έγκαιρες εξαγορές, τη ζωντανή εταιρική κουλτούρα και τον χαρισματικό CEO. Μέχρι τον Μάρτιο του 2000 είχε γίνει η πολυτιμότερη εταιρεία στον κόσμο.

Καθώς η μετοχή της Cisco έπεσε 80% το επόμενο έτος, οι δημοσιογράφοι άλλαξαν τη μελωδία τους. Τώρα τα ανταγωνιστικά της πλεονεκτήματα θεωρούνταν επιζήμια μειονεκτήματα: κακή εξυπηρέτηση πελατών, ασαφής στρατηγική, ασύνετες εξαγορές, χωλός εταιρικός πολιτισμός και ένας ανέμπνευστος Διευθύνων Σύμβουλος κατηγορούνταν - ωστόσο ούτε η στρατηγική της ούτε ο Διευθύνων Σύμβουλος είχαν αλλάξει. Η ζήτηση είχε απλώς μειωθεί χάρη στη συντριβή του dot-com και αυτή η αλλαγή δεν είχε καμία σχέση με αυτά.

Το «φαινόμενο φωτοστέφανου» εμφανίζεται όταν μια πτυχή ενός συνόλου μας θαμπώνει και αλλάζει τον τρόπο που αντιλαμβανόμαστε την ολότητά του. Η Cisco ήταν μια εξαιρετική περίπτωση όπου εκδηλώθηκε αυτό το φαινόμενο: οι δημοσιογράφοι δέχτηκαν αρνητικές επιπτώσεις από τις τιμές των μετοχών της και θεώρησαν ότι ολόκληρη η επιχείρησή της ήταν εξίσου αξιόλογη χωρίς να διεξαγάγουν περαιτέρω διεξοδικές έρευνες σχετικά με αυτό.

Το φαινόμενο halo συνήθως λειτουργεί με αυτόν τον τρόπο: παίρνουμε μια εύκολα κατανοητή ή εντυπωσιακή λεπτομέρεια για μια εταιρεία, όπως η οικονομική της κατάσταση, και εξάγουμε συμπεράσματα από εκεί για πιο δύσκολα αξιολογήσιμες πτυχές, όπως η αξία της διοίκησης ή η σκοπιμότητα της στρατηγικής. Από εδώ εξάγουμε συμπεράσματα που μπορεί να είναι ή να μην είναι ακριβή, όπως εάν αξίζει η διαχείριση ή η σκοπιμότητα της στρατηγικής. Μερικές φορές η επιτυχία και η υπεροχή δίνονται εκεί που δεν οφείλεται καμία, όπως όταν αγοράζουμε προϊόντα από κατασκευαστές απλώς λόγω της καλής φήμης τους - ένα άλλο παράδειγμα είναι ότι πιστεύουμε ότι οι CEO από έναν κλάδο θα ανθίσουν σε άλλους τομείς ενώ θα είναι ήρωες και στην προσωπική τους ζωή!

Ο Edward Lee Thorndike ανακάλυψε το «φαινόμενο halo» πριν από σχεδόν 100 χρόνια. Η παρατήρησή του ήταν ότι μια ατομική ιδιότητα (ομορφιά, κοινωνική θέση ή ηλικία) μπορεί να δημιουργήσει είτε θετικές είτε αρνητικές αντιλήψεις που κατακλύζουν όλα τα άλλα - όπως η εμφάνιση. Η έρευνα έχει επιβεβαιώσει αυτό το εύρημα μέσω πολυάριθμων μελετών που επιβεβαιώνουν τη μεροληψία μας απέναντι στους εμφανίσιμους ανθρώπους ως πιο ευχάριστους, ειλικρινείς και έξυπνους. Τα ελκυστικά άτομα απολαμβάνουν επίσης συχνά μεγαλύτερη επιτυχία στη ζωή συνολικά.

Αυτά τα αποτελέσματα δεν συσχετίζονται με κανένα μύθο ότι οι γυναίκες κοιμούνται τον δρόμο τους προς την επιτυχία». Πράγματι, οι δάσκαλοι δίνουν ακούσια στους ελκυστικούς μαθητές υψηλότερους βαθμούς από τους λιγότερο ελκυστικούς.

Η διαφήμιση έχει βρει έναν σύμμαχο με τη μορφή του εφέ φωτοστέφανου: απλά σκεφτείτε όλες τις διασημότητες που βλέπουμε να χαμογελούν πίσω από τηλεοπτικές διαφημίσεις, διαφημιστικές πινακίδες και περιοδικά. Το τι κάνει τους επαγγελματίες τενίστες όπως ο Roger Federer τόσο ειδικός στις μηχανές καφέ παραμένει αβέβαιο. Ωστόσο, δεν μείωσε την επιτυχία των καμπανιών τους. Καθώς έχουμε συνηθίσει να βλέπουμε διασημότητες να υποστηρίζουν αυθαίρετα προϊόντα χωρίς να αναρωτιούνται γιατί η υποστήριξή τους μπορεί να έχει τόση σημασία. έτσι ακριβώς λειτουργεί το φαινόμενο halo: υποσυνείδητα. Το μόνο που χρειάζεται να καταγράφουμε στο μυαλό μας είναι ελκυστικά πρόσωπα με ονειρεμένους τρόπους ζωής που συνδέονται με αυτό το προϊόν - μετά μπουμ - μπουμ - επιτυχία!

Από την αρνητική πλευρά, το φαινόμενο halo μπορεί να οδηγήσει σε μεγάλη αδικία και στερεότυπα όταν η εθνικότητα, το φύλο ή η φυλή γίνονται το επίκεντρο. Δεν χρειάζεται να είμαστε ρατσιστές ή σεξιστές: απλώς αφήστε το φαινόμενο του φωτοστέφανου να θολώσει την άποψή μας. δημοσιογράφοι, εκπαιδευτικοί και καταναλωτές πέφτουν πολύ εύκολα θύματα.

Έχετε βιώσει ποτέ να ερωτευτείτε; Αν ναι, τότε καταλαβαίνετε τη χαρά του να βρείτε αυτό το «ένα τέλειο άτομο». Φαίνονται ελκυστικά, έξυπνα, συμπαθή και ζεστά - ενώ άλλοι μπορεί να επισημαίνουν προφανή ελαττώματα. το μόνο που βλέπετε είναι ελκυστικές παραξενιές!

Για να μειώσετε αυτό το φαινόμενο φωτοστέφανου και να αποκτήσετε σαφήνεια σε αληθινά χαρακτηριστικά, κοιτάξτε πέρα από την ονομαστική αξία για να εξαλείψετε τα πιο εντυπωσιακά χαρακτηριστικά που τραβούν το βλέμμα σας. Οι ορχήστρες συχνά το κάνουν αυτό προβάλλοντας υποψηφίους μπροστά σε μια οθόνη, ώστε το φύλο, η φυλή, η ηλικία και η εμφάνιση να μην παίζουν ρόλο στις αποφάσεις τους. Οι επιχειρηματικοί δημοσιογράφοι θα πρέπει να κάνουν το ίδιο και να εξετάσουν το ενδεχόμενο να κοιτάξουν πέρα από τα τριμηνιαία στοιχεία (το χρηματιστήριο ήδη το προβλέπει). Σκάψτε βαθύτερα - η επένδυση χρόνου και ενέργειας στην έρευνα συχνά αποφέρει απροσδόκητα αλλά συχνά εκπαιδευτικά ευρήματα.

Δείτε επίσης: Βασικό σφάλμα απόδοσης (κεφ. 36). Salience Effect (κεφ. 83); Swimmer's Body Illusion (κεφ. 2) Εφέ αντίθεσης (κεφ. 10); Προσδοκίες (κεφ. 62)

ΣΥΓΧΑΡΗΤΗΡΙΑ! ΈΧΕΤΕ ΚΕΡΔΙΣΕΙ ΤΗ ΡΩΣΙΚΗ ΡΟΥΛΕΤΑ

ΕΝΑΛΛΑΚΤΙΚΆ ΜΟΝΟΠΆΤΙΑ

Φανταστείτε ότι κανονίζετε να συναντήσετε έναν Ρώσο ολιγάρχη έξω από την πόλη σας στο κοντινό δάσος. Φτάνει λίγο μετά κουβαλώντας βαλίτσα και όπλο. τοποθετώντας τη βαλίτσα του στο καπό του αυτοκινήτου του για να δείτε το περιεχόμενό της: 10 εκατομμύρια δολάρια συνολικά σε στοίβες μετρητών! Όταν ρωτήθηκε από αυτόν εάν θα θέλατε να παίξετε ρώσικη ρουλέτα, προτείνει αυτήν τη στρατηγική προσκαλώντας σας να πατήσετε μια σκανδάλη για να τα κερδίσετε όλα - μια σφαίρα με πέντε θαλάμους αυτή τη στιγμή άδεια θα τα έκανε όλα αυτά δικά σας με ένα μόνο τράβηγμα της σκανδάλης! Εξετάζετε όλα τα πιθανά αποτελέσματα: 10 εκατομμύρια δολάρια θα άλλαζαν τα πάντα. ποτέ δεν χρειάζεται να εργαστείτε ξανά ή να μετακινηθείτε από τη συλλογή γραμματοσήμων, τη συλλογή γραμματοσήμων, τη συλλογή γραμματοσήμων, τη συλλογή γραμματοσήμων, τη συλλογή γραμματοσήμων, τη συλλογή συλλογής γραμματοσήμων, τη συλλογή συλλογής γραμματοσήμων στη συλλογή συλλογής σπορ αυτοκινήτων!

Αποδεχόμενοι την πρόκληση, βάλατε το περίστροφο στον κρόταφο και πιέστε τη σκανδάλη, ακούγοντας ένα ηχητικό κλικ πριν αισθανθείτε την αδρεναλίνη στο σώμα σας - αλλά δεν συνέβη τίποτα. ο θάλαμος ήταν άδειος! Τώρα με χρήματα στα χέρια, μετακομίζετε σε μια από τις πιο γραφικές πόλεις που γνωρίζετε, όπου πιθανότατα θα χτίσουν πολυτελείς βίλες που προκαλούν αναστάτωση στους κατοίκους της περιοχής.

Ένας από τους γείτονές σας του οποίου το σπίτι βρίσκεται τώρα κοντά είναι ένας καταξιωμένος δικηγόρος, που εργάζεται δώδεκα ώρες ημέρες για 300 εβδομάδες το χρόνο με τιμές όχι ασυνήθιστα εντυπωσιακές για τους δικηγόρους: 500 $ την ώρα. Οι καθαρές ετήσιες αποταμιεύσεις του, μετά από φόρους και έξοδα διαβίωσης, ανέρχονται στο μισό εκατομμύριο αφού ληφθούν υπόψη όλα τα έξοδα. Χαμογελάς μέσα σου όποτε περνάει από το δρόμο σου: θα του πάρει είκοσι χρόνια για να σε προλάβει!

Φανταστείτε το εξής: μετά από 20 χρόνια, ο εργατικός γείτονάς σας κατάφερε να συγκεντρώσει 10 εκατομμύρια δολάρια. Ένας δημοσιογράφος έρχεται μια μέρα και γράφει ένα άρθρο για πιο εύπορους κατοίκους της περιοχής σας - με φωτογραφίες εντυπωσιακών κτιρίων και δεύτερων συζύγων που έχετε αποκτήσει εσείς και ο γείτονάς σας, χαρακτηριστικά εσωτερικού σχεδιασμού και εξαιρετικές λεπτομέρειες εξωραϊσμού. αλλά μια βασική διαφορά παραμένει κρυφή: κίνδυνος που κρύβεται πίσω από κάθε έναν από τους λογαριασμούς $10 εκατομμυρίων τους. Για να έχει νόημα αυτό το κομμάτι, θα πρέπει να αναγνωρίσουν εναλλακτικές διαδρομές που είναι διαθέσιμες για τον καθένα.

Αλλά δεν είναι μόνο οι δημοσιογράφοι που υστερούν σε αυτήν την ικανότητα - όλοι είμαστε.

Οι εναλλακτικές διαδρομές αναφέρονται σε όλα τα αποτελέσματα που θα μπορούσαν να προκύψουν αλλά δεν συνέβησαν. Όταν παίζετε ρώσικη ρουλέτα, τέσσερα πιθανά μονοπάτια οδηγούν στο να κερδίσετε 10 εκατομμύρια δολάρια, ενώ άλλα πέντε θα μπορούσαν να σας οδηγήσουν στο θάνατό σας - κάνοντας μια τεράστια διαφορά. Αντίθετα, για τους δικηγόρους που ασκούν δικηγορία, οι πιθανοί δρόμοι τους τείνουν να βρίσκονται πιο κοντά. κερδίζοντας 200 $ την ώρα σε αγροτικές περιοχές. αλλά στην αστική Νέα Υόρκη, η εργασία για μια από τις μεγαλύτερες επενδυτικές τράπεζες θα μπορούσε να τους κερδίσει 600 δολάρια την ώρα χωρίς να διακινδυνεύσει μια εναλλακτική διαδρομή που θα μπορούσε να τους κοστίσει την περιουσία ή τη ζωή τους.

Οι εναλλακτικές διαδρομές μπορεί να μην είναι πάντα ορατές και σπάνια τις εξετάζουμε. Ωστόσο, όσοι κερδοσκοπούν σε junk ομόλογα, επιλογές και ανταλλαγές πιστωτικής αθέτησης για να βγάλουν εκατομμύρια, θα πρέπει να έχουν κατά νου τις πολλές εναλλακτικές διαδρομές που οδηγούν κατευθείαν στην καταστροφή. Ένας λογικός νους θα υποστήριζε ότι η αξία των 10 εκατομμυρίων που κερδίζονται με πιο ριψοκίνδυνα μέσα θα ήταν μικρότερη από αυτή που κερδίζεται μέσω πιο κοσμικής εργασίας (αν και ένας λογιστής μπορεί να διαφωνεί).

Πρόσφατα, παρακολούθησα ένα δείπνο με έναν Αμερικανό φίλο που πρότεινε να ρίξουμε ένα νόμισμα για να δούμε ποιος έπρεπε να πληρώσει τον λογαριασμό. Δυστυχώς για εκείνον, έχασε και έτσι αυτή η άβολη κατάσταση έγινε πιο ενοχλητική για μένα όταν ήταν καλεσμένος μου στην Ελβετία. «Την επόμενη φορά», υποσχέθηκα, «είτε εδώ είτε πίσω στο σπίτι στη Νέα Υόρκη, θα καλύψω τη μισή καρτέλα μόνος μου.» Το σκέφτηκε και μου είπε, «Σκεφτείτε εναλλακτικές διαδρομές, ίσως έχετε ήδη πληρώσει τα μισά».

Συμπέρασμα: Ο κίνδυνος μπορεί συχνά να είναι αόρατος, επομένως αξιολογείτε πάντα πιθανές εναλλακτικές οδούς πριν λάβετε αποφάσεις που αφορούν επικίνδυνες συναλλαγές. Αν και η επιτυχία που επιτυγχάνεται με τέτοια επικίνδυνα μέσα μπορεί να φαίνεται ελκυστική στην αρχή, για έναν ορθολογικό νου δεν θα πρέπει να συγκρίνεται με την επιτυχία που επιτυγχάνεται με πιο επίπονα μέσα (για παράδειγμα με το να γίνεις δικηγόρος, οδοντίατρος, εκπαιδευτής σκι, πιλότος, κομμωτής ή σύμβουλος). Ενώ η προβολή άλλων μονοπατιών από μια εξωτερική άποψη είναι πρόκληση. Το να κοιτάξετε μέσα σας είναι σχεδόν αδύνατο, καθώς ο εγκέφαλός σας θα εργαστεί υπερωρίες, πείθοντάς σας για την αξία του παρά τους κινδύνους που αντιλαμβάνεστε και θα αποκλείει ενεργά τις σκέψεις να ακολουθήσετε δρόμους διαφορετικούς από αυτούς που εξετάζονται επί του παρόντος.

Βλέπε επίσης Black Swan (κεφ. 75). Ambiguity Aversion (κεφ. 80), Fear of Regret (κεφ. 82) και Self-Selection Bias (κεφ. 47)

ΨΕΥΤΟΠΡΟΦΗΤΕΣ

ΠΡΟΒΛΕΨΗ ΨΕΥΔΑΙΣΘΗΣΗΣ

Οι καθημερινοί ειδικοί μας βομβαρδίζουν με προβλέψεις, αλλά πόσο αξιόπιστες είναι πραγματικά; Μέχρι πρόσφατα κανείς δεν μπήκε στον κόπο να ερευνήσει. αλλά μετά ήρθε ο Φίλιπ Τέτλοκ. Σε μια περίοδο 10 ετών αξιολόγησε 28.361 προβλέψεις από 284 αυτοδιοριζόμενους επαγγελματίες. Τα αποτελέσματά του έδειξαν μόνο οριακή βελτίωση σε σχέση με τις γεννήτριες τυχαίων προβλέψεων όσον αφορά την ακρίβεια. Οι αγαπημένοι των μέσων ενημέρωσης είχαν ιδιαίτερα κακή απόδοση, ενώ οι προφήτες της καταστροφής, όπως εκείνοι που προέβλεψαν την κατάρρευση του Καναδά, της Νιγηρίας, της Κίνας, της Ινδίας, της Ινδονησίας Νότιας Αφρικής, του Βελγίου ή ακόμα και της Ε.Ε. Κανένα δεν έχει καταρρεύσει!

Ο John Kenneth Galbraith δήλωσε περίφημα: «Υπάρχουν μόνο δύο είδη προγνωστών: αυτοί που δεν γνωρίζουν τίποτα και εκείνοι που δεν συνειδητοποιούν ότι δεν ξέρουν τίποτα», κερδίζοντας τον εαυτό του ευρεία κριτική στο επάγγελμά του. Ο διευθυντής του ταμείου Peter Lynch το συνόψισε περαιτέρω εύγλωττα: «Στην Αμερική υπάρχουν περίπου 60.000 οικονομολόγοι που απασχολούνται με πλήρη απασχόληση και προσπαθούν να προβλέψουν ύφεση και επιτόκια. Αν το είχαν κάνει δύο φορές με επιτυχία, θα είχαν γίνει όλοι εκατομμυριούχοι μέχρι τώρα. Ωστόσο, οι περισσότεροι παραμένουν επικερδώς απασχολούμενοι, κάτι που μας λέει κάτι. Αυτό δημοσιεύτηκε πριν από δέκα χρόνια - σήμερα αυτός ο αριθμός θα μπορούσε να τριπλασιαστεί χωρίς να έχει καμία επίδραση στην πρόβλεψη ποιότητας!

Προβληματικό είναι ότι οι ειδικοί απολαμβάνουν απεριόριστη διακριτικότητα με μικρό αντίκτυπο. Εάν ένας ειδικός παραβιάσει μια προσδοκία ή παραβιάζει κανονισμούς, οι ενέργειές του θα μπορούσαν να έχουν σοβαρές επιπτώσεις που είναι δύσκολο να διαχειριστούν και να διαχειριστούν αποτελεσματικά.
Όταν το καταφέρουν σωστά, οι ειδικοί αποκομίζουν δημοσιότητα, προσφορές συμβούλων και συμφωνίες δημοσιεύσεων. όταν το χάσουν εντελώς, δεν ισχύουν κυρώσεις - οικονομικές ή φήμης. Αυτό το κίνητρο τους παρακινεί να εκθέσουν όσες περισσότερες προφητείες μπορούν. Πράγματι, όσες περισσότερες προβλέψεις δημιουργούν συμπτωματικά γίνονται πραγματικότητα! Στην ιδανική περίπτωση, οι ειδικοί θα πρέπει να πληρώνουν σε κάποιο είδος ταμείου προβλέψεων - όπως 1000 $ ανά πρόβλεψη. Εάν η πρόβλεψή τους γίνει πραγματικότητα, θα πάρουν πίσω την επένδυσή τους συν τόκους, ενώ τυχόν χρήματα που χάνονται λόγω ανακριβών προβλέψεων πηγαίνουν για φιλανθρωπικούς σκοπούς.

Τι ακριβώς μπορεί να προβλεφθεί και τι όχι; Μερικά πράγματα είναι αρκετά εύκολο να προβλεφθούν. Ξέρω περίπου πόσα κιλά θα ζυγίσω την επόμενη χρονιά. Ωστόσο, καθώς αυξάνεται η πολυπλοκότητα και το χρονοδιάγραμμα, τόσο θα αυξάνεται και η ικανότητά μας να προβλέψουμε το μέλλον του - αυτό περιλαμβάνει την υπερθέρμανση του πλανήτη, τις τιμές του πετρελαίου ή τις συναλλαγματικές ισοτιμίες. Οι εφευρέσεις είναι εξίσου άγνωστες - αν γνωρίζαμε ποιες τεχνολογίες θα εφευρίσκαμε στο μέλλον, θα τις είχαμε ήδη δημιουργήσει.

Να είστε δύσπιστοι όταν αντιμετωπίζετε προβλέψεις. Φροντίζω πάντα να χαμογελάω όποτε ακούω ένα και μετά να κάνω δύο ερωτήσεις στον εαυτό μου σχετικά με τυχόν προβλέψεις που κάνουν οι ειδικοί: 1) τι κίνητρο έχουν για να συνεχίσουν να κάνουν λανθασμένες προβλέψεις; και 2) εάν ένας εμπειρογνώμονας εργάζεται ως υπάλληλος θα μπορούσε να διακινδυνεύσει τη δουλειά του εάν οι προβλέψεις του συνεχίζουν να αποτυγχάνουν; Είναι αμειβόμενοι σύμβουλοι με διαπιστευτήρια σε βιβλία και διαλέξεις ή αυτοδιοριζόμενοι γκουρού που βγάζουν τα προς το ζην μέσω της αυτοέκδοσης ή των δημοσίων διαλέξεων; Όσοι εξαρτώνται από την προσοχή των μέσων ενημέρωσης τείνουν να κάνουν προβλέψεις με συγκλονιστικές προφητείες που συχνά δεν αναφέρονται από τα μέσα ενημέρωσης. Δεύτερον, ποιο ήταν το ποσοστό επιτυχίας τους για πέντε χρόνια - πόσες προβλέψεις έκανε ο προγνώστης και πόσες ήταν επιτυχείς έναντι ποιων δεν ήταν σωστές - αυτές οι πληροφορίες δεν πρέπει ποτέ να μην αναφέρονται από τα μέσα ενημέρωσης, επομένως παρακαλούμε μην δημοσιεύετε προβλέψεις χωρίς να παρέχετε ιστορικό από ειδικούς.

Ο Τόνι Μπλερ το είπε κάποτε ως εξής: «Δεν κάνω προβλέψεις. ποτέ δεν έχω, ποτέ δεν θα. Βλέπε επίσης Προσδοκίες (κεφ. 62). Πλάνη προγραμματισμού (κεφ. 91); Προκατάληψη Αρχής (κεφ. 9). Hindsight Bias (κεφ. 14); Επίδραση υπερβολικής αυτοπεποίθησης (κεφ. 15). Illusion of Control (κεφ. 17); Hedonic Treadmill (κεφ. 46) και Black Swans (κεφ. 75)

Η Δόλος των Συγκεκριμένων Περιπτώσεων

Ο Chris είναι 35. Σπούδασε κοινωνική φιλοσοφία ως έφηβος και έκτοτε ανέπτυξε ενδιαφέρον για τις αναπτυσσόμενες χώρες. Μετά την αποφοίτησή του, ο Κρις εργάστηκε δύο χρόνια με τον Ερυθρό Σταυρό στη Δυτική Αφρική πριν επιστρέψει στα κεντρικά του γραφεία της Γενεύης ως επικεφαλής του τμήματος αφρικανικής βοήθειας για άλλα τρία χρόνια προτού τελικά αποκτήσει MBA και γράψει τη διατριβή του για την εταιρική κοινωνική ευθύνη. Τώρα φαίνεται πιθανό είτε Α) Ο Κρις εργάζεται για μια από τις μεγάλες τράπεζες όπου επιβλέπει επίσης το ίδρυμά της στον Τρίτο Κόσμο είτε Β). Ποιο σενάριο φαίνεται πιο πιθανό;

Οι περισσότεροι άνθρωποι τείνουν να επιλέγουν την επιλογή Β, ωστόσο αυτή είναι η λανθασμένη απάντηση. Ο Β λέει τόσο ότι ο Chris εργάζεται για μια μεγάλη τράπεζα όσο και ότι πληρούται μια πρόσθετη προϋπόθεση - οι υπάλληλοι που εργάζονται στο ίδρυμα Τρίτου Κόσμου μιας τράπεζας αποτελούν ένα μικρό υποσύνολο τραπεζιτών. Η επιλογή Α θα ήταν επομένως πιο πιθανή. Οι νομπελίστες Daniel Kahneman και Amos Tversky έχουν μελετήσει εκτενώς αυτό το φαινόμενο.

Ως άνθρωποι, μας ελκύουν αφηγήσεις που φαίνονται ευχάριστες ή αληθοφανείς. Οι πειστικές ή πειστικές ιστορίες για τον Chris, τον εργαζόμενο στην αρωγή, αυξάνουν τον κίνδυνο ψευδούς συλλογισμού. Αν είχα θέσει διαφορετικά αυτήν την ερώτηση, ίσως να είχατε αναγνωρίσει όλες αυτές τις επιπλέον λεπτομέρειες ως υπερβολικές. ίσως για παράδειγμα: «Ο Chris είναι 35 και εργάζεται είτε σε Α) σε τράπεζα στη Νέα Υόρκη με γραφείο στον εικοστό τέταρτο όροφο με θέα στο Central Park ή Β) σε κανένα

Και πάλι, πάρτε ένα παράδειγμα από το κλείσιμο του αεροδρομίου του Σιάτλ και την ακύρωση πτήσης: ποιο σενάριο είναι πιο πιθανό; Σε αυτήν την περίπτωση, το Α είναι πιο πιθανό, καθώς το Β σημαίνει ότι έχει εκπληρωθεί μια επιπλέον προϋπόθεση: κακοκαιρία. Η εξέταση άλλων πιθανοτήτων θα μπορούσε επίσης να το κλείσει, όπως απειλές για βόμβες, ατυχήματα ή χτυπήματα. αλλά πιθανότατα δεν εξετάζουμε τέτοια θέματα όταν εξετάζουμε εύλογες ιστορίες όπως το Α ή το Β. Τώρα που καταλαβαίνετε καλύτερα αυτή τη διαδικασία, κάντε το με φίλους για να δείτε ποιο αποτέλεσμα προτιμούν οι περισσότεροι!
Ακόμη και οι ειδικοί μπορούν να πέσουν θύματα της πλάνης του συνδυασμού. Σε ένα διεθνές συνέδριο για μελλοντική έρευνα το 1982, οι ειδικοί - όλοι ακαδημαϊκοί - χωρίστηκαν σε δύο ομάδες σε μια εκδήλωση που διοργάνωσε ο Daniel Kahneman: η ομάδα Α έλαβε την πρόβλεψή του ότι η κατανάλωση πετρελαίου θα μειωθεί κατά 30%. Η ομάδα Β το άκουσε ως "Μια δραματική αύξηση των τιμών του πετρελαίου θα προκαλέσει μείωση της κατανάλωσης κατά 30%". Και οι δύο ομάδες έπρεπε στη συνέχεια να υποδείξουν πόσο πιθανό φαινόταν κάθε σενάριο. γρήγορα έγινε φανερό ότι η ομάδα Β αισθάνθηκε πολύ πιο δυνατή για την πρόβλεψή της από την ομάδα Α.

Ο Κάνεμαν πιστεύει σε δύο τύπους σκέψης. Ένας τύπος είναι διαισθητικός, αυτόματος και άμεσος. το δεύτερο συνειδητό, ορθολογικό, αργό, επίπονο και λογικό. Δυστυχώς, η διαισθητική σκέψη βγάζει συμπεράσματα πολύ πριν το κάνει ο συνειδητός νους. Προσωπικά το βίωσα αυτό μετά τις επιθέσεις του Παγκόσμιου Κέντρου Εμπορίου της 11ης Σεπτεμβρίου όταν έψαχνα για ασφαλιστήρια συμβόλαια ταξιδιού με πρόσθετη ειδική «κάλυψη για την τρομοκρατία». Παρόλο που άλλες πολιτικές κάλυπταν όλα τα πιθανά περιστατικά, συμπεριλαμβανομένων των τρομοκρατικών ενεργειών (αλλά ούτως ή άλλως έπεσα στην προσφορά τους!). Αυτό που το έκανε ακόμα πιο γελοίο ήταν η προθυμία μου να πληρώσω περισσότερα για αυτό που φαινόταν ένα ελκυστικό αλλά περιττό πρόσθετο!

Συμπέρασμα: Μην μπερδεύετε τον αριστερό και τον δεξιό εγκέφαλο. η διαισθητική και η συνειδητή σκέψη διαφέρουν σημαντικά περισσότερο. Όταν παίρνετε σημαντικές αποφάσεις, να έχετε κατά νου αυτή τη διάκριση όταν κάνετε σημαντικές επιλογές: υποσυνείδητα τείνουμε να προτιμάμε εύλογες ιστορίες. Προσέξτε για βολικές λεπτομέρειες και ευτυχισμένο τέλος που σας φαίνονται αληθοφανείς, αντί για εκείνες που απαιτούν πρόσθετες προϋποθέσεις για να πληρούνται. Θυμηθείτε: οι πρόσθετες συνθήκες θα μειώσουν αντί να αυξήσουν την πιθανότητα.

Βλέπε επίσης Παραμέληση Βασικού Συντελεστή (κεφ. 28). Story Bias (κεφ. 13) 42

ΔΕΝ ΕΊΝΑΙ ΑΥΤΌ ΠΟΥ ΛΈΜΕ ΑΛΛΆ ΜΆΛΛΟΝ ΠΏΣ ΤΟ ΛΈΜΕ

Λάβετε υπόψη αυτές τις δύο δηλώσεις όταν πλαισιώνετε:

«Ε, ο σκουπιδοτενεκές ξεχειλίζει!

«Θα ήταν πραγματικά υπέροχο αν μπορούσες να αδειάσεις τα σκουπίδια, αγάπη μου».

Η τονικότητα κάνει τη μουσική: αυτό που έχει σημασία είναι πώς μεταδίδεται ένα μήνυμα. Τα διαφορετικά μεταδιδόμενα μηνύματα θα λαμβάνονται επίσης διαφορετικά από τους παραλήπτες τους - αυτή η τεχνική είναι γνωστή ως πλαισίωση στην ψυχολογική γλώσσα.

Ο Kahneman και ο Tversky πραγματοποίησαν ένα πείραμα τη δεκαετία του 1980 στο οποίο παρουσίασαν δύο επιλογές για μια στρατηγική ελέγχου της επιδημίας. Οι συμμετέχοντες είπαν ότι διακυβεύονταν 600 ζωές με την επιλογή Α ή την επιλογή Β σώζοντας 200 από αυτές. Η επιλογή Β πρόσφερε μόνο 33% πιθανότητα να επιζήσουν και τα 600 άτομα και 66% πιθανότητα να μην τα καταφέρει κανένας ζωντανός, με 200 επιζώντες να αναμένεται να τα καταφέρουν και στα δύο σενάρια. Οι περισσότεροι ερωτηθέντες επέλεξαν την επιλογή Α έναντι Β λόγω της μεγαλύτερης πιθανότητας επιβίωσης - πιστεύοντας στη σοφία ότι το να έχεις κάτι απτό είναι καλύτερο από το να χάσεις αργότερα. Η επαναδιατύπωση των ίδιων επιλογών έγινε εξαιρετικά συναρπαστική: "Η επιλογή Α σκοτώνει 400 άτομα", ενώ "η επιλογή Β προσφέρει 33% πιθανότητα να μην πεθάνει κανείς και 66% πιθανότητα να πεθάνουν και οι 600". Σε εκείνο το σημείο, μόνο μια μειοψηφία επέλεξε το Α και οι περισσότεροι επέλεξαν το Β. Οι ερευνητές παρατήρησαν μια αξιοσημείωτη στροφή μεταξύ σχεδόν όλων των συμμετεχόντων. ανάλογα με το αν η διατύπωση (επιβίωσε ή πεθάνει) άλλαξε εντελώς τη λήψη αποφάσεων.

Ένα παράδειγμα: Οι ερευνητές παρουσίασαν σε μια ομάδα ανθρώπων δύο είδη κρέατος που φέρουν την επισήμανση ότι είναι 99% χωρίς λιπαρά και 1% λιπαρά και στη συνέχεια τους ρώτησαν ποιο ήταν πιο υγιεινό. Μπορείτε να μαντέψετε ποιο επέλεξαν; Σωστά μαντέψατε - οι ερωτηθέντες επέλεξαν την πρώτη επιλογή ανεξάρτητα από την υψηλότερη περιεκτικότητά της σε λιπαρά!

Το γυαλιστερό είναι μια ολοένα και πιο δημοφιλής μορφή πλαισίωσης. Σύμφωνα με τους κανόνες του, μια πτώση της τιμής της μετοχής γίνεται αντικείμενο διόρθωσης ενώ μια υπερπληρωμένη τιμή κτήσης γίνεται «υπεραξία».
Κάθε μάθημα διαχείρισης μετατρέπει μαγικά τα προβλήματα σε ευκαιρίες ή προκλήσεις. Το να απολυθώ γίνεται ευκαιρία να «επανεκτιμήσω την καριέρα μου» ή η ενασχόληση με πεσόντες στρατιώτες θεωρείται ευκαιρία να δημιουργήσω ευκαιρίες ή να αντιμετωπίσω προκλήσεις.

Ο θάνατος στο πεδίο της μάχης γίνεται το ισοδύναμο της ιδιότητας του ήρωα πολέμου. ανεξάρτητα από την αιτία ή τον τρόπο της. Η γενοκτονία γίνεται «εθνοκάθαρση», ενώ οι επείγουσες προσγειώσεις, για παράδειγμα στον ποταμό Hudson, γιορτάζονται ως θρίαμβοι της αεροπορίας (αν και σίγουρα μια προσγείωση βιβλίου θα μετρούσε ακόμη περισσότερο ως τέτοιοι θρίαμβοι!). Μια επιτυχημένη αναγκαστική προσγείωση, για παράδειγμα στον ποταμό Hudson, φημίζεται ευρέως ως ένα τέτοιο επίτευγμα (δεν θα έπρεπε ένας διάδρομος αεροδρομίου να μετράει ως ακόμη μεγαλύτερος θρίαμβος της αεροπορίας;)

Έχετε ρίξει ποτέ μια πιο προσεκτική ματιά στα ενημερωτικά δελτία και τα φυλλάδια του ETF (exchange-traded funds); Συνήθως το φυλλάδιο απεικονίζει πρόσφατα στατιστικά στοιχεία απόδοσης με αρκετή ιστορική λεπτομέρεια για να δημιουργήσει μια ελκυστική ανοδική καμπύλη, η οποία είναι γνωστή ως καδράρισμα. Ένα απλό κομμάτι ψωμί μπορεί να χρησιμεύσει ως ένα άλλο εξαιρετικό παράδειγμα - ανάλογα με την αναπαράστασή του ως συμβολικό ή πραγματικό σώμα του Χριστού μπορεί να δημιουργήσει διχόνοια μέσα στη θρησκεία, όπως φάνηκε κατά την περίοδο της Μεταρρύθμισης του 16ου αιώνα.

Το πλαίσιο μπορεί επίσης να χρησιμοποιηθεί αποτελεσματικά στο εμπόριο. Πάρτε τους πωλητές μεταχειρισμένων αυτοκινήτων: το μήνυμά τους οδηγεί τους καταναλωτές να εστιάζουν μόνο σε ορισμένους παράγοντες όταν σκέφτονται να τα αγοράσουν, είτε μέσω μηνυμάτων που παραδίδονται από τον πωλητή, είτε μέσω πινακίδων που διαφημίζουν συγκεκριμένα χαρακτηριστικά ή δικά τους κριτήρια. Για παράδειγμα, όταν βλέπετε μεταχειρισμένα αυτοκίνητα με χαμηλά χιλιόμετρα και καλά ελαστικά ως σημεία πώλησης - συχνά χωρίς να λαμβάνεται υπόψη η κατάσταση του κινητήρα, η κατάσταση των φρένων, η κατάσταση εσωτερικού κ.λπ. - και εστιάστε περισσότερο στα χιλιόμετρα/λάστιχα από οποιαδήποτε άλλη πτυχή. Δυστυχώς, μπορεί να είναι δύσκολο να λάβουμε όλα τα πιθανά πλεονεκτήματα/μειονεκτήματα κατά τη λήψη των αποφάσεων αγοράς μας. Εάν είχαν χρησιμοποιηθεί άλλα πλαίσια κατά την πώληση του αυτοκινήτου, θα μπορούσαμε να είχαμε κάνει διαφορετικές επιλογές από ό,τι κάναμε.

Οι συγγραφείς είναι αριστοτεχνικοί πλαισιωτές. Ένα αστυνομικό μυθιστόρημα θα γινόταν γρήγορα κουραστικό, αν όλες οι σελίδες του έδειχναν απλώς κάθε φόνο όπως συνέβη - «μαχαίρι με μαχαίρι». Ακόμη και καθώς σταδιακά ανακαλύπτουμε κίνητρα και όπλα δολοφονίας, το καδράρισμα προσθέτει δράμα και αγωνία στην ιστορία.

Συμπέρασμα: Έχετε επίγνωση ότι οποιαδήποτε επικοινωνία περιέχει κάποιο βαθμό πλαισίωσης. Κάθε γεγονός, είτε παρέχεται από έμπιστους φίλους είτε δημοσιεύεται σε αξιόπιστες εφημερίδες, μπορεί επίσης να επηρεαστεί από εφέ πλαισίωσης - ακόμα και τα περιεχόμενα αυτού του κεφαλαίου!

Βλέπε επίσης Εφέ αντίθεσης (κεφ. 10). Αντίθεση Αποστροφή (κεφ. 21); Ο φόβος της λύπης (κεφ. 82). Loss Aversion (κεφ. 32); Αμοιβαιότητα (κεφ. 6); The Anchor Effect (κεφ. 30) και Sleeper Effect (κεφ. 70).

Η ΠΑΡΑΚΟΛΟΥΘΗΣΗ ΚΑΙ Η ΠΕΡΙΜΕΝΗ ΕΙΝΑΙ ΟΔΥΝΗ

ΠΡΟΚΑΤΑΛΗΨΗ ΔΡΑΣΗΣ

Σε περιπτώσεις πέναλτι ποδοσφαίρου, χρειάζονται λιγότερο από 0,3 δευτερόλεπτα για να ταξιδέψει η μπάλα από το αρχικό της πόδι στον τερματοφύλακα. περιορίζοντας έτσι τον χρόνο του για να παρακολουθήσει την τροχιά του πριν πάρει την απόφασή του για το πότε πρέπει να εκδιωχθεί ξανά. Οι ποδοσφαιριστές που εκτελούν πέναλτι τείνουν να στοχεύουν τα σουτ τους το ένα τρίτο του χρόνου στη μέση, το ένα τρίτο σε κάθε πλευρά και ένα τρίτο εκτός κέντρου των τερμάτων τους, κάτι που δεν έχει περάσει απαρατήρητο από τους τερματοφύλακες που βουτούν είτε αριστερά είτε δεξιά ανάλογα με από όπου σουτάρουν οι παίκτες. Σπάνια οι παίκτες παραμένουν όρθιοι στο κέντρο, παρόλο που περίπου το ένα τρίτο όλων των σφαιρών προσγειώνεται εκεί. Γιατί να κινδυνεύουν να γλιτώσουν ποινές με το να μην στέκονται; Απλά επειδή κάνει καλύτερη τηλεόραση. η εμφάνιση παίζει σημαντικό ρόλο. Βουτήξτε στη μία πλευρά αντί να παγώσετε επί τόπου μπορεί να φαίνεται πιο εντυπωσιακό και να αισθάνεστε λιγότερο ενοχλητικό. Αυτό ονομάζεται μεροληψία δράσης: φαίνεσαι ενεργός παρόλο που τίποτα συγκεκριμένο δεν προκύπτει από αυτό.

Αυτή η έρευνα προέρχεται από τον Ισραηλινό ερευνητή Michael Bar-Eli, ο οποίος διεξήγαγε εκτεταμένες δοκιμές στα πέναλτι. Όχι μόνο οι τερματοφύλακες είναι επιρρεπείς σε μεροληψία δράσης - φανταστείτε αν μια ομάδα νεαρών βγαίνει από ένα νυχτερινό κέντρο διασκέδασης και αρχίζουν να φωνάζουν και να χειρονομούν ο ένας στον άλλον προτού διαφωνήσουν και εμπλακούν σε διαμάχες μεταξύ τους. Η κατάσταση στα όρια της βίας πλήρους κλίμακας, νεαροί και ανώτεροι αστυνομικοί παραμένουν σε ετοιμότητα, παρακολουθώντας από απόσταση έως ότου προκύψουν θύματα και επεμβαίνουν όταν χρειάζεται. Εάν αυτή η κατάσταση αφεθεί μόνο στα χέρια νέων, άπειρων αξιωματικών, μπορεί γρήγορα να γίνει βίαιη. Οι νέοι, πρόθυμοι αξιωματικοί που υποκύπτουν στην προκατάληψη δράσης μπορεί να αντιδράσουν αμέσως και να ορμήσουν πρώτα στο κεφάλι, οδηγώντας συχνά σε θύματα. Σύμφωνα με τα ευρήματα της έρευνας, η μεταγενέστερη επέμβαση που διευκολύνεται από ανώτερα στελέχη μπορεί να οδηγήσει σε μειωμένες απώλειες.

Η προκατάληψη δράσης ενισχύεται όταν αντιμετωπίζετε κάτι άγνωστο ή ασαφές. Στην αρχή, πολλοί επενδυτές συμπεριφέρονται παρόμοια με τους νεαρούς, υπερβολικά πρόθυμους αστυνομικούς έξω από ένα νυχτερινό κέντρο διασκέδασης: η απειρία τους σημαίνει ότι δεν μπορούν να αξιολογήσουν το χρηματιστήριο, επομένως αντισταθμίζουν την υπερκινητικότητα. δυστυχώς αυτό σπαταλά πολύτιμο χρόνο. Ο Charlie Munger συνόψισε περίφημα αυτή την προσέγγιση λέγοντας «Χρειαζόμαστε πειθαρχία στο να αποφεύγουμε να κάνουμε οτιδήποτε καταραμένο μόνο και μόνο επειδή η αδράνεια γίνεται αφόρητη».

Μεροληψία δράσης υπάρχει ακόμη και μεταξύ των κύκλων με υψηλή εκπαίδευση. Όταν μια ασθένεια χτυπά έναν ασθενή, ακόμη και γιατροί με προχωρημένα πτυχία συχνά ανταποκρίνονται αρνητικά και καθυστερούν να αναζητήσουν τις κατάλληλες ιατρικές θεραπείες για αυτούς.

Από τη στιγμή που μια πάθηση δεν μπορεί να διαγνωστεί σωστά και οι γιατροί πρέπει να επιλέξουν μεταξύ παρέμβασης (δηλαδή συνταγογράφησης) ή αναμονής και όρασης, οι αποφάσεις τους να παρέμβουν τείνουν να αναλάβουν άμεση δράση αντί να κάθονται και να περιμένουν μέχρι να συμβεί κάτι οριστικό. Τέτοιες αποφάσεις δεν αντικατοπτρίζουν κερδοσκοπία, αλλά αντιπροσωπεύουν τις ανθρώπινες τάσεις να αναλαμβάνουν δράση αντί να παραμένουν αδρανείς όταν αντιμετωπίζουν αβεβαιότητα.

Τι οδηγεί λοιπόν αυτή την τάση; Στο περιβάλλον του πρώην κυνηγού-τροφοσυλλέκτη μας (που μας ταίριαζε απόλυτα), οι πράξεις υπερίσχυσαν τον προβληματισμό. Οι αστραπιαίες αντιδράσεις ήταν απαραίτητες για την επιβίωση. η διαβούλευση θα μπορούσε να αποδειχθεί μοιραία. Όταν οι πρόγονοί μας είδαν κάτι στην άκρη του δάσους που έμοιαζε με σιλουέτες τίγρης με σπαθί, ανέλαβαν γρήγορα δράση. Αντί να σκεφτούν αν κάτι μπορεί να ήταν εκεί, απλώς έφτιαξαν για ασφάλεια, τρέχοντας γρήγορα αντί να μένουν σε πιθανές απειλές για πολύ καιρό - σε αντίθεση με εμάς σήμερα όπου το ένστικτό μας μπορεί να μας πει το αντίθετο.

Αν και η κοινωνία μας αναγνωρίζει όλο και περισσότερο τον στοχασμό ως πολύτιμο, η καθαρή αδράνεια παραμένει ένα βασικό αμάρτημα. Εάν πάρετε τη σωστή απόφαση περιμένοντας, δεν σας περιμένει κανένα μετάλλιο ή άγαλμα με το όνομά σας. Αντίθετα, η επίδειξη αποφασιστικότητας και γρήγορης κρίσης όταν τα πράγματα βελτιώνονται μπορεί να αποφέρει επαίνους από εργοδότες, πολιτικούς ή ακόμη και δημάρχους. Οι βιαστικές ενέργειες τείνουν να κερδίζουν πιο συχνά στην κοινωνία γενικότερα από τις συνετές στρατηγικές αναμονής.

Συμπέρασμα: όταν ερχόμαστε αντιμέτωποι με νέες ή αβέβαιες συνθήκες, το ένστικτό μας μπορεί να είναι να κάνουμε κάτι, οτιδήποτε - ανεξάρτητα από τις συνέπειες - μόνο και μόνο για να μην αισθανόμαστε ανήμποροι ή αναστατωμένοι. Δυστυχώς, αυτή η τάση συχνά αποτυγχάνει οδηγώντας μας σε μονοπάτια που χειροτερεύουν τα πράγματα αντί να τα βελτιώνουν. Ενώ η αναμονή μπορεί να μην είναι από μόνη της πρωτοσέλιδα, εάν μια κατάσταση παραμένει ασαφής, ίσως είναι πιο συνετό να παραμείνετε στα χέρια σας μέχρι να γίνει μια σαφέστερη αξιολόγηση των επιλογών σας. Σύμφωνα με τον Blaise Pascal «όλα τα ανθρώπινα προβλήματα πηγάζουν από το ότι ο άνθρωπος δεν μπορεί να καθίσει ήσυχος μόνος του σε ένα δωμάτιο» στη μελέτη του στο σπίτι.

Βλέπε επίσης Omission Bias (κεφ. 44). Υπερστοχασμός (κεφ. 90). Αναβλητικότητα (κεφ. 85); Θα χειροτερέψει προτού βελτιωθεί η πλάνη (κεφ. 12). και Αδυναμία Κλείσιμου Πόρτων (Κεφ. 68) ως πιθανοί παράγοντες κακοδιαχείρισης ζητημάτων επικοινωνίας.

ΜΕΡΟΛΗΨΙΑ ΠΑΡΑΛΕΙΨΗΣ

Φανταστείτε να βρίσκεστε σε έναν παγετώνα με δύο ορειβάτες. Κάποιος γλιστράει και πέφτει σε μια χαραμάδα. Η κλήση για βοήθεια μπορεί να τον έσωσε, αλλά δεν το κάνετε -αντ' αυτού σπρώχνετε και τους δύο σε χαράδρες όπου και οι δύο πεθαίνουν γρήγορα μετά - ποιος θάνατος βαραίνει περισσότερο τη συνείδησή σας;

Η ορθολογική εξέταση αποκαλύπτει ότι και οι δύο επιλογές είναι εξίσου αποκρουστικές, οδηγώντας σε θάνατο για τους συντρόφους σας. Ωστόσο, κάτι μας κάνει να αξιολογήσουμε ευνοϊκότερα την παθητική επιλογή. Αυτό το φαινόμενο είναι γνωστό ως μεροληψία παράλειψης και εμφανίζεται όπου τόσο οι ενέργειες όσο και η αδράνεια οδηγούν σε μοιραία αποτελέσματα. τείνουμε να προτιμάμε την αδράνεια επειδή τα αποτελέσματά της φαίνονται λιγότερο ανησυχητικά.

Φανταστείτε ότι είστε ο επικεφαλής της Ομοσπονδιακής Υπηρεσίας Φαρμάκων και πρέπει να αποφασίσετε εάν θα εγκρίνετε ή όχι ένα φάρμακο για ασθενείς σε τελικό στάδιο με δυνητικά θανατηφόρες παρενέργειες - αυτά τα χάπια έχουν σκοτώσει το 20% αμέσως ενώ σώζουν ζωές 80% περισσότερο σε σύντομο χρονικό διάστημα . Ποια θα ήταν η απόφασή σας;

Οι περισσότεροι είναι πιθανό να αρνηθούν την έγκριση. γι' αυτούς, το να περάσουν από ένα φάρμακο που σκοτώνει έναν στους πέντε ασθενείς φαίνεται πολύ χειρότερο από το να μην χορηγήσουν τη θεραπεία του στο άλλο 80%. Τέτοιες αποφάσεις απεικονίζουν τέλεια τη μεροληψία παράλειψης. Φανταστείτε να συνειδητοποιείτε μια τέτοια μεροληψία αλλά να επιλέγετε να εγκρίνετε ούτως ή άλλως στο όνομα της λογικής και της ευπρέπειας, μόνο και μόνο όταν ένας από τους ασθενείς σας πεθάνει, ακολουθεί μια οργή και βρεθείτε χωρίς δουλειά! Ως δημόσιοι υπάλληλοι ή πολιτικοί θα ήταν σοφότερο - πράγματι ουσιαστικό - για αυτούς - να λάβουν σοβαρά υπόψη αυτή τη διάχυτη μορφή προκατάληψης, ενώ θα την ενθαρρύνουν ακόμη περισσότερο!

Η νομολογία δείχνει το βάθος μιας τέτοιας «ηθικής διαστρέβλωσης». Η ευθανασία, ακόμη και όταν επιθυμείται από αυτούς που πεθαίνουν, είναι παράνομη, ενώ η σκόπιμη άρνηση λήψης σωτήριων μέτρων (για παράδειγμα μετά από εντολές DNR - Μην αναζωογονείς) παραμένει νόμιμη.

Αυτό το σκεπτικό εξηγεί γιατί τόσοι πολλοί γονείς πιστεύουν ότι είναι απολύτως αποδεκτό να μην εμβολιάζονται τα παιδιά τους, παρόλο που ο εμβολιασμός έχει αποδειχθεί ότι μειώνει σημαντικά τους κινδύνους που σχετίζονται με τη μετάδοση της νόσου.

Αν και ο εμβολιασμός συνεπάγεται πολύ μικρό κίνδυνο ανεπιθύμητων παρενεργειών, ο συνολικός εμβολιασμός έχει νόημα. όχι μόνο για το καλό των ατόμων αλλά και για το σύνολο της κοινωνίας - τα άνοσα άτομα δεν μπορούν να μολύνουν άλλους ανθρώπους με την ασθένειά τους και με τη σειρά τους να τη μεταδίδουν περαιτέρω. Φυσικά, εάν τα μη εμβολιασμένα παιδιά έπαθαν κάποια ασθένεια, θα μπορούσαν να κατηγορήσουν τους γονείς τους ότι τα βλάπτουν αρνούμενοι τον εμβολιασμό - ωστόσο αυτό θα φαινόταν λιγότερο σοβαρό από ό,τι αν σκόπιμα μόλυναν τα παιδιά τους!

Η μεροληψία της παράλειψης βρίσκεται στη ρίζα των αυταπατών: Προτιμούμε να περιμένουμε μέχρι να το κάνουν οι άλλοι άνθρωποι αντί να λάβουμε οι ίδιοι μέτρα για να ενεργήσουμε σύμφωνα με αυτό. Οι επενδυτές και οι επιχειρηματικοί δημοσιογράφοι είναι πιο επιεικοί απέναντι στις εταιρείες που δεν παράγουν νέα προϊόντα παρά σε εκείνες που παράγουν κατώτερα προϊόντα, παρόλο που και οι δύο δρόμοι οδηγούν στην καταστροφή. Το να κάθεσαι παθητικά σε άθλιες μετοχές είναι καλύτερο από το να αγοράζεις ενεργά κακές. Η κατασκευή φίλτρων χωρίς εκπομπές σε μονάδες άνθρακα φαίνεται ανώτερη από τη λήψη μέτρων όπως η αφαίρεση ενός για λόγους κόστους. Η αποτυχία μόνωσης των σπιτιών φαίνεται προτιμότερη από την καύση όλου αυτού του επιπλέον καυσίμου. Η παράλειψη δήλωσης φόρου εισοδήματος είναι λιγότερο δυσάρεστη από την υποβολή πλαστών φορολογικών εγγράφων, παρόλο που και οι δύο δρόμοι οδηγούν σε κρατικές απώλειες με κάθε τρόπο.

Εξερευνήσαμε την προκατάληψη δράσης στο Κεφάλαιο 7. Ωστόσο, είναι το αντίθετο της μεροληψίας παράλειψης; Οχι ακριβώς; Η προκατάληψη της δράσης μας οδηγεί να αντισταθμίσουμε την έλλειψη σαφήνειας με μάταιη υπερκινητικότητα όταν τα πράγματα φαίνονται ασαφή ή αντιφατικά. Ενώ η μεροληψία παραλείψεων εκδηλώνεται συχνά εκεί που οι πληροφορίες είναι εύκολα αναγνωρίσιμες: μια διορατικότητα μπορεί να αποκαλύψει μελλοντική ατυχία που θα μπορούσαμε να αποφύγουμε μέσω άμεσης δράσης, αλλά αυτή η διορατικότητα δεν δημιουργεί τόσο μεγάλο κίνητρο σε εμάς να πάρουμε θέση εναντίον της.

Η μεροληψία παράλειψης μπορεί να είναι δύσκολο να εντοπιστεί. η δράση είναι συνήθως πιο αισθητή από την αδράνεια. Τα φοιτητικά κινήματα από τη δεκαετία του 1960 επινόησαν ένα αποτελεσματικό σύνθημα εναντίον του: «Αν δεν είσαι μέρος της λύσης, τότε είσαι μέρος του προβλήματος».

Σημειώσεις για το Σφάλμα Εθελοντών (Κεφ. 65). Action Bias (Κεφ. 43); Αναβλητικότητα (Κεφ 85).

ΜΗ ΜΕ ΚΑΤΑΦΟΡΕΙΣ

ΠΡΟΚΑΤΑΛΗΨΗ ΑΥΤΟΕΞΥΠΗΡΕΤΗΣΗΣ

Διαβάζετε τακτικά ετήσιες εκθέσεις, με ιδιαίτερη έμφαση σε όσα είπε ο Διευθύνων Σύμβουλος; Εάν όχι, αυτό είναι ατυχές καθώς εκεί μπορείτε να βρείτε πολλά παραδείγματα λάθους που πολύ συχνά τίθεται στο παιχνίδι - αυτοεξυπηρέτηση μεροληψίας. Κάθε φορά που η εταιρεία βιώνει επιτυχία, ο Διευθύνων Σύμβουλος αφιερώνει χρόνο για να αναδείξει όλες τις προσπάθειές του - όπως η λήψη έξυπνων αποφάσεων, η ακούραστη δουλειά και η καλλιέργεια μιας καινοτόμου εταιρικής κουλτούρας. Εάν μια εταιρεία είχε μια αποτυχημένη χρονιά, διαβάζουμε για διάφορους παράγοντες που συνέβαλαν στην πτώση της: διακυμάνσεις των συναλλαγματικών ισοτιμιών, κρατικές παρεμβάσεις, κινεζικές εμπορικές πρακτικές που παραβιάζουν τα δυτικά πρότυπα πνευματικής ιδιοκτησίας, κρυφά τιμολόγια που μειώνουν την εμπιστοσύνη των καταναλωτών κ.λπ. Το μυαλό μας αποδίδει την επιτυχία και τις αποτυχίες εξωτερικά και όχι εσωτερικά - αυτό είναι αυτοεξυπηρετούμενη προκατάληψη στη δουλειά!

Ακόμα κι αν δεν ακούσατε ποτέ τον όρο, το γυμνάσιο δίδαξε σε πολλούς μαθητές την έννοια της αυτοεξυπηρέτησης μεροληψίας. Εάν κέρδιζαν ένα Α, η επιτυχία τους αντικατοπτριζόταν αποκλειστικά σε αυτούς, ενώ η αποτυχία σήμαινε ότι χρησιμοποιήθηκαν άδικες διαδικασίες δοκιμών από τους διαχειριστές και τους εκπαιδευτικούς.

Αλλά οι βαθμοί δεν φαίνεται να έχουν πλέον σημασία: ίσως το χρηματιστήριο πήρε τη θέση τους. Όταν το χαρτοφυλάκιό σας έχει κέρδος, επικροτείτε τον εαυτό σας. όταν έχει κακή απόδοση, η ευθύνη επιρρίπτεται καθαρά στην «αγορά» (ό,τι κι αν αυτό συνεπάγεται) ή ίσως σε αυτόν τον ενοχλητικό επενδυτικό σύμβουλο. Εγώ ο ίδιος είμαι έμπειρος χρήστης της αυτοεξυπηρέτησης μεροληψίας: όταν το νέο μου μυθιστόρημα εκτοξεύεται στα ύψη στη λίστα μπεστ σέλερ, το γιορτάζω ως το καλύτερο βιβλίο μου μέχρι τώρα. Αν αποτύχει εν μέσω νέων κυκλοφοριών, πρέπει να σημαίνει ότι οι αναγνώστες απλώς δεν το αναγνωρίζουν ή οι κριτικοί ζηλεύουν που έχουν κάτι εναντίον μου που δεν αναγνωρίζει την καλή λογοτεχνία στα βιβλία μου!

Οι ερευνητές διεξήγαγαν ένα τεστ προσωπικότητας και κατένειμαν τυχαία στους συμμετέχοντες υψηλές ή χαμηλές βαθμολογίες. Όσοι έλαβαν υψηλούς βαθμούς το βρήκαν διεξοδικό και δίκαιο. Όσοι έλαβαν χαμηλούς βαθμούς το βρήκαν εντελώς άχρηστο. Γιατί αποδίδουμε την επιτυχία στον εαυτό μας και την αποτυχία αλλού; Υπάρχουν διάφορες θεωρίες, με μια ίσως απλή εξήγηση να είναι η εξής: έχει ωραία αίσθηση! Επιπλέον, η εξέλιξη πιθανότατα θα το είχε αντιμετωπίσει πολύ νωρίτερα.

Πάνω από εκατό χιλιάδες χρόνια, η ιδιοτελής προκατάληψη εξαλείφθηκε καθώς προχωρούσε η ανθρώπινη κοινωνία, αλλά στον σύγχρονο κόσμο μας με πολλούς κρυφούς κινδύνους μπορεί να επανεμφανιστεί και γρήγορα να οδηγήσει σε καταστροφή. Ο Richard Fuld, που συχνά αναφέρεται ως ο αυτοαποκαλούμενος «κύριος του σύμπαντος» θα μπορούσε κάλλιστα να υποστηρίξει αυτήν την άποψη. Αφού ήταν Διευθύνων Σύμβουλος της Lehman Brothers μέχρι την κατάθεση πτώχευσης το 2008, μπορεί κάλλιστα να διεκδικήσει αυτόν τον τίτλο ενώ κατηγορεί την κυβερνητική δράση ως αιτία.

Οι μαθητές που κάνουν τεστ SAT συνήθως βαθμολογούν μεταξύ 200 και 800 πόντους. Όταν τους ζητήθηκε ένα χρόνο αργότερα να ενημερώσουν τις βαθμολογίες τους, πολλοί τείνουν να τις αυξάνουν κατά περίπου 50 πόντους - χωρίς ποτέ να λένε ψέματα ή να υπερβάλλουν τους αριθμούς, απλώς «ενισχύοντάς» τους μέχρι να πιστέψουν οι ίδιοι τον νέο αριθμό.

Το κτήριο μου στεγάζει ένα διαμέρισμα που μοιράζονται πέντε φοιτητές, τους οποίους βλέπω συχνά στο ασανσέρ. Ένας είπε ότι έβγαζε τα σκουπίδια του κάθε δεύτερη ή τρίτη φορά. άλλο: κάθε τρίτη ή τέταρτη φορά. ενώ ο συγκάτοικος #3 ισχυρίστηκε ότι το έκανε περίπου στο 90% του χρόνου! Οι απαντήσεις τους θα έπρεπε να έφτασαν το 100%, αλλά αντίθετα ανήλθαν συνολικά στο εντυπωσιακό 320%! Κάθε αγόρι υπερεκτίμησε τους ρόλους του - κάτι που τείνουν να κάνουν όλοι οι άνθρωποι. Μελέτες έχουν επίσης δείξει αυτό το φαινόμενο μεταξύ των παντρεμένων ζευγαριών όπου το καθένα υποθέτει ότι συνεισφέρει πάνω από 50% στην υγεία του γάμου.

Πώς μπορούμε λοιπόν να ξεπεράσουμε την αυτοεξυπηρέτηση μεροληψίας; Έχετε φίλους που λένε την αλήθεια χωρίς καμία κράτηση; Αν αυτό ισχύει για εσάς, θεωρήστε τον εαυτό σας τυχερό. Εάν όχι, φέρτε τουλάχιστον έναν εχθρό για καφέ και ζητήστε την ειλικρινή γνώμη του για τα δυνατά και τα αδύνατα σημεία σας. θα είσαι πάντα ευγνώμων που το έκανες!

Βλέπε επίσης Υπερβολική Προκατάληψη (κεφ. 14). Επίδραση υπερβολικής αυτοπεποίθησης (κεφ. 15). Σύνδρομο Not-Invented-Here (κεφ. 74); Μεροληψία Survivorship (κεφ. 1), Τύχη αρχαρίων (κεφ. 49) Γνωστική Ασυμφωνία (Κεφ. 50); Forer Effect (Κεφ. 64); Introspection Ilusion (Κεφ. 67) και Cherry-Picking (Κεφ. 96) για εξοικείωση.

ΠΡΟΣΕΞΕ ΟΤΙ ΕΠΙΘΥΜΕΙΣ!

ΗΔΟΝΙΚΟΣ ΔΙΆΔΡΟΜΟΣ

Φανταστείτε μια μέρα να χτυπάει το τηλέφωνο και μια ενθουσιώδης φωνή να σας λέει ότι έχετε κερδίσει ένα τζακ ποτ λοταρίας 10 εκατομμυρίων δολαρίων! Πώς θα σας έκανε να νιώθετε αυτό και για πόσο θα διαρκούσε; Ή μπορεί να συμβεί ένα άλλο σενάριο: κάποιος τηλεφωνεί για να σας ενημερώσει για την απώλεια ενός καλύτερου φίλου. πάλι πώς θα αντιδρούσατε και για πόσο θα διαρκούσαν τα αποτελέσματα;

Στο Κεφάλαιο 40, εξετάσαμε τη χαμηλή ακρίβεια των προβλέψεων σε διάφορους τομείς όπως η πολιτική, η οικονομία και τα κοινωνικά γεγονότα. Καταλήξαμε στο συμπέρασμα ότι οι αυτοδιοριζόμενοι ειδικοί δεν είναι καλύτεροι από τους παραγωγούς τυχαίων προβλέψεων στο να παρέχουν ακριβείς προβλέψεις. Τώρα ας προχωρήσουμε σε έναν άλλο τομέα: Πόσο ακριβή μπορούμε να προβλέψουμε τα συναισθήματά μας; Είμαστε ειδικοί στον εαυτό μας; Θα μας έκανε πιο ευτυχισμένοι για τα επόμενα χρόνια το να κερδίσουμε το λαχείο; Ο ψυχολόγος του Χάρβαρντ Νταν Γκίλμπερτ προτείνει διαφορετικά. Οι μελέτες του για τους νικητές του λαχείου δείχνουν ότι κάθε θετικό αποτέλεσμα εξαφανίστηκε γρήγορα μέσα σε μήνες, αφήνοντας τους ανθρώπους ικανοποιημένους ή δυσαρεστημένους όπως πριν μετά τη λήψη της επιταγής τους - αυτό το φαινόμενο αναφέρεται ως «συναισθηματική πρόβλεψη». αδυναμία μας να προβλέψουμε σωστά τα συναισθήματά μας.

Ένα τραπεζικό στέλεχος αποφάσισε να χτίσει ο ίδιος ένα νέο σπίτι έξω από την πόλη με τα άφθονα εισοδήματά του, ονειρευόμενος να δημιουργήσει μια βίλα με δέκα δωμάτια, πισίνα και εκπληκτική θέα στη λίμνη και στο βουνό. Το σχέδιό του έγινε πραγματικότητα. Μέσα σε λίγες εβδομάδες από την αγορά του, έλαμψε από ενθουσιασμό. Δυστυχώς, αυτός ο ενθουσιασμός γρήγορα εξαφανίστηκε και έξι μήνες αργότερα ήταν πιο άθλιος από ποτέ. Γιατί συνέβη αυτό; Λοιπόν, η έρευνα μας δείχνει ότι η ευτυχία διαλύεται γρήγορα μετά από λίγους μήνες, αφήνοντας τη βίλα να μην αντιπροσωπεύει πλέον τα όνειρά του. επιστρέφοντας σπίτι κάθε μέρα σε μια ανεπιθύμητη πραγματικότητα: άνοιξε την πόρτα του και δεν ξέρει πού τον οδήγησε... Φτωχός: τα συναισθήματά του για τη βίλα ήταν αδιάφορα σε σύγκριση με το πώς ένιωθαν για το φοιτητικό του διαμέρισμα ενός δωματίου. Επιπλέον, τώρα αντιμετώπιζαν δύο μετακινήσεις μιας ώρας την ημέρα! Μελέτες αποκαλύπτουν ότι η οδήγηση μπορεί να είναι μια τεράστια πηγή δυσαρέσκειας και άγχους και ότι οι περισσότεροι άνθρωποι δεν συνηθίζουν ποτέ την εμπειρία. Επομένως, όσοι δεν έχουν φυσική συγγένεια για τη μετακίνηση, πιθανότατα θα υπομένουν δύο μεγάλες μετακινήσεις κάθε μέρα (τουλάχιστον). Επομένως, η βίλα των ονείρων της φίλης μου είχε συνολικά αρνητική επίδραση στην ευτυχία της.

Πολλοί άλλοι δεν τα πηγαίνουν καλύτερα: άτομα που αλλάζουν ή προχωρούν στην καριέρα τους συχνά έχουν παρόμοια μοίρα.
Οι επιστήμονες αναφέρονται σε αυτό το φαινόμενο ως ο ηδονικός διάδρομος: εργαζόμαστε σκληρά, προοδεύουμε οικονομικά και κερδίζουμε περισσότερο πλούτο - ωστόσο τίποτα από αυτά δεν μας κάνει πιο ευτυχισμένους.

Πώς λοιπόν μας επηρεάζουν αρνητικά γεγονότα όπως τραυματισμοί νωτιαίου μυελού και απώλειες φίλων; Συνήθως, υπερεκτιμούμε τη διάρκεια και την έντασή τους - για παράδειγμα, όταν τελειώνουν οι σχέσεις, μπορεί να φαίνεται ότι η ζωή δεν θα είναι ποτέ η ίδια, αλλά μέσα σε τρεις περίπου μήνες έχουν επιστρέψει στο ραντεβού και στην εύρεση της ευτυχίας για άλλη μια φορά.

Δεν θα ήταν υπέροχο αν γνωρίζαμε ακριβώς πόσο ευτυχισμένοι θα μας κάνει ένα νέο αυτοκίνητο, καριέρα ή σχέση; Ευτυχώς αυτό είναι κάτι που μπορούμε να μετρήσουμε εν μέρει. Λάβετε αυτές τις επιστημονικά έγκυρες οδηγίες ως οδηγούς σας όταν παίρνετε καλύτερες, πιο έξυπνες αποφάσεις: 1) Αποφύγετε αρνητικά πράγματα στα οποία δεν μπορείτε να προσαρμοστείτε με την πάροδο του χρόνου, όπως οι μετακινήσεις, η ηχορύπανση ή το χρόνιο στρες. 2) Μην βασίζεστε υπερβολικά σε υλικά αγαθά όπως αυτοκίνητα, σπίτια, κέρδη από λαχεία, μπόνους ή βραβεία ως πηγές μακροπρόθεσμης ευτυχίας. 3) Επιδιώξτε όσο το δυνατόν περισσότερη ελευθερία και αυτονομία, καθώς οι μόνιμες θετικές αλλαγές προέρχονται συχνά από τη λήψη θετικών ενεργειών με δική σας πρωτοβουλία. Ακολούθησε τα πάθη σου ακόμα κι αν αυτό σημαίνει να παραιτηθείς από κάποιο εισόδημα. επενδύουν σε φιλίες? Οι περισσότεροι άνθρωποι βρίσκουν διαρκή ευτυχία μέσω της επαγγελματικής θέσης, αρκεί να μην αλλάζει ομάδες συνομηλίκων αμέσως - με άλλα λόγια, εάν ανεβείτε στη θέση του Διευθύνοντος Συμβούλου ενώ συναδελφεύεστε μόνο με άλλα στελέχη, το αποτέλεσμα μειώνεται γρήγορα.

Forecast Illusion (Κεφ. 40); Η Νεομανία (Κεφ. 69) και ο Φθόνος (Κεφ. 86) πρέπει να θεωρούνται ως σημάδια κινδύνου και δεν πρέπει να αντιμετωπίζονται ελαφρά.

Ὅλοι ΠΡΕΠΕΙ ΝΑ ΘΥΜΟΜΑΣΤΕ ΝΑ ΜΗΝ ΘΑΥΜΆΖΟΥΜΕ ΤΗΝ ὝΠΑΡΞΗ ΜΑΣ ΚΑΙ ΝΑ ΖΟΎΜΕ ΑΝΆΛΟΓΑ!

Καθώς ταξίδευα από τη Φιλαδέλφεια στη Νέα Υόρκη, κόλλησα σε μποτιλιάρισμα. «Γιατί πρέπει να είμαι πάντα εγώ;», θρήμησα, ενώ κοίταζα τους οδηγούς που κατευθύνονταν προς τα νότια που περνούσαν με εντυπωσιακή ταχύτητα στην απέναντι πλευρά μου. Ενώ περνούσα μια ώρα σέρνοντας προς τα εμπρός με ρυθμό σαλιγκαριού με συχνές στάσεις για σπάσιμο και επιτάχυνση, το μυαλό μου περιπλανήθηκε. Ήμουν πραγματικά άτυχος στη ζωή ή ήταν απλώς η αντίληψή μου; Με τις γραμμές τραπεζών, ταχυδρομείων και παντοπωλείων να με επιλέγουν πιο συχνά από άλλους ή ήταν απλώς αντιλήψεις;

Φανταστείτε ότι σε αυτόν τον αυτοκινητόδρομο υπάρχει κυκλοφοριακή συμφόρηση στο 10% των περιπτώσεων. οι πιθανότητές μου να κολλήσω δεν είναι μεγαλύτερες από τις πιθανότητες, αλλά η πιθανότητα να κολλήσω σε οποιοδήποτε σημείο του ταξιδιού μου υπερβαίνει αυτό το νούμερο λόγω του περιορισμού στην κίνησή μου προς τα εμπρός σε τέτοιες καταστάσεις. Επιπλέον, μόλις εμφανιστεί κάποιος και κολλήσω, γίνεται πολύ πιο αισθητό σε μένα από ό,τι αν είχε παραμείνει σε κίνηση με τον κανονικό του ρυθμό.

Παρόμοια λογική ισχύει και για τα γκισέ τραπεζών ή τα φανάρια: σε μια μέση διαδρομή μεταξύ Α και Β με 10 φανάρια, το ένα θα είναι πάντα κόκκινο ενώ το υπόλοιπο πράσινο. Ωστόσο, θα μπορούσατε να ξοδέψετε πάνω από το 10% του χρόνου του ταξιδιού σας περιμένοντας στα κόκκινα φανάρια - αν και αυτό μπορεί να μην φαίνεται σωστό. φανταστείτε ότι ταξιδεύετε με την ταχύτητα του φωτός: πιθανότατα θα ξοδεύατε το 99,99% (όχι το 10%) του χρόνου περιμένοντας και βρίζοντας τα κόκκινα φανάρια!

Από τη στιγμή που παραπονιόμαστε για κακή τύχη, είναι συνετό να είμαστε προσεκτικοί όσον αφορά την προκατάληψη της αυτοεπιλογής. Όταν οι άντρες φίλοι μου διαμαρτύρονται για την έλλειψη γυναικών στις εταιρείες τους και οι φίλες παραπονιούνται για πολύ λίγους άνδρες, αυτό δεν έχει να κάνει με κακή τύχη - αυτοί οι γκρινιάρηδες αποτελούν μέρος ενός δείγματος που δείχνει την πιθανότητα οι περισσότεροι άνδρες εργαζόμενοι να εργάζονται σε βιομηχανίες όπου κυριαρχούν κυρίως άνδρες (ή αντίστροφα για τις εργάτριες). Επιπλέον, το να ζεις σε χώρες όπως η Κίνα ή η Ρωσία με μεγάλες αναλογίες οποιουδήποτε φύλου σημαίνει ότι μπορεί να γίνεις μέλος αυτής της μεγαλύτερης ομάδας και να αισθάνεσαι δύσκολος. Όταν η ψηφοφορία γίνεται κατά τη διάρκεια των εκλογών, αυτό το φαινόμενο γίνεται πιο εμφανές.
Κατά την ψηφοφορία, είναι πολύ πιθανό η ψήφος σας να αντιστοιχεί με την πλειοψηφία της νικητήριας πλειοψηφίας.

Οι έμποροι συχνά πέφτουν θύματα μεροληψίας αυτοεπιλογής. Οι επαγγελματίες του μάρκετινγκ μπορούν να εμπλακούν σε αυτό μέσω ερευνών μάρκετινγκ που προσπαθούν να αξιολογήσουν την αξία του ενημερωτικού δελτίου τους από τους πελάτες, αλλά προσεγγίζουν μόνο τρέχοντες συνδρομητές που είναι πλήρως ικανοποιημένοι, έχουν χρόνο και δεν έχουν ακυρώσει. Έτσι, αυτές οι δημοσκοπήσεις αποδεικνύονται αναποτελεσματικές.

Οι παρατηρήσεις που έγιναν από τον μάλλον θλιβερό φίλο μου έθιξαν πρόσφατα μια κοινή προκατάληψη της αυτοεπιλογής. Μόνο τα ζωντανά όντα μπορούν να κάνουν τέτοιες παρατηρήσεις. οι μη οντότητες συχνά δεν σκέφτονται πολύ την ανυπαρξία τους. Ωστόσο, αυτή η ίδια αυταπάτη αποτελεί τη βάση πολλών φιλοσοφικών έργων καθώς θαυμάζουν κάθε χρόνο την ανάπτυξη της γλώσσας. Συμπάσχω με την έκπληξή τους, αλλά βρίσκω την έκπληξή τους αδικαιολόγητη. Η γλώσσα απλά δεν θα υπήρχε χωρίς εμείς να σεβόμαστε το θαύμα της. Το θαύμα του γίνεται απτό μόνο με το να εκτεθεί στο περιβάλλον του - το θαύμα του γίνεται απτό μόνο μέσω της ύπαρξής του στο περιβάλλον του - όπως το θαύμα της δημιουργίας ή της καταστροφής του από το ανθρώπινο μυαλό!

Είναι διασκεδαστική αυτή η πρόσφατη τηλεφωνική έρευνα: Μια εταιρεία τη διεξήγαγε για να εξακριβώσει, κατά μέσο όρο, πόσα τηλέφωνα (σταθερό και κινητό) είχε κάθε νοικοκυριό. Έμειναν έκπληκτοι όταν ανακάλυψαν ότι κανένα νοικοκυριό δεν ισχυρίστηκε ότι δεν είχε! Πραγματικά ένα εκπληκτικό επίτευγμα.

Βλέπε επίσης Εναλλακτικά Μονοπάτια (κεφ. 39). Feature-Positive Effect (κεφ. 95); Swimmer's Body Illusion (κεφ. 2) για περαιτέρω συζήτηση.

ΓΙΑΤΊ Η ΕΜΠΕΙΡΊΑ ΜΠΟΡΕΊ ΝΑ ΒΛΆΨΕΙ ΤΙΣ ΚΡΊΣΕΙΣ ΜΑΣ

Προκατάληψη Σωματείου

Ο Kevin έκανε τρεις παρουσιάσεις των αποτελεσμάτων του τμήματός του στο διοικητικό συμβούλιο της εταιρείας και κάθε φορά, όλα πήγαιναν άψογα - και ο Kevin πιστεύει ότι αυτό το πράσινο πουά μποξεράκι είναι το τυχερό του σώβρακο!

Ο Κέβιν δεν μπόρεσε να αντισταθεί στην αγορά του εντυπωσιακού δαχτυλίδι αρραβώνων που του έδειξε. Αν και, στα 10.000 $ ήταν πολύ πάνω από τον προϋπολογισμό του για δεύτερο γάμο, κάτι σχετικά με αυτή τη γυναίκα τον έκανε ακαταμάχητο. Ίσως η συσχέτιση αυτού του όμορφου αντικειμένου με κάποιον θα ενέπνεε ελπίδα στις μελλοντικές νύφες ότι μπορεί να είναι επίσης απίστευτα όμορφη;

Κάθε χρόνο, ο Κέβιν επισκέπτεται τον γιατρό του για έλεγχο και συνήθως του λένε ότι, στα 44 του χρόνια, η υγεία του είναι σε καλή κατάσταση. Ωστόσο, δύο φορές έφυγε με ανησυχητικά νέα: μία για την σκωληκοειδή απόφυση του (η οποία αφαιρέθηκε γρήγορα). Και μια άλλη για έναν αρχικά πρησμένο προστάτη που, μετά από περαιτέρω έλεγχο, αποδείχθηκε ότι ήταν απλή φλεγμονή και όχι καρκίνος - και τις δύο φορές ο Kevin έφυγε ανησυχημένος και και τις δύο μέρες ήταν εξαιρετικά ζεστός. από τότε, κάθε φορά που οι θερμοκρασίες αρχίζουν να ανεβαίνουν σε ένα από τα ραντεβού του για τσεκ-απ, το ακυρώνει αμέσως!

Ο εγκέφαλός μας είναι μηχανές σύνδεσης. Για παράδειγμα, όταν καταναλώνουμε ένα άγνωστο φρούτο και μετά νιώθουμε ναυτία, το μυαλό μας δημιουργεί γνώση. Ωστόσο, αυτή η μέθοδος δημιουργεί επίσης ψευδείς γνώσεις. Ο Ρώσος επιστήμονας Ivan Pavlov ήταν ο πρώτος που μελέτησε αυτό το φαινόμενο χρησιμοποιώντας κουδούνια για τη μέτρηση της σιελόρροιας σε σκύλους. Αργότερα όμως, μόνο ο ήχος θα προκαλούσε σιελόρροια. δημιουργώντας συνδέσμους μεταξύ δύο φαινομενικά άσχετων λειτουργιών, όπως το κουδούνι και η παραγωγή σάλιου στους εγκεφάλους των ζώων - όπως ο ήχος από μόνος του είναι αρκετός για να προκαλέσει σιελόρροια σε αυτά.

Η μέθοδος του Pavlov ισχύει εξίσου καλά και με τους ανθρώπους. Η διαφήμιση δημιουργεί δεσμούς μεταξύ προϊόντων και συναισθημάτων, όπως η Coca-Cola. Ως αποτέλεσμα, οι διαφημίσεις εμφανίζουν άτομα με χαρούμενα πρόσωπα Coca-Cola που εμφανίζονται μαζί - σε αντίθεση με συνοφρυωμένα πρόσωπα ή ζαρωμένα σώματα που μπορεί να δείτε αλλού στην πραγματική ζωή. Τα άτομα οπτάνθρακα εμφανίζονται σε μεγάλες ομάδες σε σύγκριση με την πραγματική ζωή.

Οι ψευδείς συσχετίσεις προκαλούνται από μεροληψία συσχέτισης, η οποία επίσης θέτει σε κίνδυνο την ποιότητα λήψης αποφάσεων. Μπορεί να συσχετίσουμε τους φορείς κακών ειδήσεων με το περιεχόμενό τους αυτόματα (γνωστό ως σύνδρομο shoot-the-messenger). Ορισμένοι διευθύνοντες σύμβουλοι και επενδυτές μπορεί συνειδητά ή ασυνείδητα να αποφεύγουν να ακούν αρνητικές ειδήσεις - οδηγώντας σε μια ανακριβή εικόνα της πραγματικότητας. Για να αποφύγετε να πέσετε θύματα ψευδών συνδέσεων και να αποφύγετε να πέσετε θήραμα ψευδών δυνητικών πελατών όταν ηγηθείτε ομάδων ατόμων, δώστε εντολή στα μέλη του προσωπικού σας να δίνουν μόνο κακές ειδήσεις το συντομότερο δυνατό, ώστε να εξουδετερωθεί το σύνδρομο shoot-the-messenger - πιστέψτε ότι αρκετά θετικά νέα θα έλα ακόμα στο δρόμο σου! Για να ξεπεράσετε τις ψευδείς συνδέσεις υπεραντισταθμίζοντας το σύνδρομο shoot-the-messenger υπεραντισταθμίζοντας με θετικά μηνύματα - υπεραντισταθμίζοντας υπεραντιστάθμιση με καλά νέα!

Προτού υπάρξει το ηλεκτρονικό ταχυδρομείο και το τηλεμάρκετινγκ, οι ταξιδιώτες πωλητές χρησιμοποιούσαν μεθόδους πώλησης από πόρτα σε πόρτα. Μια μέρα ο Τζορτζ Φόστερ συνέβη σε ένα άδειο σπίτι όπου μια αόρατη διαρροή το γέμιζε με αέριο για εβδομάδες - εν αγνοία του, το κατεστραμμένο κουδούνι προκάλεσε μια σπίθα όταν ο Τζορτζ το πάτησε που πυροδότησε μια έκρηξη που έστειλε τον Τζορτζ κατευθείαν στο νοσοκομείο, αν και τελικά συνήλθε γρήγορα. Δυστυχώς, αν και ο φόβος του για τα κουδούνια της πόρτας παρέμεινε τόσο έντονα που ακόμη και χρόνια μετά δεν μπορούσε να επιστρέψει στη δουλειά. προσπαθούσε σκληρά καθώς μπορούσε μόνο να δημιουργήσει ένα άλλο συναισθηματικό δέσιμο που δεν μπορούσε να αντιστραφεί παρά το γεγονός ότι γνώριζε ότι αυτό δεν ήταν πιθανό.

Ο Mark Twain αποτύπωσε όμορφα αυτό το σημαντικό μήνυμα σε πακέτο: «Θα πρέπει να αντλούμε από κάθε εμπειρία μόνο τα μαθήματα που περιέχονται μέσα. μήπως γίνουμε σαν τη γάτα που κάθεται σε μια καυτή εστία και καεί - δεν ξανακαθίσουμε ποτέ ξανά ούτε σε ζεστές ούτε σε κρύες».

Να είστε προσεκτικοί όταν τα πράγματα ξεκινούν καλά. Σημειώστε το Contagion Bias (κεφ. 54). Ψευδής αιτιότητα (κεφ. 37); Τύχη αρχαρίων (κεφ. 49) καθώς και μεροληψία διαθεσιμότητας και ευρετική επίδραση. (Βλ. κεφάλαιο 54 για περαιτέρω ανάγνωση σχετικά με αυτά τα θέματα).

ΠΡΟΣΟΧΗ ΠΟΤΕ ΑΡΧΙΖΟΥΝ ΤΑ ΠΡΑΓΜΑΤΑ ΝΑ ΓΙΝΟΝΤΑΙ ΓΡΗΓΟΡΑ

ΤΥΧΗ ΤΟΥ ΠΡΩΤΑΡΗ

Πρόσφατα διερευνήσαμε την προκατάληψη συσχέτισης ή την τάση μας να βλέπουμε συνδέσεις εκεί που δεν υπάρχουν. Για παράδειγμα, ανεξάρτητα από την όλη επιτυχία του Kevin με μεγάλες παρουσιάσεις ενώ φοράει πράσινο πουά σώβρακο, δεν μπορούν να του εγγυηθούν την επιτυχία κάθε φορά.

Τώρα ερχόμαστε σε μια από τις πιο δύσκολες μορφές μεροληψίας συσχέτισης: τη δημιουργία τεχνητού δεσμού με το παρελθόν. Οι παίκτες του καζίνο γνωρίζουν καλά αυτήν την τακτική: την αποκαλούν τύχη αρχαρίων. Οι νέοι σε ένα παιχνίδι που χάνουν στους αρχικούς γύρους τους συχνά κάνουν πάσο με σύνεση, ενώ όποιος είναι τυχερός τείνει να συνεχίσει. Ωστόσο, όταν οι πρώτοι χρονομετρητές είναι τυχεροί, η αυτοπεποίθησή τους μπορεί να τους οδηγήσει να αυξήσουν ακόμη περισσότερο τα ποντάρισματα - μόνο για να ανακαλύψουν αργότερα ότι οι πιθανότητες επέστρεψαν στα μέσα επίπεδα αμέσως μετά!

Η τύχη του αρχαρίου παίζει ουσιαστικό ρόλο στην οικονομική επιτυχία. Φανταστείτε την εταιρεία Α, η οποία εξαγοράζει τις μικρότερες εταιρείες Β, Γ και Δ διαδοχικά χωρίς περιστατικά και ολοκληρώνει με επιτυχία κάθε εξαγορά - χτίζοντας την εμπιστοσύνη τους καθώς κάθε συγχώνευση αποδεικνύεται πολύ δύσκολη για τη διαχείριση και εκτιμάται ότι οι συνέργειες είναι αδύνατες να πραγματοποιηθούν παρά τα αντικειμενικά στοιχεία που δείχνουν προς αυτή την κατεύθυνση από προηγούμενες εξαγορές - μόνο για την τύχη των αρχαρίων να τους τυφλώσει από αυτή την πραγματικότητα.

Παρόμοιες τάσεις σημειώθηκαν και με το χρηματιστήριο. Ελκόμενοι στην αρχική του επιτυχία, πολλοί επενδυτές έβαλαν τις αποταμιεύσεις τους και ακόμη και τα δάνειά τους σε μετοχές του Διαδικτύου στα τέλη της δεκαετίας του '90 - αγνοώντας ότι τα αξιοσημείωτα κέρδη τους εκείνη την εποχή δεν οφείλονταν σε ικανότητες συλλογής μετοχών βάσει γνώσης, αλλά απλώς σε μια ανοδική τάση της αγοράς ; Ακόμη και εκείνοι που δεν είχαν προηγούμενες επενδυτικές γνώσεις απολάμβαναν συχνά τεράστιες νίκες όταν τα πράγματα τελικά έπεσαν προς τα κάτω. Ωστόσο, όταν αυτή η ορμή τελικά έσβησε, πολλοί έμειναν αντιμέτωποι με βουνά χρέους dot-com.

Όπως φάνηκε κατά την πρόσφατη άνθηση της στέγασης στις ΗΠΑ, πολλά άτομα έπεσαν σε αυτήν την παγίδα: οδοντίατροι, δικηγόροι, δάσκαλοι και οδηγοί ταξί εγκατέλειψαν τη σταδιοδρομία τους για να «αναποδογυρίσουν» σπίτια με σκοπό το κέρδος - αγοράζοντάς τα σε τιμές ευκαιρίας και στη συνέχεια πουλώντας τα πίσω σε υψηλότερες Τιμές - που τους οδηγεί σε μια μεθυστική πορεία προς μεγάλα κέρδη, αλλά στην πραγματικότητα με μικρή σχέση με την πραγματική ζωή ή την καριέρα τους.

Η άνθηση των κατοικιών επέτρεψε ακόμη και στους ερασιτέχνες μεσίτες να ευημερήσουν. Οι επενδυτές ανέλαβαν τεράστιο χρέος καθώς αγόρασαν όλο και μεγαλύτερες επαύλεις, και όταν τελικά έσκασε η φούσκα έμειναν μόνο με αδιάθετα ακίνητα ως περιουσιακά στοιχεία.

Η ιστορία μας παρέχει άφθονα στοιχεία για την τύχη του αρχάριου: ούτε ο Ναπολέων ούτε ο Χίτλερ θα είχαν ξεκινήσει εκστρατείες εναντίον της Ρωσίας χωρίς προηγούμενες νίκες σε μικρότερες μάχες για να τους στηρίξουν.

Πώς όμως μπορεί κανείς να διακρίνει την τύχη του αρχάριου από το πραγματικό ταλέντο; Αν και δεν υπάρχει κανένας συγκεκριμένος κανόνας που να βοηθάει σε αυτόν τον προσδιορισμό, δύο συμβουλές μπορεί να αποδειχθούν αποτελεσματικές: πρώτον, εάν η απόδοσή σας ξεπερνάει σταθερά εκείνη των άλλων για μεγάλο χρονικό διάστημα, το ταλέντο πιθανότατα παίζει ρόλο. Δεύτερον, όταν υπάρχουν περισσότεροι ανταγωνιστές που ανταγωνίζονται για την επιχείρησή σας, αυξάνονται οι πιθανότητες κάποιος να την χτυπήσει και να αναλάβει ηγετικό ρόλο στην αγορά για πολλά χρόνια - πιθανώς εσείς! Όταν αυτό συμβεί ανάμεσα σε δέκα ανταγωνιστές, να είστε περήφανοι που γιορτάζετε τον εαυτό σας ως ηγέτη της αγοράς! Ωστόσο, το να είσαι ανάμεσα στους κορυφαίους παίκτες (στις χρηματοπιστωτικές αγορές) μπορεί να θεωρηθεί ως απόδειξη ταλέντου. Αλλά αν βρεθείτε κορυφαίος σκύλος μεταξύ 10 εκατομμυρίων παικτών σε μια συγκεκριμένη χρονιά - κάτι που θα μπορούσε να συμβεί αρκετά εύκολα με κάθε είδους παίκτες που συμμετέχουν - μην αρχίσετε να οραματίζεστε μια αυτοκρατορία σαν τον Μπάφετ ακόμα. οι πιθανότητες είναι πιθανό να στάθηκες τυχερός!

Παρακολουθήστε και περιμένετε πριν βγάλετε οριστικά συμπεράσματα. Η τύχη του αρχαρίου μπορεί να είναι καταστροφική. Για να προστατεύσω από λανθασμένες αντιλήψεις και να διαψεύσω θεωρίες όπως θα έκανε ένας αποτελεσματικός επιστήμονας, έστειλα το μυθιστόρημά μου Τριάντα πέντε σε έναν εκδότη όπου έγινε αμέσως αποδεκτό. για μια στιγμή ένιωσα σαν ιδιοφυή επιτυχία (οι πιθανότητες να την δεχτεί αυτός ο εκδότης ήταν 1/15.000. Για να δοκιμάσω περαιτέρω τη θεωρία μου, έστειλα αντίγραφα σε 10 επιπλέον μεγάλους εκδότες... και έλαβα 10 επιστολές απόρριψης που έφερναν την ιδέα μου γρήγορα πίσω στη γη.

Δείτε επίσης: Survivorship Bias (κεφ. 1); Self-Serving Bias (κεφ. 45). Association Bias (κεφ. 48); Ψευδής αιτιότητα (κεφ. 37); Illusion of Skill (κεφ. 94)

ΓΛΥΚΑ ΜΙΚΡΑ ΨΕΜΑΤΑ

ΓΝΩΣΤΙΚΗ ΑΣΥΜΦΩΝΙΑ

Μια αλεπού ανέβηκε αργά σε ένα αμπέλι και κοίταξε με λαχτάρα τα άφθονα, μοβ σταφύλια του. Τοποθέτησε τα μπροστινά του πόδια στον κορμό του, τέντωσε το λαιμό του και προσπάθησε να τα πλησιάσει, αλλά ήταν πολύ ψηλά. Εκνευρισμένος, έκανε άλλη μια προσπάθεια - το σαγόνι του έσπασε μόνο στον αέρα. Τελικά πήδηξε με όλη του τη δύναμη για να προσγειωθεί ξανά στη γη με έναν ηχητικό γδούπο. ούτε ένα φύλλο δεν είχε κουνηθεί. Κρατώντας το κεφάλι του ψηλά, κατευθύνθηκε πίσω στο δάσος - ή έτσι νόμιζε η αλεπού.

Ο Αίσωπος, ο Έλληνας ποιητής, δημιούργησε αυτόν τον μύθο για να τονίσει ένα από τα πιο διαδεδομένα λάθη στη λογική. Προέκυψε μια ασυμφωνία όταν η αλεπού ξεκίνησε να κάνει κάτι αλλά απέτυχε, δημιουργώντας μια ασυνέπεια που μπορεί να επιλυθεί μόνο με έναν από τους τρεις τρόπους: Α) να βάλει στα χέρια της μερικά σταφύλια με κάποιο τρόπο Β) να αποδεχτεί ότι οι ικανότητές της μπορεί να μην είναι επαρκείς Γ) να παραδεχτεί ανικανότητα

Γ) με την αναδρομική ερμηνεία του τι έχει συμβεί. Αυτή η προσέγγιση αντιπροσωπεύει τη γνωστική ασυμφωνία ή την επίλυσή της.

Φανταστείτε να αγοράζετε ένα νέο αυτοκίνητο μόνο για να μετανιώσετε γρήγορα για την επιλογή σας: ο κινητήρας του ακούγεται σαν να απογειώνεται και το κάθισμα του οδηγού είναι άβολο. Τί κάνεις λοιπόν; Η επιστροφή του θα ήταν παραδοχή λάθους και πιθανότατα δεν θα φέρει πίσω όλα τα χρήματά σας. Ως εναλλακτική προσέγγιση, μπορείτε να πείσετε τον εαυτό σας ότι οι δυνατοί κινητήρες και τα άβολα χαρακτηριστικά καθισμάτων αποτελούν μέρος των χαρακτηριστικών ασφαλείας του, που σας εμποδίζουν να αποκοιμηθείτε πίσω από το τιμόνι. αναμφίβολα αυτές οι έξυπνες επιλογές ήταν καλά μελετημένες αγορές που έφεραν μαζί τους χαρούμενες εμπειρίες!

Ο Leon Festinger και ο Merrill Carlsmith από το Πανεπιστήμιο του Στάνφορντ κάποτε ανέθεσαν στους μαθητές τους να εκτελέσουν μια ώρα κουραστικής, μονότονης εργασίας πριν τους χωρίσουν σε δύο ομάδες. Τα μέλη της Ομάδας Α έλαβαν 1 $ (ήταν το 1959) ως αποζημίωση. Όσοι στην ομάδα Β έλαβαν $20. αργότερα έπρεπε να αποκαλύψουν πώς τα βρήκαν πραγματικά όλα - παραδόξως, όσοι έπαιρναν μόνο ένα δολάριο το βρήκαν πολύ πιο ευχάριστο και συναρπαστικό!
Γιατί το έκαναν; Απλώς επειδή ένα άθλιο δολάριο δεν ήταν αρκετό για να πουν ψέματα. Έτσι έπεισαν τους εαυτούς τους ότι η δουλειά δεν ήταν τόσο κακή. στο ίδιο πνεύμα που η αλεπού του Αισώπου επανερμήνευσε την κατάσταση διαφορετικά, όπως και αυτοί οι μαθητές. Επιπλέον, όσοι έλαβαν περισσότερα δεν είχαν καμία ανάγκη να δικαιολογήσουν αυτό που έκαναν, αφού

είχαν ήδη διαπράξει ένα ψέμα ενώ λάμβαναν αποζημίωση $20 ως δίκαιη οφειλή τους. Αυτοί οι μαθητές δεν παρουσίασαν καμία γνωστική ασυμφωνία.

Φανταστείτε να κάνετε αίτηση για δουλειά και να χάνετε από έναν άλλο υποψήφιο. Αντί να αναγνωρίσετε ότι μπορεί να είχαν περισσότερα προσόντα για αυτό από εσάς, πείθετε τον εαυτό σας ότι δεν σας ενδιέφερε πραγματικά να αναλάβετε αυτόν τον συγκεκριμένο ρόλο. καθ' όλη τη διάρκεια ήταν απλώς ένα πείραμα για να δείτε εάν η "αξία της αγοράς" σας θα μπορούσε να σας δώσει μια πρόσκληση για συνέντευξη.

Πρόσφατα βίωσα κάτι παρόμοιο όταν αντιμετώπισα την επιλογή μεταξύ επένδυσης σε δύο μετοχές. Αυτό που επέλεξα έπεσε αμέσως σε αξία λίγο μετά την αγορά, ενώ οι μετοχές ενός άλλου, μη επενδυμένου εκτοξεύτηκαν στα ύψη - απλά δεν μπορούσα να συγκρατήσω τον εαυτό μου να αναγνωρίσει το λάθος μου! Στην πραγματικότητα, το αντίθετο: θυμάμαι έντονα ότι έπεισα έναν φίλο ότι παρόλο που η μετοχή αντιμετώπιζε προβλήματα οδοντοφυΐας, είχε ακόμα περισσότερες δυνατότητες συνολικά. Η γνωστική ασυμφωνία μπορεί να εξηγήσει αυτή τη φαινομενικά παράλογη αντίδραση. Όπως μου υπενθύμισε ο φίλος μου, το "δυναμικό" θα ήταν ακόμη μεγαλύτερο αν καθυστερούσα να αγοράσω μετοχές μέχρι σήμερα. Ο Αίσωπος είχε προειδοποιήσει για αυτό το σενάριο: «Μπορείς να προσπαθήσεις να είσαι έξυπνος όσο θέλεις, αλλά τελικά δεν θα φτάσεις σε κανένα σταφύλι».

Βλέπε επίσης Endowment Effect (κεφ. 23). Self-Serving Bias (κεφ. 45). Μεροληψία επιβεβαίωσης (κεφ. 7-8); «Επειδή αιτιολόγηση» (κεφ. 52) και αιτιολόγηση προσπάθειας (κεφ. 60).

ΑΠΟΛΑΥΣΤΕ ΚΆΘΕ ΣΤΙΓΜΉ ΣΑΝ ΝΑ ΉΤΑΝ Η ΤΕΛΕΥΤΑΊΑ ΣΑΣ. ΑΛΛΆ ΜΌΝΟ ΤΙΣ ΚΥΡΙΑΚΈΣ!

ΥΠΕΡΒΟΛΙΚΉ ΈΚΠΤΩΣΗ

Έχετε ακούσει το ρητό «Ζήσε την κάθε μέρα σαν να ήταν η τελευταία σου». Φαίνεται να εμφανίζεται τουλάχιστον τρεις φορές σε περιοδικά lifestyle και εγχειρίδια αυτοβοήθειας. όμως για μια τόσο διορατική παροιμία δεν κάνει τίποτα για το μυαλό σου! Φανταστείτε τι θα συνέβαινε αν ακολουθούσατε κατά γράμμα αυτήν τη συμβουλή: δεν θα βουρτσίζατε πλέον τα δόντια σας, δεν θα πλένετε τα μαλλιά σας, θα καθαρίζατε το διαμέρισμα, θα ερχόσασταν στη δουλειά και θα πληρώνατε τους λογαριασμούς σας εγκαίρως; Χωρίς αμφιβολία, σε χρόνο μηδέν θα γινόσασταν καταρρακωμένοι, άρρωστοι και πιθανώς ακόμη και πίσω από τα κάγκελα - ωστόσο το νόημά του παραμένει εγγενώς ευγενές. Εκφράζει τη λαχτάρα και την επιθυμία για αμεσότητα, τα οποία πολύ συχνά έχουν προτεραιότητα πάνω από τη λογική σκέψη. Το να ζεις τη ζωή στο έπακρο σήμερα χωρίς να ανησυχείς για το αύριο είναι απλώς μια λογική συμβουλή για τη ζωή.

Θα προτιμούσατε να λαμβάνετε 1.000 $ για ένα χρόνο ή 1.100 $ για δώδεκα και ένα μήνα; Οι περισσότεροι άνθρωποι πιθανότατα θα επέλεγαν το δεύτερο - με το μηνιαίο επιτόκιο του 10% ετησίως! Επιπλέον, η επιπλέον αναμονή δύο εβδομάδων θα μπορούσε να προσφέρει μεγάλες αποδόσεις, λαμβάνοντας μια πιο σοφή απόφαση από την υπερβολική αναμονή!

Δύο ακόμη ερωτήσεις. Θα προτιμούσατε να λάβετε 1.000 $ σήμερα σε μετρητά ή να περιμένετε ένα μήνα και να λάβετε 1.100 $ περισσότερα; Πιθανότατα, οι περισσότεροι άνθρωποι θα προτιμούσαν μετρητά σήμερα. Ωστόσο, αυτό είναι εκπληκτικό γιατί ακόμη και η αναμονή ενός μήνα περισσότερο αποφέρει 100 $ επιπλέον και στις δύο περιπτώσεις. Σε ένα σενάριο φαίνεται αρκετά προφανές, ενώ ένα άλλο μπορεί να απαιτεί υπομονή και προσοχή πριν απαντήσει ανάλογα. «Τι είναι άλλος ένας χρόνος;» ίσως αναρωτιέστε. Όχι σε αυτήν την περίπτωση. Όταν εισάγουμε το «τώρα», ωστόσο, ο εγκέφαλός μας παίρνει συχνά ασυνεπείς αποφάσεις και η επιστήμη αναφέρεται σε αυτό το φαινόμενο ως υπερβολική έκπτωση. Με απλά λόγια, καθώς οι ανταμοιβές πλησιάζουν, το «συναισθηματικό μας επιτόκιο» αυξάνεται και γινόμαστε πρόθυμοι να εγκαταλείψουμε περισσότερα σε αντάλλαγμα. Δυστυχώς, οι περισσότεροι οικονομολόγοι εξακολουθούν να αποτυγχάνουν να κατανοήσουν ότι οι άνθρωποι ανταποκρίνονται ασυνεπώς και υποκειμενικά στα επιτόκια. Κατά συνέπεια, τα μοντέλα τους βασίζονται σε σταθερά επιτόκια, κάτι που είναι πολύ αμφίβολο.

Η υπερβολική έκπτωση, ή η επιθυμία μας για στιγμιαίες ανταμοιβές, πηγάζει από το ζωώδες παρελθόν μας. Τα ζώα δεν θα αρνούνταν ποτέ μια άμεση ανταμοιβή που θα μπορούσε να τα βοηθήσει να επιτύχουν την επιβίωση πιο γρήγορα.

Οι αρουραίοι σας δεν ανταποκρίνονται καλά στην προπόνηση. δεν θα εγκαταλείψουν ένα κομμάτι τυρί σήμερα για να λάβουν περισσότερα αύριο. Ναι, οι σκίουροι μαζεύουν φαγητό και το αποθηκεύουν για μελλοντική κατανάλωση. Ωστόσο, αυτή η συμπεριφορά δεν έχει καμία σχέση με τον έλεγχο των παρορμήσεων ή τη μάθηση.

Και τι γίνεται με τα παιδιά; Στη δεκαετία του 1960, ο Walter Mischel διεξήγαγε ένα πείραμα σχετικά με την καθυστερημένη ικανοποίηση που μπορείτε να βρείτε κάνοντας αναζήτηση στο YouTube με "πείραμα marshmallow". Σε μια ομάδα παιδιών τεσσάρων ετών δόθηκε από ένα marshmallow για να το καταναλώσουν αμέσως ή να περιμένουν αρκετά λεπτά και να λάβουν άλλο ένα. Δυστυχώς για τα περισσότερα παιδιά η αναμονή ήταν αδύνατη. Ακόμη πιο εντυπωσιακό, ωστόσο, ο Mischel διαπίστωσε ότι η ικανότητα για καθυστερημένη ικανοποίηση είναι ένας δείκτης μελλοντικής επιτυχίας σταδιοδρομίας - δείχνοντας έτσι ότι η υπομονή είναι πραγματικά αρετή.

Με την ηλικία έρχεται μεγαλύτερος αυτοέλεγχος, καθιστώντας ευκολότερη την αναβολή των ανταμοιβών. Αντί να περιμένουμε δώδεκα μήνες για να φέρουμε στο σπίτι επιπλέον 100 $, θα μπορούσαμε ευχαρίστως να περιμένουμε δεκατρείς εάν επρόκειτο να προκύψει μια άμεση ανταμοιβή. όπως τα υπέρογκα επιτόκια της τράπεζας σε χρέη πιστωτικών καρτών ή βραχυπρόθεσμα προσωπικά δάνεια που επηρεάζουν την επιθυμία μας για άμεση ικανοποίηση.

Συμπέρασμα: Αν και οι στιγμιαίες ανταμοιβές μπορεί να είναι πολύ δελεαστικές, η υπερβολική έκπτωση παραμένει ένα ελάττωμα. Όταν αποκτούμε τον έλεγχο των παρορμήσεων μας - για παράδειγμα όταν πίνουμε αλκοόλ - τόσο καλύτεροι είμαστε στην αποφυγή αυτής της παγίδας. αλλιώς γινόμαστε ευάλωτοι. Από την άλλη πλευρά, εάν πουλάτε καταναλωτικά προϊόντα, δώστε στους πελάτες πρόσβαση σε αυτά αμέσως, καθώς ορισμένοι μπορεί να πληρώσουν επιπλέον μόνο και μόνο για να μην χρειαστεί να περιμένουν, κάτι από το οποίο εκμεταλλεύεται πλήρως η Amazon. μέρος της επιβάρυνσης παράδοσης της επόμενης ημέρας πηγαίνει κατευθείαν στα ταμεία τους! Μια υπενθύμιση κάθε εβδομάδα μπορεί να βοηθήσει στην αποφυγή αυτής της παγίδας -

Βλ. Decision Fatigue (Κεφ. 53). Απλή Λογική (Κεφ. 63) και Αναβλητικότητα (Κεφ. 85).

ΑΙΤΙΟΛΟΓΊΑ ΚΑΙ ΑΙΤΙΟΛΌΓΗΣΗ

Η κυκλοφοριακή συμφόρηση μεταξύ Λος Άντζελες και Σαν Φρανσίσκο λόγω επισκευών επιφανειών διήρκεσε τριάντα λεπτά από το ταξίδι μου προτού τελικά διαλυθεί στο χάος στον καθρέφτη μου - ή έτσι νόμιζα. Μισή ώρα αργότερα, ωστόσο, είχαν ξεκινήσει και πάλι περισσότερες εργασίες συντήρησης, αλλά παραδόξως το επίπεδο απογοήτευσής μου είχε μειωθεί πολύ επειδή καθησυχαστικές πινακίδες κατά μήκος του δρόμου ανήγγειλαν: "Ανακαινίζουμε αυτόν τον αυτοκινητόδρομο για εσάς!"

Η μαρμελάδα μου θύμισε ένα πείραμα που διεξήγαγε η ψυχολόγος του Χάρβαρντ Έλεν Λάνγκερ τη δεκαετία του 1970. Για αυτό, μπήκε σε μια βιβλιοθήκη και περίμενε από ένα φωτοτυπικό μηχάνημα μέχρι να σχηματιστεί μια γραμμή γύρω της πριν πλησιάσει τον πρώτο της χρήστη και της πει: «Με συγχωρείτε, έχω πέντε σελίδες να αντιγράψω. μπορώ να χρησιμοποιήσω τη μηχανή σας Xerox;» Το ποσοστό επιτυχίας της ήταν 60%. Για να το αυξήσει στο 94% επανέλαβε το πείραμα, ενώ προσέφερε μια αιτιολόγηση: «Συγγνώμη. Χρειάζομαι πέντε αντίτυπα τυπωμένα τώρα. Μπορώ να χρησιμοποιήσω τη μηχανή σας Xerox λόγω πίεσης χρόνου;» Σχεδόν σε κάθε περίπτωση της επετράπη να προχωρήσει. Αυτό ήταν κατανοητό: οι άνθρωποι που βιάζονται συχνά κόβουν την πρώτη γραμμή χωρίς ποτέ να καταλαβαίνουν πραγματικά γιατί. Προσπάθησε ξανά, αυτή τη φορά λέγοντας: "Με συγχωρείτε, αλλά μπορώ να πάω πριν από εσάς γιατί χρειάζομαι αντίγραφα;" Προς έκπληξή της, αυτό αποδείχθηκε επιτυχημένο σχεδόν πάντα (93%).

Η αιτιολόγηση της συμπεριφοράς μας αυξάνει την ανεκτικότητα και την εξυπηρετικότητα. Η χρήση αιτιολόγησης όπως "επειδή" φαίνεται επαρκής. δεν έχει σημασία αν η δικαιολογία που δίνετε για το γιατί ενεργούν με αυτόν τον τρόπο είναι καλή ή όχι. είναι εξίσου αποτελεσματικό! Μια πινακίδα που ανακοινώνει «Ανακαινίζουμε τον αυτοκινητόδρομο για εσάς» θα μπορούσε απλώς να μπερδέψει τα πράγματα. οποιοδήποτε συνεργείο συντήρησης θα μπορούσε εξίσου εύκολα να κάνει τη δουλειά του αλλού σε έναν αυτοκινητόδρομο ούτως ή άλλως! Το να βλέπεις τι συμβαίνει καθησυχάζει και ηρεμεί αντί να τον κρατά σε άγνοια. Άλλωστε, τίποτα δεν απογοητεύει περισσότερο από το να μην το γνωρίζεις!

Στην Πύλη Α57 στο αεροδρόμιο JFK, περίμενα με αγωνία την πτήση 1234 όταν η ανακοίνωση από το μεγάφωνο ανέφερε: «Προσοχή, επιβάτες. Η πτήση 1234 καθυστερεί επί του παρόντος τρεις ώρες. Αποφάσισα να επισκεφτώ το γραφείο για να μάθω γιατί και επέστρεφα μέσα σε 15 λεπτά χωρίς καμία απάντηση ή εξήγηση για την αναβολή της.
Ήμουν έξαλλος. πώς τολμούν να μας αφήσουν να περιμένουμε στην άγνοια! Άλλες αεροπορικές εταιρείες είχαν τουλάχιστον την αξιοπρέπεια να ενημερώσουν τους επιβάτες τους: «Η πτήση

5678 καθυστέρησε κατά τρεις ώρες για επιχειρησιακούς λόγους» -- μια τέτοια χυδαία δικαιολογία θα παρείχε τουλάχιστον αρκετή άνεση.

Οι άνθρωποι φαίνεται να έχουν εμμονή με τη χρήση της λέξης «επειδή» ακόμη και όταν δεν είναι απαραίτητο. Ως ηγέτες έχουμε αναμφίβολα μάρτυρες αυτής της τάσης. χωρίς μια αποτελεσματική κλήση συγκέντρωσης, τα κίνητρα των εργαζομένων εξασθενούν γρήγορα. Το να λέτε απλώς ότι η εταιρεία παπουτσιών σας υπάρχει για την παραγωγή υποδημάτων δεν είναι πλέον εντυπωσιακό: σήμερα οι ανώτεροι σκοποί και οι ιστορίες πίσω από την ιστορία σας πρέπει επίσης να παίζουν ρόλο - όπως το να λέτε ότι θέλετε τα παπούτσια σας να φέρουν επανάσταση στην αγορά (ό,τι κι αν σημαίνει αυτό). Η παροχή υποστήριξης για έναν καλύτερο κόσμο (ή ο ισχυρισμός του Zappo ότι είναι στην επιχείρηση της ευτυχίας) είναι όλα βασικά μέρη για να κατανοήσουμε τις επιχειρηματικές αποφάσεις σήμερα, εάν θέλουμε επιτυχία (ό,τι κι αν σημαίνει αυτό).

Εάν η χρηματιστηριακή αγορά αυξηθεί ή πέσει κατά μισή ποσοστιαία μονάδα, οι σχολιαστές της αγοράς δεν θα δώσουν καμία εύλογη εξήγηση - ότι προκλήθηκε από λευκό θόρυβο ή μια άπειρη σειρά κινήσεων της αγοράς. Αντίθετα, οι άνθρωποι θέλουν απτές λόγους και οι σχολιαστές θα επιλέξουν έναν για να κατηγορήσουν. Η εξήγησή τους συχνά δεν έχει νόημα, καθώς γίνονται συχνές αναφορές στις δηλώσεις των προέδρων της Federal Reserve Bank ως ενόχων.

Αν κάποιος ρωτήσει γιατί δεν έχετε ολοκληρώσει μια εργασία ακόμα, μια απλή απάντηση θα μπορούσε να είναι: «Επειδή δεν το έχω καταφέρει ακόμα». Αν και μπορεί να ακούγεται γελοίο στην αρχή, αλλά αυτό συνήθως κάνει το κόλπο χωρίς να χρειάζεται να βρούμε πιο εύλογους λόγους για να μην το ολοκληρώσετε αμέσως.

Μια μέρα είδα τη γυναίκα μου να διαχωρίζει επιμελώς τα μαύρα ρούχα από τα μπλε. Για μένα φαινόταν περιττό, καθώς και τα δύο σκούρα χρώματα έχουν την ίδια σημασία, ωστόσο αυτή η πρακτική έχει καταφέρει να κρατήσει τα ρούχα μου απαλλαγμένα εδώ και πολλά χρόνια. "Γιατί το κάνεις αυτό;" Την ρώτησα. στο οποίο εκείνη απάντησε «Επειδή προτιμώ να τα πλένω χωριστά». Για μένα αυτή ήταν επαρκής εξήγηση.

Ποτέ μην φεύγετε από το σπίτι χωρίς να χρησιμοποιήσετε το «γιατί». Αυτή η απλή αλλά αποτελεσματική λέξη βοηθά στην ομαλή ανθρώπινη αλληλεπίδραση και πρέπει να χρησιμοποιείται ελεύθερα.

Βλέπε επίσης Cognitive Dissonance (Κεφ. 50). Story Bias (Κεφ. 13) και Fallacy of the Single Cause (Κεφ. 97)

ΚΌΠΩΣΗ ΑΠΟΦΑΣΗΣ

Για εβδομάδες, εργάζεστε ακούραστα σε αυτήν την παρουσίαση. Οι διαφάνειες του PowerPoint έχουν γυαλιστεί σε μια αστραφτερή λάμψη. Κάθε αριθμός στο Excel έχει αποδειχθεί ακριβής. το βήμα αποτελεί παράδειγμα κρυστάλλινης λογικής. Όλα εξαρτώνται από αυτό το γήπεδο - εάν είναι επιτυχές, όλα εξαρτώνται από αυτό - η έγκριση από τον Διευθύνοντα Σύμβουλο θα σημαίνει ότι θα προαχθείς σε ένα γραφείο εκτελεστικής γωνίας. διαφορετικά μπορεί να έχει ως αποτέλεσμα τη χορήγηση επιδόματος ανεργίας ή την άμεση απόλυση! Ο βοηθός του αφεντικού σας προτείνει τρεις πιθανές χρονοθυρίδες: 8.00 π.μ., 11.30 π.μ. ή 6.00 μ.μ. - ποια πρέπει να γίνει;

Ο ψυχολόγος Roy Baumeister και Jean Twenge κάποτε γέμισαν ένα ολόκληρο τραπέζι με εκατοντάδες φθηνά αντικείμενα που κυμαίνονταν από μπάλες του τένις και κεριά μέχρι μπλουζάκια, τσίχλες και κουτάκια κόκας. Στη συνέχεια χώρισαν τους μαθητές τους σε δύο ομάδες. Αυτοί που χαρακτηρίστηκαν ως υπεύθυνοι λήψης αποφάσεων διαχωρίστηκαν, ενώ εκείνοι που δεν συμμετείχαν χαρακτηρίστηκαν ως μη αποφασιστικοί. Είπε στην πρώτη ομάδα: «Θα σας δείξω σετ που περιέχουν δύο τυχαία αντικείμενα κάθε φορά και κάθε φορά είναι στο χέρι σας να επιλέξετε ανάμεσα στις δύο επιλογές - στο τέλος του πειράματός μου θα σας δώσω ένα από αυτά ως αναμνηστικό Πίστευαν ότι οι αποφάσεις τους θα καθόριζαν ποιο αντικείμενο θα κρατούσαν από κάθε σετ. Έδωσε οδηγίες στη δεύτερη ομάδα: «Γράψε τι σκέφτεσαι για κάθε αντικείμενο και θα επιλέξω ένα τυχαία για να σου το δώσω στο τέλος». Λίγο αργότερα έδωσε οδηγίες σε κάθε μαθητή να βάλει το χέρι του σε μια πηγή παγωμένου νερού για όσο το δυνατόν περισσότερο και να διατηρήσει αυτή τη θέση μέχρι να απελευθερωθεί. Η ψυχολογία χρησιμοποιεί αυτό το τεστ ως κλασικό μέτρο της θέλησης ή της αυτοπειθαρχίας. Όσοι δεν έχουν δύναμη θέλησης θα αποσύρουν γρήγορα το χέρι τους από το παγωμένο νερό, με τους υπεύθυνους λήψης αποφάσεων να αποσύρονται γρηγορότερα από εκείνους που δεν αποφασίζουν, καθώς η εντατική τους λήψη αποφάσεων έχει υποβαθμίσει τη δύναμη της θέλησής τους - ένα αποτέλεσμα που επιβεβαιώθηκε σε πολλά άλλα πειράματα.

Η λήψη αποφάσεων μπορεί να είναι κουραστική. Όποιος έχει διαμορφώσει τον υπολογιστή του στο Διαδίκτυο ή έχει κάνει έρευνα για μακρινά ταξίδια - πτήσεις, ξενοδοχεία, δραστηριότητες, εστιατόρια και καιρικές συνθήκες - το γνωρίζει πολύ καλά: μετά από σύγκριση, εξέταση και επιλογή, μπορεί να αισθάνεται εξουθενωμένος μετά από όλα όσα χρειάστηκε η σύγκριση, η εξέταση και η επιλογή τόπος - η επιστήμη αναφέρεται σε αυτό το φαινόμενο ως κόπωση απόφασης.

Η κούραση των αποφάσεων μπορεί να είναι επικίνδυνη: ως καταναλωτής, γίνεστε πιο ευαίσθητοι σε διαφημιστικά μηνύματα και παρορμητικές αγορές. Ως υπεύθυνος λήψης αποφάσεων σε εκτελεστικό επίπεδο, η ικανότητά σας να κάνετε ορθές κρίσεις μπορεί να μειωθεί σημαντικά. Η δύναμη της θέλησης μπορεί να είναι σαν μια μπαταρία: μετά από κάποιο χρονικό διάστημα στεγνώνει και χρειάζεται φόρτιση. Ένας τρόπος για να το κάνετε αυτό είναι να κάνετε ένα διάλειμμα για να χαλαρώσετε και να φάτε κάτι. Διαφορετικά η δύναμη της θέλησης θα πέσει κατακόρυφα όταν το σάκχαρό σας πέσει πολύ χαμηλά. Η ΙΚΕΑ το γνωρίζει αυτό καλύτερα από τον καθένα. Αυτός είναι ο λόγος για τον οποίο τα εστιατόριά της βρίσκονται σε βολική τοποθεσία σε όλα τα καταστήματά της, καθώς η κούραση στις αποφάσεις εμφανίζεται κατά τη διάρκεια του ταξιδιού σας μέσα από χώρους προβολής που μοιάζουν με λαβύρινθο και πανύψηλα ράφια αποθήκης και η κούραση απόφασης έρχεται γρήγορα. θυσίασε κάποιο περιθώριο κέρδους για σουηδικές λιχουδιές που μπορεί να βοηθήσουν στην αναπλήρωση του σακχάρου στο αίμα πριν συνεχίσεις την αναζήτησή σου για τέλεια κηροπήγια πριν συνεχίσεις!

Τέσσερις κρατούμενοι σε μια ισραηλινή φυλακή υπέβαλαν αίτηση στο δικαστήριο για πρόωρη αποφυλάκιση, ξεκινώντας με την Υπόθεση 1 στις 8.50 π.μ.: ένας Άραβας καταδικάστηκε σε 30 μήνες για απάτη. Η υπόθεση 2 (προγραμματισμένη για τις 1.27 μ.μ.) αφορά έναν Εβραίο που εκτίει 16 μήνες για επίθεση. Η υπόθεση 3 ορίστηκε για τις 3.10 μ.μ.). Η υπόθεση 1 (προγραμματίστηκε για τις 4.35 μ.μ.) αφορούσε έναν Εβραίο στον οποίο δόθηκε 16 μήνες για επίθεση. Η υπόθεση 4 ήταν ένας Άραβας που καταδικάστηκε σε 30 μήνες για απάτη. Πώς έπαιρναν τις αποφάσεις τους οι δικαστές; Πιο σημαντικό από την πίστη ή τη σοβαρότητα των κρατουμένων ήταν η κούρασή τους στη λήψη αποφάσεων. Οι κριτές αποδέχθηκαν τα αιτήματα 1 και 2, καθώς τα επίπεδα σακχάρου στο αίμα τους δεν είχαν ακόμη επιστρέψει στο φυσιολογικό μετά το πρωινό ή το μεσημεριανό γεύμα, αλλά απέρριψαν τις αιτήσεις 3 και 4, λόγω ανεπαρκών αποθεμάτων ενέργειας για τον κίνδυνο πρόωρης απελευθέρωσης. Πήραν την εύκολη επιλογή (το status quo), αφήνοντας τους άνδρες στη φυλακή. Μια μελέτη εκατοντάδων ετυμηγοριών δείχνει ότι μόνο κατά τη διάρκεια μιας συνεδρίας, το ποσοστό των «θαρραλέων» αποφάσεων μειώνεται σταδιακά από 65% σε σχεδόν καμία πριν επιστρέφουν μετά το διάλειμμα - τόσο πολύ για τη Lady Justice! Ωστόσο, δεν έχουν χαθεί όλα: τώρα ξέρετε πότε καλύτερα να παρουσιάσετε το έργο σας στον Διευθύνοντα Σύμβουλό σας.

Βλέπε επίσης: Παράδοξο της Επιλογής (κεφ. 21). Υπερβολική Έκπτωση (κεφ. 51); Simple Logic (κεφ. 63) και το προεπιλεγμένο εφέ (κεφ. 81).

ΘΑ ΦΟΡΑΣΑΤΕ ΤΟ ΠΟΥΛΟΒΕΡ ΤΟΥ ΧΙΤΛΕΡ;

ΠΡΟΚΑΤΆΛΗΨΗ ΜΕΤΆΔΟΣΗΣ

Μετά την πτώση της Καρολίγειας Αυτοκρατορίας στη Γαλλία κατά τον ένατο αιώνα, η Ευρώπη έπεσε στην αναρχία. Κόμητες, διοικητές, ιππότες και άλλοι τοπικοί άρχοντες εμπλέκονταν συχνά σε αιματηρές μάχες. οι πολεμιστές τους λεηλάτησαν αγροκτήματα, βίασαν γυναίκες, ποδοπάτησαν χωράφια, απήγαγαν πάστορες από τις εκκλησιαστικές λειτουργίες, συνέλαβαν πάστορες ως ομήρους και πυρπόλησαν μοναστήρια. Τόσο οι εκκλησιαστικές αρχές όσο και οι αγρότες ήταν ανίσχυροι απέναντι στον αδιάκοπο πόλεμο αυτών των ευγενών.

Τον δέκατο αιώνα, ένας Γάλλος επίσκοπος σκέφτηκε ένα εντυπωσιακό σχέδιο. Κάλεσε όλους τους πρίγκιπες και τους ιππότες της Γαλλίας να συγκεντρωθούν σε ένα χωράφι, ενώ οι ιερείς, οι επίσκοποι και οι ηγούμενοι μάζευαν όσα λείψανα μπορούσαν να βρουν σε αυτήν την περιοχή για να εκτεθούν εκεί. Με την πρώτη ματιά, ήταν ένα συναρπαστικό θέαμα: οστά, υφασμάτινα κουρέλια εμποτισμένα με αίμα, τούβλα και πλακάκια όλα φέρουν σημάδια επαφής μεταξύ αγίων. Εκείνη την εποχή, ο επίσκοπος, ως κάποιος διάσημος για το σεβασμό που επιβάλλει, έκανε μια παθιασμένη έκκληση στους ευγενείς που βρίσκονταν ενώπιον των ιερών λειψάνων να εγκαταλείψουν τη βία εναντίον άοπλων θυμάτων και τις επιθέσεις εναντίον άοπλων πολιτών. Για να τονίσει περαιτέρω τις απαιτήσεις του, κουνούσε ματωμένα ρούχα και ιερά κόκαλα μπροστά τους ως περαιτέρω απόδειξη. Οι ευγενείς πρέπει να κρατούσαν τέτοια σύμβολα με μεγάλη ευλάβεια. Η μοναδική έκκληση του Επισκόπου Γρηγορίου στη συνείδησή τους εξαπλώθηκε σε όλη την Ευρώπη, ενθαρρύνοντας την «Ειρήνη και Εκεχειρία του Θεού». Κανείς δεν πρέπει ποτέ να υποτιμά τον φόβο που σχετίζεται με αγίους κατά τη διάρκεια αυτής της περιόδου ή με λείψανα αγίων σύμφωνα με τον Αμερικανό ιστορικό Philip Daileader.

Ως μορφωμένο άτομο, μπορεί να είναι εύκολο για εσάς να γελάσετε με αυτές τις δεισιδαιμονίες ως ανόητες. Ωστόσο, σκεφτείτε το εξής: θα φορούσατε κάτι που φορούσε κάποτε ο Χίτλερ; Απίθανο - ίσως δείχνοντας ότι ο σεβασμός σας για τις αόρατες δυνάμεις παραμένει ακόμα. Το πουλόβερ δεν ενσωματώνει πλέον καμία σχέση με τον Χίτλερ. Δεν υπάρχει ούτε μια σταγόνα από τον ιδρώτα του πάνω του - ωστόσο φορώντας το εξακολουθεί να προκαλεί αισθήματα ντροπής και σεβασμού για αυτό που αντιπροσωπεύει ο συγγραφέας του. Αναμφίβολα θέλουμε να προβάλλουμε μια ιδανική εικόνα στους συνανθρώπους μας και στον εαυτό μας. Ωστόσο, η σκέψη από μόνη της μπορεί να μας απογοητεύσει ακόμα και όταν είμαστε μόνοι και πείθουμε τους εαυτούς μας ότι το να αγγίζουμε τέτοια ρούχα δεν υποστηρίζει με κανέναν τρόπο τον Χίτλερ. Δυστυχώς, τέτοιες συναισθηματικές αντιδράσεις μπορεί να είναι δύσκολο να ξεπεραστούν ακόμη και μεταξύ εκείνων που θεωρούν αυτό το θέμα σημαντικό - όπως οι πολιτικοί.

Ακόμη και άνθρωποι που θεωρούν τους εαυτούς τους πολύ λογικούς μερικές φορές αγωνίζονται να διαλύσουν κάθε πίστη σε μυστηριώδεις δυνάμεις (συμπεριλαμβανομένου και εμένα).

Ο Paul Rozin και οι ερευνητές του στο Πανεπιστήμιο της Πενσυλβάνια ανακάλυψαν ότι οι μυστηριώδεις δυνάμεις δεν μπορούν απλά να απενεργοποιηθούν. Οι εξεταζόμενοι έφεραν φωτογραφίες των αγαπημένων τους προσώπων στα οποία στη συνέχεια έπρεπε να πυροβολήσουν βελάκια, χωρίς να βλάψουν τους εικονιζόμενους. αν και ο δισταγμός και η ακρίβειά τους σε σύγκριση με τους κανονικούς στόχους αποδείχθηκαν πολύ χαμηλότερες - σαν κάποια αόρατη δύναμη να τους εμπόδιζε να χτυπήσουν αυτές τις πολύτιμες φωτογραφίες.

Η μεροληψία μετάδοσης αναφέρεται στην αδυναμία μας να αποσυνδεθούμε από ορισμένα αντικείμενα - είτε είναι από πολύ παλιά είτε πιο έμμεσα σχετίζονται (όπως με τις φωτογραφίες). Η φίλη μου εργάστηκε ως πολεμικός ανταποκριτής για το γαλλικό δημόσιο τηλεοπτικό κανάλι France 2. Όπως επιβάτες σε μια κρουαζιέρα στην Καραϊβική, η φίλη μου μάζευε επίσης αναμνηστικά από τις περιπέτειές της - όπως ψάθινα καπέλα ή ζωγραφισμένες καρύδες από κάθε νησί που επισκεπτόταν - ως αναμνηστικά από κάθε περιπέτεια, συμπεριλαμβανομένου ενός στη Βαγδάτη το 2003. Λίγο αφότου αμερικανικά στρατεύματα εισέβαλαν στο κυβερνητικό παλάτι του Σαντάμ Χουσεΐν, εκείνη μπήκε κρυφά στον ιδιωτικό του χώρο. Μόλις μπήκε μέσα, παρατήρησε γρήγορα έξι επιχρυσωμένα ποτήρια κρασιού στην τραπεζαρία και γρήγορα έφυγε μαζί τους. Πρόσφατα σε ένα από τα δείπνα της στο Παρίσι, τα κύπελλα που έπαιρναν τη θέση τους στο τραπέζι της τραπεζαρίας τράβηξαν την προσοχή μου - ένας καλεσμένος τη ρώτησε αν κατάγονταν από τη Λαφαγιέτ. Όταν της ανέφερα τον Σαντάμ Χουσεΐν, απάντησε ανέμελα «όχι - είναι από τον Σαντάμ». Ένας εξαιρετικά ταλαιπωρημένος καλεσμένος σοκαρίστηκε και άρχισε να βήχει ανεξέλεγκτα, κάτι που με ανάγκασε να σχολιάσω: «Συνειδητοποιείς πόσα μόρια του Σαντάμ αποτελούν ήδη μέρος σου αναπνέοντας μόνος σου; Ρώτησα. Ο βήχας του επιδεινώθηκε.

Βλέπε επίσης Association Bias (κεφ. 48). Affect Heuristics (κεφ. 66) για περισσότερες λεπτομέρειες.

ΓΙΑΤΙ ΔΕΝ ΓΙΝΕΤΑΙ ΜΕΣΟΣ ΠΟΛΕΜΟΣ

Φανταστείτε να κάνετε μια βόλτα με το λεωφορείο με άλλα 49 άτομα, όταν σε μια στάση επιβιβάζεται ο πιο βαρύς άνθρωπος στην Αμερική. εκείνη την εποχή, τι ποσοστό έχει αυξηθεί το μέσο βάρος μεταξύ των επιβατών από τότε; Ίσως τέσσερα τοις εκατό; Πέντε; Αντίθετα, σε άλλη στάση ο Μπιλ Γκέιτς επιβιβάζεται. Τώρα το επίκεντρό μας δεν πρέπει να είναι το βάρος αλλά ο πλούτος - κατά πόσο έχει αυξηθεί ο πλούτος από το 4% και το πέντε αντίστοιχα; Κανένα από τα δύο σενάρια δεν ισχύει!

Ας υπολογίσουμε γρήγορα το δεύτερο παράδειγμά μας. Αρχικά, κάθε άτομο με περιουσιακά στοιχεία 54.000 $ αποτελεί τη στατιστική μεσαία αξία ή τη διάμεση τιμή. Τώρα προσθέστε τον Μπιλ Γκέιτς με την περιουσία του που εκτιμάται ότι είναι περίπου 59 δισεκατομμύρια δολάρια σε αυτό το μείγμα και παρακολουθήστε πόσο γρήγορα ο μέσος πλούτος αυξήθηκε κατά περισσότερο από δύο εκατομμύρια τοις εκατό σε μια αύξηση σχεδόν δύο δισεκατομμυρίων τοις εκατό. καθιστώντας κάθε έννοια του «μέσου» όρου εντελώς ανούσια.

Ο Nassim Taleb συμβουλεύει, στα έργα του για τη θεωρία πιθανοτήτων, να μην διασχίζει ποτάμια με μέσο όρο βάθους τέσσερα πόδια, λόγω του κινδύνου που επιβάλλουν όταν τα διασχίζουν εάν το βάθος τους αυξηθεί πέρα από τα τέσσερα. Τα ποτάμια μπορεί να φαίνονται ρηχά - απλές ίντσες - για μεγάλες εκτάσεις πριν γίνουν ξαφνικά χείμαρροι βάθους είκοσι ποδιών που απειλούν τη ζωή σας αν διασχίσετε. Οι μέσοι όροι μπορούν συχνά να κρύψουν τις λεπτομέρειες διανομής - αποκρύπτουν τον τρόπο με τον οποίο οι τιμές στοιβάζονται με την πάροδο του χρόνου.

Σε μέσο επίπεδο, η έκθεση στην υπεριώδη ακτινοβολία τις ημέρες του Ιουνίου δεν αποτελεί απειλή για την υγεία. Αλλά αν περνούσατε όλο το καλοκαίρι σε κλειστό χώρο σε ένα γραφείο και μετά πηγαίνατε στα Μπαρμπάντος και ξαπλώνετε στον ήλιο χωρίς προστασία για μια ολόκληρη εβδομάδα χωρίς να χρησιμοποιείτε αντηλιακό - παρόλο που γενικά πιθανότατα λαμβάνατε λιγότερη έκθεση στην υπεριώδη ακτινοβολία από κάποιον που έβγαινε τακτικά έξω. - αυτό θα δημιουργούσε προβλήματα.

Όλα αυτά θα πρέπει να σας είναι ήδη αρκετά προφανή. ίσως και τον εαυτό σου. Ας πούμε, για παράδειγμα, ότι πίνετε ένα ποτήρι κόκκινο κρασί κάθε βράδυ κατά τη διάρκεια του δείπνου - αυτό δεν θα δημιουργήσει πρόβλημα υγείας και συνιστάται από πολλούς γιατρούς. Στις 31 Δεκεμβρίου, ωστόσο, εάν δεν πίνετε καθόλου όλο το χρόνο και καταναλώσετε ξαφνικά 356 ποτήρια (που ισοδυναμούν με εξήντα μπουκάλια), πιθανότατα θα αντιμετωπίσετε επιπλοκές στην υγεία σας, ανεξάρτητα από το μέσο όρο του έτους.
Ενημέρωση: Στον σημερινό πολύπλοκο κόσμο, η διανομή γίνεται όλο και πιο ακανόνιστη. Επομένως, θα παρατηρήσουμε αποτελέσματα παρόμοια με τον Bill Gates σε περισσότερους τομείς. Όσον αφορά τη διαδικτυακή διανομή και τις επισκέψεις σε ιστότοπους, ο μέσος αριθμός

επισκεπτών ιστότοπου δεν υπάρχει: κανένας ιστότοπος δεν έχει ίσα επίπεδα επισκεψιμότητας. Οι μαθηματικοί συχνά αναφέρονται σε αυτό το φαινόμενο ως ο λεγόμενος νόμος ισχύος, με ορισμένους ιστότοπους (π.χ. New York Times, Facebook ή Google) να συγκεντρώνουν τις περισσότερες επισκέψεις ενώ άλλες σελίδες λαμβάνουν σχετικά λίγες. Πάρτε για παράδειγμα τις πόλεις. Το Τόκιο είναι η μόνη πόλη με εκτιμώμενο πληθυσμό πάνω από 30 εκατομμύρια στη γη, ενώ υπάρχουν 11 με 20-30 εκατομμύρια, 15 μεταξύ 10-20 εκατομμύρια, 48 μεταξύ 5-10 εκατομμύρια κατοίκους και χιλιάδες μεταξύ 1-5 εκατομμύρια - Αυτή η κατανομή ακολουθεί έναν νόμο ισχύος όπου ορισμένες ακραίες περιπτώσεις κυριαρχούν στις συνολικές κατανομές, χωρίς να αφήνουν κανένα σημαντικό μέσο όρο.

Ποιο είναι το μέσο μέγεθος μιας εταιρείας, ο πληθυσμός μιας πόλης, ο αριθμός των θανάτων κατά τη διάρκεια ενός μέσου πολέμου (από άποψη θανάτων και διάρκειας), μέσος όρος ημερήσιας διακύμανσης Dow Jones, μέσος όρος υπέρβασης κόστους κατασκευαστικών έργων, πόσα αντίτυπα ένα μέσο βιβλίο πωλεί ανά αντίτυπο που πωλείται από τον εκδότη. μέσος όρος της ζημιάς που προκλήθηκε από τον τυφώνα. μπόνους που καταβάλλεται στον τραπεζίτη κατά μέσο όρο. Η επιτυχία της καμπάνιας μάρκετινγκ υπολογίζεται κατά μέσο όρο για λήψεις εφαρμογών iPhone και μισθό ηθοποιών; Θα μπορούσατε να υπολογίσετε αυτές τις απαντήσεις, αλλά κάτι τέτοιο θα ήταν άκαρπο, καθώς ο νόμος της εξουσίας ισχύει και εδώ.

Ας πάρουμε αυτό το τελευταίο παράδειγμα ως παράδειγμα: Λίγοι επιλεγμένοι ηθοποιοί κερδίζουν περισσότερα από 10 εκατομμύρια δολάρια ετησίως, ενώ χιλιάδες και χιλιάδες ζουν κάτω από το όριο της φτώχειας. Θα συμβουλεύατε το παιδί ή την κόρη σας να ασχοληθεί με την υποκριτική με βάση έναν μέσο μισθό που φαίνεται αποδεκτός; Μάλλον όχι - θα ήταν ανόητη συμβουλή.

Συμπέρασμα: Προτού βγάλετε βιαστικά συμπεράσματα με βάση το ότι κάποιος χρησιμοποιεί τον όρο «μέσος όρος», αφιερώστε λίγο χρόνο και αξιολογήστε την υποκείμενη κατανομή του. Εάν οι ανώμαλες περιπτώσεις (όπως το φαινόμενο του Μπιλ Γκέιτς) έχουν ελάχιστη επιρροή, μπορεί να συνεχίσουμε να χρησιμοποιούμε την έννοια. αλλά όταν κυριαρχούν ακραίες περιπτώσεις (όπως ο Bill Gates) (όπως η επιτυχία του με τη Microsoft), πρέπει να αγνοήσουμε τη χρησιμότητά του εντελώς και να εκπτώσουμε τον όρο. Ο μυθιστοριογράφος William Gibson μας συμβούλεψε όλους: «Το μέλλον είναι ήδη εδώ - απλώς δεν είναι ομοιόμορφα κατανεμημένο».

Βλέπε επίσης Παραμέληση Βασικού Συντελεστή (κεφ. 28). Απλή Λογική (κεφ. 63); Regression to Mean (κεφ. 19). Παράβλεψη πιθανοτήτων (κεφ. 26) και Πλάνη του Τζογαδόρου (κεφ. 29)

ΤΑ ΜΠΟΝΟΥΣ ΚΑΤΑΣΤΡΕΦΟΥΝ ΤΑ ΚΙΝΗΤΡΑ

ΣΥΝΩΣΤΙΣΜΟΣ ΚΙΝΗΤΡΩΝ

Πρόσφατα, ο φίλος μου στο Κονέκτικατ αποφάσισε να μετακομίσει στη Νέα Υόρκη. Η κίνησή του θα περιελάμβανε τη μεταφορά μιας εντυπωσιακής συλλογής από αντίκες, όπως σπάνια παλιά βιβλία και χειροποίητα φυσητά γυαλιά Murano από τις προηγούμενες γενιές - ήξερα πόσο προσηλωμένος θα ήταν να τα παραδώσει σε μια εταιρεία μετακόμισης. Έτσι, την τελευταία φορά που το επισκέφτηκα, προσφέρθηκα να μεταφέρω μόνος μου μερικά από τα εύθραυστα αντικείμενα όταν επέστρεφα στο Κονέκτικατ από τη Νέα Υόρκη. Δύο εβδομάδες αργότερα, έφτασε ένα ευχαριστήριο γράμμα με ένα χαρτονόμισμα πενήντα δολαρίων!

Η Ελβετία έχει αφιερώσει χρόνια αναζητώντας έναν κατάλληλο υπόγειο χώρο αποθήκευσης για την αποθήκευση των ραδιενεργών αποβλήτων της, λαμβάνοντας υπόψη πολλές τοποθεσίες όπως το Wolfenschiessen κοντά στη Βέρνη στην κεντρική Ελβετία. Ο οικονομολόγος Bruno Frey του Πανεπιστημίου της Ζυρίχης ταξίδεψε εκεί με συναδέλφους για να συλλέξει τις απόψεις των ανθρώπων σε μια κοινοτική συνάντηση. προς έκπληξή τους, το 50,8% υποστήριξε την πρότασή τους! Η θετική ανταπόκρισή τους μπορεί να αποδοθεί σε διάφορους παράγοντες: εθνική υπερηφάνεια, κοινή ευπρέπεια, κοινωνική υποχρέωση και προοπτική νέων θέσεων εργασίας μεταξύ άλλων. Η ομάδα διεξήγαγε μια άλλη έρευνα, αυτή τη φορά προτείνοντας σε κάθε κάτοικο της πόλης να αποδεχτεί την πρόταση εάν τους δοθεί μια υποθετική ανταμοιβή 5.000 $ από τους Ελβετούς φορολογούμενους εάν αποδεχτούν. Τι προέκυψε; Τα αποτελέσματα μειώθηκαν δραματικά: μόνο το 24,6% συμφώνησε με αυτό.

Οι παιδικοί σταθμοί αντιμετωπίζουν παρόμοιες δυσκολίες: οι γονείς παραλαμβάνουν τα παιδιά τους μετά το κλείσιμο. Το προσωπικό του παιδικού σταθμού δεν μπορεί να βάλει κανένα εναπομείναν παιδί σε ταξί ή να τα αφήσει στο πεζοδρόμιο μέχρι να παραληφθούν όλα τα υπόλοιπα παιδιά από το σχολείο. Για να αποθαρρύνουν τη γονική καθυστέρηση, πολλά φυτώρια έχουν θεσπίσει τέλη για καθυστερήσεις. αλλά οι μελέτες δείχνουν ότι αυτό στην πραγματικότητα έχει αυξήσει την καθυστέρηση αντί να τη μειώσει. Φυσικά, θα μπορούσαν να είχαν επιβάλει σκληρές ποινές, όπως 500 $ την ώρα, όπως προσφέρονται σε κάθε κάτοικο του χωριού της Ελβετίας - αλλά αυτό θα έχανε το νόημα. μικρά αλλά εκπληκτικά οικονομικά κίνητρα τείνουν να παραγκωνίζουν άλλες μορφές κινήτρων που προσφέρουν πολύ μεγαλύτερες αποδόσεις όσον αφορά τις αποδόσεις για όλους τους εμπλεκόμενους σε σύγκριση με μεγαλύτερα νομισματικά κίνητρα - σε αντίθεση με αυτήν την περίπτωση.

Οι τρεις ιστορίες απεικονίζουν μια σημαντική αλήθεια: τα χρήματα δεν δίνουν πάντα κίνητρο. Μερικές φορές, τα χρήματα κάνουν περισσότερο κακό παρά καλό. Ο φίλος μου μου έδωσε πενήντα για να επανορθώσω την κακή του πράξη. Αντίθετα, το υπονόμευσε ενώ έθετε σε κίνδυνο τη φιλία μας. Η προσφορά αποζημίωσης σε μια πυρηνική αποθήκη θεωρήθηκε από ορισμένους ως δωροδοκία και γενικά μείωσε το πατριωτικό πνεύμα. Οι καθυστερήσεις του παιδικού σταθμού άλλαξαν τη σχέση τους με τους γονείς από προσωπική σε χρηματική, νομιμοποιώντας ουσιαστικά την καθυστέρηση από τους γονείς.

Η επιστήμη έχει έναν όρο για αυτό το φαινόμενο: συνωστισμός κινήτρων. Όταν οι άνθρωποι κάνουν κάτι για μη χρηματικούς, φιλανθρωπικούς λόγους - από καλή πράξη, ας πούμε έτσι - αλλά οι αυξήσεις των πληρωμών εμποδίζουν αυτές τις προθέσεις και οποιαδήποτε άλλα κίνητρα μειώνονται από την παρουσία του. Αντίθετα, οι οικονομικές ανταμοιβές γίνονται η κινητήρια δύναμη στις πράξεις τους.

Φανταστείτε ότι διευθύνετε έναν μη κερδοσκοπικό οργανισμό. Οι υπάλληλοί σας μπορεί να λαμβάνουν μέτριους μισθούς. Ωστόσο, έχουν μεγάλο κίνητρο επειδή πιστεύουν ότι κάνουν μια σημαντική διαφορά. Ωστόσο, εάν αποφασίσετε να εφαρμόσετε ένα σύστημα μπόνους - για παράδειγμα μια μικρή αύξηση μισθού για κάθε εξασφαλισμένη δωρεά - τα κίνητρα θα εξασθενίσουν γρήγορα καθώς η ομάδα σας απομακρύνει την εστίαση από εργασίες που δεν προσφέρουν πρόσθετη ανταμοιβή. Η δημιουργικότητα, η φήμη της εταιρείας ή η μεταφορά γνώσης δεν έχουν πλέον σημασία - αντίθετα, όλες οι προσπάθειες θα επικεντρωθούν στην προσέλκυση δωρεών το συντομότερο δυνατό.

Ποιος λοιπόν πρέπει να είναι ασφαλής από τον συνωστισμό κινήτρων; Μια γρήγορη δοκιμή μπορεί να αποκαλύψει ποιος μπορεί να είναι ασφαλής από αυτό: γνωρίζετε ιδιώτες τραπεζίτες, ασφαλιστικούς πράκτορες ή ελεγκτές που εκτελούν τα καθήκοντά τους με πάθος και πιστεύουν σε μια μεγαλύτερη αποστολή; Όχι? Τα οικονομικά κίνητρα και τα μπόνους απόδοσης λειτουργούν καλύτερα σε βιομηχανίες με ανιαρές θέσεις εργασίας. όπου οι εργαζόμενοι δεν ενδιαφέρονται πολύ για τα προϊόντα ή τις εταιρείες, αλλά απλώς ολοκληρώνουν την εργασία τους λόγω λήψης επιταγής αμοιβής. Ωστόσο, οι ιδιοκτήτες νεοσύστατων επιχειρήσεων θα έκαναν καλά να αξιοποιήσουν το πάθος των εργαζομένων ως μέρος της προώθησης της προσπάθειας αντί να προσφέρουν κίνητρα που δεν θα μπορούσαν να πληρώσουν ούτως ή άλλως.

Μια τελευταία συμβουλή για εσάς που έχετε παιδιά: η εμπειρία μας έχει διδάξει ότι οι νέοι δεν μπορούν να αγοραστούν. Εάν θέλετε τα παιδιά σας να κάνουν τα μαθήματά τους, να εξασκούν μουσικά όργανα ή να κόβουν το γρασίδι περιστασιακά χωρίς το πορτοφόλι σας να είναι άδειο - αντίθετα προσφέρετε ένα σταθερό εβδομαδιαίο επίδομα, καθώς αυτό θα τα κρατήσει ειλικρινά χωρίς να το καταχραστούν και να αρνηθούν να κοιμηθούν χωρίς κάποια μορφή αποζημίωσης.

Βλέπε επίσης Incentive Super-response Tedency (κεφ. 18). Αμοιβαιότητα (κεφ. 6); Social Loafing (κεφ. 33) για επιπλέον συζήτηση αυτών των θεμάτων.

ΕΆΝ ΔΕΝ ΈΧΕΤΕ ΤΙΠΟΤΑ ΝΑ ΠΕΙΤΕ, ΜΗΝ ΠΕΙΤΕ ΤΙΠΟΤΑ

TWADDLE TENDENCY

Όταν ρωτήθηκε από τις κυλιόμενες κάμερες γιατί το ένα πέμπτο των Αμερικανών δεν μπορούσε να εντοπίσει τη χώρα τους σε έναν παγκόσμιο χάρτη, η Miss Teen South Carolina έδωσε την εξής απάντηση μπροστά στις κυλιόμενες κάμερες: «Προσωπικά πιστεύω ότι οι Αμερικανοί των ΗΠΑ δεν μπορούν να το κάνουν επειδή μερικοί άνθρωποι εκεί έξω στο έθνος μας δεν έχουμε χάρτες. και την πεποίθησή μου ότι η εκπαίδευσή μας, όπως η Νότια Αφρική και το Ιράκ, θα πρέπει να βοηθήσει αυτές τις χώρες να αναπτύξουν το μέλλον μας ως μια συνεκτική παγκόσμια κοινωνία». Το βίντεο έγινε viral.

Καταστροφικό, το παραδέχεσαι. όμως δεν χάνεις πολύ χρόνο ακούγοντας βασίλισσες ομορφιάς. Ίσως κάτι σαν αυτή η φράση θα αρκούσε: «Δεν υπάρχει βεβαίως απαίτηση αυτή η ολοένα και πιο αντανακλαστική μετάδοση των πολιτισμικών παραδόσεων να συνδέεται με υποκειμενικό λόγο και με προσανατολισμό στο μέλλον ιστορική συνείδηση. η ψευδαίσθηση της αυτονομίας διαλύεται."

Θυμάστε τον Jurgen Habermas; Είναι ένας εξαιρετικός Γερμανός φιλόσοφος και κοινωνιολόγος γνωστός για τη συγγραφή του Between Facts and Norms.

Και τα δύο είναι παραδείγματα αυτού που είναι γνωστό ως η τάση τσακωμού, όπου οι λέξεις χρησιμοποιούνται για να συγκαλύψουν την πνευματική τεμπελιά, τη βλακεία ή τις υπανάπτυκτες ιδέες. Μερικές φορές λειτουργεί και μερικές φορές όχι. Για τη βασίλισσα της ομορφιάς αυτή η στρατηγική απέτυχε θεαματικά, ενώ για τον Habermas μπορεί απλώς να λειτουργήσει. Όσο πιο εύγλωττη γίνεται η γλώσσα, τόσο πιο εύκολα πέφτουμε θύματα της γοητείας της. όταν συνδυάζεται με μια προκατάληψη της εξουσίας γίνεται ακόμη πιο επικίνδυνο καθώς αποδεχόμαστε το μήνυμά του χωρίς να αμφισβητούμε την αλήθεια του.

Κι εγώ έχω υποκύψει στην τάση για κενή φλυαρία. Όταν ήμουν νεότερος, ο Γάλλος φιλόσοφος Jacques Derrida αιχμαλώτισε τη φαντασία μου. Διάβασα τα βιβλία του αδηφάγα, αλλά βρήκα λίγη σαφήνεια από αυτά ακόμα και μετά από πολλή περισυλλογή και έντονη ανάλυση. Στη συνέχεια, τα γραπτά του απέκτησαν μια σχεδόν μαγική ιδιότητα που ενέπνευσε τελικά το θέμα της διατριβής μου στη φιλοσοφία - και οι δύο τόμοι ήταν τελικά άχρηστες φλυαρίες. στην άγνοια είχαν γίνει και τα δύο απόβλητα χώρου στο μυαλό μου.
Μπήκα σε μια ανθρώπινη μηχανή καπνού που μιλάει.

Η ταραχή στα αθλήματα μπορεί να είναι ιδιαίτερα διάχυτη. Οι συνεντεύξεις με κομμένη την ανάσα αναγκάζουν τους ποδοσφαιριστές που κόβουν την ανάσα να αναλύσουν κάθε πτυχή ενός παιχνιδιού, όταν το μόνο που θέλουν να πουν είναι: "Χάσαμε, είναι τόσο απλό", αλλά οι παρουσιαστές χρειάζονται κάτι για να γεμίσουν τον χρόνο ομιλίας - και προφανώς ένας τρόπος για να το κάνουν αποτελεσματικά είναι μέσω τσακίζοντας και υποχρεώνοντας αθλητές και προπονητές να συμμετάσχουν. Σε κάθε περίπτωση, αυτού του είδους η ρητορική χρησιμεύει μόνο για να συγκαλύψει την άγνοια και να κρύψει την άγνοια από την κοινή θέα.

Τα ακαδημαϊκά περιβάλλοντα έχουν επίσης δει αυτό το φαινόμενο: όταν δημοσιεύονται λιγότερα αποτελέσματα από οποιοδήποτε πεδίο της επιστήμης, οι οικονομολόγοι εκτίθενται ιδιαίτερα στα σχόλια και τις προβλέψεις τους. Ισχύει και στο εμπόριο: όταν οι εταιρείες χειροτερεύουν οικονομικά, τα λόγια του Διευθύνοντος Συμβούλου τους γίνονται πιο δυνατά - συχνά για να καλύψουν δυσκολίες ή να καλύψουν δύσκολες περιστάσεις. Μια αξιοσημείωτη εξαίρεση από αυτή την άποψη ήταν ο πρώην διευθύνων σύμβουλος της General Electric, Jack Welch. κατά τη διάρκεια μιας συνέντευξης σημείωσε τη δυσκολία του: οι άνθρωποι φοβούνται να θεωρηθούν απλοί, αλλά αυτό στην πραγματικότητα δεν ισχύει!».

Η λεκτική έκφραση είναι ο καθρέφτης του μυαλού μας. Οι σαφείς σκέψεις γίνονται δηλώσεις ενώ οι αόριστες έννοιες μετατρέπονται σε αόριστες ανατροπές. Δυστυχώς, συχνά μας λείπουν πολύ διαυγείς σκέψεις. Η ζωή είναι περίπλοκη, επομένως η κατανόηση μιας μόνο πτυχής απαιτεί σημαντική διανοητική προσπάθεια και μπορεί να χρειαστεί μια περίοδος για να προκύψει σαφήνεια. μέχρι να φτάσει αυτό το σημείο, θα ήταν σοφότερο να ακολουθήσετε τη συμβουλή του Μαρκ Τουέιν ότι «Αν δεν έχεις τίποτα να πεις, μην λες τίποτα». Η απλότητα δεν πρέπει να θεωρείται ως η αρχή της αλλά ως ο προορισμός της.

Βλέπε επίσης Προκατάληψη Αρχής (κεφ. 9). Εξάρτηση τομέα (κεφ.76); και Chauffeur Knowledge (κεφ. 16) για να αποκτήσετε περαιτέρω γνώσεις σχετικά με αυτό το ερώτημα.

ΠΩΣ ΜΠΟΡΟΥΝ ΔΥΟ ΚΡΑΤΗ ΝΑ ΑΥΞΗΣΟΥΝ ΤΟ ΜΕΣΟ ΠΗΛΙΚΟ ΝΟΗΜΟΣΥΝΗΣ

Φανταστείτε τον εαυτό σας να διευθύνει μια μικρή ιδιωτική τράπεζα που διαχειρίζεται τα κεφάλαια πλούσιων και κυρίως συνταξιούχων, όπως στο Will Rogers Phenomenon Οι δύο διαχειριστές χρημάτων σας - ο Α και ο Β - αναφέρονται απευθείας σε εσάς. Το Money Manager Α χειρίζεται μόνο άτομα εξαιρετικά υψηλής καθαρής θέσης, ενώ το Money Manager Β χειρίζεται πλουσιότερους πελάτες αλλά όχι τόσο πλούσιους πελάτες όσο το Money Manager Α. Τώρα φανταστείτε ότι το διοικητικό συμβούλιο σας ζήτησε να αυξήσετε και τις δύο μέσες δεξαμενές χρημάτων μέσα σε έξι μήνες, ώστε να λάβουν όμορφα μπόνους. αλλιώς θα βρουν κάποιον άλλο. Από πού πρέπει να ξεκινήσετε;

Απλός! Απλώς μεταφέρετε έναν πελάτη με μέσο διαχειριζόμενο πλούτο μεταξύ του Α και του Β για να καλύψετε τη διαφορά, αυξάνοντας ταυτόχρονα τα στοιχεία του μέσου διαχειριζόμενου πλούτου - χωρίς να χρειάζεται να αποκτήσετε νέους πελάτες! Μόλις ολοκληρωθεί, το μόνο που μένει να αποφασίσουμε είναι: πού και πώς θα ξοδέψω το μπόνους μου.

Φανταστείτε να αλλάζετε καριέρα και να αναλαμβάνετε την ευθύνη τριών hedge funds που επενδύουν κυρίως σε ιδιωτικές εταιρείες. Το Ταμείο Α παράγει εκπληκτικές αποδόσεις ενώ τα ταμεία Β και Γ αγωνίζονται. Θέλετε να δείξετε τον εαυτό σας ως ο εγκέφαλος, οπότε ποιο είναι το σχέδιό σας; Για να δημιουργήσετε την εμφάνιση ότι και τα τρία αμοιβαία κεφάλαια έχουν βελτιωθεί σημαντικά χωρίς να επιβαρύνονται με προμήθεια για μετασχηματισμό εσωτερικού, μετακινήστε μερικές μετοχές από το Α στο Β ή στο Γ. επιλέξτε επενδύσεις που επηρέαζαν αρνητικά τις μέσες αποδόσεις του Α, αλλά θα μπορούσαν να βοηθήσουν στην ενίσχυση του Β ή του Γ. θα πρέπει να δείτε και τα τρία ταμεία να γίνονται ξαφνικά πιο υγιή χωρίς να επιβαρύνεστε με τέλη για τη μεταμόρφωση - οι άνθρωποι σίγουρα θα σας αναγνωρίσουν που το κάνετε!

Αυτό το φαινόμενο είναι γνωστό ως μετανάστευση σκηνής ή φαινόμενο Will Rogers από έναν Αμερικανό κωμικό από την Οκλαχόμα που αστειεύτηκε περίφημα ότι οι κάτοικοι της Οκλαχόμαν που μετακομίζουν στην Καλιφόρνια αυξάνουν το μέσο IQ και των δύο πολιτειών. Δεδομένου ότι οι περισσότεροι άνθρωποι δεν αναγνωρίζουν τέτοιες καταστάσεις αρκετά συχνά, ας διερευνήσουμε περαιτέρω αυτό το θέμα και βάλτε το νόημά του στις αναμνήσεις σας.

Σκεφτείτε ένα franchise αυτοκινήτων: μπορείτε να αναλάβετε δύο μικρά υποκαταστήματα σε μια πόλη με έξι πωλητές: οι πωλητές με αριθμό 1, 2, 3, 4, 5 και 6 από το Υποκατάστημα Α είναι γενικά πιο επιτυχημένοι στην πραγματοποίηση πωλήσεων από τους ομόλογους τους από το Υποκατάστημα Β Κατά μέσο όρο, ο πωλητής 1 τείνει να πουλά περισσότερα. Κάθε πωλητής στο Υποκατάστημα Α πουλά ένα αυτοκίνητο την εβδομάδα. Ο πωλητής 2 κάνει δύο βάρδιες, ακολουθούμενος από τον κορυφαίο πωλητή Νο 6 που αλλάζει έξι βάρδιες κάθε εβδομάδα. Κάνοντας τα μαθηματικά, γίνεται προφανές ότι το Υποκατάστημα Α έχει κατά μέσο όρο δύο πωλητές που πωλούν αυτοκίνητα κάθε εβδομάδα, ενώ ο κλάδος Β προηγείται σημαντικά με πέντε μέσους όρους ανά πωλητή την εβδομάδα! Η απόφασή σας να μεταφέρετε τον πωλητή αριθμό 4 από το υποκατάστημα Α στο υποκατάστημα Β έχει ως αποτέλεσμα αυξημένες μέσες πωλήσεις ανά άτομο και στις δύο τοποθεσίες. Ο μέσος όρος του κλάδου Α αυξάνεται από 2,5 μονάδες ανά άτομο σε 2,5, ενώ ο κλάδος Β περιλαμβάνει πλέον μόνο δύο πωλητές - τους αριθμούς 5 και 6, οι οποίοι αυξάνουν τις μέσες πωλήσεις του σε 5,5 μονάδες ανά άτομο. Οι στρατηγικές Switcheroo δεν επηρεάζουν τίποτα συνολικά. μάλλον δημιουργούν μια εντυπωσιακή ψευδαίσθηση. Ως εκ τούτου, οι δημοσιογράφοι, οι επενδυτές και τα μέλη του διοικητικού συμβουλίου θα πρέπει να παραμείνουν επιφυλακτικοί όταν ακούν για αυξανόμενους μέσους όρους σε χώρες, εταιρείες, τμήματα, κέντρα κόστους ή σειρές προϊόντων.

Η ιατρική μας παρέχει ένα ιδιαίτερα παραπλανητικό παράδειγμα του φαινομένου του Will Rogers. Οι όγκοι συνήθως χωρίζονται σε τέσσερα στάδια. Αυτοί που μπορούν να θεραπευθούν εμπίπτουν στο Στάδιο Ι, ενώ οι πιο επιθετικοί όγκοι θα περάσουν από τέσσερα ακόμη βήματα πριν φτάσουν στο στάδιο IV - ως εκ τούτου προκαλεί μετανάστευση σταδίου καθώς κινούνται κατά μήκος της πορείας τους. Τα ποσοστά επιβίωσης για ασθενείς με καρκίνο σταδίου πρώτου είναι τα υψηλότερα, ενώ τα ποσοστά επιβίωσης για ασθενείς με καρκίνο σταδίου τέταρτου είναι τα χαμηλότερα. Κάθε χρόνο βγαίνουν νέες διαδικασίες που επιτρέπουν πιο ακριβείς διαγνώσεις. Οι τεχνικές προσυμπτωματικού ελέγχου αποκαλύπτουν τώρα ακόμη και μικροσκοπικούς όγκους που κανείς δεν είχε παρατηρήσει στο παρελθόν. Ως αποτέλεσμα, οι ασθενείς που είχαν προηγουμένως εσφαλμένη διάγνωση ως υγιείς συγκαταλέγονται πλέον στους ασθενείς του πρώτου σταδίου και, κατά συνέπεια, το μέσο προσδόκιμο ζωής έχει αυξηθεί για αυτήν την ομάδα ανθρώπων. Μπορούμε να το θεωρήσουμε αυτό ένα εξαιρετικό ιατρικό επίτευγμα; Δυστυχώς δεν; μάλλον σταδιακή μετανάστευση.

Δείτε επίσης: Σφάλμα πρόθεσης θεραπείας (κεφ. 98). Νόμος των μικρών αριθμών (κεφ. 61).

ΕΆΝ ΈΧΕΤΕ ΕΧΘΡΟ, ΔΏΣΤΕ ΠΛΗΡΟΦΟΡΙΕΣ

Ο Χόρχε Λουίς Μπόρχες απεικονίζει στο διήγημά του «Del Rigidit en La Ciencia» μια χώρα στην οποία η χαρτογραφία έχει φτάσει σε τόσο εκλεπτυσμένα ύψη που μπορούν να χρησιμοποιηθούν μόνο οι πιο λεπτομερείς χάρτες. Δηλαδή, είναι αποδεκτοί χάρτες με κλίμακα 1:1 που αντιπροσωπεύουν ολόκληρη τη χώρα τους. Ωστόσο, οι πολίτες σύντομα συνειδητοποιούν ότι τέτοιοι χάρτες δεν προσφέρουν καμία πραγματική εικόνα και απλώς επαναλαμβάνουν πληροφορίες που ήδη διαθέτουν. μια ακραία περίπτωση μεροληψίας πληροφοριών - η πίστη σε περισσότερα δεδομένα σημαίνει καλύτερες αποφάσεις.

Καθώς έψαχνα για ξενοδοχεία στο Μαϊάμι πρόσφατα, έφτιαξα μια σύντομη λίστα με πέντε πιθανές προσφορές που μου φάνηκαν αμέσως. Ένα αμέσως ξεχώρισε; Ωστόσο, για να βεβαιωθώ ότι βρήκα την καλύτερη τιμή, συνέχισα να ερευνώ περαιτέρω - διαβάζοντας κριτικές πελατών και αναρτήσεις ιστολογίου, βλέπω φωτογραφίες και βίντεο στο διαδίκτυο και πραγματοποιώ κλήσεις υποστήριξης πελατών μέχρι δύο ώρες αργότερα, όταν έγινε σαφές ποιο ήταν πράγματι το ιδανικό μου ξενοδοχείο: ένα που τράβηξε το μάτι μου με την πρώτη ματιά. Η πρόσθετη έρευνα δεν με οδήγησε στο σωστό μονοπάτι και αντίθετα θα μπορούσε κάλλιστα να είχε ως αποτέλεσμα να μείνω στο Four Seasons!

Ο Jonathan Baron από το Πανεπιστήμιο της Πενσυλβάνια έθεσε στους γιατρούς την εξής ερώτηση: ένας ασθενής παρουσιάζει συμπτώματα που δείχνουν με 80% πιθανότητα ότι έχει νόσο Α. Διαφορετικά, η πιθανότητα μετατοπίζεται προς τη νόσο Χ ή Υ. Ως γιατρός, πώς πρέπει να επιλέξετε ανάμεσα σε αυτές τις ασθένειες και τις θεραπείες που προκαλούν παρόμοιες παρενέργειες; Λογικά, θα πρότεινα να επιλέξουμε τη νόσο Α και να προσφέρουμε σχετική θεραπεία ως θεραπεία. Φανταστείτε ότι υπάρχει ένα διαγνωστικό τεστ που υποδεικνύει ότι υπάρχει νόσος Χ και ανιχνεύεται η νόσος Υ, αλλά δεν αντικατοπτρίζει με ακρίβεια την πραγματική ασθένεια Α σε όλες τις περιπτώσεις. τις μισές φορές, τα αποτελέσματά του θα ήταν θετικά και οι άλλες μισές αρνητικά. Ωστόσο, εάν κάποιος έχει πράγματι ασθένεια Α, τα μισά από τα αποτελέσματα των εξετάσεών του θα ήταν πιθανότατα θετικά ενώ το 50% θα ήταν αρνητικά. Θα συμβουλεύατε να κάνετε το τεστ; Οι περισσότεροι γιατροί είπαν ναι - παρόλο που τα αποτελέσματά του θα ήταν πιθανότατα άσχετα. Ακόμα κι αν προέκυψε θετικό αποτέλεσμα από τη δοκιμή, η πιθανότητα η νόσος Α να υπερτερούσε της νόσου Χ, επομένως καμία πρόσθετη πληροφορία δεν προσέθεσε πραγματική αξία όσον αφορά τη λήψη αποφάσεων.

Οι γιατροί δεν είναι οι μόνοι επαγγελματίες που έχουν όρεξη να παρέχουν πρόσθετες πληροφορίες.
Οι διευθυντές και οι επενδυτές φαίνονται ενθουσιασμένοι με την υπερφόρτωση πληροφοριών. Οι μελέτες πραγματοποιούνται συχνά όταν τα βασικά στοιχεία είναι άμεσα διαθέσιμα - περισσότερα δεδομένα μπορεί να χρησιμεύσουν μόνο για να σπαταλήσετε χρόνο και χρήμα σας, ενδεχομένως ακόμη και να σας θέσουν σε μειονεκτική θέση. Σκεφτείτε αυτό το ερώτημα:

ποια πόλη έχει περισσότερους κατοίκους - το Σαν Ντιέγκο ή το Σαν Αντόνιο; Ο Gerd Gigerenzer του γερμανικού Ινστιτούτου Max Planck το παρουσίασε σε φοιτητές από πανεπιστήμια του Σικάγου και του Μονάχου και το 62% μάντευσε σωστά: το Σαν Ντιέγκο. Κάθε γερμανός μαθητής απάντησε, παραδόξως, σωστά! Το σκεπτικό τους; Όλοι είχαν ακούσει για το Σαν Ντιέγκο αλλά όχι απαραίτητα το Σαν Αντόνιο. επιλέγοντας έτσι το Σαν Ντιέγκο από το Σαν Αντόνιο ως πιο οικείο. Αντίθετα, οι κάτοικοι του Σικάγο είχαν στο μυαλό τους και τις δύο πόλεις ταυτόχρονα, παρέχοντας περισσότερες πληροφορίες και δυνητικά παραπλανώντας τις απαντήσεις τους.

Σκεφτείτε όλους τους οικονομολόγους που εργάζονταν για τράπεζες, δεξαμενές σκέψης, hedge funds και κυβερνήσεις μεταξύ 2005 και 2007, οι οποίοι δημοσίευσαν λευκές βίβλους με πολυάριθμες προβλέψεις και σχόλια - για τράπεζες, δεξαμενές σκέψης, hedge funds και κυβερνήσεις - που δημοσιεύθηκαν κατά τη διάρκεια αυτής της περιόδου - από το 2005 -2007; όλες οι δημοσιευμένες λευκές βίβλοι τους. τεράστια βιβλιοθήκη ερευνητικών εκθέσεων και μαθηματικών μοντέλων. τρομερές ομάδες σχολίων που έγιναν. γυαλισμένες παρουσιάσεις PowerPoint που έγιναν. terabyte πληροφοριών που διατίθενται μέσω των ειδησεογραφικών υπηρεσιών Bloomberg/Reuters και λατρείας του θεού της πληροφορίας... Όλα αποδείχθηκαν χωρίς νόημα καθώς η οικονομική κρίση έπληξε τις παγκόσμιες αγορές - καθιστώντας τις προβλέψεις και τα σχόλιά τους χωρίς νόημα. καθιστά αυτές τις προβλέψεις άχρηστες!

Αποφύγετε τη συλλογή όλων των διαθέσιμων δεδομένων - αντίθετα, εστιάστε στη συλλογή μόνο ό,τι είναι απαραίτητο. Κάνοντας αυτό θα σας επιτρέψει να πάρετε καλύτερες αποφάσεις. Η περιττή γνώση είναι άχρηστη ανεξάρτητα από το ποιος τη γνωρίζει - ο Daniel J. Boorstin το είπε καλύτερα: «το μεγαλύτερο εμπόδιο στην ανακάλυψη δεν είναι η άγνοια, αλλά μάλλον η ψευδαίσθηση της γνώσης». όταν έρχονται αντιμέτωποι με τους αντιπάλους, σκεφτείτε να τους σκοτώσετε με ανάλυση δεδομένων και όχι με ήπια λόγια.

Βλέπε επίσης Overthinking (κεφ. 90). News Illusion (κεφ. 99); Παραμέληση βασικού ποσοστού (κεφ. 28) για πρόσθετη ανάγνωση.

ΠΟΝΑΕΙ ΤΟΣΟ ΩΡΑΙΑ

Ο Τζον, στρατιώτης στον στρατό των ΗΠΑ, ολοκλήρωσε πρόσφατα την πορεία του αλεξιπτωτιστή και περιμένει με ανυπομονησία να παραλάβει την καρφίτσα του αλεξίπτωτου από τον ανώτερό του αξιωματικό. Τελικά, την τελευταία κρίσιμη στιγμή της αλήθειας, ο ανώτερός του αξιωματικός στέκεται μπροστά του, απλώνει την καρφίτσα στο στήθος του, χτυπώντας τόσο δυνατά πάνω της που τρύπησε τη σάρκα του John, προκαλώντας την επαφή και αφήνοντας μια εσοχή στο δέρμα του - από τότε Στη συνέχεια, κάθε φορά που παρουσιάζεται μια ευκαιρία, ανοίγει το επάνω κουμπί του πουκάμισου για να δείξει τη μικρή ουλή του. Δεκαετίες αργότερα όλα τα αναμνηστικά εκτός από αυτή τη μικροσκοπική καρφίτσα ζουν ακόμα σε ένα ειδικό πλαίσιο στον τοίχο του σαλονιού του.

Ο Μαρκ είχε αποκαταστήσει με κόπο μια σκουριασμένη Harley-Davidson χωρίς βοήθεια, ξοδεύοντας κάθε Σαββατοκύριακο και διακοπές για να το λειτουργήσει ενώ ο γάμος του πλησίαζε να λυθεί. Τελικά, όμως, μετά από μήνες δουλειάς ήταν έτοιμο για δρόμο και έλαμπε υπέροχα κάτω από τις ακτίνες του ήλιου. Ωστόσο, δύο χρόνια αργότερα, όταν ο Mark πούλησε όλα τα υπάρχοντά του, συμπεριλαμβανομένης της τηλεόρασης, του αυτοκινήτου και του σπιτιού, σε απελπιστική ανάγκη για χρήματα... αλλά όχι το πολύτιμο πράγμα του. ούτε όταν προσφέρεται διπλάσια από την πραγματική του αξία από πιθανούς αγοραστές!

Ο John και ο Mark υποφέρουν και οι δύο από την αιτιολόγηση της προσπάθειας: όταν καταβάλλετε πολλή ενέργεια σε κάτι, τείνετε να υπερεκτιμάτε τα αποτελέσματά του. Ο John βίωσε σωματικό πόνο για την καρφίτσα του αλεξίπτωτου. Η Harley του Mark του κόστισε πολλές ώρες - σχεδόν τη γυναίκα του! - τόσο πολύ που το εκτιμά πολύ και δεν θα το πουλήσει ποτέ.

Η αιτιολόγηση της προσπάθειας είναι ένα κλασικό παράδειγμα γνωστικής ασυμφωνίας. Το να ανοίγεις μια τρύπα στο στήθος σου για κάτι σαν έμβλημα αξίας φαίνεται παράλογο. Για να το αντισταθμίσει, το μυαλό του Τζον το υπερεκτιμά, εξυψώνοντας την κατάστασή του από κάτι εγκόσμιο σε κάτι ημι-ιερό. Δυστυχώς, όλα αυτά συμβαίνουν ασυνείδητα και είναι δύσκολο να προληφθούν.

Οι ομάδες χρησιμοποιούν αιτιολόγηση προσπάθειας για να δεσμεύσουν τα μέλη μεταξύ τους - για παράδειγμα μέσω τελετών μύησης. Συμμορίες και αδελφότητες μυούν νέα μέλη υποβάλλοντάς τα σε επώδυνες ή δυσάρεστες δοκιμασίες. Η έρευνα δείχνει ότι όσο πιο δύσκολο είναι να περάσει μια εισαγωγική εξέταση, τόσο μεγαλύτερη υπερηφάνεια αποδέχονται τα μέλη ότι ανήκουν. Οι σχολές ΜΒΑ χρησιμοποιούν την αιτιολόγηση της προσπάθειας με παρόμοιο τρόπο: οι απόφοιτοι ΜΒΑ λαμβάνουν συχνά πίστωση για την επιτυχία σε αυστηρές εισαγωγικές εξετάσεις σε προγράμματα ΜΒΑ.
Οι φοιτητές των προγραμμάτων ΜΒΑ συχνά εξαντλούνται κατά τη διάρκεια της μελέτης αυτού του τίτλου σπουδών. Ωστόσο, όταν έχουν επιτύχει τα ΜΒΑ τους, πολλοί θα τα θεωρήσουν

απαραίτητα για την καριέρα τους απλώς και μόνο λόγω των απαιτήσεων που τους έβαλαν τα μαθήματα που συχνά ήταν άχρηστα ή άσχετα.

Μια ευκολότερη μορφή αιτιολόγησης της προσπάθειας είναι το εφέ ΙΚΕΑ: τα έπιπλα που συναρμολογούμε μόνοι μας φαίνονται πιο πολύτιμα από οποιοδήποτε ακριβό κομμάτι επώνυμων σχεδιαστών, όπως οι χειροποίητες κάλτσες που ξοδεύουμε ώρες δημιουργώντας συχνά φαίνονται πιο πολύτιμες από οποιοδήποτε ακριβό αντικείμενο σχεδιαστών. Ακόμη και οι χειροποίητες κάλτσες μπορεί να φαίνονται δύσκολο να αποχωριστούν; Το να πετάξεις ένα απαρχαιωμένο ζευγάρι φτιαγμένο με προσοχή είναι δύσκολο. Οι διευθυντές που καταβάλλουν πολλές ώρες σκληρής δουλειάς για να δημιουργήσουν μια πρόταση στρατηγικής μπορεί να βρεθούν ανίκανοι να αξιολογήσουν αντικειμενικά. Ομοίως, οι σχεδιαστές, οι κειμενογράφοι, οι προγραμματιστές προϊόντων ή οποιοιδήποτε άλλοι επαγγελματίες που ανησυχούν για τις δημιουργίες τους είναι επίσης ένοχοι.

Στη δεκαετία του 1950, εισήχθησαν στην αγορά μείγματα κέικ στιγμιαίων κέικ - τα οποία οι κατασκευαστές πίστευαν ότι θα ήταν μια άμεση επιτυχία μεταξύ των νοικοκυρών. Δυστυχώς, οι νοικοκυρές αντιπαθούσαν αμέσως, αποδεικνύοντας ότι οι κατασκευαστές έκαναν λάθος.

Αντιδρώντας στην ευκολία τους, οι εταιρείες αύξησαν τη δυσκολία προετοιμασίας του φαγητού (χτυπώντας μόνοι σας σε ένα αυγό). Αυτό δημιούργησε μια ενισχυμένη αίσθηση επιτευγμάτων μεταξύ των γυναικών που το ετοίμασαν οι ίδιες και αύξησε την εκτίμησή τους για τα εύχρηστα τρόφιμα.

Τώρα που καταλαβαίνετε την αιτιολόγηση της προσπάθειας, μπορείτε να βαθμολογήσετε τα έργα πιο αντικειμενικά. Πείραμα: κάθε φορά που επενδύετε πολύ χρόνο και ενέργεια σε κάτι, κάντε ένα βήμα πίσω για να αξιολογήσετε το αποτέλεσμά του - μόνο το αποτέλεσμα. Αυτό το μυθιστόρημα που περάσατε πέντε χρόνια γράφοντας που κανείς δεν ενδιαφέρεται να δημοσιεύσει; Ίσως τελικά να μην αξίζει Νόμπελ; Και αυτές οι γυναίκες που κυνηγούσες χρόνια; Θα σε δεχόντουσαν πιο εύκολα αν τους έδινε άλλη μια βολή;

Βλέπε επίσης: Βυθισμένη πλάνη κόστους (κεφ. 5); Γνωστική Ασυμφωνία (κεφ. 50)

ΓΙΑΤΙ ΤΑ ΜΙΚΡΑ ΠΡΑΓΜΑΤΑ ΔΙΑΔΙΔΟΝΤΑΙ ΜΑΖΙ;, ΓΙΑΤΙ ΑΥΤΑ ΤΑ ΚΟΜΜΑΤΙΑ ΛΑΜΠΤΟΥΝ ΛΑΜΠΡΑ

Ας υποθέσουμε ότι συμμετέχετε στο εταιρικό συμβούλιο μιας εταιρείας λιανικής με 1.000 καταστήματα. τα μισά βρίσκονται σε αστικά περιβάλλοντα ενώ τα μισά σε αγροτικές περιοχές. Ο Διευθύνων Σύμβουλός σας ζήτησε από έναν σύμβουλο να διεξαγάγει μελέτη για τις κλοπές σε καταστήματα. τώρα έχουν παρουσιαστεί τα ευρήματά τους. Σε έναν τοίχο μπροστά του υπήρχαν 100 ονόματα υποκαταστημάτων που έχουν βιώσει υψηλά ποσοστά κλοπής σε σχέση με τις πωλήσεις, μαζί με το συγκλονιστικό συμπέρασμά του: «Τα υποκαταστήματα με υψηλότερα ποσοστά κλοπής τείνουν να βρίσκονται κυρίως σε αγροτικές περιοχές» Μετά από μια σύντομη σιωπή και Δυσπιστία, ο Διευθύνων Σύμβουλος απευθύνθηκε απευθείας στους υπαλλήλους του: «Μετά από πολλή συζήτηση και προσεκτική εξέταση, τα επόμενα βήματά μας είναι ξεκάθαρα. Στο εξής, θα εγκαταστήσουμε πρόσθετα συστήματα ασφαλείας σε όλα τα αγροτικά υποκαταστήματα, ώστε να μπορούμε να παρακολουθούμε καθώς αυτοί οι λόφος προσπαθούν να μας κλέψουν ξανά. Συμφωνούμε όλοι;».

Λοιπόν...όχι εντελώς. Αφού ζητήσετε από τον σύμβουλο να συντάξει μια λίστα με 100 υποκαταστήματα με τα χαμηλότερα ποσοστά κλοπής, εκπλήσσεστε όταν η λίστα σας περιλαμβάνει καταστήματα της υπαίθρου! «Η τοποθεσία δεν είναι ο καθοριστικός παράγοντας», αναφωνείς με περηφάνια καθώς κοιτάς γύρω από το τραπέζι τους συναδέλφους σου. Ίσως το μέγεθος μετράει; στα αγροτικά καταστήματα ένα μεμονωμένο περιστατικό έχει συχνά μεγάλη επιρροή στα ποσοστά κλοπής σε σχέση με τα μεγάλα υποκαταστήματα της πόλης - γι' αυτό οι τιμές ποικίλλουν πιο σημαντικά εδώ από ό,τι στα καταστήματα της πόλης." "Κυρίες και κύριοι, σας παρουσιάζω όλους στον νόμο των μικρών αριθμών - και μόλις σε έπιασε απροετοίμαστο!».

Οι άνθρωποι δυσκολεύονται να κατανοήσουν διαισθητικά τον νόμο των μικρών αριθμών, επομένως οι δημοσιογράφοι, οι διευθυντές και τα μέλη του διοικητικού συμβουλίου συχνά πέφτουν στην παγίδα του. Ας πάρουμε ένα ακραίο παράδειγμα. Αντί για το ποσοστό κλοπής θα δούμε το μέσο βάρος των εργαζομένων σε κάθε κλάδο. Για το παράδειγμά μας θα εξετάσουμε δύο καταστήματα αντί για 1.000: μεγάλο υποκατάστημα με 1.000 υπαλλήλους και μίνι υποκατάστημα με δύο υπαλλήλους. Και στα δύο καταστήματα το μέσο βάρος αντιστοιχεί περίπου στο μέσο βάρος του πληθυσμού (για παράδειγμα 170 λίβρες). όταν η πρόσληψη ή η απόλυση προσωπικού δεν μεταβάλλει σημαντικά αυτόν τον μέσο όρο. Αλλά στο μικρό κατάστημα θα αλλάξει σημαντικά πιο σημαντικά λόγω των αλλαγών που επηρεάζουν αν ο διευθυντής του καταστήματός τους έχει συναδέλφους υπέρβαρους ή αδύνατους σε βάρος, επηρεάζοντας αυτό το μέσο βάρος σημαντικά περισσότερο από τα μεγάλα καταστήματα όπου τυχόν αποφάσεις πρόσληψης ή απόλυσης από τους υπεύθυνους καταστημάτων επηρεάζουν το μέσο βάρος του περισσότερο. Σε περιπτώσεις μικρότερων καταστημάτων, οι διευθυντές καταστημάτων μπορούν να επηρεάσουν το μέσο βάρος του προσλαμβάνοντας/απολύοντας έναν υπάλληλο ή έναν διευθυντή που έχει συναδέλφους είτε υπέρβαρους/άπαχους στο σκάφος (σε αυτές τις περιπτώσεις επηρεάζει σημαντικά το μέσο βάρος).

Ας επιστρέφουμε για λίγο στο πρόβλημα της κλοπής και ας το εξερευνήσουμε σε βάθος. Όπως αποδεικνύεται, τα μικρά υποκαταστήματα τείνουν να παρουσιάζουν μεγαλύτερες διακυμάνσεις στα ποσοστά κλοπής τους, από πολύ υψηλά σε εξαιρετικά χαμηλά - κάτι που κανένα υπολογιστικό φύλλο συμβούλων δεν θα μπορούσε να αποτυπώσει. Κατά την καταχώριση όλων των ποσοστών κλοπής ανά μέγεθος - τα μικρά καταστήματα θα εμφανίζονται πρώτα στο κάτω μέρος, ακολουθούμενα από μεγάλα καταστήματα και μετά τα μικρότερα στην κορυφή. που σημαίνει ότι το συμπέρασμα του CEO μπορεί να ήταν άχρηστο, αλλά τουλάχιστον δεν χρειάζονται πλέον ένα ακριβό σύστημα ασφαλείας σε μικρές τοποθεσίες.

Φανταστείτε να διαβάζετε στην εφημερίδα: «Οι νεοσύστατες επιχειρήσεις τείνουν να προσλαμβάνουν εξυπνότερους υπαλλήλους. Μια μελέτη από το Εθνικό Ινστιτούτο Περιττής Έρευνας υπολόγισε το μέσο IQ μεταξύ των αμερικανικών εταιρειών. νεοφυείς επιχειρήσεις προσέλαβαν υλικό της MENSA!' Ποια θα ήταν η πρώτη σας αντίδραση; Ας ελπίσουμε ένα ανασήκωμα των φρυδιών. Αυτό το φαινόμενο δείχνει πώς οι μικρές εταιρείες τείνουν να απασχολούν λιγότερους εργαζομένους. Συνεπώς, ο μέσος όρος του δείκτη νοημοσύνης τους παρουσιάζει διακυμάνσεις πιο συχνά από τις μεγάλες εταιρείες, δίνοντας στις μικρές και νέες επιχειρήσεις υψηλές και χαμηλές βαθμολογίες. Επομένως, η μελέτη του Εθνικού Ινστιτούτου δεν έχει πραγματική σημασία και επιβεβαιώνει την πιθανότητα.

Προσέξτε όταν ακούτε αξιοσημείωτα στατιστικά στοιχεία σχετικά με οποιεσδήποτε μικρές οντότητες, όπως επιχειρήσεις, νοικοκυριά, πόλεις, κέντρα δεδομένων, μυρμηγκοφωλιές, ενορίες ή σχολεία. Αυτό που μπορεί να φαίνεται ως εκπληκτικά ευρήματα μπορεί στην πραγματικότητα να είναι ένα αβλαβές αποτέλεσμα τυχαίας κατανομής. Ο νικητής του βραβείου Νόμπελ Daniel Kahneman στο πρόσφατο βιβλίο του αποκάλυψε ότι ακόμη και έμπειροι επιστήμονες υποκύπτουν σε αυτόν τον νόμο των μικρών αριθμών. που μόνο παρήγορο μπορεί να θεωρηθεί.

Δείτε επίσης: Εκθετική Ανάπτυξη (κεφ. 34).

ΠΡΟΣΟΧΗ ΟΤΑΝ ΧΕΙΡΙΖΕΣΤΕ ΑΥΤΟ ΤΟ ΥΛΙΚΟ!

ΠΡΟΣΔΟΚΙΕΣ

Στις 31 Ιανουαρίου 2006, η Google δημοσίευσε τα οικονομικά της αποτελέσματα για το τελευταίο τρίμηνο του 2005: τα έσοδα αυξήθηκαν κατά 97%, ενώ τα καθαρά κέρδη αυξήθηκαν κατά 82% σε ετήσια βάση - ένα τρίμηνο ρεκόρ για τα έσοδα και τα καθαρά κέρδη αντίστοιχα. Όπως ήταν αναμενόμενο, οι μετοχές υποχώρησαν αμέσως 16% αμέσως μόλις άκουσαν αυτά τα απίστευτα νούμερα. Οι συναλλαγές έπρεπε να διακοπούν και αργότερα να ξαναρχίσουν με τις μετοχές να πέφτουν 15% περισσότερο - προκαλώντας πανικό στους εμπόρους σε όλες τις πλατφόρμες συναλλαγών που ρωτούσαν σε ιστολόγια «από ποιον ουρανοξύστη είναι καλύτερο να πηδήξεις;» '

Τι πήγε στραβά? Οι αναλυτές της Wall Street είχαν προβλέψει ακόμη καλύτερα αποτελέσματα, οπότε όταν αυτά δεν πραγματοποιήθηκαν, αφαιρέθηκαν 20 δισεκατομμύρια δολάρια από την αξία του γίγαντα των μέσων ενημέρωσης.

Κάθε επενδυτής γνωρίζει ότι είναι αδύνατο να προβλέψει με ακρίβεια τα οικονομικά αποτελέσματα. Ενώ θα περίμενε κανείς ότι οι επενδυτές θα απορρίψουν τις κακές προβλέψεις ως «κακή εικασία, λάθος μου», οι επενδυτές συχνά αντιδρούν πιο σκληρά. όπως αποδείχθηκε τον Ιανουάριο του 2006, όταν η Juniper Networks δημοσίευσε απροσδόκητα στοιχεία για τα κέρδη ανά μετοχή, τα οποία έπεσαν κατά ένα δέκατο κάτω από τις προβλέψεις των αναλυτών. Η τιμή της μετοχής τους έπεσε 21% και η αξία της εταιρείας έπεσε κατακόρυφα 2,5 δισεκατομμύρια δολάρια καθώς οι προσδοκίες ήταν υψηλές μέχρι την ανακοίνωσή τους και οποιαδήποτε διαφορά, όσο μικρή κι αν ήταν, αντιμετωπίστηκε με ταχεία τιμωρία από τους επενδυτές.

Πολλές εταιρείες προσπαθούν σκληρά να ανταποκριθούν στις προβλέψεις των αναλυτών. Για να ξεφύγουν από τους φόβους τους, ορισμένοι άρχισαν να δημοσιεύουν κατευθυντήριες γραμμές για τα κέρδη. Αυτό ήταν λάθος, καθώς τώρα η αγορά βλέπει μόνο αυτές τις εσωτερικές προβλέψεις - τις οποίες συχνά αναλύει πιο προσεκτικά - ως εργαλεία πρόβλεψης. Οι CFO πρέπει να επιτύχουν αυτούς τους στόχους ακριβώς. χρησιμοποιώντας όλες τις λογιστικές τεχνικές που έχουν στη διάθεσή τους για μέγιστη επιτυχία.

Οι προσδοκίες μπορούν επίσης να οδηγήσουν σε αξιέπαινα κίνητρα. Ο Αμερικανός ψυχολόγος Robert Rosenthal πραγματοποίησε ένα πείραμα που άνοιξε τα μάτια σε διάφορα σχολεία. Οι δάσκαλοι ενημερώθηκαν για ένα (ψεύτικο) νέο τεστ που θα μπορούσε να ανιχνεύσει μαθητές που βρίσκονται στα πρόθυρα της πνευματικής ανάπτυξης. τα λεγόμενα «bloomers». Το είκοσι τοις εκατό των τυχαία επιλεγμένων μαθητών ταξινομήθηκαν τυχαία ως υψηλού δυναμικού. Οι δάσκαλοι πίστευαν ότι αυτοί είχαν υψηλές επιδόσεις.

Ο Rosenthal διεξήγαγε πειράματα σε μαθητές για ένα χρόνο, μετά τον οποίο ανακάλυψε ότι αυτοί οι μαθητές είχαν δραματικά υψηλότερο IQ σε σύγκριση με τα παιδιά της ομάδας ελέγχου - αυτό έγινε γνωστό ως το φαινόμενο Rosenthal (ή το φαινόμενο Pygmalion).

Ωστόσο, σε αντίθεση με τους Διευθύνοντες Συμβούλους και τους Οικονομικούς Διευθυντές που προσαρμόζουν συνειδητά την απόδοσή τους ώστε να ανταποκρίνονται στις προσδοκίες, οι ενέργειες των δασκάλων ήταν συνήθως ασυνείδητες. Εν αγνοία τους, οι δάσκαλοι μπορεί υποσυνείδητα να έχουν επικεντρώσει περισσότερο χρόνο στους ανθισμένους που με τη σειρά τους οδήγησαν σε μεγαλύτερη ομαδική μάθηση. Επιπλέον, οι δάσκαλοι επηρεάστηκαν τόσο πολύ από λαμπρούς μαθητές που τους απέδωσαν όχι μόνο καλύτερους βαθμούς, αλλά και βελτιωμένα χαρακτηριστικά προσωπικότητας - κάτι που είναι γνωστό ως το φαινόμενο του φωτοστέφανου.

Πώς πρέπει όμως να ανταποκριθούμε στις προσωπικές προσδοκίες; Μια λύση είναι το φαινόμενο εικονικού φαρμάκου - χάπια και θεραπείες που φαίνεται απίθανο να βελτιώσουν την υγεία, αλλά στην πραγματικότητα το κάνουν ούτως ή άλλως. Το ένα τρίτο των ασθενών κατέγραψε το αποτέλεσμα, αν και η ακριβής λειτουργία του παραμένει άγνωστη. Το μόνο που γνωρίζουμε με βεβαιότητα είναι ότι οι προσδοκίες επηρεάζουν τη βιοχημεία στον εγκέφαλο και κατά συνέπεια σε ολόκληρο το σώμα - ωστόσο οι ασθενείς με Αλτσχάιμερ δεν μπορούν να ωφεληθούν καθώς η κατάστασή τους βλάπτει μια περιοχή που είναι υπεύθυνη για τον χειρισμό των προσδοκιών στον εγκέφαλο.

Οι προσδοκίες μπορεί να φαίνονται άυλες, αλλά έχουν συνέπειες στον πραγματικό κόσμο. Οι προσδοκίες έχουν τη δύναμη να αλλάξουν την πραγματικότητα και είναι αδύνατο να απαλλαγούμε εντελώς από αυτές. Αλλά μπορείτε να αντιμετωπίσετε τις προσδοκίες πιο σοφά: αυξήστε τις για τον εαυτό σας και τους κοντινούς σας ανθρώπους για να αυξήσετε τα κίνητρα. ενώ ταυτόχρονα χαμηλώνουν τις προσδοκίες για πράγματα που δεν ελέγχουν, όπως το χρηματιστήριο. Η προσμονή μπορεί να βοηθήσει στην αποφυγή δυσάρεστων εκπλήξεων!

Βλέπε επίσης Black Swan (κεφ. 75). Forecast Illusion (κεφ. 40); Εφέ Halo (κεφ. 38)

ΠΑΓΙΔΕΣ ΤΑΧΥΤΗΤΑΣ ΕΠΙ ΣΤΟΙΧΕΙΟ!

Απλη Λογικη

Τρεις εύκολες ερωτήσεις. Πιάστε γρήγορα το στυλό σας και σημειώστε τις απαντήσεις σας γρήγορα στο περιθώριο. Πρώτη ερώτηση: σε ένα πολυκατάστημα, τόσο ένα κουπί του πινγκ-πονγκ όσο και η πλαστική μπάλα κοστίζουν 1,10 $. Αν το ένα κοστίζει ένα δολάριο περισσότερο, πόσο είναι το άλλο αντικείμενο; Δεύτερη ερώτηση: σε ένα εργοστάσιο κλωστοϋφαντουργίας, πέντε μηχανές χρειάζονται ακριβώς πέντε λεπτά για να παράγουν πέντε πουκάμισα. πόσο καιρό θα πάρει το 100 για να βγάλει 100; Τρίτον: Μια λίμνη περιέχει νούφαρα που πολλαπλασιάζονται εκθετικά κάθε μέρα, καταλαμβάνουν περισσότερη επιφάνεια κάθε μέρα έως ότου καλύψει πλήρως την επιφάνειά της (48 ημέρες για πλήρη κάλυψη! Μην διαβάσετε περαιτέρω μέχρι να καταγραφούν όλες οι απαντήσεις! Μην διαβάσετε περαιτέρω έως ότου Όλες οι απαντήσεις έχουν γραφτεί!Μην διαβάσετε παρά μόνο αφού καταγράψετε.

Κάθε ερώτηση περιέχει τόσο μια διαισθητική όσο και μια ακριβή λύση. Οι γρήγορες, διαισθητικές απαντήσεις μπορεί να περιλαμβάνουν 10 λεπτά, 100 λεπτά και 24 ημέρες. Ωστόσο, αυτές είναι λανθασμένες απαντήσεις και αντ' αυτού απαιτούν πέντε λεπτά, πέντε λεπτά και 47 ημέρες ως λύση. Σε πόσα απάντησες σωστά;

Ο καθηγητής Shane Frederick δημιούργησε και χορήγησε το Cognitive Reflection Test (CRT), με χιλιάδες να το λαμβάνουν και να σκοράρουν τουλάχιστον μία φορά. Μέχρι στιγμής, οι φοιτητές του Ινστιτούτου Τεχνολογίας της Μασαχουσέτης (MIT) στη Βοστώνη έχουν την καλύτερη επίδοση, σημειώνοντας 2,18 σωστές απαντήσεις κατά μέσο όρο. Το Πανεπιστήμιο του Πρίνστον ήρθε δεύτερο με 1,63 ενώ οι φοιτητές από το Πανεπιστήμιο του Μίσιγκαν σημείωσαν μόνο 0,83 κατά μέσο όρο. Αλλά οι μέσες βαθμολογίες σε αυτή την περίπτωση δεν αποκαλύπτουν πολλά: αυτό που είναι ενδιαφέρον είναι πώς διαφέρουν αυτοί που βαθμολογούν πολύ από τους υπόλοιπους.

Ο Frederick ανακάλυψε ότι τα άτομα με χαμηλά αποτελέσματα CRT τείνουν να επιλέγουν την ασφαλέστερη επιλογή. κάτι είναι πάντα καλύτερο από το τίποτα! Ενώ εκείνοι που σημείωσαν τουλάχιστον 2 ή υψηλότερες βαθμολογίες προτιμούσαν συχνά πιο επικίνδυνες επιλογές όπως ο τζόγος - αυτό ήταν ιδιαίτερα εμφανές στους άνδρες.

Ένα πράγμα που διαχωρίζει τις ομάδες είναι η ικανότητά τους να ελέγχουν τις παρορμήσεις. Συζητήσαμε λεπτομερώς την υπερβολική έκπτωση στο Κεφάλαιο 5, όπου συζητήθηκε η σαγηνευτική δύναμη του «τώρα». Στη συνέχεια, ο Φρειδερίκος έθεσε στους συμμετέχοντες την εξής ερώτηση: "Θα προτιμούσατε να έχετε το επιθυμητό αντικείμενο τώρα ή αργότερα στη ζωή σας;"
"Να επιλέξω να πάρω 3.400 $ τώρα ή σε ένα μήνα;" απαντάται συχνά υπέρ της άμεσης λήψης του. Όσοι έχουν χαμηλότερες βαθμολογίες CRT τείνουν να παίρνουν πιο γρήγορες αποφάσεις

αγοράς λόγω του ότι είναι πιο παρορμητικοί. Αντίθετα, όσοι έχουν υψηλά αποτελέσματα CRT συνήθως επιλέγουν να περιμένουν αρκετές εβδομάδες ακόμα και να επιδεικνύουν ισχυρή θέληση για να αποτρέψουν την άμεση ικανοποίηση - και ανταμείβονται σε εύθετο χρόνο».

Η σκέψη είναι εξαντλητική. Η ορθολογική σκέψη απαιτεί περισσότερη θέληση από το να αφιερωθείς στη διαίσθηση, με άλλα λόγια. Έτσι, ο ψυχολόγος του Χάρβαρντ Amitai Shenhav και οι ερευνητές συνάδελφοί του διεξήγαγαν μια έρευνα για να δουν πώς τα αποτελέσματα της CRT των ανθρώπων συσχετίστηκαν με τις θρησκευτικές τους πεποιθήσεις. Αυτοί που σημείωσαν υψηλή βαθμολογία ήταν συχνά άθεοι, ενώ οι συμμετέχοντες με χαμηλότερες βαθμολογίες CRT πίστευαν στον Θεό και είχαν θεϊκές εμπειρίες πιο συχνά από τους άθεους - αυτό είναι λογικό καθώς οι διαισθητικοί λήπτες αποφάσεων τείνουν να μην αμφισβητούν το θρησκευτικό δόγμα τόσο ορθολογικά.

Εάν η βαθμολογία CRT σας αφήνει κάτι να είναι επιθυμητό και θέλετε να το αυξήσετε, ξεκινήστε χαιρετίζοντας ακόμη και απλές ερωτήσεις λογικής με δυσπιστία. Θυμηθείτε: δεν είναι αλήθεια όλα όσα φαίνονται εύλογα! Δοκιμάστε λοιπόν άλλη μια φορά: ταξιδεύετε από το Α στο Β. στη μία κατεύθυνση οδηγείτε με 100 mph ενώ επιστρέφετε μόλις 50. Ποια ήταν η μέση ταχύτητά σας και στις δύο διαδρομές; 75; Κόψτε ταχύτητα!

Βλέπε επίσης Υπερβολική Έκπτωση (κεφ. 51). Decision Fatigue (κεφ. 53); Εκθετική Ανάπτυξη (κεφ. 34); Gambler's Fallacy (κεφ. 29) και The Problem With Averages (κεφ. 55) ως περαιτέρω πόροι.

Πῶς να εκθέσετε τους Τσαρλατάνους (Οδηγίες βήμα προς βήμα)

Αγαπητέ αναγνώστη: Προς απόλυτη έκπληξη, σε γνωρίζω από κοντά. Να πώς θα σε χαρακτήριζα: «Έχεις έντονη ανάγκη οι άλλοι να σε εκτιμούν και να σε θαυμάζουν. Ωστόσο, συχνά τείνεις να επικρίνεις και τον εαυτό σου». Οι δυνατότητές σας δεν αξιοποιούνται πολύ και δεν έχουν ακόμη μεγιστοποιηθεί. Παρόλο που έχετε κάποια ελαττώματα προσωπικότητας, είναι συνήθως διαχειρίσιμα με ορισμένες προσαρμογές. Ωστόσο, η σεξουαλική σας προσαρμογή έχει παρουσιάσει προκλήσεις για εσάς. Αν και εξωτερικά πειθαρχημένοι και ελεγχόμενοι, νιώθετε συχνά ανασφαλείς μέσα σας. Μερικές φορές μπορεί να αναρωτιέστε εάν πήρατε την κατάλληλη απόφαση ή αν κάνατε την απαραίτητη ενέργεια. Η αίσθηση της αλλαγής και της ποικιλίας σας κάνει να νιώθετε άβολα, αφήνοντάς σας δυσαρεστημένους όταν ο κόσμος γίνεται στάσιμος ή περιοριστικός. Ως ανεξάρτητος στοχαστής, δεν δέχεστε τις δηλώσεις άλλων χωρίς επαρκή απόδειξη. Η εμπειρία σας σάς έχει διδάξει ότι δεν είναι φρόνιμο να είστε πολύ ανοιχτοί στο να αποκαλύπτετε τον εαυτό σας στους άλλους. Η προσωπικότητά σας κυμαίνεται από εξωστρεφής και φιλική, μερικές φορές έως εσωστρεφής και συγκρατημένη. μερικές από τις φιλοδοξίες σας μπορεί να φαίνονται ακόμη και υψηλές! Η ασφάλεια είναι ένας από τους πρωταρχικούς σας στόχους στη ζωή ».

Αναγνωρίζετε τον εαυτό σας; Πώς θα πήγαινε η αξιολόγησή μου από το 1 (Κακή) στο 5 (Εξαιρετικό)

Ο Bertram Forer διεξήγαγε ένα πείραμα το 1948 χρησιμοποιώντας στήλες αστρολογίας από διάφορα περιοδικά για να δημιουργήσει ένα ακριβές απόσπασμα το οποίο θα μπορούσε στη συνέχεια να δοθεί στους μαθητές του για ανάγνωση και αξιολόγηση, προτείνοντας κάθε άτομο να λάβει μια εξατομικευμένη αξιολόγηση. Κατά μέσο όρο, οι μαθητές του έδωσαν στον Forer βαθμολογία ακρίβειας 86% που οδήγησε σε επαναλαμβανόμενες δοκιμές επί δεκαετίες με σχεδόν πανομοιότυπα αποτελέσματα.

Πιθανότατα βαθμολογήσατε το κείμενο με τέσσερα ή πέντε αστέρια. Οι άνθρωποι τείνουν να αναγνωρίζουν πολλά από τα δικά τους χαρακτηριστικά όταν διαβάζουν καθολικές περιγραφές - ένα φαινόμενο που ονομάζεται φαινόμενο Forer (ή φαινόμενο Barnum). Εξηγεί γιατί ψευδοεπιστήμες όπως η αστρολογία, η αστροθεραπεία, η ανάλυση χειρογράφου, η ανάλυση βιορυθμού χειρομαντεία αναγνώσεις καρτών ταρώ και οι συναντήσεις με νεκρούς λειτουργούν τόσο αποτελεσματικά.

Γιατί υπάρχει το φαινόμενο Forer; Πρώτον, ο Forer έκανε τις περισσότερες από τις δηλώσεις του στο βιβλίο του για αυτά τα θέματα.
Δεύτερον, αυτές οι δηλώσεις ισχύουν για όλους: «Μερικές φορές αμφιβάλλεις σοβαρά για τις πράξεις σου». Κανείς δεν θα το αρνιόταν αυτό! Τρίτον, τείνουμε να δεχόμαστε κολακευτικές δηλώσεις που δεν μας αφορούν άμεσα: «Είσαι περήφανος για την ανεξάρτητη σκέψη σου».

Ποιος δεν θα το έκανε; Τέταρτον, μεροληψία επιβεβαίωσης: δεχόμαστε πληροφορίες που επιβεβαιώνουν αυτό που αντιλαμβανόμαστε για τον εαυτό μας, ενώ φιλτράρουμε οτιδήποτε αντιφατικό. αυτό που μένει είναι ένα συνεκτικό πορτρέτο.

Οι σύμβουλοι και οι αναλυτές μπορούν να κάνουν παρόμοια μαγικά: "Αυτή η μετοχή έχει σημαντικές δυνατότητες ανάπτυξης ακόμη και σε ένα πολύ ανταγωνιστικό περιβάλλον. Ωστόσο, η διοίκηση δεν έχει την ώθηση να πραγματοποιήσει πλήρως και να εφαρμόσει ιδέες από την ομάδα ανάπτυξής της. Η διοίκηση είναι έμπειροι επαγγελματίες του κλάδου. Ωστόσο, υπάρχουν σημάδια γραφειοκρατίας είναι εμφανείς· υπάρχουν ευκαιρίες αποταμίευσης στην κατάσταση κερδών και ζημιών και συμβουλεύουμε την εταιρεία να επικεντρωθεί περισσότερο στις αναδυόμενες οικονομίες για να εξασφαλίσει μελλοντικό μερίδιο αγοράς». Ακούγεται αρκετά αληθοφανές;

Πώς μπορεί κανείς να αξιολογήσει έναν αστρολόγο; Για μια αμερόληπτη αξιολόγηση, επιλέξτε είκοσι άτομα και δώστε τους έναν αριθμό στο καθένα. Ζητήστε από τον γκουρού να χαρακτηρίσει κάθε άτομο ξεχωριστά στις κάρτες χωρίς να ανακαλύψει ποιος ήταν ο αριθμός του μέχρι να λάβει όλα τα αντίγραφα. Μόνο όταν οι περισσότεροι συμμετέχοντες προσδιόρισαν την περιγραφή «τους» όπως περιγράφεται με ακρίβεια, μπορεί να αναδειχθεί αληθινό ταλέντο - ακόμα περιμένω!

Δείτε επίσης: Feature-Positive Effect (κεφ. 95); Μεροληψία επιβεβαίωσης (κεφ. 7-8).

ΓΙΑΤΙ Η ΕΘΕΛΟΝΤΙΚΗ ΕΡΓΑΣΙΑ ΕΙΝΑΙ ΓΙΑ ΤΑ ΠΟΥΛΑ

Η ΤΡΕΛΑ ΤΟΥ ΕΘΕΛΟΝΤΗ

Ο Τζακ, φωτογράφος περιοδικών μόδας, περνά από Δευτέρα έως Παρασκευή ταξιδεύοντας μεταξύ Μιλάνου, Παρισιού και Νέας Υόρκης σε αναθέσεις από περιοδικά μόδας αναζητώντας όμορφα κορίτσια με ενδιαφέροντα σχέδια, σε παρθένες συνθήκες φωτισμού. Γνωστός στους κοινωνικούς κύκλους καυχιέται στους φίλους του ότι η αμοιβή του περίπου 500 $ την ώρα συγκρίνεται ευνοϊκά με τις τιμές του εμπορικού νόμου. «Και οι βολές μου φαίνονται πολύ καλύτερες από κάθε τραπεζίτη!».

Ο Τζακ ακολουθεί έναν αξιοζήλευτο τρόπο ζωής, ωστόσο πρόσφατα έχει γίνει πιο φιλοσοφημένος. Κάτι τον έκανε να αμφισβητήσει τη σχέση του με τη μόδα: η βιομηχανία του φαίνεται εγωιστής τώρα και τον αφήνει ανήσυχο τη νύχτα, λαχταρώντας για πιο ικανοποιητική δουλειά που του επιτρέπει να επιστρέψει κάτι ουσιαστικό στην κοινωνία - όσο μικρό κι αν είναι.

Μια μέρα χτυπάει το τηλέφωνό του. Ήταν ο Πάτρικ, ο πρώην συμμαθητής του και νυν Πρόεδρος μιας τοπικής λέσχης πουλιών: «Το επόμενο Σάββατο είναι η ετήσια εκδρομή μας σε σπίτια πουλιών - χρειαζόμαστε εθελοντές για να φτιάξουμε σπίτια πουλιών για απειλούμενα είδη και, στη συνέχεια, να τα τοποθετήσουμε στο δάσος αφού τα φυτέψουμε. Παρακαλώ ελάτε μαζί μας! Ξεκινάμε τη συνάντηση στις 8 π.μ. ελπίζω να τελειώσουμε πριν το μεσημεριανό γεύμα»

Τι πρέπει να πει ο Τζακ αν πραγματικά ενδιαφέρεται για τη δημιουργία ενός καλύτερου κόσμου; Απλώς, θα έπρεπε να αρνηθεί. Γιατί; Ο Τζακ κερδίζει 500 δολάρια την ώρα ενώ οι ξυλουργοί συνήθως κερδίζουν 50 δολάρια. Αντί να προσπαθείς να φτιάξεις ο ίδιος ποιοτικά σπίτια πουλιών (κάτι που δεν θα γινόταν ποτέ), γιατί να μην δουλέψεις μια επιπλέον ώρα ως φωτογράφος και μετά να προσλάβεις έναν επαγγελματία ξυλουργό για έξι ώρες για να φτιάξει σπίτια κορυφαίας ποιότητας που δεν μπορεί να γίνει από έναν ερασιτέχνη; Η φορολογική του δήλωση θα κάλυπτε αυτή τη διαφορά των 200 $ που θα μπορούσε στη συνέχεια να δωριστεί απευθείας σε μια λέσχη πουλιών; Έτσι η συνεισφορά του θα πήγαινε πολύ πιο μακριά.

Ο Τζακ πιθανότατα θα εμφανιστεί λαμπερός και στις αρχές του επόμενου Σαββάτου για να συγκεντρώσει σπιτάκια πουλιών, τα οποία οι οικονομολόγοι αναφέρουν ως τρέλα του εθελοντή. Αν και ο εθελοντισμός είναι μια δημοφιλής τάση. πάνω από το ένα τέταρτο των Αμερικανών προσφέρουν εθελοντικά τον χρόνο τους. Ωστόσο, οι οικονομολόγοι προειδοποιούν κατά του εθελοντισμού για οποιονδήποτε λόγο - ο εθελοντισμός μπορεί να αφαιρέσει την εργασία από εμπόρους που διαφορετικά θα μπορούσαν να χρησιμοποιήσουν αυτές τις ώρες παραγωγικά χτίζοντας οι ίδιοι σπίτια πουλιών, αντί να παίρνουν χρόνο από αυτά οι ίδιοι ή να συνδυάζουν μερικά σπιτάκια με το χέρι είναι πιθανώς πιο αποτελεσματικό - παρέχοντάς του ευκαιρίες που

θα έφερναν ανταμοιβές που ξεπερνούν κατά πολύ κάθε απτή συνεισφορά αυτού του είδους που μπορεί να προσφέρει οποιαδήποτε εθελοντική δραστηριότητα.
Ο Jack ξέρει ότι οι δεξιότητές του μπορούν να προσθέσουν πραγματικά αξία μόνο όταν εφαρμοστούν απευθείας. Για παράδειγμα, εάν η λέσχη πουλιών σχεδίαζε μια εκστρατεία αλληλογραφίας συγκέντρωσης κεφαλαίων και χρειαζόταν επαγγελματικές φωτογραφίες μελών για συμπερίληψη στην εκστρατεία αποστολών, θα μπορούσε είτε να τις τραβήξει ο ίδιος είτε να δουλέψει μια επιπλέον ώρα για να προσλάβει έναν άλλο κορυφαίο φωτογράφο και να δωρίσει τα υπόλοιπα χρήματα από την πρόσληψη άλλου κορυφαίος φωτογράφος.

Τώρα φτάνουμε στο επίμαχο θέμα του αλτρουισμού: υπάρχει καθόλου ανιδιοτέλεια ή είναι απλώς ένας τρόπος για να απαλύνουμε τον εγωισμό μας; Ενώ ο εθελοντισμός συχνά χρησιμεύει ως λεωφόρος για να βοηθήσει την κοινότητά τους, τα προσωπικά οφέλη όπως η ανάπτυξη δεξιοτήτων και οι ευκαιρίες δικτύωσης παίζουν επίσης σημαντικό ρόλο. Ξαφνικά δεν ενεργούμε πλέον καθαρά αλτρουιστικά. πολλοί εθελοντές συμμετέχουν σε αυτό που θα μπορούσε να ονομαστεί «διαχείριση προσωπικής ευτυχίας», με οφέλη που απέχουν πολύ από αυτό που αρχικά προοριζόταν από τον εθελοντισμό - αυστηρά μιλώντας όποιος επωφελείται ή αισθάνεται κάποια ικανοποίηση από τον εθελοντισμό δεν είναι καθαρά αλτρουιστής

Κάνει λάθος ο Τζακ κάνοντας εθελοντική εργασία το πρωί του Σαββάτου; Οχι απαραίτητα; Μια ομάδα που μπορεί να υπονομεύσει αυτή την τάση είναι διασημότητες όπως ο Bono, η Kate Winslet ή ο Mark Zuckerberg. παρέχουν την πολυπόθητη δημοσιότητα όταν συμμετέχουν σε προγράμματα εθελοντισμού που περιλαμβάνουν την κατασκευή σπιτιών για τα πτηνά, τον καθαρισμό της παραλίας ή τις προσπάθειες ανακούφισης από τους σεισμούς. Επομένως, ο Τζακ πρέπει να αξιολογήσει προσεκτικά εάν η συμμετοχή του θα πρόσθετε κάτι σημαντικό. Διαφορετικά, ο καλύτερος τρόπος για να συνεισφέρουν τα άτομα θα ήταν πιθανότατα με τα χρήματά τους και όχι με σκληρή εργασία.

Βλέπε επίσης Deformation Professionalnelle (κεφ. 92). Omission Bias (κεφ. 44);

ΓΙΑΤΙ ΕΙΣΑΙ ΥΠΗΡΕΤΗΣ ΣΟΥ

Τι πιστεύετε για το γενετικά τροποποιημένο σιτάρι; Είναι ένα συναισθηματικό θέμα και η πολύ γρήγορη απάντηση μπορεί να οδηγήσει σε λυπηρές αποφάσεις. Η υιοθέτηση μιας αντικειμενικής προσέγγισης θα απαιτούσε να ληφθούν ξεχωριστά υπόψη τόσο τα οφέλη όσο και τα μειονεκτήματά της. Καταγράψτε όλα τα πιθανά οφέλη, ζυγίστε τα ανάλογα με τη σημασία τους και πολλαπλασιάστε την πιθανότητα τους με την πιθανότητα - αυτό δίνει μια λίστα με τις αναμενόμενες τιμές. Τώρα εφαρμόστε την ίδια διαδικασία όταν εξετάζετε πιθανά μειονεκτήματα. Καταγράψτε όλα τα μειονεκτήματα, υπολογίστε την πιθανή ζημιά τους και πολλαπλασιάστε αυτόν τον αριθμό με την πιθανότητά τους. Η αφαίρεση θετικών ποσών από τα αρνητικά αθροίσματα αποδίδει την καθαρή αναμενόμενη αξία - εάν αυτός ο αριθμός είναι πάνω από το μηδέν, είστε υπέρ του ΓΤ σίτου. αλλιώς υποδηλώνει ότι αντιτίθεστε. Αναμφίβολα είστε εξοικειωμένοι με αυτήν την προσέγγιση στη θεωρία αποφάσεων που ονομάζεται αναμενόμενη αξία, η οποία εμφανίζεται ευρέως στη βιβλιογραφία αποφάσεων. Ωστόσο, οι πιθανότητες είναι καλές να μην σας πέρασε ποτέ από το μυαλό να πραγματοποιήσετε μια τέτοια αξιολόγηση - και σίγουρα κανένας από τους καθηγητές που γράφουν σχολικά βιβλία δεν χρησιμοποίησε αυτή τη μέθοδο κατά την επιλογή των συζύγων του!

Κανείς δεν βασίζεται πραγματικά σε αυτή τη μέθοδο για τη λήψη αποφάσεων. Πρώτον, η φαντασία μας απλά δεν εκτείνεται αρκετά. Η κατανόησή μας μπορεί να φτάσει τόσο μακριά σε αυτό που έχει ήδη έρθει μέσω της εμπειρίας. Φανταστείτε μια επική καταιγίδα αν είστε μόλις 30 ετών είναι δύσκολη, ενώ ο υπολογισμός μικρών πιθανοτήτων είναι σχεδόν αδύνατος λόγω έλλειψης δεδομένων για σπάνια γεγονότα. Τρίτον, οι μικρές πιθανότητες απαιτούν συχνά λιγότερα σημεία δεδομένων και οδηγούν σε μεγαλύτερα σφάλματα στις ακριβείς πιθανότητες - δημιουργώντας έναν αδυσώπητο κύκλο σφαλμάτων. Ο εγκέφαλός μας δεν είναι επίσης σχεδιασμένος για τέτοιους υπολογισμούς. τέτοιοι υπολογισμοί απαιτούν χρόνο και προσπάθεια - όχι τη φυσική μας κατάσταση! Στο εξελικτικό μας παρελθόν, εκείνοι που σκέφτονταν υπερβολικά συχνά συναντούσαν έναν πρόωρο θάνατο από αρπακτικά. Οι σημερινοί υπεύθυνοι λήψης αποφάσεων βασίζονται σε μεγάλο βαθμό σε νοητικές συντομεύσεις γνωστές ως ευρετικές για τις γρήγορες διαδικασίες λήψης αποφάσεων.

Ένα από τα πιο συχνά χρησιμοποιούμενα ευρετικά είναι η ευρετική επίδραση. Η επίδραση είναι μια άμεση αντίδραση: κάτι που σας αρέσει ή δεν σας αρέσει. Για παράδειγμα, η ακρόαση «πυροβολισμών» προκαλεί αρνητικούς συσχετισμούς ενώ η ακρόαση «πολυτέλειας» παράγει θετικούς. Αυτή η αυτόματη μονοδιάστατη ώθηση εμποδίζει κάποιον να λάβει υπόψη του κινδύνους και τα οφέλη κατά τη λήψη αποφάσεων.
Αντί να αντιμετωπίζονται οι κίνδυνοι και τα οφέλη ως ανεξάρτητες μεταβλητές, που σίγουρα είναι, μια ευρετική επίδραση τα συνδέει μέσω αισθητηριακών καναλιών.

Οι συναισθηματικές σας απαντήσεις σε θέματα όπως η πυρηνική ενέργεια, τα βιολογικά λαχανικά, τα ιδιωτικά σχολεία και οι μοτοσικλέτες καθορίζουν την εκτίμησή σας για τους κινδύνους και τα οφέλη που σχετίζονται με αυτά. Εάν κάτι σας χτυπάει συναισθηματικά, οι κίνδυνοι του φαίνονται μικρότεροι ενώ τα οφέλη του φαίνονται μεγαλύτερα από ό,τι πραγματικά είναι. Αντίθετα, εάν κάτι που δεν σας αρέσει προκαλεί έντονα συναισθήματα εναντίον του. Οι κίνδυνοι και τα οφέλη φαίνεται να εξαρτώνται παρά το γεγονός ότι η πραγματικότητα τα δείχνει διαφορετικά.

Φανταστείτε να έχετε μια Harley-Davidson. Εάν μια μελέτη υποδεικνύει ότι η οδήγηση μπορεί να είναι πιο επικίνδυνη από ό,τι πιστεύαμε προηγουμένως, το υποσυνείδητό σας θα μπορούσε να ανταποκριθεί αξιολογώντας διαφορετικά τα οφέλη του και δίνοντας στην εμπειρία ακόμα μεγαλύτερη ελευθερία.

Πώς όμως δημιουργείται ένα αρχικό, αυθόρμητο συναίσθημα, όπως η ευτυχία ή ο θυμός; Ερευνητές στο Πανεπιστήμιο του Μίσιγκαν παρείχαν στους συμμετέχοντες μία από τις τρεις εικόνες για λιγότερο από το εκατοστό του δευτερολέπτου. είτε χαμογελαστά πρόσωπα, θυμωμένα πρόσωπα είτε ουδέτερες φιγούρες παρουσιάστηκαν για λίγο πριν. Στη συνέχεια, τα υποκείμενα έπρεπε να επιλέξουν εάν τους άρεσε ένας τυχαίος κινέζικος χαρακτήρας που θα τους έδειχνε (χωρίς να γνωρίζουν κινέζικα), με τους περισσότερους συμμετέχοντες να προτιμούν εκείνους που αμέσως προηγήθηκαν ενός χαμογελαστού προσώπου. Ακόμη και φαινομενικά ασήμαντοι παράγοντες μπορεί να έχουν βαθιές επιπτώσεις στα συναισθήματά μας. Οι Hirschleifer και Shumway διερεύνησαν πώς ένας κατά τα άλλα ασήμαντος παράγοντας έπαιξε ρόλο στην απόδοση της αγοράς 26 μεγάλων χρηματιστηρίων από το 1982-1997, δοκιμάζοντας τη σχέση τους μεταξύ των ωρών ηλιακού φωτός το πρωί και της απόδοσης της αγοράς σε κάθε χρηματιστήριο. Ανακάλυψαν μια ενδιαφέρουσα συσχέτιση που μοιάζει με το ρητό ενός παλιού αγρότη: αν ο ήλιος λάμπει έντονα το πρωί, τα αποθέματα τείνουν να αυξάνονται κατά τη διάρκεια της ημέρας - όχι πάντα, αλλά αρκετά συχνά. Ποιος θα πίστευε ότι η ηλιοφάνεια θα μπορούσε να μετακινήσει δισεκατομμύρια; Η πρωινή ηλιοφάνεια φαίνεται να έχει την ίδια θετική επίδραση με τα χαμογελαστά πρόσωπα!

Ανεξάρτητα από τις προθέσεις μας, τα συναισθήματά μας μας ελέγχουν. Οι αποφάσεις λαμβάνονται συχνά με βάση τα συναισθήματα και όχι τις σκέψεις. ενάντια σε όλες τις καλύτερες προθέσεις αντικαθιστούμε το "Τι σκέφτομαι για αυτό;" με το «Πώς νιώθω γι' αυτό». Χαμογέλα λοιπόν! Το μέλλον σου εξαρτάται από αυτό!

Βλέπε επίσης Association Bias (κεφ. 48). Loss Aversion (κεφ. 32), Salience Effect (κεφ. 83) και Contagion Bias (κεφ. 54)

ΓΙΑ ΝΑ ΔΗΜΙΟΥΡΓΗΣΕΤΕ ΤΟ ΔΙΚΌ ΣΑΣ ΑΙΡΕΤΙΚΌ!

Ο Bruce εργάζεται στην επιχείρηση βιταμινών. Ο πατέρας του το ξεκίνησε σε μια εποχή που τα συμπληρώματα δεν ήταν ακόμα μέρος του καθημερινού τρόπου ζωής. οι γιατροί θα πρέπει να τα συνταγογραφήσουν. Όταν ο Μπρους ανέλαβε Διευθύνων Σύμβουλος στις αρχές της δεκαετίας του '90, η ζήτηση εκτοξεύτηκε στα ύψη, ωθώντας τον να πάρει τεράστια δάνεια για να αυξήσει την παραγωγή. Σήμερα στέκεται ως ένα από τα πιο επιτυχημένα άτομα στον κλάδο του και πρόεδρος μιας εθνικής ένωσης παρασκευαστών βιταμινών. σχεδόν καθημερινά από την παιδική του ηλικία έπαιρνε τουλάχιστον τρεις πολυβιταμίνες. Όταν πήραν συνέντευξη από δημοσιογράφους σχετικά με την αποτελεσματικότητά του. Όταν ρωτήθηκε από δημοσιογράφο εάν έκαναν κάτι, ο Bruce απάντησε «Είμαι σίγουρος για αυτό» - μπορείτε να τον πιστέψετε;

Εδώ είναι άλλη μια πρόκληση για εσάς. Σκεφτείτε οποιαδήποτε ιδέα ή πεποίθηση για την οποία είστε βέβαιοι. Ίσως ο χρυσός θα ανέβει τα επόμενα πέντε χρόνια, ο Θεός υπάρχει ή ο οδοντίατρός σας θα σας χρεώσει υπερβολικά - γράψτε τα όλα σε μια φράση και δείτε αν πιστεύετε πραγματικά τον εαυτό σας!

Δεν είσαι πεπεισμένος ότι η πεποίθησή σου είναι πιο έγκυρη από αυτή του Μπρους; Λοιπόν, να γιατί: η δική σας είναι μια εσωτερική παρατήρηση, ενώ του Bruce είναι εξωτερική. Με άλλα λόγια, μπορείτε να δείτε μέσα στην ψυχή τους ενώ όχι στη δική σας.

Στην περίπτωση του Bruce, μπορεί να σκεφτείτε: «Λοιπόν, φυσικά είναι προς το συμφέρον του να πιστεύει ότι οι βιταμίνες είναι ωφέλιμες - ο πλούτος και η κοινωνική του θέση εξαρτώνται από την επιτυχία τους. Όλη του τη ζωή έπαιρνε χάπια, οπότε δεν θα παραδεχτεί ποτέ ότι ήταν χάσιμο χρόνου» Αλλά για εσάς προσωπικά είναι διαφορετικά: έχετε κάνει εκτενή έρευνα μέσα σας και βγαίνετε ως εντελώς αμερόληπτοι παρατηρητές.

Μπορεί όμως ο εσωτερικός προβληματισμός να είναι πραγματικά αγνός και ειλικρινής; Ο Σουηδός ψυχολόγος Petter Johannson διεξήγαγε μια μελέτη όπου τα υποκείμενα της δοκιμής είδαν δύο φωτογραφίες πορτραίτων τυχαίων ανθρώπων και επέλεξαν ποιο πρόσωπο ήταν πιο ελκυστικό. στη συνέχεια τους ζήτησε να περιγράψουν από κοντά τα πιο ελκυστικά χαρακτηριστικά του. Αλλά με ένα έξυπνο τέχνασμα - οι περισσότεροι συμμετέχοντες δεν κατάλαβαν ότι άλλαξε εικόνες στη μέση - οι περισσότεροι συνέχισαν να δικαιολογούν γιατί προτιμούσαν μια εικόνα τόσο διεξοδικά! Τα αποτελέσματα της μελέτης του: η ενδοσκόπηση δεν είναι αξιόπιστη: όταν κάνουμε έρευνες ψυχής, συχνά κάνουμε υποκειμενικές επιλογές - που σημαίνει ότι η ενδοσκόπηση είναι αναξιόπιστη: όταν διεξάγουμε εσωτερική αυτοανάλυση Επινοημένα ευρήματα για την επίτευξη των επιθυμητών ευρημάτων είναι γνωστή ως ψευδαίσθηση ενδοσκόπησης - αυτή η πεποίθηση ότι ο προβληματισμός οδηγεί στην αλήθεια ή την ακρίβεια είναι κάτι περισσότερο από σοφιστεία, λόγω των ισχυρών μας πεποιθήσεων τείνουμε να βιώνουμε τρεις αντιδράσεις όταν κάποιος δεν συμμερίζεται τις απόψεις μας: Απάντηση 1, 2 ή 3.

Πρώτη απάντηση: Υπόθεση άγνοιας. Υποθέτετε ότι το άλλο μέρος δεν διαθέτει επαρκείς γνώσεις. Αν είχαν λάβει τις γνώσεις σας, μπορεί κάλλιστα να μοιραστούν την άποψή σας. Οι πολιτικοί ακτιβιστές τείνουν να σκέφτονται σύμφωνα με αυτές τις γραμμές: πιστεύουν ότι ο διαφωτισμός θα πείσει άλλους να μπουν στο στρατόπεδό τους. Αντίδραση 2: Υπόθεση Ηλιθιότητας Απάντηση 3: Υπόθεση Κακίας. Όταν κάποιος δεν καταλαβαίνει ένα προφανές συμπέρασμα από τις διαθέσιμες πληροφορίες, και επομένως δεν μπορεί να βγάλει τα προφανή συμπεράσματα, μπορεί να φανεί σε όλους μας αδαής και ανόητος. Στους γραφειοκράτες αρέσει ιδιαίτερα η χρήση αυτής της προσέγγισης, καθώς προστατεύει τους «ανόητους» καταναλωτές από τον εαυτό τους. Απάντηση 1: Έλλειψη δέουσας διαδικασίας. Ο ομόλογός σας διαθέτει όλες τις απαραίτητες πληροφορίες -και μάλιστα κατανοεί τη συζήτηση- αλλά είναι εσκεμμένα μαχητικός, τρέφοντας κακόβουλες προθέσεις. Πολλοί θρησκευτικοί ηγέτες και οπαδοί βλέπουν τους άπιστους υπό το ίδιο πρίσμα: Αν διαφωνούν μαζί τους, πρέπει να είναι πράκτορες του Σατανά!

Συμπέρασμα: τίποτα δεν είναι τόσο πειστικό όσο οι δικές σας πεποιθήσεις, γι' αυτό η ενδοσκόπηση μπορεί να προσφέρει πραγματική αυτογνωσία. Δυστυχώς, η ενδοσκόπηση συχνά παραποιείται ή παραποιείται με υπερβολική εμπιστοσύνη στις εσωτερικές παρατηρήσεις πάρα πολύ και πάρα πολύ. Δεύτερον, η αντίληψή μας είναι συχνά υψηλότερη για τον εαυτό μας παρά για τους άλλους και αυτό δημιουργεί μια ψευδαίσθηση ανωτερότητας. Η λύση και για τους δύο είναι να γινόμαστε ολοένα και πιο επικριτικοί με τον εαυτό μας - αντιμετωπίζουμε τις εσωτερικές παρατηρήσεις με τον ίδιο σκεπτικισμό ως αξιώσεις τρίτων. γίνε ο πιο σκληρός κριτικός σου!

Βλέπε επίσης Illusion of Control (κεφ. 17). Self-Serving Bias (κεφ. 45). Μεροληψία επιβεβαίωσης (κεφ. 7-8) και σύνδρομο Not-Invented-Here (κεφ. 74) για περισσότερα σχετικά με αυτά τα θέματα.

ΓΙΑΤΙ ΠΡΕΠΕΙ ΝΑ ΒΑΛΕΤΕ ΦΩΤΙΑ ΣΤΑ ΠΛΟΙΑ ΣΑΣ

Δίπλα στο κρεβάτι μου υπάρχουν 24 βιβλία που είναι στοιβαγμένα ψηλά. Αν και βουτάω μέσα και έξω, κανείς δεν μπορεί να αφήσει την κατοχή μου. Αν και γνωρίζω ότι η σποραδική ανάγνωση δεν θα μου δώσει πραγματικές γνώσεις παρά όλες τις ώρες που αφιερώνω στην ανάγνωση, οπότε θα ήταν πιο λογικό για μένα να επικεντρωθώ σε ένα βιβλίο τη φορά. οπότε γιατί εξακολουθώ να ταχυδακτυλουργώ και τα 24 ταυτόχρονα;

Ο φίλος μου γνωρίζει έναν άντρα που βγαίνει με τρεις γυναίκες ταυτόχρονα και μπορεί να δει τον εαυτό του να κάνει οικογένεια με κάποια από αυτές, ωστόσο δεν μπορεί να πιέσει τον εαυτό του να επιλέξει μόνο μία - αυτό θα σήμαινε ότι θα χάσει μόνιμα δύο άλλες. κρατώντας τις επιλογές ανοιχτές όλες οι επιλογές παραμένουν διαθέσιμες, αν και ως αποτέλεσμα δεν δημιουργούνται πραγματικές σχέσεις.

Ο στρατηγός Xiang Yu, τον τρίτο αιώνα π.Χ., έστειλε τον στρατό του πέρα από τον ποταμό Yangtze για να αμφισβητήσει τη δυναστεία Qin. Ενώ τα στρατεύματά του κοιμόντουσαν, διέταξε να βάλουν φωτιά σε όλα τα πλοία. Το επόμενο πρωί τους είπε: «Τώρα έχετε μόνο μία επιλογή: Ή να πολεμήσετε για να κερδίσετε ή να πεθάνετε». Εξαλείφοντας την υποχώρηση ως επιλογή βοήθησε να εστιάσουν την προσοχή τους αποκλειστικά στη μάχη. Ο Ισπανός κατακτητής Cortes χρησιμοποίησε παρόμοιες τακτικές κινήτρων κατά την κατάκτηση του Μεξικού τον δέκατο έκτο αιώνα, όταν αφού προσγειώθηκε στην ανατολική του ακτή βύθισε το δικό του πλοίο ως κίνητρο.

Οι Xiang Yu και Cortes ξεχωρίζουν ως ακραίες τιμές. οι περισσότεροι άνθρωποι προσπαθούν να αυξήσουν τις επιλογές μας όσο το δυνατόν περισσότερο. Οι καθηγητές ψυχολογίας Dan Ariely και Jiwoong Shin έχουν δείξει τη δύναμη αυτού του ενστίκτου μέσω ενός διαδικτυακού παιχνιδιού. Οι παίκτες έλαβαν 100 πόντους στην αρχή και τρεις πόρτες εμφανίστηκαν στην οθόνη - κόκκινες, μπλε και πράσινες πόρτες. Το άνοιγμα καθενός από αυτά κόστισε έναν πόντο. Ωστόσο, με κάθε δωμάτιο που έμπαιναν μπορούσαν να κερδίσουν επιπλέον πόντους. Οι παίκτες αντέδρασαν λογικά, επιλέγοντας να παραμείνουν σε ένα δωμάτιο μέχρι να καρποφορήσει. Ο Ariely και ο Shin άλλαξαν στη συνέχεια τους κανόνες, οπότε αν οι πόρτες δεν άνοιγαν μέσα σε δώδεκα κινήσεις, άρχισαν να συρρικνώνονται στην οθόνη, και τελικά να εξαφανιστούν εντελώς. Στη συνέχεια οι παίκτες έτρεξαν από πόρτα σε πόρτα σε αναζήτηση πιθανών θησαυρών. Αυτή η μη παραγωγική αναμέτρηση είχε ως αποτέλεσμα να σκοράρουν 15% λιγότερους πόντους από ό,τι στο προηγούμενο παιχνίδι τους. Τέλος, ο Ariely και ο Shin πρόσθεσαν μια τελευταία ανατροπή: άλλαξαν τον τρόπο με τον οποίο κερδίσατε πόντους αυξάνοντας το μέγεθος των θυρών κατά 25%! Τελικά πρόσθεσαν άλλη μια ανατροπή: οι παίκτες θα εξακολουθούσαν να κερδίζουν 10% πόντους αυτή τη φορά! Οι διοργανωτές πρόσθεσαν άλλη μια ρυτίδα με μια άλλη ανατροπή: για άλλη μια φορά: οι πόρτες μπορούσαν να κλείσουν μέσα σε δώδεκα κινήσεις όταν εμφανίζονταν - αναγκάζοντας τους παίκτες να πηδήξουν την πόρτα από το άνοιγμα της πόρτας

τόσο γρήγορα όσο πριν! Ο Ariely και ο Shin έκαναν άλλη μια αλλαγή. Αυτή τη φορά, όταν οι πόρτες δεν άνοιξαν μέσα σε δώδεκα κινήσεις, οι πόρτες άρχισαν να συρρικνώνονται εκτός οθόνης και τελικά εξαφανίστηκαν εκτός οθόνης! Όταν ο Ariely και ο Shin άλλαξαν ξανά αλλάζοντας κανόνες: οι πόρτες έπρεπε να ανοίξουν μέσα σε δώδεκα κινήσεις διαφορετικά θα εξαφανίζονταν εκτός οθόνης! Οι παίκτες άρχισαν να αγωνίζονται από πόρτα-πόρτα προσπαθώντας να εξασφαλίσουν πρόσβαση σε όλους τους πιθανούς θησαυρούς που είχαν ως αποτέλεσμα 15% λιγότερους βαθμούς! Ο Ariely και ο Shin πρόσθεσαν ένα τελευταίο twist: αυτή τη φορά από το προηγούμενο παιχνίδι σκοράρουν 15% λιγότερους πόντους σκοράρουν 15% λιγότερους πόντους από πριν, ενώ πρόσθεσαν μια τελευταία ανατροπή: οι διοργανωτές πρόσθεσαν άλλη μια ανατροπή: μόλις άνοιξαν μέσα σε δώδεκα κινήσεις εξαφανίστηκαν από την οθόνη σταδιακά μέχρι τελικά εξαφανίστηκε πριν εξαφανιστεί εντελώς εξαφανίστηκε καθώς οι πόρτες άρχισαν να συρρικνώνονται, ο Ariely άλλαξε τους κανόνες που απαιτούνταν. κραδαίνοντας ότι πριν σκόραρε 15% λιγότερους πόντους σκοράροντας 15% λιγότερους πόντους και μετά πρόσθεσε άλλη μια ανατροπή... Το -
Το άνοιγμα των θυρών κοστίζει τώρα τρεις πόντους και το ίδιο άγχος δημιουργήθηκε: οι παίκτες σπαταλούσαν τους πόντους τους προσπαθώντας να κρατήσουν όλες τις πόρτες ανοιχτές. Ακόμη και αφού μάθαμε πόσα σημεία ήταν κρυμμένα σε κάθε δωμάτιο, δεν υπήρξε καμία αλλαγή. Η παραίτηση από επιλογές ήταν πολύ μεγάλο κόστος για αυτούς.

Γιατί ενεργούμε παράλογα; Επειδή οι συνέπειές του συχνά δεν είναι ξεκάθαρες. Στις χρηματοπιστωτικές αγορές, για παράδειγμα, αυτό είναι προφανές: οποιαδήποτε επιλογή σε έναν τίτλο κοστίζει πάντα κάτι. δεν υπάρχει τέτοιο πράγμα όπως μια δωρεάν επιλογή; Ωστόσο, σε άλλες σφαίρες οι επιλογές εμφανίζονται συχνά δωρεάν. αν και στην πραγματικότητα και αυτά έχουν ένα κόστος; Κάθε απόφαση απαιτεί ψυχική ενέργεια και αφαιρεί πολύτιμο χρόνο για σκέψη και ζωή. Οι CEO που εξερευνούν κάθε πιθανή επιλογή επέκτασης συχνά δεν επιλέγουν καμία στο τέλος. εταιρείες που προσπαθούν να εξυπηρετήσουν όλα τα τμήματα πελατών συχνά αποτυγχάνουν. Οι πωλητές που επιδιώκουν δυνητικούς πελάτες συχνά καταλήγουν να μην κλείνουν συμφωνίες παρά όλες τις προσπάθειες.

Οι άνθρωποι σήμερα τείνουν να προσηλώνονται στο να πραγματοποιούν πολλά έργα ταυτόχρονα και να είναι ανοιχτοί σε κάθε ευκαιρία που παρουσιάζεται. αλλά αυτή η προσέγγιση μπορεί γρήγορα να εκτροχιάσει την επιτυχία. Αντίθετα, πρέπει να μάθουμε πότε και γιατί να κλείνουμε τις πόρτες. Οι επιχειρηματικές στρατηγικές χρησιμεύουν κυρίως ως δηλώσεις σχετικά με τις δραστηριότητες στις οποίες δεν πρέπει να συμμετέχετε. Χρησιμοποιήστε μια παρόμοια προσέγγιση με τις επιχειρήσεις: αναφέρετε τι δεν πρέπει να επιδιώκετε στη ζωή και λάβετε υπολογισμένες αποφάσεις για να μην επιδιώξετε ορισμένες δυνατότητες. όταν προκύψει μια επιλογή, δοκιμάστε την με τη λίστα που δεν θέλετε να συνεχίσετε πριν κάνετε περαιτέρω βήματα. Όχι μόνο μια λίστα θα σας βοηθήσει να σας κρατήσει μακριά από προβλήματα, αλλά θα εξοικονομήσει επίσης χρόνο που αφιερώνετε στη λήψη αποφάσεων. Έχοντας τη λίστα σας ανά χείρας, αντί να παίρνετε αποφάσεις κάθε φορά που ανοίγει μια νέα πόρτα - πολλές πόρτες δεν έχουν νόημα ακόμα και όταν οι χειρολαβές τους φαίνονται αρκετά εύκολες - το μόνο που έχετε να κάνετε είναι να ανατρέχετε σε αυτήν όταν κάνετε επιλογές.

Δείτε επίσης: Πλάθος Βυθισμένου Κόστους (Κεφ. 5).

ΠΡΟΕΙΔΟΠΟΙΗΣΗ ΓΙΑ ΤΗ ΝΕΟΜΑΝΙΑ

Σε πενήντα χρόνια πώς θα μοιάζει ο κόσμος μας και ποια αντικείμενα θα μας περιβάλλουν καθημερινά; Είναι εύκολο να πιαστείς στη Νεομανία. ας αφήσουμε στην άκρη κανένα «ολοκαίνουργιο».

Οι άνθρωποι που σκέφτονταν αυτό το ερώτημα πριν από πενήντα χρόνια είχαν φανταστικές ιδέες για το πώς θα έμοιαζε το «μέλλον»: αυτοκινητόδρομοι στους ουρανούς, πόλεις που μοιάζουν με γυάλινους κόσμους και τρένα με σφαίρες που ζουμάρουν μεταξύ ουρανοξυστών. Θα ζούσαμε σε πλαστικές κάψουλες υποβρύχιες πόλεις κάνοντας διακοπές στο φεγγάρι παίρνοντας χάπια αντί να συλλαμβάνουμε βιολογικά παιδιά μέσω της σύλληψης. Αντίθετα, επιλέγουμε παιδιά από καταλόγους για να είναι τα παιδιά μας. Τα ρομπότ θα γίνονταν οι καλύτεροι φίλοι αντί για τους ανθρώπους ως συντρόφους, ενώ ο θάνατος είχε προ πολλού εξαλειφθεί - η εικόνα που φαντάζονταν δεν ήταν μακριά!

Αλλά περιμένετε λίγο: ρίξτε μια προσεκτική ματιά γύρω σας: κάθεστε σε μια καρέκλα που δημιουργήθηκε στην αρχαία Αίγυπτο. φορώντας παντελόνια που αναπτύχθηκαν πριν από περίπου 5.000 χρόνια από γερμανικές φυλές γύρω στο 750 π.Χ. Τα δερμάτινα παπούτσια στα πόδια σας προήλθαν κατά την τελευταία εποχή των παγετώνων. Τα ράφια σας αποτελούνται από ξύλο - ένα από τα παλαιότερα οικοδομικά υλικά που γνωρίζει ο άνθρωπος. Την ώρα του δείπνου χρησιμοποιείτε το πιρούνι σας όπως το χρησιμοποιούσαν οι Ρωμαίοι: για να φτυαρίσετε στο στόμα σας κομμάτια νεκρών ζώων και φυτών την ώρα του δείπνου - τίποτα δεν έχει αλλάξει - τίποτα δεν έχει αλλάξει επίσης.

Αναρωτιόμαστε πώς θα μοιάζει ο κόσμος μας σε πενήντα χρόνια; Ο Nassim Taleb μας προσφέρει κάποιες οδηγίες στο βιβλίο του Antifragile. Λάβετε υπόψη ότι οι περισσότερες τεχνολογίες που υπήρχαν τον τελευταίο μισό αιώνα θα συνεχίσουν να υπηρετούν την ανθρωπότητα για έναν ακόμη μισό αιώνα - ενώ η πρόσφατη τεχνολογία θα γίνει ξεπερασμένη πιο γρήγορα από το αναμενόμενο. Γιατί; Σκεφτείτε τις εφευρέσεις ως είδη: οτιδήποτε έχει αντέξει σε αιώνες εξέλιξης πιθανότατα θα συνεχίσει να είναι ισχυρό και στο μέλλον. Η παλιά τεχνολογία είναι αποδεδειγμένη. η εγγενής λογική του δεν μπορεί πάντα να κατανοηθεί πλήρως. Θα πρέπει να το λάβετε υπόψη την επόμενη φορά που θα παρευρεθείτε σε μια συνάντηση στρατηγικής, καθώς κάτι που επιμένει εδώ και αιώνες πρέπει να έχει κάποια αξία. Πενήντα χρόνια στο μέλλον πιθανότατα θα μοιάζουν με το σήμερα, αν και μπορεί να δείτε να εμφανίζονται νέα εντυπωσιακά gadget ή εφευρέσεις που μπορεί να κεντρίσουν το ενδιαφέρον στην αρχή. Ωστόσο, συχνά έρχονται και φεύγουν γρήγορα.

Όταν εξετάζουμε το μέλλον μας, δίνουμε συχνά υπερβολική έμφαση στις τεχνολογικές καινοτομίες και τις «φονικές εφαρμογές», ενώ υποτιμούμε τον ρόλο τους.

Ο Taleb έχει παρατηρήσει αυτή την τάση σε όλη την ιστορία. Στη δεκαετία του 1960, τα διαστημικά ταξίδια ήταν σε όλη τη μανία, με αποτέλεσμα πολλοί μαθητές να φαντάζονται ότι κάνουν σχολικές εκδρομές στον Άρη. Αργότερα, στη δεκαετία, τα πλαστικά σπίτια έγιναν μόδα και σκεφτήκαμε πώς θα διακοσμούσαμε τις διαφανείς κατοικίες μας με πλαστικά έπιπλα. Αποδίδει αυτή την τάση πίσω στη «νεομανία», τη γοητεία για όλα τα νέα και λαμπερά πράγματα.

Στην αρχή ένιωσα συμπάθεια για τους πρώτους που υιοθέτησαν - αυτούς τους ανθρώπους που δεν μπορούν να ζήσουν χωρίς να έχουν πρόσβαση στο πιο πρόσφατο iPhone. Εκείνη την εποχή νόμιζα ότι ήταν μπροστά από την εποχή τους. Τώρα, ωστόσο, τα βλέπω ως παράλογα άτομα που πάσχουν από νεομανία - φαίνεται να ενδιαφέρονται λιγότερο για το αν ένα προϊόν παρέχει απτά οφέλη, αλλά ενδιαφέρονται περισσότερο για την καινοτομία παρά για την πραγματική χρησιμότητα.

Μην παίρνετε δραστικά μέτρα όταν προβλέπετε το μέλλον. Η κλασική ταινία του Stanley Kubrick του 1968 2001: A Space Odyssey χρησιμεύει ως εικονογράφηση. Τοποθετημένο στο γύρισμα της χιλιετίας, αυτό το οραματικό κομμάτι προέβλεψε ότι η Αμερική θα φιλοξενούσε μια αποικία φεγγαριών χιλιάδων ισχυρών, που θα εξυπηρετούνταν από επιβατικές πτήσεις της PanAm - κάτι που κανείς δεν είδε να έρχεται. Αντιθέτως, προτείνω αυτόν τον εμπειρικό κανόνα: ό,τι έχει επιβιώσει για Χ χρόνια θα συνεχίσει να το κάνει για άλλα Χ χρόνια - ο Nassim Taleb πιστεύει ότι το "φίλτρο μαλακιών" της ιστορίας μπορεί να διαχωρίσει τα τεχνάσματα από τους παίκτες που αλλάζουν το παιχνίδι, οπότε είμαι πρόθυμος να στοιχηματίσω μαζί του!

Δείτε επίσης Ηδονικός διάδρομος (κεφ. 46) ως παράδειγμα γιατί λειτουργεί η προπαγάνδα. Ο Β' Παγκόσμιος Πόλεμος είδε κάθε έθνος να δημιουργεί προπαγανδιστικές ταινίες. Αυτά χρησιμοποιήθηκαν για να υποκινήσουν τα εθνικιστικά συναισθήματα μεταξύ των πολιτών και των στρατιωτών και να ενθαρρύνουν τις θυσίες για το έθνος τους. Αφού ξόδεψε ένα υπέρογκο ποσό μόνο για προπαγανδιστικές ταινίες, το πολεμικό τμήμα των ΗΠΑ διεξήγαγε μελέτες για το εάν αυτή η δαπάνη είχε απόδοση. Έγιναν μελέτες που αφορούσαν τακτικούς στρατιώτες. η απάντησή τους δεν έδειξε καθόλου αύξηση του ενθουσιασμού για τον πόλεμο!

Οι στρατιώτες έβλεπαν αυτές τις ταινίες ως κακογυρισμένες; Μετά βίας. Αντίθετα, οι στρατιώτες γνώριζαν αυτές τις ταινίες ως προπαγάνδα που καθιστούσε σχεδόν αδύνατο οποιοδήποτε μήνυμα που παρουσιαζόταν σε αυτές τις ταινίες να έχει οποιοδήποτε βάρος στο κοινό. ακόμα κι αν μια ταινία προκάλεσε μια λογομαχία ή ξεσήκωσε το κοινό αρκετά ώστε να αξίζει προσοχή ή εκτίμηση για το μήνυμά της. Το περιεχόμενό του θα θεωρούνταν απλώς κενό και θα αγνοηθεί εντελώς.

Εννέα εβδομάδες αργότερα, συνέβη κάτι απροσδόκητο: οι ψυχολόγοι διεξήγαγαν μια άλλη αξιολόγηση της στάσης των στρατιωτών σχετικά με τον πόλεμο. το αποτέλεσμα: όσοι είχαν παρακολουθήσει την ταινία εξέφρασαν πολύ μεγαλύτερη υποστήριξη από αυτούς που δεν την είχαν παρακολουθήσει. Προφανώς, η προπαγάνδα πέτυχε!

Οι επιστήμονες ήταν σαστισμένοι, γνωρίζοντας ότι η πειστική δύναμη ενός επιχειρήματος μειώνεται με την πάροδο του χρόνου, όπως το ραδιενεργό υλικό. Πιθανότατα το έχετε βιώσει και εσείς: διαβάστε ένα άρθρο σχετικά με τα οφέλη της γονιδιακής θεραπείας, γίνετε ενθουσιώδεις στην αρχή αλλά χάνετε γρήγορα το ενδιαφέρον σας μετά από μερικές εβδομάδες. τελικά απομένουν μόνο υπολείμματα ενθουσιασμού.

Παραδόξως, η προπαγάνδα συχνά λειτουργεί αντίθετα: μόλις χτυπήσει τους ανθρώπους, ο αντίκτυπός της αυξάνεται μόνο με την πάροδο του χρόνου. Γιατί; Ο ψυχολόγος Carl Hovland ηγήθηκε ενός πειράματος για το πολεμικό τμήμα και επινόησε αυτό το φαινόμενο "Sleeper Effect". Επί του παρόντος, η καλύτερη εξήγησή μας για αυτό είναι ότι οι αναμνήσεις μας ξεχνούν την πηγή πιο γρήγορα παρά ξεχνούν τι είπε το ίδιο το επιχείρημα (π.χ. Τμήμα Προπαγάνδας) ενώ θυμόμαστε το ίδιο το μήνυμα (δηλαδή ο πόλεμος είναι απαραίτητος και ευγενής).
Ως εκ τούτου, οι πληροφορίες που αποκτώνται από αναξιόπιστες πηγές κερδίζουν σταδιακά την εμπιστοσύνη με την πάροδο του χρόνου καθώς οι δυνάμεις απαξίωσης διαχέονται ταχύτερα από το μήνυμά τους.

Οι εκλογές στις ΗΠΑ προβάλλουν όλο και περισσότερο αρνητικές πολιτικές διαφημίσεις στις οποίες οι υποψήφιοι προσπαθούν να υποτιμήσουν ο ένας τα αρχεία ή τη φήμη του άλλου με απατηλά απλά μέσα - σε αυτήν την περίπτωση, οι πολιτικές διαφημίσεις πρέπει να συμμορφώνονται με τον εκλογικό νόμο των ΗΠΑ αποκαλύπτοντας τους χορηγούς τους στο τέλος κάθε διαφήμισης, ωστόσο πολλές μελέτες δείχνουν ότι τα φαινόμενα ύπνου εξακολουθούν να διαδραματίζονται μεταξύ των αναποφάσιστων ψηφοφόρων καθώς ο αγγελιοφόρος ξεθωριάζει ενώ οι δηλώσεις τους παραμένουν αποτυπωμένες στη μνήμη - αυτό επιτρέπει στους υποψηφίους να εκτοξεύουν τις πιο επιζήμιες κατηγορίες εναντίον αντιπάλων υποψηφίων χωρίς φόβο για αντίποινα ή συνέπειες σε οποιαδήποτε πλευρά εάν το τελικό αποτέλεσμα να είναι λιγότερο αρνητικές από ό,τι αναμενόταν από το νόμο - αυτό καθιστά τις προεκλογικές διαφημίσεις πολύ πιο δύσκολη διαδικασία από ό,τι θα έπρεπε να χρησιμοποιούνται έναντι αντιπάλων εκστρατειών από αντιπάλους και από τις δύο πλευρές στις εκστρατείες όσον αφορά τη συμμετοχή των ψηφοφόρων ή τον αριθμό της προσέλευσης απ' ό,τι διαφορετικά ήταν δυνατόν σε προηγούμενες περιόδους εκστρατειών.

Συχνά μου φαίνεται περίεργο πώς μπορεί να λειτουργήσει η διαφήμιση. Κάθε λογικό άτομο θα πρέπει να αναγνωρίζει εύκολα τις διαφημίσεις για αυτό που είναι και να τις αποκλείει ή να τις κατηγοριοποιεί κατάλληλα. Ωστόσο, ακόμη και εσείς ως οξυδερκής και έξυπνος αναγνώστης δεν θα το καταφέρνετε πάντα με επιτυχία. μπορεί να ξεχάσετε από πού προήλθαν ορισμένες πληροφορίες μετά από αρκετές εβδομάδες - είτε πρόκειται για ενημερωτικό άρθρο είτε για κολλώδη διαφήμιση!

Πώς μπορείτε να αντιμετωπίσετε το φαινόμενο του ύπνου; Πρώτον, να είστε επιφυλακτικοί με οποιαδήποτε αυτόκλητη συμβουλή, ακόμα κι αν φαίνεται καλοπροαίρετη - εάν το κάνετε αυτό προστατεύετε τον εαυτό σας από χειραγώγηση σε κάποιο βαθμό. Δεύτερον, αποφύγετε όσο το δυνατόν περισσότερο πηγές με διαφημίσεις (είμαστε τυχεροί που τα βιβλία παραμένουν χωρίς διαφημίσεις!). Τρίτον, προσδιορίστε και θυμηθείτε ποια ήταν η πηγή κάθε επιχειρήματος που συναντάτε. Προσπαθήστε να κατανοήσετε όσο το δυνατόν περισσότερο το σκεπτικό τους καθώς και ποιος ωφελείται από τι. Αν και αυτή η διαδικασία μπορεί να επιβραδύνει κάπως τις διαδικασίες λήψης αποφάσεων, αλλά θα τις βελτιώσει επίσης με την πάροδο του χρόνου.

Βλέπε επίσης Framing (κεφ. 42). Επιδράσεις Προτεραιότητας και Πρόσφατου (κεφ. 73). News Illusion (κεφ. 99).

ΕΝΑΛΛΑΚΤΙΚΗ ΤΥΦΛΩΣΗ

Φανταστείτε το εξής: ξεφυλλίζετε ένα φυλλάδιο που διαφημίζει τα οφέλη ενός πτυχίου MBA που προσφέρεται στο τοπικό σας πανεπιστήμιο. Το βλέμμα σας πέφτει πάνω από φωτογραφίες της πανεπιστημιούπολης που καλύπτεται από κισσό και των υπερσύγχρονων αθλητικών εγκαταστάσεων. μαζί με εικόνες χαμογελαστών μαθητών από διαφορετικά εθνοτικά υπόβαθρα, με έμφαση στις νεαρές γυναίκες, τις Κινέζες και τις Ινδές ποδοσφαιριστές. Τέλος, φτάνετε σε μια επισκόπηση που δείχνει την οικονομική του αξία: η αμοιβή των 100.000 δολαρίων μπορεί εύκολα να αντισταθμιστεί από τους πτυχιούχους που δημιουργούν επιπλέον κέρδη πριν από τη συνταξιοδότηση: περίπου 400.000 $ μετά από φόρους! Χωρίς εγκεφαλικό.

Λανθασμένος. Ένα τέτοιο επιχείρημα κρύβει όχι μία, αλλά τέσσερις πλάνες. Πρώτον είναι η "ψευδαίσθηση του σώματος του κολυμβητή", καθώς τα προγράμματα MBA τείνουν να προσελκύουν άτομα με προσανατολισμό σταδιοδρομίας που πιθανότατα θα έχουν μισθούς άνω του μέσου όρου χωρίς πρόσθετα προσόντα, όπως πτυχίο MBA. Ο δεύτερος μύθος: ένα MBA διαρκεί δύο χρόνια και κατά τη διάρκεια αυτής της περιόδου μπορείτε να περιμένετε απώλεια κερδών $100.000. Ως εκ τούτου, το πραγματικό κόστος ενός MBA πιθανότατα θα υπερέβαινε τα 100.000 $ όταν συνυπολογιστούν οι πιθανές αποδόσεις από την επένδυση. Τρίτον, είναι ανόητο να κάνουμε εκτιμήσεις για περισσότερα από τριάντα χρόνια - ποιος ξέρει τι θα συμβεί σε αυτό το χρονικό διάστημα; Τέλος, υπάρχουν και άλλες επιλογές. Μην αισθάνεστε δεσμευμένοι από το «κάντε MBA ή μην κάνετε MBA» μόνοι σας. Ίσως υπάρχει άλλο διαθέσιμο πρόγραμμα που κοστίζει σημαντικά λιγότερο και προσφέρει επίσης οφέλη επαγγελματικής ανέλιξης. Βρίσκω την τέταρτη παρανόηση ιδιαίτερα συναρπαστική. ας το ονομάσουμε εναλλακτική τύφλωση: όταν αποτυγχάνουμε να συγκρίνουμε μια υπάρχουσα προσφορά με την επόμενη καλύτερη εναλλακτική της προσφορά.

Ακολουθεί ένα παράδειγμα από τα χρηματοοικονομικά: φανταστείτε ότι έχετε αποταμιεύσει κάποια χρήματα σε έναν λογαριασμό ταμιευτηρίου και ζητήστε τη συμβουλή ενός επενδυτικού μεσίτη, ο οποίος συνιστά να αγοράσετε ένα ομόλογο που πληρώνει τόκο 5% αντί μόνο του 1% που δίνουν οι λογαριασμοί ταμιευτηρίου. Πιστεύουμε ότι η αγορά του ομολόγου έχει νόημα; Κανείς δεν ξέρει. Λαμβάνοντας υπόψη μόνο αυτές τις δύο επιλογές δεν θα παρείχε ακριβή εκτίμηση. για να αξιολογήσετε πραγματικά όλες τις πιθανές επενδυτικές επιλογές και, στη συνέχεια, επιλέξτε τη βέλτιστη (έτσι το κάνει ο κορυφαίος επενδυτής Warren Buffet).
Ο Μπάφετ μετρά κάθε συναλλαγή με τη δεύτερη καλύτερη συμφωνία που είναι διαθέσιμη ανά πάσα στιγμή - ακόμα κι αν αυτό σημαίνει ότι κάνουμε περισσότερα από αυτά που ήδη κάνουμε».

Σε αντίθεση με τον Warren Buffett, οι πολιτικοί συχνά πέφτουν θύματα εναλλακτικής τυφλότητας. Σκεφτείτε τον σχεδιασμό της πόλης σας για την κατασκευή μιας αθλητικής αρένας σε ένα άδειο οικόπεδο. Οι υποστηρικτές μπορεί να υποστηρίξουν ότι θα ωφελήσει τους κατοίκους περισσότερο συναισθηματικά και οικονομικά παρά ένα άδειο οικόπεδο - ωστόσο αυτή η σύγκριση είναι εσφαλμένη: αντ' αυτού θα πρέπει να αξιολογήσουν όλες τις ιδέες που καθίστανται αδύνατες λόγω της κατασκευής του, όπως σχολεία, κέντρα παραστατικών τεχνών, νοσοκομεία ή αποτεφρωτήρια. Εναλλακτικά, θα μπορούσαν να πουλήσουν τη γη και να επενδύσουν τα έσοδα ή να μειώσουν το χρέος της πόλης με αυτήν την εναλλακτική λύση.

Παραβλέπετε εναλλακτικές λύσεις; Φανταστείτε ο γιατρός σας να ανακαλύπτει έναν όγκο σε πέντε χρόνια και να προτείνει μια περίπλοκη επέμβαση που, αν επιτυχώς, θα τον αφαιρούσε εντελώς, αλλά, ωστόσο, ο κίνδυνος θεωρείται υψηλός με συνολικό ποσοστό επιβίωσης μόλις 50% Πώς αποφασίζετε; Εξετάστε προσεκτικά τις επιλογές σας: βέβαιος θάνατος σε πέντε χρόνια ή πιθανότητα 50% να πεθάνετε την επόμενη εβδομάδα. εναλλακτική τύφλωση! Ίσως υπάρχει μια παραλλαγή μιας επεμβατικής χειρουργικής επέμβασης διαθέσιμη σε άλλο νοσοκομείο της πόλης που δεν την προσφέρει αυτήν τη στιγμή στο ίδρυμά σας. Η χειρουργική επέμβαση για την επιβράδυνση της ανάπτυξης του όγκου θα μπορούσε μόνο προσωρινά να ανακουφίσει τα συμπτώματα. Ωστόσο, αυτή η επεμβατική χειρουργική επέμβαση παρέχει περισσότερο χρόνο και ψυχική ηρεμία από τις εναλλακτικές της. ποιος ξέρει, ίσως κατά τη διάρκεια αυτών των δέκα ετών θα εμφανιστούν πιο προηγμένες θεραπείες για την εξάλειψη των όγκων;

Συμπέρασμα: Εάν δυσκολεύεστε να λάβετε αποφάσεις, να θυμάστε ότι υπάρχουν περισσότερες από δύο επιλογές - όπως μη χειρουργική επέμβαση και χειρουργική επέμβαση υψηλού κινδύνου - στη διάθεσή σας. Μην αισθάνεστε παγιδευμένοι ανάμεσα σε μια απόλυτη επιλογή και τις πιθανές εναλλακτικές της. να είσαι ανοιχτόμυαλος!

Βλέπε Παράδοξο της Επιλογής (κεφ. 21). Swimmer's Body Illusion (κεφ. 2) για περαιτέρω ανάγνωση σε αυτά τα θέματα.

ΓΙΑΤΙ ΣΤΟΧΕΥΟΥΜΕ ΤΑ ΝΕΑ ΠΟΛΛΑ

ΜΕΡΟΛΗΨΙΑ ΚΟΙΝΩΝΙΚΗΣ ΣΥΓΚΡΙΣΗΣ

Αφού το βιβλίο μου έφτασε στο No 1 της λίστας των μπεστ σέλερ, ο εκδότης μου ζήτησε τη βοήθειά μου για να υποστηρίξω έναν άλλο τίτλο από έναν γνωστό μου που βρισκόταν στην πρώτη δεκάδα της λίστας. πίστευαν ότι μια μαρτυρία από εμένα θα του έδινε επιπλέον ώθηση για να συμπεριληφθεί σε αυτή τη λίστα.

Πάντα εκπλήσσομαι που αυτές οι μαρτυρίες λειτουργούν καθόλου, δεδομένου ότι όλοι γνωρίζουμε ότι μόνο θετικά σχόλια κάνουν τα σακάκια βιβλίων (συμπεριλαμβάνεται αυτό το βιβλίο). Ένας ορθολογικός αναγνώστης πρέπει να αφήσει στην άκρη τον έπαινο ή τουλάχιστον να τον εξετάσει μαζί με οποιαδήποτε πιθανή κριτική που είναι πάντα παρούσα, ακόμη και σε διαφορετικές μορφές. Ενώ έχω γράψει πολλές μαρτυρίες για άλλα βιβλία, καμία δεν ήταν για ανταγωνιστικούς τίτλους. Καθώς εξέταζα τις επιλογές μου, συνειδητοποίησα ότι είχε τεθεί σε εφαρμογή η μεροληψία της κοινωνικής σύγκρισης - αυτή η τάση να αποφεύγεις να βοηθάς αυτούς που σύντομα θα μπορούσαν να σε επισκιάσουν και να φαίνονται ανόητοι μακροπρόθεσμα.

Οι μαρτυρίες βιβλίων μπορούν να χρησιμεύσουν ως αβλαβές παράδειγμα προκατάληψης κοινωνικής σύγκρισης. Ωστόσο, ο ακαδημαϊκός κόσμος το έχει φτάσει σε ένα εντελώς πιο επικίνδυνο επίπεδο. Κάθε επιστήμονας φιλοδοξεί να δημοσιεύσει τόσα άρθρα σε έγκριτα επιστημονικά περιοδικά, κερδίζοντας ο ίδιος το δικαίωμα να αξιολογεί τις υποβολές συναδέλφων επιστημόνων που υποβάλλουν εργασίες για δημοσίευση. Με την πάροδο του χρόνου, οι συντάκτες σας ζητούν να αξιολογήσετε τις υποβολές άλλων επιστημόνων - συχνά μόνο δύο ή τρεις ειδικοί αποφασίζουν ποια άρθρα κάνουν την περικοπή σε κάθε δεδομένο τομέα. έχοντας κατά νου αυτή τη γνώση, τι θα συνέβαινε όταν ένας πρωτοεμφανιζόμενος ερευνητής υποβάλει ένα συγκλονιστικό έγγραφο που απειλεί να ανατρέψει καθιερωμένους ειδικούς; Πιθανότατα θα γίνονταν ιδιαίτερα αυστηροί κατά την αξιολόγησή τους - αυτή είναι μεροληψία κοινωνικής σύγκρισης στην εργασία!

Ο ψυχολόγος Stephen Garcia και οι συνεργάτες του ερευνητές περιγράφουν ένα παράδειγμα στο οποίο ένας βραβευμένος με Νόμπελ απαγόρευσε σε έναν από τους πολλά υποσχόμενους νέους συναδέλφους του να υποβάλει αίτηση για εργασία στο πανεπιστήμιο "του", αν και αυτό μπορεί να φαίνεται συνετό αρχικά. με την πάροδο του χρόνου γίνεται αντιπαραγωγικό όταν ο εν λόγω νεαρός συνάδελφος προσχωρεί σε μια άλλη ερευνητική ομάδα - ενδεχομένως αποκλείοντας οποιαδήποτε περαιτέρω επαφή μεταξύ του ηλικιωμένου καθηγητή και του/της και αυτού του νεαρού θαύματος.
Ο Garcia προτείνει ότι η μεροληψία της κοινωνικής σύγκρισης μπορεί να είναι ένας παράγοντας που εμποδίζει τα ιδρύματα να διατηρήσουν τη θέση τους ως ερευνητικές ομάδες παγκόσμιας

κλάσης για μεγάλο χρονικό διάστημα. Λίγες ερευνητικές ομάδες καταφέρνουν να παραμείνουν στην κορυφή για πολλά χρόνια συνεχόμενα.

Η μεροληψία κοινωνικής σύγκρισης είναι ένα άλλο σημαντικό ζήτημα με τις νεοσύστατες εταιρείες. Ο Guy Kawasaki υπηρέτησε ως «αρχικός ευαγγελιστής» της Apple για τέσσερα χρόνια και σήμερα συμβουλεύει τους επιχειρηματίες ως επιχειρηματίας και σύμβουλος. Σύμφωνα με την Kawasaki: «Οι παίκτες Α προσλαμβάνουν ανθρώπους ακόμα καλύτερους από τους ίδιους. Όπως δήλωσε ο Steve [Jobs], οι παίκτες Β στρατολογούν παίκτες C για να αισθάνονται ανώτεροι από αυτούς και οι παίκτες C στρατολογούν παίκτες D. Όταν προσλαμβάνετε παίκτες Β, περιμένετε να συμβεί αυτό που ονόμασε "η έκρηξη του μπόζο" εντός του οργανισμού σας. Η πρόσληψη παικτών Β έχει τελικά ως αποτέλεσμα την πρόσληψη Z-players αντί για B-players. Σύσταση: Προσλάβετε άτομα που είναι καλύτερα από εσάς, διαφορετικά σύντομα θα ηγηθείτε μιας ομάδας αουτσάιντερ. Το λεγόμενο φαινόμενο Duning-Kruger ισχύει εδώ. Οι παίκτες Z με ανικανότητα έχουν συχνά το χάρισμα να παραβλέπουν την έκτασή της, πιστεύοντας ότι διαθέτουν περισσότερη νοημοσύνη από ό,τι στην πραγματικότητα. Αυτοί οι άνθρωποι δημιουργούν μια ψευδαίσθηση ανωτερότητας που τους οδηγεί σε ακόμη περισσότερα λάθη που με τη σειρά τους διαβρώνουν τη δεξαμενή ταλέντων με την πάροδο του χρόνου.

Ο Ισαάκ Νεύτων ήταν 25 χρονών εκείνη την εποχή και όταν το σχολείο του έκλεισε λόγω επιδημίας πανώλης το 1666-7, ο Ισαάκ Μπάροου προσφέρθηκε να έρθει και να δει την έρευνά του, την οποία ο Μπάροου εγκατέλειφε αμέσως ως καθηγητής για να συμμετάσχει ως ένας από τους μαθητές του Νεύτωνα. - ήταν πραγματικά ευγενικό εκ μέρους του! Τι ηθικό παράδειγμα έθεσε. Και πότε ήταν η τελευταία φορά που ακούσατε για έναν καθηγητή να παραμερίζεται υπέρ ενός άλλου υποψηφίου ή διευθύνοντος συμβούλου να παραχωρήσει τη θέση του επειδή συνειδητοποίησε ότι ένας από τους υπαλλήλους του θα μπορούσε να κάνει καλύτερη δουλειά;

Συμπέρασμα: Εν κατακλείδι, καλλιεργείτε άτομα πιο ταλαντούχα από εσάς; Αν και μπορεί αρχικά να απειλήσει τη θέση σας, μακροπρόθεσμα θα ωφελήσει μόνο. Άλλοι θα σας προσπεράσουν σε κάποιο στάδιο ούτως ή άλλως. μέχρι να φτάσει εκείνη η ώρα, θα ήταν φρόνιμο να πάρουμε τις καλές τους πλευρές και να μάθουμε από αυτούς - που ήταν το κίνητρό μου για να γράψω τη μαρτυρία στο τέλος. Για περαιτέρω ανάγνωση, βλέπε: Envy (κεφ. 86). Εφέ αντίθεσης (κεφ. 10).

ΕΠΙΔΡΑΣΕΙΣ ΥΠΕΡΟΧΗΣ ΚΑΙ ΠΡΟΣΦΑΤΟΥ

Επιτρέψτε μου να σας παρουσιάσω δύο άντρες, τον Άλαν και τον Μπεν. Αποφασίστε αμέσως ποιον προτιμάτε χωρίς να το πολυσκεφτείτε: Ο Άλαν είναι έξυπνος, εργατικός, παρορμητικός, επικριτικός, πεισματάρης και ζηλιάρης, ενώ οι ιδιότητες του Μπεν περιλαμβάνουν αυτά τα χαρακτηριστικά, αλλά με μια ανατροπή: Ο Μπεν μπορεί επίσης να είναι ζηλιάρης, πεισματάρης, κριτικός παρορμητικός σκληρά εργαζόμενος έξυπνος επίσης. Οι περισσότεροι άνθρωποι επιλέγουν τον Άλαν παρόλο που και οι δύο περιγραφές ακούγονται παρόμοιες. Ο εγκέφαλός σας τείνει να δίνει περισσότερη προσοχή στα επίθετα που αναφέρονται πρώτα, δημιουργώντας έτσι δύο ξεχωριστές προσωπικότητες - ο Άλαν είναι σκληρά εργαζόμενος ενώ ο Μπεν εμφανίζει ζήλια και πεισματικά χαρακτηριστικά - κάτι που είναι γνωστό ως αποτέλεσμα της πρωτοκαθεδρίας.

Χωρίς το φαινόμενο της πρωτοκαθεδρίας, οι άνθρωποι θα εγκατέλειπαν τις πολυτελείς αίθουσες εισόδου στα κεντρικά τους γραφεία. ο δικηγόρος σας θα ένιωθε εξίσου ικανοποιημένος που θα εμφανιζόταν φορώντας φθαρμένα αθλητικά παπούτσια και όχι επώνυμα Oxfords για τις συναντήσεις σας.

Το φαινόμενο της υπεροχής συχνά προκαλεί πρακτικά σφάλματα. Ο βραβευμένος με Νόμπελ Daniel Kahneman συζητά πώς, στην αρχή του καθηγητή του, βαθμολόγησε τα γραπτά των εξετάσεων με τη σειρά: ο μαθητής 1 ακολουθούμενος από τον μαθητή 2, και μετά όλες οι επόμενες ερωτήσεις που απαντήθηκαν άφογα έλαβαν υψηλότερη βαθμολογία. Αυτό σήμαινε ότι οι μαθητές που απάντησαν τέλεια θα γίνονταν τα αγαπημένα του Kahneman και αυτό θα είχε τελικά επίδραση στον τρόπο με τον οποίο βαθμολόγησε άλλα μέρη των εξετάσεών τους. Για να εξουδετερώσει αυτό το αποτέλεσμα, ο Kahneman άρχισε να βαθμολογεί μεμονωμένες ερωτήσεις σε παρτίδες - όλες οι απαντήσεις στην ερώτηση 1 βαθμολογούνται, μετά όλες οι απαντήσεις στην ερώτηση 2 κ.λπ. - εξουδετερώνοντας έτσι αυτό το αποτέλεσμα και εξουδετερώνοντάς το εντελώς.

Δυστυχώς, αυτό το τέχνασμα μπορεί να μην λειτουργεί πάντα στην πράξη. Για παράδειγμα, όταν προσλαμβάνετε νέους υπαλλήλους, κινδυνεύετε να προσλάβετε πρώτο το άτομο που κάνει καλή πρώτη εντύπωση. Για να μεγιστοποιήσετε την αποτελεσματικότητα όταν απαντάτε σε παρόμοιες ερωτήσεις μία προς μία από όλους τους υποψηφίους στη σειρά.

Φανταστείτε τον εαυτό σας ως μέλος ενός διοικητικού συμβουλίου εταιρείας. Ανακύπτει ένα θέμα συζήτησης για το οποίο δεν έχετε αποφασίσει ακόμα και ένας ή περισσότεροι παρόντες συμμετέχοντες εκφράζουν μια γνώμη που μπορεί να επηρεάσει τον τρόπο με τον οποίο το αξιολογείτε συνολικά. Μη διστάσετε να το εκφράσετε πριν το κάνουν άλλοι - έτσι όλοι μπορούν να μάθουν.

Κάνοντας αυτό, θα αποκτήσετε μεγαλύτερη επιρροή στους συναδέλφους σας και θα τους φέρετε στο πλευρό σας. Εάν προεδρεύετε μιας επιτροπής, φροντίστε να συγκεντρώνετε απόψεις με τυχαία σειρά, ώστε κανείς να μην έχει άδικο πλεονέκτημα έναντι ενός άλλου μέλους.

Το φαινόμενο της υπεροχής μπορεί να μην φταίει πάντα. Το εφέ πρόσφατου παίζει συχνά εξίσου σημαντικό ρόλο. Οι πληροφορίες που αποθηκεύονται πιο πρόσφατα τείνουν να μένουν καλύτερα στη μνήμη μας - αυτό συμβαίνει επειδή τα αρχεία βραχυπρόθεσμης μνήμης περιέχουν μόνο περιορισμένο χώρο. Μόλις έρθει κάτι νέο, ένα παλαιότερο κομμάτι πρέπει να ανοίξει τον δρόμο.

Πότε η πρωτοκαθεδρία υπερισχύει της πρόσφατης επίδρασης και το αντίστροφο; Όταν αντιμετωπίζετε άμεσες αποφάσεις που βασίζονται σε πολλαπλές εντυπώσεις (χαρακτηριστικά, απαντήσεις εξετάσεων κ.λπ.), τα αποτελέσματα της υπεροχής βαραίνουν περισσότερο. Αλλά αν αυτές οι εντυπώσεις σχηματίστηκαν σε μεγαλύτερο χρονικό διάστημα - για παράδειγμα, αν ακούσατε μια ομιλία πρόσφατα, τότε το φαινόμενο της πρόσφατης εμφάνισης είναι πιο εμφανές. Θα θυμάστε πιο ξεκάθαρα τα τελικά του σημεία/διατρήσεις παρά τα αρχικά.

Συμπέρασμα: Οι αρχικές και οι τελευταίες εντυπώσεις κυριαρχούν, που σημαίνει ότι το περιεχόμενο μεταξύ έχει ελάχιστη σημασία. Προσπαθήστε να αποφύγετε τη λήψη αποφάσεων που βασίζονται αποκλειστικά στις αρχικές εντυπώσεις. αυτά αναμφίβολα θα σας εξαπατήσουν με κάποια μορφή. Αξιολογήστε όλες τις πτυχές δίκαια και αμερόληπτα - αν και αυτό μπορεί να είναι πιο εύκολο να το πείτε παρά να το κάνετε - όπως η διεξαγωγή συνεντεύξεων σημειώνοντας τις βαθμολογίες κάθε πέντε λεπτά και στη συνέχεια λαμβάνοντας τον μέσο όρο τους στη συνέχεια για να βεβαιωθείτε ότι όλες οι πτυχές μετρούν εξίσου, όπως βαθμολογίες γεια και αντίο.

Βλέπε επίσης Illusion of Attention (κεφ. 88). Sleeper Effect (κεφ. 70); Salience Effect (κεφ. 83)

ΓΙΑΤΙ ΤΟ ΣΠΙΤΙΟ ΕΙΝΑΙ ΚΑΛΥΤΕΡΟ

ΣΥΝΔΡΟΜΟ NOT-INVENTED-HERE

Οι μαγειρικές μου ικανότητες είναι μάλλον βασικές και η γυναίκα μου το ξέρει. Κάθε τόσο, όμως, καταφέρνω να δημιουργώ κάτι βρώσιμο. Πρόσφατα, όταν αγόρασα λίγη σόλα, δημιούργησα μια ασυνήθιστη σάλτσα αποτελούμενη από λευκό κρασί, πολτοποιημένα φιστίκια Αιγίνης, μέλι, τριμμένη φλούδα πορτοκαλιού και ξύδι βαλσάμικο - και όταν το δοκίμασε άρχισε να αφαιρεί αυτό που θεωρούσε πολύ τολμηρό πείραμα. αλλά σκέφτηκα ότι είχε υπέροχη γεύση και εξήγησα τις λεπτομέρειες αλλά δεν φάνηκε καμία αλλαγή στην έκφρασή της.

Δύο εβδομάδες αργότερα, η γυναίκα μου ετοίμασε ξανά τη σόλα για δείπνο, αυτή τη φορά μαγειρεύοντας μόνη της. Ετοίμασε δύο σάλτσες: τη δοκιμασμένη και αληθινή σάλτσα beurre blanc της καθώς και μια ασυνήθιστη συνταγή από έναν κορυφαίο Γάλλο σεφ που είχε τρομερή γεύση. αργότερα αποκαλύφθηκε ως Ελβετός! Προφανώς με έπιασε απροετοίμαστο. Είχα υποκύψει στο σύνδρομο Not-Invented-Here (σύνδρομο NIH), όπου κάθε δημιουργία που δημιουργείτε μόνοι σας γίνεται ανώτερη σε σύγκριση με οτιδήποτε ακολουθεί.

Το σύνδρομο NIH κάνει τους ανθρώπους να ερωτεύονται τις δικές τους ιδέες. Αυτό δεν ισχύει μόνο για τις συνταγές με σάλτσα ψαριών, αλλά για όλες τις μορφές λύσεων, επιχειρηματικών ιδεών και εφευρέσεων που αναπτύχθηκαν εσωτερικά. Οι εταιρείες συχνά αξιολογούν τέτοιες έννοιες ως πιο σημαντικές από οποιαδήποτε από εξωτερικές πηγές. Ωστόσο, αυτό μπορεί να μην είναι απαραίτητα ακριβές στην πραγματικότητα. Πρόσφατα συναντήθηκα με τον Διευθύνοντα Σύμβουλο ενός παρόχου λογισμικού για εταιρείες ασφάλισης υγείας. Εξήγησε πόσο δύσκολο ήταν για την εταιρεία του - παρόλο που ηγήθηκε της αγοράς όσον αφορά τις υπηρεσίες, την ασφάλεια και τη λειτουργικότητα - να πουλήσει τα προϊόντα λογισμικού της απευθείας σε πιθανούς πελάτες. Πολλοί ασφαλιστές πιστεύουν ότι οι δικές τους εσωτερικές λύσεις παρέχουν τις βέλτιστες λύσεις, ωστόσο ένας άλλος Διευθύνων Σύμβουλος μου είπε πόσο δύσκολο ήταν να πείσω το προσωπικό του στα κεντρικά γραφεία να αποδεχθούν λύσεις που προτείνονται από μακρινές θυγατρικές.

Όταν οι άνθρωποι συνεργάζονται για να λύσουν προβλήματα και να αξιολογήσουν οι ίδιοι αυτές τις ιδέες, το σύνδρομο NIH αναπόφευκτα θα εκδηλωθεί και θα ακολουθήσει την πορεία του. Έτσι έχει αναπόφευκτα ένα επιδραστικό αποτέλεσμα που έχει ως αποτέλεσμα την επιδραστική εκδήλωσή του. Αυτό κάνει την κατάσταση ακόμη πιο σημαντική.
Ο διαχωρισμός των ομάδων σε δύο ομάδες έχει νόημα: η μία θα δημιουργήσει ιδέες ενώ η άλλη τις βαθμολογεί, με τις ιδέες που δημιουργούνται από μια ομάδα να αξιολογούνται από μια άλλη και μετά να αντιστρέφονται - με αυτόν τον τρόπο και οι δύο ομάδες έχουν τον ίδιο χρόνο στη δημιουργία ιδεών και την αξιολόγηση των εννοιών από μια άλλη. Τείνουμε να αξιολογούμε

τις δικές μας επιχειρηματικές ιδέες πιο θετικά από αυτές που προτείνουν άλλοι - ένα χαρακτηριστικό απαραίτητο για την επιχειρηματική επιτυχία, αλλά συχνά οδηγεί σε απογοητευτικές αποδόσεις στις νεοσύστατες επιχειρήσεις.

Ο ψυχολόγος Dan Ariely χρησιμοποίησε το blog του στους New York Times για να ποσοτικοποιήσει το σύνδρομο NIH. Οι αναγνώστες που ζητήθηκαν από την Ariely παρέχουν λύσεις σε έξι προβλήματα, όπως "Πώς μπορούν οι πόλεις να μειώσουν την κατανάλωση νερού χωρίς να περιορίζονται από το νόμο;", κάνοντας προτάσεις και αξιολογώντας τη σκοπιμότητα. προσδιορίζοντας περαιτέρω τις επενδύσεις χρόνου και χρήματος σε κάθε προτεινόμενη ιδέα· τελικά χρησιμοποιώντας μόνο πενήντα λέξεις, ώστε όλες οι απαντήσεις που παρέχονται να ταιριάζουν ακριβώς. Ανεξάρτητα από αυτό, οι περισσότεροι αναγνώστες βαθμολόγησαν τις απαντήσεις τους πιο σημαντικές και εφαρμόσιμες από τους συναδέλφους τους, ακόμη και όταν οι υποβολές ήταν σχεδόν πανομοιότυπες.

Σε κοινωνικό επίπεδο, το σύνδρομο NIH μπορεί να έχει καταστροφικά αποτελέσματα. Συχνά απορρίπτουμε ευφυείς ιδέες από άλλους πολιτισμούς απλώς και μόνο επειδή δεν μπορούμε να εκτιμήσουμε τα αποδεδειγμένα πλεονεκτήματά τους. Η Ελβετία, όπου κάθε πολιτεία ή καντόνι (προφέρεται cantonessalee στα γαλλικά) κατέχει ορισμένες εξουσίες, ήταν το σπίτι σε μια ασυνήθιστη περίπτωση Εθνικής Συμμετοχής στην Υγεία (NIH), όταν ένα μικρό καντόνι αρνήθηκε να εγκρίνει το δικαίωμα ψήφου των γυναικών παρά την εξοργισμένη απόφαση του ομοσπονδιακού δικαστηρίου το 1990 που στην πραγματικότητα το άλλαξε - άλλο ένα κραυγαλέο παράδειγμα Εθνικής Παρέμβασης στην Υγεία. Σκεφτείτε επίσης τον σύγχρονο κυκλικό κόμβο κυκλοφορίας που σχεδιάστηκε από Βρετανούς μηχανικούς μεταφορών κατά τη διάρκεια της δεκαετίας του 1960 και εφαρμόστηκε σε ολόκληρη τη Βρετανία. Διαθέτει αυστηρές απαιτήσεις απόδοσης. Μετά από αρκετές δεκαετίες λήθης και αντίστασης, τα μέτρα αποσυμφόρησης της κυκλοφορίας, όπως οι κυκλικοί κόμβοι, τελικά εξαπλώθηκαν τόσο στη Βόρεια Αμερική όσο και στην ηπειρωτική Ευρώπη. Μόνο η Γαλλία διαθέτει πλέον πάνω από 30.00 κυκλικούς κόμβους που πολλοί Γάλλοι αποδίδουν κατά λάθος στον δημιουργό της, ο οποίος σχεδίασε την Place de l'Etoile.

Συμπέρασμα: τείνουμε να παρασυρόμαστε με τις δικές μας ιδέες, με αποτέλεσμα να μεθύσουμε όλο και περισσότερο από τη δύναμή τους. Για να παραμείνετε νηφάλιοι και να αξιολογήσετε την ποιότητά τους αντικειμενικά εκ των υστέρων - ποιες από τις ιδέες σας τα τελευταία δέκα χρόνια ήταν πραγματικά εξαιρετικές; Ακριβώς.

Βλέπε επίσης Introspection Illusion (κεφ. 67). Endowment Effect (κεφ. 23); Self-Serving Bias (κεφ. 45). Επίδραση ψευδούς συναίνεσης (κεφ. 77)

«Όλοι οι κύκνοι είναι λευκοί». Για αιώνες, αυτή η δήλωση ίσχυε. Κάθε χιονισμένο δείγμα ήταν απόδειξη αυτού του ισχυρισμού. κανενα αλλο χρωμα? Αδιανόητος. Αυτό ήταν μέχρι το 1697, όταν ο Willem de Vlamingh συνάντησε για πρώτη φορά έναν μαύρο κύκνο σε μια αποστολή στην Αυστραλία. από τότε οι μαύροι κύκνοι άρχισαν να συμβολίζουν τις απιθανότητες στη ζωή.

Μια μέρα το 1987 ήταν μια τέτοια μέρα - ο Nassim Taleb περιέγραψε περίφημα αυτό το γεγονός στο βιβλίο του χωρίς να προειδοποιεί για την έκβασή του! Μια εκδήλωση του Μαύρου Κύκνου.

Τα γεγονότα του Black Swan είναι αδιανόητα γεγονότα που μεταμορφώνουν δραματικά τη ζωή, την καριέρα και την κοινωνία - από μετεωρίτες που σας χτυπούν μέχρι την ανακάλυψη χρυσού από τον Sutter στην Καλιφόρνια ή τον θάνατο του Sutter. από την ανακάλυψη του Sutter μέχρι το Sputnik και την ανάπτυξη προγράμματος περιήγησης στο Διαδίκτυο. ή άλλη συνάντηση που ανατρέπει εντελώς τις ζωές - ο καθένας είναι πιθανοί Μαύροι Κύκνοι που θα μπορούσαν να έχουν θετικές ή αρνητικές επιπτώσεις - όλοι αυτοί χαρακτηρίζονται ως Μαύροι Κύκνοι.

Ο Ντόναλντ Ράμσφελντ ήταν κάποτε διάσημος για τη διατύπωση μιας ισχυρής φιλοσοφικής σκέψης σε μια συνέντευξη Τύπου: υπάρχουν πράγματα που γνωρίζουμε με βεβαιότητα («γνωστά γεγονότα»), μερικά πράγματα που παραμένουν άγνωστα (γνωστά άγνωστα) και αυτά που παραμένουν κρυμμένα ή μυστηριώδη για εμάς ('άγνωστοι άγνωστοι').

Εξερευνούμε αυτήν τη στιγμή το μέγεθος και το εύρος του σύμπαντος, την παρουσία πυρηνικών όπλων στο Ιράν ή εάν το Διαδίκτυο μας κάνει εξυπνότερους ή χαζούς; Αυτές οι ερωτήσεις αντιπροσωπεύουν «γνωστά άγνωστα», με τα οποία με αρκετή προσπάθεια μπορεί μια μέρα να ελπίζουμε να δώσουμε απαντήσεις. Σε αντίθεση με άγνωστα άγνωστα, όπως η μανία του Facebook που κανείς δεν περίμενε στην αρχή της πριν από δέκα χρόνια: ήταν πραγματικά απροσδόκητη και απρόβλεπτη.

Γιατί είναι σημαντικοί οι Μαύροι Κύκνοι; Αν και μπορεί να ακούγεται περίεργο, οι Μαύροι Κύκνοι εμφανίζονται όλο και περισσότερο με την πάροδο του χρόνου και τείνουν να γίνονται όλο και πιο συνεπακόλουθες. Ενώ μπορούμε να σχεδιάσουμε το μέλλον μας με βεβαιότητα, απροσδόκητα γεγονότα όπως οι Μαύροι Κύκνοι μπορούν συχνά να μας αφήσουν να ανακατευτούμε ως απάντηση.
Οι βρόχοι ανατροφοδότησης και οι μη γραμμικές επιρροές συχνά ανατρέπουν τις καλύτερες προθέσεις μας, οδηγώντας σε απροσδόκητα αποτελέσματα. Ένας λόγος είναι η εγγενής ικανότητα του εγκεφάλου μας να κυνηγά και να συγκεντρώνει. Στην εποχή της Λίθινης Εποχής, οι κυνηγοί σπάνια αντιμετώπιζαν κάτι πραγματικά ασυνήθιστο - τα ελάφια μας που κυνηγούσαν

ήταν συχνά πιο αργά ή πιο γρήγορα, πιο παχιά ή πιο λεπτά. Όλα έτειναν προς μια σταθερή μέση.

Σήμερα είναι διαφορετικό. μια σημαντική ανακάλυψη μπορεί να πολλαπλασιάσει το εισόδημά σας κατά μια τάξη μεγέθους - απλώς ρωτήστε τους Larry Page, Usain Bolt, George Soros, J.K. Rowling ή Bono για παράδειγμα. Πριν από τώρα τέτοιες περιουσίες ήταν αδιανόητες - μόνο πρόσφατα ήταν δυνατά τέτοια κατορθώματα και οδήγησαν στον σύγχρονο φόβο μας για ακραία σενάρια. Δεδομένου ότι οι πιθανότητες δεν μπορούν να πέφτουν κάτω από το μηδέν και οι ανθρώπινες σκέψεις παρουσιάζουν συχνά λάθη, θα πρέπει να υποθέσετε ότι όλα έχουν πιθανότητα πάνω από το μηδέν.

Τι μπορεί να γίνει? Τοποθετήστε τον εαυτό σας σε καταστάσεις που θα μπορούσαν να σας επιτρέψουν να πάρετε μια βόλτα.

Δημιουργήστε τη δυνατότητα για τον εαυτό σας να είστε αρκετά τυχεροί για να ζήσετε μια θετική εκδήλωση Black Swan (αν και αυτό είναι εξαιρετικά απίθανο). Σκεφτείτε να γίνετε καλλιτέχνης, εφευρέτης ή επιχειρηματίας με ένα επεκτάσιμο προϊόν. Το να πουλάτε τον χρόνο σας ως υπάλληλος, οδοντίατρος ή δημοσιογράφος δεν θα το κάνει - αν και ακόμα κι αν αναγκαστείτε να συνεχίσετε αυτό το μονοπάτι, αποφύγετε περιβάλλοντα που θα μπορούσαν να επιτρέψουν την εμφάνιση αρνητικών γεγονότων Black Swan.
Μείνετε μακριά από χρέη, επενδύστε τις αποταμιεύσεις σας όσο το δυνατόν πιο συντηρητικά και αποδεχτείτε να ζείτε με ένα μέτριο βιοτικό επίπεδο, ανεξάρτητα από το αν θα συμβεί ή όχι η μεγάλη σας ανακάλυψη.

Σημειώσεις για την αποστροφή της αμφισημίας (κεφ. 80). Forecast Illusion (κεφ. 40); Εναλλακτικά μονοπάτια (κεφ. 39) και προσδοκίες (κεφ. 62) από αυτό το βιβλίο.

Η συγγραφή βιβλίων σχετικά με τη σαφή σκέψη φέρνει πολλές ανταμοιβές: οι ηγέτες των επιχειρήσεων και οι επενδυτές είναι στην ευχάριστη θέση να με πληρώσουν για να μιλήσω για αυτό με καλά χρήματα, αν και αυτό φαίνεται παράξενο, καθώς τα βιβλία είναι πολύ φθηνότερα. Σε ένα ιατρικό συνέδριο έδωσα μια ομιλία σχετικά με την παραμέληση του βασικού ποσοστού χρησιμοποιώντας μια αναλογία από την ιατρική: ιδιαίτερα όταν συζητούσα τον πόνο στο στήθος μεταξύ 40 ετών ασθενών, μπορεί να υποδηλώνει καρδιακή νόσο ή απλώς άγχος - το άγχος είναι πολύ πιο πιθανό (με υψηλότερη βάση ρυθμός), επομένως θα ήταν συνετό να δοκιμάσουμε πρώτα αυτήν την πιθανότητα πριν από τη δοκιμή για καρδιακές παθήσεις ή άγχος - κάτι που όλοι οι γιατροί κατάλαβαν διαισθητικά όταν χρησιμοποίησα ένα οικονομικό παράδειγμα. Ωστόσο, η αναλογία παραπαίει περισσότερο όταν προσπαθεί να κατανοήσει λεπτομερώς αυτήν την ιδέα σε σύγκριση με αναλογίες από την ιατρική ή την ιατρική γενικά, σε σύγκριση με τη χρήση ενός παραδείγματος οικονομίας από την ιατρική, αυτή η αναλογία παραπαίει πολύ όταν εξηγεί αυτή την πτυχή της παραμέλησης του βασικού επιτοκίου: όταν χρησιμοποιείται ένα οικονομικό παράδειγμα πιο παραπαίου όταν μιλάμε για παραμέληση του βασικού επιτοκίου (η παραμέληση του βασικού επιτοκίου είναι ευκολότερη).

Όπως και με τους επενδυτές, όταν μιλώ μπροστά σε ένα ακροατήριο βιώνω παρόμοια φαινόμενα: όταν χρησιμοποιώ παραδείγματα από τη χρηματοδότηση ή την οικονομία για να δείξω τις πλάνες που πιάνουν γρήγορα. αλλά αν χρησιμοποιήσω παραδείγματα από τη βιολογία φαίνονται χαμένα - δείχνοντας πώς οι γνώσεις δεν περνούν εύκολα μεταξύ των πεδίων - ένα φαινόμενο γνωστό ως εξάρτηση τομέα.

Ο Χάρι Μάρκοβιτς κέρδισε το Νόμπελ Οικονομικών το 1990 για τη θεωρία του «Επιλογή χαρτοφυλακίου». Αυτή η διαδικασία καθορίζει τη βέλτιστη σύνθεση ενός χαρτοφυλακίου, λαμβάνοντας υπόψη τόσο τον κίνδυνο όσο και την απόδοση. Όταν εφαρμόστηκε για τις αποταμιεύσεις του ίδιου του Markowitz - πώς να τις κατανείμει σε μετοχές και ομόλογα - επέλεξε απλώς τη διανομή 50/50. Ένας αποδέκτης του βραβείου Νόμπελ δεν μπορούσε να εφαρμόσει αποτελεσματικά τη μεθοδολογική του διαδικασία στις προσωπικές του υποθέσεις. μια προφανής περίπτωση εξάρτησης τομέα? άρα αποτυγχάνοντας να μεταφέρει τη γνώση από τον ακαδημαϊκό χώρο στην καθημερινή ζωή.

Ο φίλος μου είναι λάτρης της αδρεναλίνης. Του αρέσει να σκαρφαλώνει σε προεξέχοντες βράχους με γυμνά χέρια και να πηδά από τα βουνά με μια φορεσιά, μεταξύ άλλων περιπετειωδών επιδιώξεων. Την περασμένη εβδομάδα μου είπε γιατί η έναρξη μιας επιχείρησης μπορεί να είναι επικίνδυνη. η πτώχευση δεν μπορεί πάντα να αποκλειστεί ως επιλογή. Όταν συζητήσαμε την άποψή του, απάντησα "Προσωπικά, προτιμώ να πτωχεύσω παρά να πεθάνω!" Δεν εκτίμησε το σκεπτικό μου!

Ως συγγραφέας, κατανοώ τη δυσκολία μετάβασης από τον έναν τομέα εξειδίκευσης στον άλλο. Η πλοκή μυθιστορημάτων και η δημιουργία χαρακτήρων μου έρχεται εύκολα. οι λευκές σελίδες δεν με τρομάζουν! Από την άλλη, το να ασχολείσαι με άδεια κουτιά και οθόνες είναι κάτι εντελώς διαφορετικό.
Η εσωτερική διακόσμηση μπορεί να είναι τρομακτική. Μπορώ να περάσω ώρες κοιτάζοντας το κενό χωρίς να έχω ιδέα στο μυαλό μου.

Οι επιχειρήσεις συχνά βασίζονται στην εξάρτηση τομέα. Μια εταιρεία λογισμικού μπορεί να προσλάβει έναν αποτελεσματικό πωλητή καταναλωτικών αγαθών και να διαπιστώσει ότι η μετάβαση των ταλέντων του από τα καταναλωτικά προϊόντα στις πωλήσεις υπηρεσιών αποδεικνύεται εξαιρετικά δύσκολη. Ένας παρουσιαστής που διαπρέπει όταν μιλάει σε μικρές ομάδες μπορεί να παραπαίει όταν το κοινό του ξεπεράσει τα 100 άτομα. ή ένας έμπειρος έμπορος μπορεί ξαφνικά να μην έχει καμία στρατηγική δημιουργικότητα καθώς μεταβαίνει από τον ρόλο του CEO.

Ο Markowitz μας παρέχει ένα παράδειγμα που υπογραμμίζει πόσο δύσκολη μπορεί να είναι η μετάβαση από την επαγγελματική στην ιδιωτική ζωή. Γνωρίζω CEO που διαπρέπουν ως ηγέτες στην εργασία, αλλά φαίνονται σαν άδεια κελύφη όταν έρχεται η ώρα για στενές σχέσεις έξω από τους τοίχους του γραφείου τους. Όπως συμβαίνει συχνά, οι γιατροί είναι το χειρότερο προσβλητικό επάγγελμα όσον αφορά το κάπνισμα τσιγάρων και τη χρήση προϊόντων καπνού. Οι αστυνομικοί τείνουν να είναι δύο φορές πιο βίαιοι στο σπίτι σε σύγκριση με τους πολίτες, ενώ οι κριτικοί λογοτεχνίας λαμβάνουν κακές κριτικές για τα βιβλία τους. Οι θεραπευτές ζεύγους τείνουν να έχουν πιο σκληρούς γάμους από τους πελάτες τους. σύμφωνα με τον καθηγητή μαθηματικών Barry Mazur. «Πριν από αρκετά χρόνια προσπαθούσα να αποφασίσω αν έπρεπε ή όχι να μετακομίσω από το Στάνφορντ στο Χάρβαρντ». Αφού κούρασα τους φίλους μου με ατελείωτες συζητήσεις, ένας μου πρότεινε να φτιάξω μια λίστα με τα κόστη και τα οφέλη, μαζί με την αναμενόμενη χρησιμότητα μου για τον χονδρικό υπολογισμό. Χωρίς να το σκεφτώ, η απάντησή μου ήταν: «Έλα Sandy, αυτό είναι σοβαρό.» Χωρίς να σκεφτώ σωστά την απάντησή μου, η απάντησή μου ήταν:

Η μεταφορά γνώσης από τη μια περιοχή στην άλλη μπορεί να είναι δύσκολη, ιδιαίτερα μεταξύ ακαδημαϊκών και πραγματικών πλαισίων - και ιδιαίτερα μεταξύ ακαδημαϊκού και πραγματικών σκηνικών, όπως η ακαδημαϊκή κοινότητα έναντι των πραγματικών σεναρίων. Δυστυχώς, αυτό ισχύει ακόμη και για τη γνώση αυτού του βιβλίου: μπορεί να δυσκολευτείτε να το εφαρμόσετε στην καθημερινή ζωή. ακόμα και για μένα ως συγγραφέα του, αυτή η μετάβαση αποδείχθηκε δύσκολη! Τα βιβλία έξυπνα δεν μεταφράζονται εύκολα σε εξυπνάκια του δρόμου.

Βλέπε επίσης Deformation Professionale (κεφ. 92). Chauffeur Knowledge (κεφ. 16) και Twaddle Tendency (κεφ. 57)

Ο ΜΥΘΟΣ ΤΗΣ ΟΜΟΙΨΗΣ

Ποια μουσική προτιμάτε: μουσική δεκαετίας 60 ή 80; Πώς θα αντιδρούσε το ευρύ κοινό; Οι άνθρωποι τείνουν να προβάλλουν τις προτιμήσεις τους σε άλλους. Όσοι αγαπούν τη δεκαετία του 1960 μπορεί να υποθέσουν ότι οι περισσότεροι άλλοι το κάνουν επίσης. Ομοίως, οι λάτρεις της δεκαετίας του 1980 θα μπορούσαν να υποθέσουν ότι οι περισσότεροι άλλοι άνθρωποι μοιράζονται το γούστο τους στη μουσική επίσης. Συχνά μπορεί να υπερεκτιμούμε την ομοφωνία μεταξύ των ανθρώπων γύρω μας και να υποθέσουμε ότι όλοι συμφωνούν με τις σκέψεις και τις πεποιθήσεις μας -- αυτό το φαινόμενο είναι γνωστό ως το φαινόμενο ψευδούς συναίνεσης.

Ο ψυχολόγος Lee Ross από το Στάνφορντ το διερεύνησε για πρώτη φορά το 1977 δημιουργώντας μια σανίδα σάντουιτς με το σύνθημα «Eat at Joe's» και ζητώντας από τυχαία επιλεγμένους φοιτητές να τη φορέσουν στην πανεπιστημιούπολη για τριάντα λεπτά, υπολογίζοντας πόσοι άλλοι φοιτητές θα προσφέρονταν εθελοντικά για αυτό. Όσοι ήταν πρόθυμοι να φορέσουν το σήμα υπέθεσαν ότι οι περισσότεροι άλλοι άνθρωποι (62%) θα συμφωνούσαν, ενώ εκείνοι που αρνούνταν ευγενικά πίστευαν ότι οι περισσότεροι (67%) θα θεωρούσαν την ιδέα πολύ ανόητη. και οι δύο ομάδες μαθητών φαντάζονταν ότι ήταν μέρος της λαϊκής πλειοψηφίας.

Το φαινόμενο της ψευδούς συναίνεσης μπορεί να παρατηρηθεί μεταξύ ομάδων συμφερόντων και πολιτικών παρατάξεων που υπερεκτιμούν με συνέπεια τη δημοτικότητα των αιτιών τους, όπως η υπερθέρμανση του πλανήτη. Ανεξάρτητα από το πόσο ζωτικής σημασίας θεωρείτε αυτό το ζήτημα, πιθανότατα πιστεύετε ότι οι περισσότεροι άλλοι άνθρωποι μοιράζονται την άποψή σας για αυτό. Οι πολιτικοί τείνουν επίσης να υπερεκτιμούν τη δημοτικότητά τους λόγω μιας εγγενούς προκατάληψης αισιοδοξίας που δεν μπορεί παρά να τους κάνει να πιστεύουν ότι οι προοπτικές τους για τις εκλογές είναι μεγαλύτερες από ό,τι πραγματικά είναι.

Οι καλλιτέχνες τα πηγαίνουν ακόμη χειρότερα: όταν ξεκινούν νέα έργα, οι καλλιτέχνες περιμένουν μεγαλύτερη επιτυχία από ποτέ. Το προσωπικό μου παράδειγμα ήταν το μυθιστόρημά μου Massimo Marini που γνώρισε αμείωτη επιτυχία. Άλλωστε, τα πήγε καλά σε σύγκριση με τους προκατόχους του (αν και είχαν λάβει και θετικές κριτικές), κάτι που φαινόταν εξίσου καλό κατά την εκτίμησή μου. Δυστυχώς για μένα όμως, η κοινή γνώμη διαφώνησε και μου απέδειξε ότι κάνω λάθος: αυτό το φαινόμενο είναι γνωστό ως φαινόμενο ψευδούς συναίνεσης.

Και αυτό ισχύει εξίσου στις επιχειρήσεις: μόνο και μόνο επειδή ένα τμήμα Ε&Α πιστεύει ότι το προϊόν του θα αρέσει στους καταναλωτές δεν σημαίνει ότι το κάνουν και οι καταναλωτές. Οι εταιρείες με επικεφαλής επαγγελματίες της τεχνολογίας τείνουν να λαμβάνουν αποφάσεις έχοντας κατά νου αυτή την προκατάληψη.

Οι εφευρέτες τείνουν να γοητεύονται από τα προηγμένα χαρακτηριστικά των προϊόντων τους και λανθασμένα υποθέτουν ότι αυτά θα αιχμαλωτίσουν και τους πελάτες.

Το φαινόμενο της ψευδούς συναίνεσης είναι συναρπαστικό για έναν άλλο λόγο. Όταν οι άνθρωποι δεν μοιράζονται τις απόψεις μας, τους χαρακτηρίζουμε γρήγορα ως μη φυσιολογικούς ή ύποπτους. Το πείραμα του Ross το επιβεβαίωσε αυτό. Οι μαθητές που φορούσαν σανίδες σάντουιτς έβλεπαν αυτούς που δεν συμφωνούσαν ως αλαζονικούς ή εγωκεντρικούς, ενώ εκείνοι σε άλλο στρατόπεδο τους έβλεπαν ως άτομα που αναζητούν την προσοχή ή που φορούσαν ταμπέλες ως ηλίθιους και θορυβώδεις.

Ίσως θυμάστε την πλάνη της κοινωνικής απόδειξης - την ιδέα ότι μια ιδέα γίνεται καλύτερη όσο περισσότεροι άνθρωποι την προσυπογράφουν - η οποία υποδηλώνει ένα φαινόμενο ψευδούς συναίνεσης παρόμοιο με αυτό που παρατηρείται κατά τις εκλογές ψευδούς συναίνεσης. Όχι. Η κοινωνική απόδειξη είναι μια εξελικτική στρατηγική επιβίωσης. Το να ακολουθούμε το πλήθος έχει σώσει το δέρμα μας πιο συχνά τα τελευταία 100.000 χρόνια από το να πηγαίνουμε μόνοι μας. Αν και δεν εμπλέκονται εξωτερικές επιρροές στη δημιουργία επιδράσεων ψευδούς συναίνεσης, εξακολουθούν να εξυπηρετούν μια κοινωνική λειτουργία. ως εκ τούτου η εξέλιξη δεν τους εξάλειψε. Ο εγκέφαλός μας δεν δημιουργήθηκε για να αναγνωρίζει την αλήθεια. σκοπός τους είναι να παράγουν απογόνους όσο το δυνατόν περισσότερες φορές. Όποιος θεωρήθηκε θαρραλέος και πειστικός (μέσω του φαινομένου της ψευδούς συναίνεσης) άφησε μια εντυπωσιακή πρώτη εντύπωση, προσέλκυσε περισσότερους πόρους και αύξησε τις πιθανότητές του να μεταδώσει τα γονίδιά του στις μελλοντικές γενιές. Οι αμφιβολίες θεωρήθηκαν λιγότερο ελκυστικοί.

Συμπέρασμα: Το να αναγνωρίσετε ότι η κοσμοθεωρία σας δεν έχει απήχηση με το δημόσιο αίσθημα είναι μόνο η μισή μάχη - μην υποθέτετε ότι όσοι έχουν διαφορετικές ιδέες είναι ηλίθιοι προτού τις απορρίψετε εντελώς και δεν τους εμπιστευτείτε, πρώτα ρίξτε μια σκληρή, αντικειμενική ματιά στις υποθέσεις σας και προσπαθήστε να αμφισβητήσετε τον εαυτό σας πριν αντιδράσει αρνητικά σε όσους έχουν διαφορετικές απόψεις.

Δείτε επίσης το Social Proof (Κεφ. 4) και το Σύνδρομο Not-Invented-Here (Κεφ. 75) για περαιτέρω συζήτηση αυτών των εννοιών.

ΑΜΦΙΣΗΜΙΑ ΑΠΟΣΤΡΟΦΗ

Δύο κουτιά. Το κουτί Α περιέχει 100 μπάλες: 50 κόκκινες και 50 μαύρες. Στο Πλαίσιο Β, ανεξάρτητα από το ποιο επιλέγεται χωρίς να κοιτάξετε, 100 ίδιου μεγέθους, αλλά καμία γνώση για το ποιες θα είναι κόκκινες ή μαύρες μπάλες, εάν τραβηχτούν από εκεί κατά λάθος - εάν βγει μια κόκκινη μπάλα, κερδίζετε 100 $! Ποιο κουτί θα διαλέγατε: Α ή Β; Οι περισσότεροι άνθρωποι τείνουν να επιλέγουν το Α ως επιλογή.

Παίξτε ξανά χρησιμοποιώντας ακριβώς τα ίδια κουτιά και δοκιμάστε να τραβήξετε μια μαύρη μπάλα αυτή τη φορά για 100 $! Ποιο πλαίσιο θα επιλέγατε αυτή τη φορά; Πιθανότατα θα ήταν Α; Ωστόσο, με όρους λογικής το Β θα περιέχει λιγότερες κόκκινες μπάλες (και επομένως περισσότερες μαύρες μπάλες), δικαιολογώντας έτσι την επιλογή σας αυτή τη φορά.

Το σφάλμα είναι κοινό. μην ανησυχείτε: αυτό το φαινόμενο είναι γνωστό ως το Παράδοξο του Έλσμπεργκ και πήρε το όνομά του από τον Ντάνιελ Έλσμπεργκ, πρώην ψυχολόγο του Χάρβαρντ (αργότερα διέρρευσε άκρως απόρρητα Έγγραφα του Πενταγώνου για να δημοσιεύσει, τα οποία τελικά προκάλεσαν την παραίτηση του Προέδρου Νίξον). Το Ellsberg Paradox παρέχει εμπειρική απόδειξη ότι τείνουμε να ευνοούμε τις γνωστές πιθανότητες έναντι των άγνωστων (πλαίσιο Α έναντι του πλαισίου Β).

Επιστρέφουμε λοιπόν στον κίνδυνο και την αβεβαιότητα (ή την ασάφεια) και τις διαφορές τους. Ο κίνδυνος σημαίνει ότι οι πιθανότητες είναι γνωστές. αβέβαιο είναι όταν οι πιθανότητες παραμένουν άγνωστες. Λαμβάνοντας υπόψη το ρίσκο, μπορείτε να αποφασίσετε εάν το να παίξετε ένα τζόγο έχει νόημα ή όχι. Η αβεβαιότητα κάνει τη λήψη αποφάσεων ακόμα πιο δύσκολη και συχνά οδηγεί σε καταστροφικά αποτελέσματα. Ο κίνδυνος και η αβεβαιότητα συγχέονται εύκολα - συχνά οδηγούν σε τρομερές συνέπειες για όποιον προσπαθεί να κάνει υπολογισμούς με το ένα έναντι του άλλου. Η στατιστική είναι μια αρχαία επιστήμη 300 ετών που εξετάζει τον κίνδυνο. Πολλοί καθηγητές μελετούν τις έννοιές του. Ωστόσο, δεν υπάρχει εγχειρίδιο για την αβεβαιότητα. Έτσι προσπαθούμε να εντάξουμε την αβεβαιότητα σε κατηγορίες κινδύνου χωρίς να έχει ιδιαίτερο νόημα. Ακολουθούν δύο παραδείγματα όπου αυτή η θεωρία λειτουργεί και ένα όπου δεν λειτουργεί: ένα από την ιατρική (όπου λειτουργεί καλά) και ένα από τα οικονομικά (όπου δεν λειτουργεί).

Οι άνθρωποι αποτελούν δισεκατομμύρια στη γη. Το σώμα μας δεν ποικίλλει σημαντικά, φτάνοντας σε παρόμοια ύψη και ηλικίες (κανείς δεν θα γίνει ποτέ 100 πόδια ψηλός). Κάποιος μπορεί να ζήσει για 10.000 χρόνια (ή μόνο χιλιοστά του δευτερολέπτου!). Οι περισσότεροι άνθρωποι έχουν δύο μάτια, τέσσερις καρδιακές βαλβίδες και 32 δόντια. Αυτό σημαίνει ότι θα φαινόμαστε όμοιοι με τα ποντίκια από την οπτική γωνία ενός άλλου είδους.

Λόγω αυτού, όταν αντιμετωπίζουμε ασθένειες που έχουν παρόμοια χαρακτηριστικά όπως ο καρκίνος, είναι λογικό να πούμε, για παράδειγμα: «Υπάρχει 30% κίνδυνος να πεθάνετε από καρκίνο». Από την άλλη πλευρά, ο ισχυρισμός ότι «υπάρχει 30% πιθανότητα το ευρώ να καταρρεύσει εντός πέντε ετών» δεν θα είχε καθόλου νόημα. Γιατί; Η οικονομία βρίσκεται σε ένα περιβάλλον απρόβλεπτου. Κανένα ιστορικό συναλλάγματος δεν μας επιτρέπει να εξάγουμε πιθανότητες με βεβαιότητα. Και η διαφορά μεταξύ κινδύνου και αβεβαιότητας δείχνει επίσης γιατί διαφέρουν σημαντικά οι συμβάσεις ανταλλαγής ασφάλισης ζωής και πιστωτικής αθέτησης. Οι συμβάσεις ανταλλαγής πιστωτικής αθέτησης (CDS) είναι ασφαλιστήρια συμβόλαια έναντι συγκεκριμένων αθετήσεων αδυναμίας πληρωμής των εταιρειών, όπως ακριβώς η ασφάλεια ζωής καλύπτει κινδύνους σε μια εύκολα υπολογίσιμη μορφή. Τα CDS εισάγουν αβεβαιότητα στη ζωή μας, η οποία συνέβαλε στην οικονομική αναταραχή του 2008. Όταν ακούγονται φράσεις όπως «ο κίνδυνος υπερπληθωρισμού είναι x τοις εκατό» ή «η μετοχική μας θέση είναι σε κίνδυνο y τοις εκατό», λάβετε υπόψη: θα πρέπει να σηκώσουν κόκκινες σημαίες.

Για να αποφύγετε βιαστικές κρίσεις, πρέπει να μάθετε να αποδέχεστε την ασάφεια. Δυστυχώς, αυτό μπορεί να είναι ένα δύσκολο και ανυπέρβλητο έργο που δεν μπορείτε να επηρεάσετε άμεσα. Η αμυγδαλή σας παίζει ουσιαστικό ρόλο εδώ - αυτή η περιοχή μεγέθους καρυδιού στο κέντρο του εγκεφάλου που είναι υπεύθυνη για την επεξεργασία της μνήμης και των συναισθημάτων παίζει σημαντικό ρόλο και εδώ: το σχήμα της καθορίζει την ικανότητά σας ή την έλλειψή της στην αντιμετώπιση της αβεβαιότητας. Οι πολιτικές σας τάσεις αντικατοπτρίζουν αυτή τη δυναμική καθώς η ανοχή σας στην αβεβαιότητα διαφέρει ανάλογα με την κατασκευή της. Από πολλές απόψεις αυτό συνδέεται με το πόσο συχνά κλίνει η ψήφος σας προς τον συντηρητισμό - αποδεικνύεται εν μέρει λόγω βιολογικών αιτιών πίσω από τις πολιτικές τους τάσεις!

Όποιος θέλει να σκεφτεί καθαρά πρέπει να κατανοήσει τη διάκριση μεταξύ κινδύνου και αβεβαιότητας. Μόνο σε ορισμένες περιπτώσεις μπορούμε να βασιστούμε σε σαφείς πιθανότητες - τα καζίνο, οι εκτοξεύσεις νομισμάτων ή τα σχολικά βιβλία πιθανοτήτων μπορούν να παρέχουν τέτοια βεβαιότητα - συχνά μας αφήνουν ανησυχητικές ασάφειες που απαιτούν υπομονή στον χειρισμό. Μάθετε να τα αποδέχεστε όλα ως μέρος της ζωής!

Δείτε επίσης: Black Swan (κεφ. 75); Παράβλεψη Πιθανοτήτων (κεφ. 26). Παραμέληση Βασικού Συντελεστή (κεφ. 28). Προκατάληψη διαθεσιμότητας (κεφ. 11) και εναλλακτικές διαδρομές (κεφ. 39) για περαιτέρω εξετάσεις. (82-91).

ΓΙΑΤΙ ΣΥΝΕΧΙΖΕΙΣ ΜΕ ΤΟ STATUS QUO

Σε ένα εστιατόριο πρόσφατα, διάβασα τη λίστα κρασιών τους με απόγνωση: Irouleguy; Harslevelu; Σουσουμανιέλο; Αν και όχι ειδικός, ήταν προφανές ότι ο σομελιέ τους προσπαθούσε να μας εντυπωσιάσει με τις κοσμικές επιλογές του. Τέλος, στη σελίδα οκτώ ήταν η εξαργύρωση με τη μορφή του "Our French House Wine: Reserve du Patron, Bourgogne $52". Παραγγέλνοντας αμέσως μια σκέψη "Σίγουρα αυτό δεν μπορεί να είναι χειρότερο...".

Από τότε που αγόρασα ένα iPhone πριν από αρκετά χρόνια, μου επέτρεψε να προσαρμόσω τα πάντα - χρήση δεδομένων, συγχρονισμό εφαρμογών, ρυθμίσεις κρυπτογράφησης και επίπεδα έντασης ήχου κλείστρου κάμερας μεταξύ αυτών - στις ακριβείς προδιαγραφές μου. Αλλά μπορείτε να μαντέψετε σωστά: κανένα δεν έχει διαμορφωθεί ακόμα!

Στον πυρήνα μου, δεν αντιμετωπίζω τεχνικά προβλήματα. μάλλον είμαι απλώς άλλο ένα θύμα του "προεπιλεγμένου εφέ". Όταν κάτι μας αισθάνεται άνετο και φιλόξενο, τείνουμε να παραμένουμε στην προεπιλεγμένη του ρύθμιση - όπως το κρασί του σπιτιού και οι εργοστασιακές ρυθμίσεις κινητού τηλεφώνου στις οποίες συνήθως εγκαθιστούμε ευχάριστα. Ακριβώς όπως εγώ, πολλοί άλλοι προτιμούν τις τυπικές επιλογές σε σχέση με τις μεμονωμένες επιλογές - για παράδειγμα, όταν αγοράζουν νέα αυτοκίνητα, πολλοί αγοραστές τείνουν να επιλέγουν το προεπιλεγμένο χρώμα ανεξάρτητα από τη διαθεσιμότητά του σε άλλα μοντέλα. πολλοί αγοραστές το επιλέγουν ανεξάρτητα. Πολλοί επιλέγουν την προεπιλογή από οτιδήποτε άλλο!

Στο βιβλίο τους Nudge, ο οικονομολόγος Richard Thaler και ο καθηγητής νομικής Cass Sunstein επεξηγούν πώς οι κυβερνήσεις μπορούν να καθοδηγούν αποτελεσματικά τους πολίτες τους χωρίς να παραβιάζουν την συνταγματικά προστατευόμενη ελευθερία. Οι αρχές χρειάζεται μόνο να προσφέρουν κάποιες επιλογές - πάντα συμπεριλαμβανομένου ενός "out" για όσους δεν μπορούν να αποφασίσουν μεταξύ τους - προκειμένου οι άνθρωποι να λάβουν μια τεκμηριωμένη απόφαση σχετικά με τις ασφαλιστικές συμβάσεις αυτοκινήτων για τους ίδιους και τους γείτονές τους. Το Νιου Τζέρσεϊ και η Πενσυλβάνια το απέδειξαν με δύο ασφαλιστήρια συμβόλαια αυτοκινήτου που παρέχονται στους κατοίκους τους. Το Νιου Τζέρσεϊ διαφήμισε αυτήν την πολιτική ως την τυπική επιλογή του και οι περισσότεροι άνθρωποι ήταν πρόθυμοι να αποδεχτούν το χαμηλότερο κόστος και την παραίτηση από ορισμένα δικαιώματα αποζημίωσης σε περίπτωση ατυχήματος. Οι οδηγοί της Πενσυλβάνια έδειχναν περισσότερο διατεθειμένοι να επιλέξουν τη δεύτερη, πιο δαπανηρή επιλογή ως βασική επιλογή τους και γρήγορα την έκαναν την κορυφαία επιλογή τους. Αυτό το αποτέλεσμα ήταν αρκετά αξιοσημείωτο δεδομένου ότι οι οδηγοί και των δύο πολιτειών είναι γενικά παρόμοιοι.
Η κάλυψη μπορεί να διαφέρει, ανάλογα με το τι προτιμά ένα άτομο και τον επιθυμητό προϋπολογισμό του.

Σκεφτείτε αυτό το πείραμα: υπάρχει έντονη έλλειψη δωρητών οργάνων, ωστόσο μόνο το 40% επιλέγει τη δωρεά οργάνων. Ο Έρικ Τζόνσον και ο Νταν Γκόλντσταϊν διεξήγαγαν μια δημοσκόπηση ρωτώντας τους ανθρώπους εάν, μετά το θάνατο, ήθελαν ενεργά να εξαιρεθούν. Καθιστώντας τη δωρεά οργάνων την προεπιλεγμένη επιλογή αντί για προεπιλογή opt-in/opt-out, η αποδοχή αυξήθηκε δραματικά από 40% σε πάνω από 80%! Αυτό έδειξε την τεράστια διαφορά μεταξύ μιας προεπιλεγμένης προεπιλογής έναντι μιας προεπιλεγμένης προσέγγισης εξαίρεσης.

Όταν δεν καθορίζεται τυπική επιλογή, τείνουμε να αρκεστούμε σε οποιαδήποτε προεπιλεγμένη ρύθμιση υπάρχει και να επεκτείνουμε και να επικυρώνουμε την τρέχουσα κατάστασή της. Η ανθρώπινη φύση προτιμά αυτό που γνωρίζει. Με δεδομένη την επιλογή μεταξύ του να δοκιμάσουν κάτι νέο ή να παραμείνουν σε αυτό που ήδη γνωρίζουμε, πολλοί τείνουν να προτιμούν να παραμείνουν σε ό,τι είναι οικείο, παρόλο που γνωρίζουν ότι οποιαδήποτε αλλαγή θα τους ωφελούσε. Η τράπεζά μου με χρεώνει 60 $ ετησίως για να ταχυδρομήσω τα αντίγραφα κίνησης λογαριασμού. Η λήψη τους θα εξοικονομούσε αυτό το κόστος, αλλά κατά κάποιο τρόπο αυτή η υπηρεσία εξακολουθεί να με ενοχλεί. ίσως επειδή αισθάνεται αρκετά ασφαλής;

Από πού λοιπόν πηγάζει η μεροληψία του status quo; Η αποστροφή για την απώλεια παίζει αναπόσπαστο ρόλο σε αυτό το φαινόμενο. Οι απώλειες μας επηρεάζουν δύο φορές πιο έντονα από τα κέρδη και αυτό καθιστά εργασίες όπως επαναδιαπραγματεύσεις συμβάσεων εξαιρετικά δύσκολες - κάθε παραχώρηση που δίνετε ζυγίζει δύο φορές περισσότερο από οτιδήποτε λαμβάνετε πίσω, δημιουργώντας καθαρές ζημίες μέσω τέτοιων ανταλλαγών.

Τόσο το προεπιλεγμένο αποτέλεσμα όσο και η μεροληψία του status-quo καταδεικνύουν την ισχυρή μας τάση να παραμείνουμε με το πώς έχουν τα πράγματα, ακόμα κι αν αυτό μας θέτει σε μειονεκτική θέση. Με την αλλαγή της ανθρώπινης συμπεριφοράς ορίζοντας διαφορετικά τις προεπιλεγμένες ρυθμίσεις, μπορείτε να επηρεάσετε τις ανθρώπινες αποφάσεις με μεγαλύτερη επιτυχία.

«Ίσως οι ζωές μας να ακολουθούν μια μεγάλη, κρυφή προεπιλεγμένη ιδέα», πρότεινα σε έναν σύντροφο του δείπνου, ελπίζοντας να τον προκαλέσω σε βαθιά φιλοσοφική συζήτηση. Αντίθετα, μετά τη δειγματοληψία του κρασιού Reserve du Patron είπε απλά, «ίσως χρειάζεται απλώς χρόνο».
Βλέπε επίσης Decision Fatigue (κεφ. 53). Παράδοξο της Επιλογής (κεφ. 21). Loss Aversion (κεφ. 32).

ΓΙΑΤΙ Η «ΤΕΛΕΥΤΑΙΑ ΕΥΚΑΙΡΙΑ» ΜΑΣ ΚΑΝΕΙ ΠΑΝΙΚΟ

Φόβος λύπης | | Ο Paul κατέχει μετοχές στην εταιρεία Α, αλλά κατά τη διάρκεια του έτους σκεφτόταν να τις πουλήσει και να αγοράσει μετοχές από την εταιρεία Β - τελικά επέλεξε να μην το κάνει και συνειδητοποιώντας ότι σήμερα θα είχε συμπληρώσει επιπλέον 1.200 $ αν το είχε κάνει. Εν τω μεταξύ, ο Γιώργος κατείχε μετοχές από την εταιρεία Β, αλλά τις πούλησε για να αγοράσει μετοχές Α. Σήμερα και οι δύο άντρες συνειδητοποιούν ότι θα μπορούσαν να τα καταφέρουν καλύτερα με το Β και να κερδίσουν ένα επιπλέον κέρδος $1200 αν το είχαν κολλήσει περισσότερο. ποιος νιώθει μεγαλύτερη λύπη; Παύλος ή Γιώργος;

Η λύπη είναι το συναίσθημα να παίρνουμε τη λάθος απόφαση, να ευχόμαστε κάποιος να μας δώσει άλλη μια ευκαιρία. Όταν ρωτήθηκε ποιος θα αισθανόταν χειρότερα αφού έκανε μια κακή επιλογή, μόνο το 8% επέλεξε τον Paul ενώ το 92% επέλεξε τον George, παρόλο που και οι δύο καταστάσεις ήταν πανομοιότυπες: τόσο ο Paul όσο και ο George έκαναν κακές επιλογές μετοχών που τους άφησαν από την τσέπη τους στο ίδιο ποσό. Ο Paul κατείχε ήδη μετοχές στο Α, ενώ ο George έπρεπε να τις αγοράσει ο ίδιος, ο Paul ήταν παθητικός ενώ ο George ενεργούσε ενεργά - φαίνεται ότι όσοι δεν ακολουθούν την mainstream λογική βιώνουν περισσότερη λύπη.

Δεν είναι πάντα η δράση η πηγή της λύπης. Μερικές φορές η αδράνεια μπορεί να δημιουργήσει περισσότερο συναισθηματικό αντίκτυπο από το να κάνεις κάτι γι' αυτήν. Πάρτε, για παράδειγμα, έναν εκδοτικό οίκο που είναι μόνος του στην άρνησή του να δημοσιεύσει μοντέρνα ηλεκτρονικά βιβλία. Ο ιδιοκτήτης του ισχυρίζεται ότι τα βιβλία πρέπει να παραμείνουν τυπωμένα σε χαρτί, όπως επιτάσσει η παράδοση. Λίγο αργότερα, εννέα εκδότες με σχέδια για την έναρξη στρατηγικών ηλεκτρονικών βιβλίων είχαν αποτύχει. Αυτό άφησε μόνο τους συμβατικούς εκδότες χαρτιού να μείνουν όρθιοι πριν χρεοκοπήσουν - συμπεριλαμβανομένου ενός που προσπάθησε αλλά τελικά τα παράτησε και ακολούθησε το δρόμο του συμβατικού εκδότη με τους παραδοσιακούς εκδοτικούς οίκους να είναι το τελευταίο θύμα. τελικά, ποιος ένιωσε περισσότερο για αυτή τη σειρά αποφάσεων που ελήφθησαν; Και ποιος κέρδισε την περισσότερη υποστήριξη; Σωστά: ο συμβατικός εκδότης που χρησιμοποιεί μόνο χαρτί με την παραδοσιακή του στάση ενάντια στη δημοσίευση του μοντέρνου e-grumbler!

Εξετάστε το βιβλίο του Daniel Kahneman Thinking, Fast and Slow ως παράδειγμα: Μετά από κάθε αεροπορικό δυστύχημα, ακούμε για ένα άτομο που σκόπευε να πετάξει μια μέρα νωρίτερα ή αργότερα, αλλά για οποιονδήποτε λόγο άλλαξε την κράτησή του την τελευταία στιγμή - δημιουργώντας μια εξαίρεση που συγκεντρώνει συμπάθεια περισσότερο από εκείνους τους «κανονικούς» επιβάτες στην άτυχη πτήση από την αρχή της.
Ο φόβος της λύπης μπορεί να μας κάνει να ενεργούμε παράλογα. Για να αποφύγουμε την ανεπιθύμητη λαβή του πάνω μας, συχνά ενεργούμε συντηρητικά ώστε να μην αποκλίνουμε πολύ από αυτό που περιμένουν οι άλλοι από εμάς. Κανείς δεν έχει ανοσία. Ακόμη και οι έμποροι με

απόλυτη αυτοπεποίθηση τείνουν να ξεπουλούν περισσότερες εξωτικές μετοχές στις 31 Δεκεμβρίου (Ημέρα D για αξιολογήσεις απόδοσης και υπολογισμούς μπόνους) μόνο και μόνο για να μην αποκλίνουν πολύ από το κοπάδι. Παρόμοια, ο φόβος της λύπης (γνωστός ως φαινόμενο προικοδότησης) εμποδίζει τους ανθρώπους να απορρίπτουν αντικείμενα που δεν είναι πλέον απαραίτητα - φοβούμενοι τις επιπτώσεις της λύπης σε περίπτωση που αποδειχθεί ότι χρειαζόσασταν τελικά αυτά τα φθαρμένα παπούτσια τένις!

Οι τύψεις μπορεί να είναι ιδιαίτερα συντριπτικές όταν συνδυάζονται με μια προσφορά «τελευταίας ευκαιρίας», όπως φυλλάδια για σαφάρι που υποστηρίζουν ότι παρέχουν «την τελευταία σας ευκαιρία να δείτε έναν ρινόκερο πριν εξαφανιστεί το είδος του». Αλλά γιατί κάποιος να πετάξει μέχρι τώρα από την Ευρώπη για έναν τόσο παράλογο σκοπό;

Ας υποθέσουμε λοιπόν ότι ονειρευόσασταν από καιρό να αποκτήσετε το δικό σας σπίτι, ωστόσο η γη γίνεται σπάνια και μόνο λίγα οικόπεδα με θέα στη λίμνη έχουν απομείνει. τρεις ήρθαν και έφυγαν, αφήνοντας μόνο ένα ως τελευταία ευκαιρία! Αισθάνεστε πανικόβλητοι από κάτι που φαίνεται σαν να είναι η τελευταία διαθέσιμη ευκαιρία, αγοράζετε αυτό το οικόπεδο σε υπερβολική τιμή, πιστεύοντας ότι μπορεί να είναι αυτό. Στην πραγματικότητα όμως τα ακίνητα με εκπληκτική θέα στη λίμνη θα συνεχίσουν να εμφανίζονται στην αγορά. οι τελευταίες ευκαιρίες μπορεί να μας κάνουν να πανικοβληθούμε, οδηγώντας μας σε αυτήν την πορεία - ακόμα και για έμπειρους δημιουργούς συμφωνιών!

Βλέπε επίσης Σφάλμα σπανιότητας (κεφ. 27). Endowment Effect (κεφ. 23); Alternative Paths (κεφ. 39) και Framing (κεφ. 42).

Φανταστείτε για μια στιγμή ότι η μαριχουάνα είναι το επίκεντρο της συζήτησης των κυρίαρχων μέσων ενημέρωσης εδώ και αρκετό καιρό, με τηλεοπτικές εκπομπές που απεικονίζουν potheads, κρυφούς καλλιεργητές και εμπόρους. Ταμπλόιντ εκτύπωση φωτογραφιών 12χρονων κοριτσιών που καπνίζουν αρθρώσεις. γενικά φύλλα που διερευνούν ιατρικές πτυχές καθώς και φιλοσοφικές εκτιμήσεις σχετικά με τη χρήση μαριχουάνας - όλοι φαίνεται να μιλούν γι' αυτό! Ας υποθέσουμε ότι το κάπνισμα δεν επηρεάζει αρνητικά την οδήγηση με οποιονδήποτε τρόπο - οποιοσδήποτε οδηγός θα μπορούσε να εμπλακεί σε ατύχημα σε κάποιο σημείο απλώς από σύμπτωση. Παρομοίως, οι οδηγοί με αρθρώσεις μπορεί να καταλήξουν κατά καιρούς σε ατυχήματα όπως οποιοσδήποτε άλλος - εντελώς τυχαία!

Ο Kurt είναι τοπικός δημοσιογράφος. Ένα βράδυ ενώ οδηγεί προς το σπίτι συναντά μια σκηνή ατυχήματος με ένα αυτοκίνητο τυλιγμένο γύρω από έναν κορμό δέντρου. Λόγω της σχέσης του με τις τοπικές αρχές επιβολής του νόμου, μαθαίνει ότι βρήκαν μαριχουάνα κρυμμένη στο πίσω κάθισμα αυτού του αυτοκινήτου - κάτι που τον ώθησε να επιστρέψει βιαστικά στην αίθουσα σύνταξης με αυτόν τον τίτλο: «Η μαριχουάνα σκοτώνει έναν ακόμη αυτοκινητιστή».

Όπως συζητήθηκε προηγουμένως, υποθέτουμε ότι δεν υπάρχει στατιστική σχέση μεταξύ της χρήσης μαριχουάνας και των τροχαίων ατυχημάτων και των αντίστοιχων ατυχημάτων τους, αφήνοντας τον τίτλο του Kurt αδικαιολόγητο και τους ισχυρισμούς του αβάσιμους από γεγονότα. Ο Kurt έχει πέσει θύμα κάτι που ονομάζεται το φαινόμενο της προεξοχής - στο οποίο τα εξέχοντα χαρακτηριστικά ή ιδιότητες κερδίζουν περισσότερη προσοχή από ό,τι τους αξίζει. Το γεγονός ότι η μαριχουάνα είναι τόσο προφανής εδώ τον έκανε να πιστέψει ότι αυτό το περιστατικό προκλήθηκε από αυτήν.

Μόλις ο Kurt εισέλθει στην επιχειρηματική δημοσιογραφία, συμβαίνει ένα σημαντικό γεγονός: μία από τις μεγαλύτερες εταιρείες στον κόσμο μόλις ανακοίνωσε ότι θα προωθήσει μια γυναίκα σε CEO! Ο Kurt, ενθουσιασμένος με αυτή την εξέλιξη, ξεκινά αμέσως να γράφει το σχόλιό του: η γυναίκα πιθανότατα προήχθη επειδή ήταν γυναίκα - ενώ στην πραγματικότητα αυτό μάλλον δεν είχε καμία σχέση με το φύλο (καθώς οι άνδρες έχουν συνήθως τους περισσότερους κορυφαίους ρόλους). Εάν η ηγεσία των γυναικών θεωρούνταν τόσο σημαντική από άλλες εταιρείες που ήδη ενεργούν, πιθανότατα θα το είχαν κάνει πριν από πολύ καιρό. Μόνο σε αυτήν την είδηση, το φύλο γίνεται σημαντικό, κερδίζοντας έτσι επιπλέον βάρος από τον Kurt και τον αναγνώστη του.

Οι δημοσιογράφοι δεν είναι μόνοι όταν πρόκειται να πέσουν θύματα του εξαιρετικού φαινομένου - όλοι είμαστε. Δύο άνδρες ληστεύουν ένα κατάστημα.
Νιγηριανοί μετανάστες ληστεύουν μια τράπεζα, συλλαμβάνονται αμέσως και αποκαλύπτονται ως τέτοιοι μετά από ανάκριση από αστυνομικούς επιβολής του νόμου λίγο αργότερα. Αν και καμία

συγκεκριμένη εθνοτική ομάδα δεν μπορεί να θεωρηθεί δυσανάλογα υπεύθυνη για ληστείες τραπεζών, εξακολουθούμε να συνδέουμε τους παράνομους Νιγηριανούς μετανάστες με τις ληστείες τραπεζών. διαστρεβλώνει τη σκέψη μας. Υποθέτουμε ότι είναι παράνομοι μετανάστες και πάλι! Ομοίως, εάν ένας Αρμένιος διαπράξει βιασμό, κατηγορείται συχνά σε αυτόν και όχι σε άλλους παράγοντες που υπάρχουν μεταξύ των Αμερικανών που υπάρχουν μεταξύ των Αμερικανών και όχι σε άλλους παράγοντες που υπάρχουν στους Αμερικανούς που επίσης συμβάλλουν στη δημιουργία προκαταλήψεων, παρά το γεγονός ότι η συντριπτική πλειονότητα που ζει νόμιμα έχει ξεχαστεί - υπενθυμίζουμε Ιδιαίτερα αξιοσημείωτα περιστατικά που αφορούν μετανάστες μόλις ακούμε για κάτι που σχετίζεται με αυτούς και συνήθως ξεκινάει πρώτα με εντυπωσιακά αρνητικά περιστατικά!

Το σημαντικό αποτέλεσμα μπορεί να διαμορφώσει τόσο την αντίληψή μας για τα γεγονότα του παρελθόντος όσο και το πώς οραματιζόμαστε το μέλλον. Ο Daniel Kahneman και ο Amos Tversky ανακάλυψαν ότι συχνά δίνουμε αδικαιολόγητη βαρύτητα σε σημαντικές πληροφορίες κατά την πρόβλεψη, γεγονός που μπορεί να εξηγήσει γιατί οι επενδυτές αντιδρούν πιο έντονα σε συγκλονιστικές ειδήσεις (όπως απολύσεις CEO) παρά λιγότερο εντυπωσιακές πληροφορίες όπως οι μακροπρόθεσμες προβλέψεις για την αύξηση των κερδών. Ακόμη και επαγγελματίες αναλυτές δεν μπορούν πάντα να παρακάμψουν την επιρροή του.

Συμπέρασμα: Οι σημαντικές πληροφορίες έχουν μεγάλη επιρροή στις σκέψεις και τις πράξεις μας. Τείνουμε να παραβλέπουμε αργά αναπτυσσόμενους παράγοντες με μακροπρόθεσμες επιπτώσεις που τείνουμε να παραμελούμε εντελώς. Μην τυφλώνεστε από παρατυπίες. Για παράδειγμα, ένα βιβλίο με ένα εντυπωσιακό, ζωηρό κόκκινο σακάκι μπαίνει στη λίστα των μπεστ σέλερ, ωθώντας τους αναγνώστες να αποδώσουν την επιτυχία του αποκλειστικά στο εξώφυλλό του - μην πέσετε σε αυτόν τον πειρασμό: συγκεντρώστε αρκετή ψυχική δύναμη για να αντιμετωπίσετε φαινομενικά προφανείς εξηγήσεις!

Βλέπε επίσης The Halo Effect (κεφ. 38). Επιδράσεις Προτεραιότητας και Πρόσφατου (κεφ. 73). Μεροληψία επιβεβαίωσης (κεφ. 7-8). Επαγωγή (κεφ. 31); Βασικό σφάλμα απόδοσης (κεφ. 36) και ευρετικό επηρεασμό (κεφ. 66)

ΓΙΑΤΙ ΤΑ ΧΡΗΜΑΤΑ ΔΕΝ ΕΙΝΑΙ ΓΥΜΝΗ.

Μια φθινοπωρινή μέρα στις αρχές της δεκαετίας του 1980 φυσούσε με βρεγμένα φύλλα να στροβιλίζονται. Σπρώχνοντας το ποδήλατό μου στο λόφο προς το σχολείο, παρατήρησα κάτι περίεργο στα πόδια μου: ένα μεγάλο και καφέ φύλλο αποκαλύφθηκε ότι άξιζε 500 γραμμάτια ελβετικού φράγκου - περίπου 250 $ σήμερα. απόλυτη περιουσία εκείνη την εποχή για μαθητή Λυκείου! Αυτά τα χρήματα σύντομα εξαφανίστηκαν από την τσέπη μου. Το χρησιμοποίησα γρήγορα για να αγοράσω ένα από τα κορυφαία διαθέσιμα μοντέλα με δισκόφρενα και γρανάζια Shimano (αν και το προηγούμενο ποδήλατό μου δούλευε καλά!), παρόλο που το παλιό μου ποδήλατο δούλευε καλά όπως πριν!

Αν και τότε δεν ήμουν εντελώς αδέκαρος, έχοντας καταφέρει να εξοικονομήσω μερικές εκατοντάδες φράγκα με το κούρεμα χόρτου στη γειτονιά μου, δεν πέρασε ποτέ από το μυαλό μου η σκέψη να σπαταλήσω τόσο σκληρά χρήματα σε κάτι τόσο επιπόλαιο όπως το να πάω σινεμά ή να πάω για ψώνια - Τα έξοδά μου δεν ήταν υπερβολικά και ήταν πιο λογικά όταν σκεφτόμουν αυτή τη συμπεριφορά. Τα χρήματα μπορούν να αντιληφθούν διαφορετικά μόνο ανάλογα με την πηγή τους. Επομένως, συνοδεύεται από συναισθηματικούς συσχετισμούς που προσθέτουν επιπλέον επίπεδα.

Δύο ερωτήσεις. Ας φανταστούμε ότι αφού δουλέψετε σκληρά για ένα χρόνο και στο τέλος του ανακαλύπτετε ότι έχετε επιπλέον 20.000 $ στον λογαριασμό σας από ό,τι στην αρχή του, τι θα κάνατε με αυτό; Α) Αφήστε το να καθίσει στην τράπεζά σας. Β) Επενδύστε το. Γ) Χρησιμοποιήστε το για απαραίτητες βελτιώσεις όπως η ανακαίνιση μιας μουχλιασμένης κουζίνας ή η αντικατάσταση φθαρμένων ελαστικών. Δ) Περιποιηθείτε τον εαυτό σας σε εξωφρενικές διακοπές κρουαζιέρας.

Όπως είναι τυπικό για τους περισσότερους ανθρώπους, πιθανότατα θα επιλέξετε το Α, το Β ή το Γ ως απάντησή τους.

Δεύτερη ερώτηση. Τι θα κάνατε αν κερδίσατε 20.000 $ στο λαχείο; Επιλέξτε από τα Α, Β, C ή D όπως παραπάνω. Οι περισσότεροι άνθρωποι τώρα παίρνουν είτε το C είτε το D που αποκαλύπτει λανθασμένη σκέψη. αν και είσαι ελεύθερος να το μετρήσεις όπως θέλεις. $20.000 παραμένουν $20.000.

Τα καζίνο μας παρέχουν πολλά παραδείγματα παραληρημάτων παρόμοιων με αυτό. Ένας φίλος τοποθετεί 1.000 $ σε ένα τραπέζι ρουλέτας - μόνο για να τα χάσει όλα - και στη συνέχεια ισχυρίζεται: «Δεν έπαιξα στοίχημα 1.000 $. Όλα αυτά τα κέρδισα νωρίτερα ». Όταν ρωτήθηκε από άλλους για τις απώλειές του, απαντά: "Μα είναι το ίδιο ποσό!" και επιμένει: «Καθόλου! «Μη μου λες!» Γελάει. Αντιμετωπίζουμε τα χρήματα που κερδίζουμε, ανακαλύπτουμε ή κληρονομούμε με περισσότερη αμέλεια από τα χρήματα που κερδίζουμε με σκληρή δουλειά. Ο οικονομολόγος Ρίτσαρντ Τάλερ ονόμασε αυτό το φαινόμενο ως το φαινόμενο του οικιακού χρήματος. Μας οδηγεί σε μεγαλύτερους κινδύνους. Οι νικητές του λαχείου συχνά βρίσκονται σε χειρότερη θέση όταν εξαργυρώσουν τα κέρδη τους. Υπό αυτή την έννοια, το παλιό ρητό - κερδίστε μερικά, χάσετε μερικά - μπορεί να χρησιμεύσει μόνο για την ελαχιστοποίηση των πραγματικών απωλειών.

Ο Τάλερ χώρισε τους μαθητές του σε δύο ομάδες. Κάποιος έμαθε ότι είχε κερδίσει $30 και μπορούσε να συμμετάσχει σε μια εκτίναξη νομισμάτων όπου οι ουρές σήμαιναν 9 $ σε επιστροφές και τα κεφάλια θα οδηγούσαν σε απώλειες 9 $. 7 στους 10 μαθητές αποφάσισαν να το ρισκάρουν και να λάβουν μέρος. Αντίθετα, μια άλλη ομάδα ανακάλυψε ότι δεν είχε κερδίσει τίποτα με την πρώτη ματιά, αλλά είχε τη δυνατότητα να λάβει 30 $ όπως είχε υποσχεθεί ή να συμμετάσχει σε μια άλλη εκτίναξη νομισμάτων όπου οι κεφαλές κέρδισαν $21 ενώ οι ουρές κέρδισαν $39. Ωστόσο, μόνο το 43% χρησιμοποίησε οποιαδήποτε επιλογή, παρόλο που και οι δύο επιλογές προσέφεραν την ίδια αναμενόμενη αξία: 30 $

Οι στρατηγικοί μάρκετινγκ κατανοούν τη δύναμη του φαινομένου του οικιακού χρήματος. Οι ιστότοποι διαδικτυακών τυχερών παιχνιδιών σας ανταμείβουν με πίστωση 100 $ κατά την εγγραφή σας, οι εταιρείες πιστωτικών καρτών δίνουν δωρεάν πίστωση κλήσεων όταν συμπληρώνουν τις αιτήσεις, οι αεροπορικές εταιρείες προσφέρουν μίλια όταν συμμετέχετε σε κλαμπ συχνών επιβατών και οι εταιρείες τηλεφωνίας παρέχουν πίστωση κλήσης για να βοηθήσουν τους ανθρώπους να συνηθίσουν να πραγματοποιούν κλήσεις πιο συχνά - και όλα αυτά χάρη σε αυτή τη λεπτή στρατηγική που είναι γνωστή ως το φαινόμενο του σπιτικού χρήματος! Μεγάλο μέρος της τρέλας με το κουπόνι πηγάζει από αυτό το φαινόμενο.

Συμπέρασμα: Να είστε προσεκτικοί όταν κερδίζετε χρήματα ή παίρνετε κάτι δωρεάν από μια επιχείρηση. Οι πιθανότητες είναι υψηλές ότι θα το επιστρέψετε με τόκο από καθαρή πληθωρικότητα. Επομένως, είναι καλύτερο να αφαιρέσετε κάθε χλιδή από αυτά τα φαινομενικά δωρεάν χρήματα, να τα μετατρέψετε σε εργατικά ρούχα, να τα καταθέσετε στον τραπεζικό σας λογαριασμό ή να τα επιστρέψετε στη δική σας εταιρεία το συντομότερο δυνατό.

Δείτε επίσης: Εφέ δωρεάς, Σφάλμα σπανιότητας και Αποστροφή απώλειας στο Κεφάλαιο 23--32 για περαιτέρω ανάλυση των αναλύσεων που δεν λειτουργούν (κεφ. 23-25 και 32-33)

Ο φίλος μου είναι καλλιτέχνης. Τα βιβλία του περιέχουν περίπου 100 σελίδες κάθε επτά χρόνια και παράγουν δύο γραμμές εκτύπωσης την ημέρα - το πολύ! Όταν ρωτήθηκε για την άθλια παραγωγικότητά του, απάντησε «Η έρευνα είναι πολύ πιο ευχάριστη από το γράψιμο». Ως εκ τούτου, κάθεται στο γραφείο του, σερφάροντας στο διαδίκτυο για ώρες ή κοιτάζοντας σκοτεινά βιβλία αναζητώντας μεγάλες και ξεχασμένες ιστορίες για να γράφει πριν πείσει τον εαυτό του ότι δεν θα είχε νόημα μέχρι να έχει «την κατάλληλη διάθεση». Δυστυχώς, αυτό συμβαίνει αρκετά σπάνια για να δικαιολογήσει την καθυστέρηση της γραφής του, καθώς έπεισε τον εαυτό του ξεκινώντας μόνο όταν ήρθε η «σωστή διάθεση» και επικράτησε - σπάνια συμβαίνει!

Ένας άλλος φίλος προσπάθησε καθημερινά τα τελευταία δέκα χρόνια να κόψει το κάπνισμα. κάθε τσιγάρο θα μπορούσε να είναι το τελευταίο του. Εν τω μεταξύ, οι φορολογικές μου δηλώσεις παραμένουν ημιτελείς στο γραφείο μου εδώ και έξι μήνες. αν και δεν έχω χάσει την ελπίδα ότι θα γεμίσουν τελικά.

Η αναβλητικότητα είναι η τάση να αναβάλλετε ενέργειες που απαιτούν θυσίες - το να πηγαίνετε στο γυμναστήριο, να αλλάζετε ασφαλιστήρια συμβόλαια για φθηνότερα συμβόλαια ή να γράφετε ευχαριστήρια γράμματα είναι μερικά μόνο παραδείγματα τέτοιων εργασιών που μπορεί να χρειαστεί να κάνετε και οι αποφάσεις δεν θα βοηθήσουν σε αυτές περιπτώσεις.

Η αναβλητικότητα είναι ανοησία, δεδομένου ότι καμία εργασία δεν ολοκληρώνεται μόνη της. Γνωρίζουμε ότι είναι χρήσιμα, οπότε γιατί να τα αναβάλουμε για άλλη στιγμή; Γιατί ο χρόνος υστερεί μεταξύ σποράς και θερισμού. Ο καθηγητής ψυχολογίας Roy Baumeister έδειξε αυτή την ιδέα μέσα από ένα λαμπρό πείραμα. Έβαλε τους μαθητές μπροστά σε έναν φούρνο γεμάτο με μπισκότα σοκολάτας που ψήνονται, στέλνοντας το ακαταμάχητα μυρωδάτο άρωμά τους στο δωμάτιο. Έπειτα τοποθέτησε ένα μπολ γεμάτο ραπανάκια κοντά στο φούρνο και έδωσε οδηγίες στους μαθητές ότι μπορούσαν να καταναλώσουν όσα θέλουν χωρίς περιορισμούς. Ωστόσο, τα cookies ήταν αυστηρά εκτός ορίων. Τους άφησε μόνους στο δωμάτιο για τριάντα λεπτά. Οι μαθητές μιας δεύτερης ομάδας είχαν τη δυνατότητα να κεράσουν ελεύθερα cookies πριν και οι δύο ομάδες επιχειρήσουν ένα δύσκολο μαθηματικό πρόβλημα που περιελάμβανε cookies. Όσοι απαγορευόταν να φάνε, το παράτησαν δύο φορές πιο γρήγορα από εκείνους που επέτρεπαν την απεριόριστη κατανάλωση μπισκότων. αυτή η περίοδος αυτοελέγχου είχε περάσει με επιτυχία. Η δύναμη της θέλησης εξαντλήθηκε, αφήνοντάς τους χωρίς αρκετή διανοητική ενέργεια ή δύναμη θέλησης για να αντιμετωπίσουν το καθήκον τους. Η δύναμη της θέλησης λειτουργεί σαν μπαταρία. Μόλις εξαντληθούν, οι μελλοντικές προκλήσεις θα μπορούσαν να αποδειχθούν ανυπέρβλητες.

Ο αυτοέλεγχος δεν μπορεί να είναι πάντα διαθέσιμος συνεχώς. χρειάζεται χρόνο και χώρο για αναζωογόνηση. Ευτυχώς, το μόνο που χρειάζεται για να επιτευχθεί αυτός ο στόχος είναι ο ανεφοδιασμός του σακχάρου στο αίμα και η χαλάρωση - δύο απλές αλλά σημαντικές στρατηγικές!

Αν και το να τρώτε αρκετά και να κάνετε τακτικά διαλείμματα είναι βασικά συστατικά της επιτυχίας, το επόμενο κρίσιμο στοιχείο είναι να χρησιμοποιήσετε διάφορα κόλπα για να παραμείνετε στο σωστό δρόμο. Αυτό μπορεί να περιλαμβάνει την εξάλειψη των περισπασμών - για παράδειγμα, όταν γράφω μυθιστορήματα, συχνά απενεργοποιώ την πρόσβαση στο Διαδίκτυο για να μην παρασυρθώ όταν φτάνω σε ένα κομβικό σημείο της γραφής. Αλλά η πιο ισχυρή τεχνική από όλες είναι ο καθορισμός προθεσμιών. Ο ψυχολόγος Dan Ariely διαπίστωσε ότι οι εξωτερικές αρχές - όπως οι δάσκαλοι ή οι υπάλληλοι της IRS - τείνουν να λειτουργούν καλύτερα. Οι προθεσμίες που επιβάλλονται μόνοι σας λειτουργούν μόνο εάν η εργασία έχει αναλυθεί σταδιακά με κάθε μέρος να λαμβάνει τη δική του ημερομηνία λήξης. εξ ου και αυτές οι νεφελώδεις αποφάσεις της Πρωτοχρονιάς καταδικασμένες σε αποτυχία!

Η αναβλητικότητα είναι τόσο ανθρώπινη όσο και παράλογη. Επομένως, για την αποτελεσματική καταπολέμησή του χρησιμοποιήστε μια ολοκληρωμένη προσέγγιση. Η γειτόνισσα μου κατάφερε να γράψει τη διδακτορική της διατριβή σε τρεις μήνες χρησιμοποιώντας αυτή τη στρατηγική: νοικιάζοντας ένα μικρό δωμάτιο χωρίς σύνδεση τηλεφώνου ή Διαδικτύου και ορίζοντας τρεις ημερομηνίες ανά μέρος της εργασίας της για κάθε προθεσμία που ανακοίνωνε σε όποιον θέλει να ακούσει (συμπεριλαμβανομένης της εκτύπωσης στην επιχείρησή της κάρτες!) Ανεφοδιαζόταν κατά τη διάρκεια του μεσημεριανού γεύματος ή τις βραδινές ώρες διαβάζοντας περιοδικά μόδας ή κοιμόταν.

Δείτε επίσης: Omission Bias (κεφ. 44). Πλάνη προγραμματισμού (κεφ. 91); Action Bias (κεφ. 43); Υπερβολική Έκπτωση (κεφ. 51); Εφέ Zeigarnik (κεφ. 93)

ΦΤΙΣΤΕ ΤΟ ΔΙΚΟ ΣΑΣ ΚΑΣΤΡΟ

Φθόνος Τι θα σας ζήλευε περισσότερο; Υπάρχουν τρία σενάρια ζήλιας που μπορεί να σας εκνευρίσουν: Α) Όταν οι μισθοί των φίλων σας αυξάνονται ενώ οι δικοί σας παραμένουν ίδιοι. Β) Οι μέσοι μισθοί τους μειώνονται ενώ οι δικοί σας μειώνονται. Γ) Οι μέσοι μισθοί σας μειώνονται και αντίστροφα.

Εάν η απάντησή σας ήταν Α, μην ανησυχείτε: αυτό είναι απολύτως φυσιολογικό: απλώς ένα ακόμη θύμα του τέρατος με τα πράσινα μάτια!

Ιδού ένα ρωσικό παραμύθι: Ένας αγρότης βρίσκει μια μαγική λάμπα. Αφού το τρίψετε, από τον αέρα έρχεται ένα ανώνυμο τζίνι, που τους υπόσχεται μια ευχή. Αφού σκέφτηκε για λίγο και εξέτασε τις επιλογές του, ο αγρότης τελικά αποφασίζει: Ο γείτονάς μου έχει μια αγελάδα. επομένως ελπίζω να πεθάνει για να κληρονομήσω τη δική της».

Όσο παράλογο κι αν ακούγεται, πιθανότατα μπορείτε να σχετιστείτε με τον αγρότη. Παραδεχτείτε το: παρόμοιες σκέψεις πρέπει να έχουν περάσει από το μυαλό σας κάποια στιγμή στη ζωή. Σκεφτείτε τον συνάδελφό σας που κερδίζει ένα μεγάλο μπόνους ενώ λαμβάνετε μόνο μια δωροεπιταγή: ο φθόνος μπορεί να οδηγήσει σε ασύνετες ενέργειες όπως η άρνηση να τον βοηθήσει άλλο και ακόμη και να τρυπήσει τα ελαστικά της Porsche του. Το να απολαμβάνει κρυφά όταν σπάει το πόδι του το σκι είναι ένα αποτέλεσμα που κρυφά χαίρεσαι.

Ο φθόνος ξεχωρίζει ανάμεσα σε όλα τα συναισθήματα ως κάτι που αποτινάσσεται εύκολα, σε αντίθεση με τον θυμό, τη λύπη ή τον φόβο. Σύμφωνα με την ανάλυση του Μπαλζάκ για τον φθόνο ως κακία -γιατί δεν υπάρχει κανένα μόνο όφελος που φέρνει μαζί του- ο φθόνος μπορεί να εξυπηρετήσει μόνο έναν σκοπό -την ειλικρινή κολακεία. αλλιώς είναι χαμένος χρόνος.
Ο φθόνος μπορεί να προκύψει με πολλές μορφές: ιδιοκτησία, κατάσταση, υγεία, νεανικό ταλέντο δημοτικότητα ομορφιά. Επειδή οι σωματικές αντιδράσεις και των δύο είναι παρόμοιες, ο φθόνος μπορεί εύκολα να εκληφθεί με τη ζήλια. η διαφορά έγκειται στο ποιο είναι το αντικείμενό του (status money health κλπ). Για να εμφανιστεί η ζήλια χρειάζονται τουλάχιστον δύο εμπλεκόμενα μέρη, ενώ ο φθόνος απαιτεί τουλάχιστον τρεις (ο Πίτερ ζηλεύει που ο Σαμ δεν απαντά στο τηλέφωνό του ενώ η όμορφη κοπέλα της διπλανής πόρτας του χτυπά αντί).

Ο φθόνος μπορεί συχνά να μας οδηγήσει σε ένα ανθυγιεινό μονοπάτι, στρέφοντας τους πιο όμοιους με εμάς σε ηλικία, καριέρα και κατοικία. Αλλά γιατί νιώθουμε δυσαρέσκεια απέναντι σε επιχειρηματίες ενός άλλου αιώνα, φυτά ή ζώα που δεν αποτελούν απειλές ή στερούνται κοινωνικής θέσης - σε καμία περίπτωση δεν αξίζει φθόνος!
Ως συγγραφέας, δεν ζηλεύω τους εκατομμυριούχους από όλο τον κόσμο. μάλλον αυτά μέσα στην πόλη μου. Μουσικοί, μάνατζερ ή οδοντίατροι έρχονται πρώτοι. Οι CEOs ζηλεύουν

άλλους μεγάλους CEOs. Τα σούπερ μόντελ ζηλεύουν τα πιο επιτυχημένα σούπερ μόντελ. όπως το είπε καλύτερα ο Αριστοτέλης: «Οι κεραμείς ζηλεύουν τους αγγειοπλάστους».

Ας υποθέσουμε για παράδειγμα ότι η οικονομική σας επιτυχία σας επιτρέπει να μετακομίσετε από μια από τις πιο σκληρές γειτονιές της Νέας Υόρκης στο Upper East Side του Μανχάταν. Στην αρχή, αυτή η κίνηση μπορεί να είναι υπέροχη. Οι φίλοι μπορούν να θαυμάσουν το διαμέρισμα και τη διεύθυνσή σας. Αλλά γρήγορα μετά, συνειδητοποιείτε ότι υπάρχουν διαμερίσματα διαφορετικών αναλογιών γύρω σας, μαζί με νέες ομάδες συνομηλίκων που αποτελούνται από πολύ πλουσιότερα άτομα σε σύγκριση με την παλιά ομάδα συνομηλίκων σας, προκαλώντας νέα ζητήματα στην επιφάνεια - φθόνο και άγχος για την κατάσταση μεταξύ τους.

Πώς μπορείς να καταπολεμήσεις τον φθόνο; Πρώτα, σταματήστε να συγκρίνετε τον εαυτό σας με άλλους. Δεύτερον, βρείτε τον κύκλο των ικανοτήτων σας και γεμίστε τον μόνοι σας. χαράξτε μια περιοχή στην οποία λάμπετε - όσο μικρή κι αν είναι - για να ξέρουν όλοι ότι ΕΣΥ είσαι ο κύριος αυτού του κάστρου.

Όπως όλα τα συναισθήματα, ο φθόνος έχει τις ρίζες του στην ανθρώπινη εξέλιξη. Αν το ανθρωποειδές από τη σπηλιά της διπλανής πόρτας έπαιρνε περισσότερο από το κρέας του μαμούθ από ό,τι ήταν δίκαιο για εμάς τους ηττημένους, ο φθόνος μας παρακίνησε να κάνουμε κάτι γι' αυτό. οι χαλαροί κυνηγοί-τροφοσυλλέκτες πέθαναν από την πείνα ενώ άλλοι έκαναν γλέντι. Σήμερα, ωστόσο, ο φθόνος δεν παίζει πλέον τόσο αναπόσπαστο ρόλο. Αν ο γείτονάς μου αγοράσει μόνος του μια Porsche, αυτό δεν σημαίνει τίποτα λιγότερο για μένα!

Όταν νιώθω τον φθόνο μου να ανεβαίνει, η γυναίκα μου μου θυμίζει: «Είναι εντάξει να ζηλεύεις αυτούς που φιλοδοξείς να γίνεις».

Βλέπε επίσης Social Comparison Bias (Κεφ. 72). Ηδονικός Διάδρομος (Κεφ. 46).

ΓΙΑΤΙ ΠΡΟΤΙΜΑΤΕ ΤΑ ΜΥΘΙΣΤΟΡΗΜΑΤΑ ΑΠΟ ΤΟΥΣ ΣΤΑΤΙΣΤΙΚΟΛΟΓΟΥΣ

Προσωποποίηση Για 18 χρόνια, στα αμερικανικά μέσα ενημέρωσης απαγορεύτηκε να προβάλλουν φωτογραφίες από φέρετρα πεσόντων στρατιωτών. Όταν ο υπουργός Άμυνας Ρόμπερτ Γκέιτς ήρε αυτήν την απαγόρευση τον Φεβρουάριο του 2009, οι εικόνες ξεχύθηκαν στο Διαδίκτυο κατά χιλιάδες. Επίσημα, τα μέλη της οικογένειας πρέπει να δώσουν έγκριση πριν δημοσιευτεί οτιδήποτε. αλλά στην πραγματικότητα αυτός ο κανόνας δεν μπορεί να εφαρμοστεί αποτελεσματικά. Αυτός ο περιορισμός είχε έναν σκοπό - να καλύψει το πραγματικό κόστος του πολέμου - συγκαλύπτοντας τους πραγματικούς αριθμούς τους ως στατιστικά στοιχεία, ενώ οι πραγματικοί άνθρωποι προκαλούν συναισθήματα σε όλους μας.

Γιατί συμβαίνει αυτό; Για χιλιετίες, οι ομάδες ήταν απαραίτητες για την επιβίωσή μας, έτσι τα τελευταία 100.000 χρόνια έχουμε αναπτύξει μια απίστευτη ικανότητα να διαβάζουμε το μυαλό άλλων ανθρώπων - αυτός ο επιστημονικός όρος είναι γνωστός ως «θεωρία του νου». Ακολουθεί ένα πείραμα για να το αποδείξει αυτό: σας δίνονται 100 $ και πρέπει να τα μοιραστείτε με κάποιον, η πρότασή σας εξετάζεται εάν εάν αποδεχτεί την προσφορά σας, τα χρήματα θα μοιραστούν ανάλογα ή θα επιστραφούν - εάν το άλλο άτομο δεν συμφωνήσει, πρέπει να επιστρέψετε όλα αυτά χωρίς να πάρουμε τίποτα πίσω - πώς θα γίνει αυτό;

Με την πρώτη ματιά θα ήταν λογικό να δώσουμε σε έναν άγνωστο άγνωστο πολύ λίγα - όπως μόλις 1 $ - γιατί οτιδήποτε θα ήταν καλύτερο από το τίποτα. Ωστόσο, οι οικονομολόγοι που διεξήγαγαν πειράματα χρησιμοποιώντας παιχνίδια με τελεσίγραφα (ο τεχνικός όρος) παρατήρησαν άτομα να συμπεριφέρονται αρκετά διαφορετικά όταν συμμετείχαν. Θα πρόσφεραν μεταξύ 30%-50%, οτιδήποτε κάτω από αυτό θεωρήθηκε άδικο - ένα παράδειγμα της ενσυναίσθησής μας προς έναν άλλο άνθρωπο. Το παιχνίδι με τελεσίγραφο μπορεί να χρησιμεύσει ως ένα ανοιχτό μάτι για το πώς διαφέρουν οι αντιλήψεις μας ανάλογα με το ποιος κοιτάζει έξω.

Ωστόσο, με μια μικρή τροποποίηση είναι δυνατό να μειωθεί σημαντικά αυτό το συναίσθημα: μετακίνηση παικτών σε ξεχωριστά δωμάτια. Όταν οι άνθρωποι δεν μπορούν πλέον να δουν ή δεν έχουν γνωρίσει ποτέ τους ομολόγους τους - ή δεν τους έχουν γνωρίσει ποτέ - η προσομοίωση των συναισθημάτων τους γίνεται πολύ πιο δύσκολη. τελικά γίνονται μια αφαίρεση και το μερίδιό τους πέφτει κάτω από το 20% κατά μέσο όρο.

Ο Paul Slovic πραγματοποίησε ένα άλλο πείραμα ζητώντας δωρεές. Μια ομάδα είδε μια φωτογραφία της Rokia από το Μαλάουι - ένα υποσιτισμένο παιδί που ζει με φιλανθρωπία - πριν της δείξουν τη φωτογραφία της και της δείξουν πόσα χρήματα θα βοηθούσαν.
Αφού τους έδειξαν στατιστικά στοιχεία σχετικά με τον λιμό του Μαλάουι, τα άτομα μιας ομάδας δώρησαν κατά μέσο όρο 2,83 $ από τα 5 $ που έλαβαν για να ολοκληρώσουν μια σύντομη έρευνα. Αφού εμφανίστηκαν στατιστικά στοιχεία που περιγράφουν περισσότερα από

τρία εκατομμύρια υποσιτισμένα παιδιά που επηρεάζονται, ο μέσος όρος των δωρεών μειώθηκε κατά 50%. Αυτό φαινόταν αντιδιαισθητικό καθώς θα πίστευε κανείς ότι η γενναιοδωρία των ανθρώπων θα αυξανόταν με τη γνώση της κλίμακας της. δυστυχώς αυτό δεν φαίνεται να ισχύει. Οι άνθρωποι και όχι τα στατιστικά οδηγούν τις πράξεις μας!

Οι οργανισμοί μέσων ενημέρωσης έχουν από καιρό αναγνωρίσει ότι οι βαρετές πραγματικές αναφορές και τα ραβδωτά γραφήματα δεν προσελκύουν τους αναγνώστες. Ως αποτέλεσμα, η κατευθυντήρια γραμμή τους για την αναφορά ιστοριών ήταν εδώ και καιρό να δίνουν σε κάθε γεγονός μια «εικόνα». Όταν αναφέρετε για μια εταιρεία ή μια πολιτεία που εμφανίζεται στις ειδήσεις, για παράδειγμα, μια εικόνα του Διευθύνοντος Συμβούλου της εμφανίζεται συνήθως δίπλα της (είτε χαμογελάει είτε κάνει μορφασμούς ανάλογα με τη ζήτηση της αγοράς), με τους προέδρους ή τους κυβερνήτες πολιτειών να γίνονται εικονίδια σε αυτές τις ιστορίες. όταν χτυπάει κάτι σαν σεισμός, τα θύματά του γίνονται το πρόσωπο όλων.

Αυτή η εμμονή εξηγεί την επιτυχία μιας από τις μεγάλες εφευρέσεις του πολιτισμού: του μυθιστορήματος. Αυτή η λογοτεχνική «εφαρμογή δολοφόνος» προβάλλει ατομικές και διαπροσωπικές συγκρούσεις σε ατομικά πεπρωμένα. Αντί ένας ακαδημαϊκός να γράψει μια εξαντλητική διατριβή για τα ψυχολογικά βασανιστήρια στην πουριτανική Νέα Αγγλία, εξακολουθούμε να διαβάζουμε το Scarlet Letter του Hawthorne. ομοίως για τη Μεγάλη Ύφεση; Αν και τα στατιστικά του μπορεί να φαίνονται μακρινά στους περισσότερους από εμάς, όπως τα βιώσαμε μέσα από το The Grapes of Wrath του Steinbeck, παραμένει ζωντανό στη μνήμη.

Συμπέρασμα: Να είστε προσεκτικοί όταν αντιμετωπίζετε ανθρώπινες ιστορίες. Ερευνήστε τα γεγονότα και τη στατιστική τους κατανομή, ώστε να μπορείτε να προσαρμόσετε καλύτερα την αφήγησή τους. Ωστόσο, εάν θέλετε να συγκινήσετε ή να παρακινήσετε τους ανθρώπους για τους δικούς σας σκοπούς, βεβαιωθείτε ότι η ιστορία σας περιλαμβάνει ονόματα και πρόσωπα, καθώς αυτό θα κάνει πιο ισχυρή αφήγηση.

Βλέπε επίσης Story Bias (κεφ. 13). News Illusion (κεφ. 99); Linking Bias (κεφ. 22)

Μετά από έντονες βροχοπτώσεις στη νότια Αγγλία, ένα ποτάμι ξεχείλισε από τις όχθες του. Η αστυνομία έκλεισε και διέτρεψε την κυκλοφορία στη διάβασή της για δύο εβδομάδες - ωστόσο τουλάχιστον μία φορά την ημέρα, τουλάχιστον ένα αυτοκίνητο περνούσε από τις προειδοποιητικές πινακίδες και μέσα στο νερό που ρέει γρήγορα, αγνοώντας εντελώς τι βρισκόταν ακριβώς μπροστά τους.

Οι ψυχολόγοι του Χάρβαρντ Daniel Simons και Christopher Chabris διεξήγαγαν ένα πείραμα στο οποίο δύο ομάδες φοιτητών πέρναγαν μια μπάλα μπάσκετ μεταξύ ομάδων που φορούσαν μαύρα ή άσπρα μπλουζάκια - με τους μαύρους που φορούσαν μαύρα μπλουζάκια να είναι πιο αποτελεσματικοί στο να πασάρουν τις μπάλες πίσω από τους ομόλογους τους. περνώντας τα προς τα πίσω. Αυτό το σύντομο κλιπ γνωστό ως "The Monkey Business Illusion" μπορεί να προβληθεί στο διαδίκτυο (δείτε το πριν διαβάσετε περισσότερα!). Ρίξτε μια ματιά εδώ πριν διαβάσετε περαιτέρω!) Οι θεατές καλούνται να μετρήσουν πόσο συχνά οι παίκτες με λευκά μπλουζάκια περνούν την μπάλα μεταξύ και οι δύο ομάδες καθώς πλέκουν μέσα από κύκλους υφαίνουν μέσα και έξω και περνούν πέρα δώθε. Σε ένα σημείο του βίντεο, συνέβη κάτι απροσδόκητο: ένας μαθητής ντυμένος γορίλας μπήκε ξαφνικά και άρχισε να χτυπάει στο στήθος του πριν αναχωρήσει γρήγορα. στο τέλος, αν παρατηρήσατε κάτι ασυνήθιστο· οι μισοί θεατές απάντησαν με δυσπιστία ότι υπήρχε ακόμη και κάποια περίεργη συμπεριφορά· δεν μπορούσαν να κατανοήσουν καμία τέτοια παρουσία - σίγουρα δεν υπάρχει γορίλας εδώ;

Το Monkey Business Test είναι ένα από τα πιο γνωστά πειράματα στην ψυχολογία και υπογραμμίζει αυτό που οι ψυχολόγοι αποκαλούν ψευδαίσθηση προσοχής: νομίζουμε ότι παρατηρούμε όλα όσα συμβαίνουν γύρω μας, ενώ στην πραγματικότητα τείνουμε να παρατηρούμε μόνο αυτό στο οποίο επικεντρωνόμαστε - εδώ, το πάσες που έγιναν από την Team White. οι απροειδοποίητες διακοπές μπορεί να είναι τόσο μεγάλες και εμφανείς όσο ένας γορίλας!

Μερικές φορές, η πραγματοποίηση τηλεφωνικών κλήσεων κατά την οδήγηση μπορεί να θέσει σε κίνδυνο την αντίληψή μας για την προσοχή. Τις περισσότερες φορές αυτό δεν παρουσιάζει κανένα πρόβλημα. Η πραγματοποίηση κλήσεων γενικά δεν έχει αρνητικό αντίκτυπο στις εργασίες οδήγησης, όπως η παραμονή εντός λωρίδων κυκλοφορίας και το φρένο όταν είναι απαραίτητο. Αλλά μόλις συμβεί κάτι απροσδόκητο - όπως ένα παιδί που τρέχει απέναντι από το δρόμο - η προσοχή σας γίνεται πολύ λεπτή για να αντιδράσετε κατάλληλα εγκαίρως. μελέτες δείχνουν ότι αυτό ισχύει είτε με κινητά τηλέφωνα είτε με αλκοόλ.
Ανεξάρτητα από το πώς κρατάτε ή χρησιμοποιείτε ένα τηλέφωνο, ο αντίκτυπός του στον χρόνο απόκρισής σας σε απροσδόκητα συμβάντα παραμένει περιορισμένος.

Αναγνωρίζετε τη φράση «Ο ελέφαντας στο δωμάτιο;» Αυτό αναφέρεται σε ένα προφανές θέμα που κανείς δεν θέλει να συζητήσει. ένα άρρητο ταμπού. Αντίθετα, θα μπορούσαμε να ορίσουμε "Ο γορίλας στο δωμάτιο" ως: ένα θέμα που πρέπει να συζητηθεί αμέσως, αλλά αγνοείται ή αγνοείται επειδή κανείς δεν το γνωρίζει.

Η Swissair ήταν μια αεροπορική εταιρεία τόσο επικεντρωμένη στην επέκταση που αγνόησε τη ραγδαία μείωση της ρευστότητάς της, που οδήγησε σε χρεοκοπίες το 2001 και το 2002. Ή σκεφτείτε την κακοδιαχείριση στα κράτη του Ανατολικού Μπλοκ που οδήγησε στον χωρισμό τους, οδηγώντας σε πτώση του Τείχους του Βερολίνου και κινδύνους για τα τραπεζικά βιβλία. κανείς δεν νοιαζόταν πολύ πριν από το 2007. Αυτά τα παραδείγματα μας δείχνουν πόσο συχνά οι γορίλες περιφέρονται ανάμεσά μας χωρίς να το καταλάβουμε.

Δεν μας ξεφεύγει κάθε έκτακτο γεγονός. Αντίθετα, αυτό που παραλείπουμε να προσέξουμε περνάει απαρατήρητο και περνά αόρατο από εμάς. αφήνοντάς μας έτσι να αγνοούμε τυχόν σημαντικά στοιχεία που παραβλέπουμε και δημιουργείται η ψευδής πεποίθηση ότι ό,τι είναι σημαντικό παρατηρείται από εμάς.

Κάθε τόσο, απελευθερώστε τον εαυτό σας από την ψευδαίσθηση της προσοχής. Σκεφτείτε όλα τα πιθανά και φαινομενικά απίθανα σενάρια - μπορεί να προκύψουν απροσδόκητα γεγονότα για τα οποία κανείς δεν μιλάει. κρύβονται ζητήματα που δεν αντιμετωπίζει κανείς δεν αντιμετωπίζονται. Να είστε σε εγρήγορση της σιωπής όσο και του θορύβου. Ελέγξτε τις περιφερειακές περιοχές αντί για τις κεντρικές. Προβλέψτε κάτι ασυνήθιστο αλλά τεράστιο - το να είστε τεράστιος δεν εγγυάται ότι θα σας προσέξουν. κάτι ασυνήθιστο πρέπει επίσης να αναμένεται να εμφανιστεί!

Δείτε επίσης: Feature-Positive Effect (κεφ. 95); Μεροληψία επιβεβαίωσης (κεφ. 7-8), μεροληψία διαθεσιμότητας (κεφ. 11) και εφέ υπεροχής και πρόσφατου (κεφ. 73)

Φανταστείτε να κάνετε αίτηση για τη δουλειά των ονείρων σας: γυαλίζετε το βιογραφικό σας μέχρι να αστράφτει, να λάμπει κατά τη διάρκεια μιας συνέντευξης και να επισημαίνετε όλα τα επιτεύγματα και τις ικανότητές σας, ενώ υποβαθμίζετε τυχόν αδυναμίες ή αποτυχίες. Όταν σας ρωτούν εάν θα μπορούσατε να αυξήσετε τις πωλήσεις κατά 30% ενώ θα μειώσετε το κόστος κατά 30%, η απάντησή σας θα πρέπει να είναι: "Σκεφτείτε ότι έχει γίνει." Ανεξάρτητα από τυχόν ανησυχίες μέσα σας για το πώς μπορεί να συμβεί αυτό, εστιάστε πρώτα στο να εντυπωσιάσετε τους συνεντευξιαζόμενους. ακολουθήστε αργότερα· οποιεσδήποτε απόπειρες παροχής απαντήσεων χωρίς φαντασία θα μπορούσαν ενδεχομένως να θέσουν τον εαυτό σας εκτός διαμάχης και τελικά να σας αποκλείσουν από περαιτέρω εξέταση από τους συνεντευξιαζόμενους· δώστε ακόμη και ημι-ρεαλιστικές απαντήσεις που θα μπορούσαν να θέσουν τον εαυτό σας εκτός εξέτασης - ανεξάρτητα από το πόσο καλές ακούγονται σε αντάλλαγμα.

Φανταστείτε τον εαυτό σας ως δημοσιογράφο με μια εξαιρετική ιδέα βιβλίου για την οποία μιλούν όλοι. Αφού βρίσκει έναν ενδιαφερόμενο εκδότη πρόθυμο να πληρώσει προκαταβολή, ρωτά πότε μπορεί να περιμένει το χειρόγραφο (μπορεί να είναι έτοιμο σε έξι μήνες;) Τραυλίζεις: «Χμ... Δεν έχω ιδέα. Πόσο καιρό μου πήρε την τελευταία φορά;» Απαντάτε με: «Θεωρήστε ότι έγινε». Μόλις υπογραφεί η σύμβαση και τα χρήματα στον τραπεζικό σας λογαριασμό, υπάρχει πάντα χρόνος για άλλα έργα και γράψιμο ιστοριών!

Η στρατηγική παραποίηση είναι ο επίσημος όρος για μια τέτοια συμπεριφορά: όσο υψηλότερα είναι τα στοιχήματα, τόσο πιο υπερβολικοί θα πρέπει να γίνονται οι ισχυρισμοί σας. Αν και η στρατηγική λανθασμένη περιγραφή δεν λειτουργεί παντού - για παράδειγμα, εάν ένας οφθαλμίατρος υπόσχεται πέντε συνεχόμενες φορές ότι θα σας δώσει τέλεια όραση μόνο για να έχετε χειρότερα από πριν αποτελέσματα μετά από κάθε διαδικασία, τελικά μπορεί να σταματήσετε να πιστεύετε τις υποσχέσεις του εντελώς - η στρατηγική παραπλανητική περιγραφή μπορεί να εξακολουθεί να αποδεικνύεται πολύτιμη όταν προσπαθείτε μία φορά, όπως συνεντεύξεις (όπου μια εταιρεία δεν θα σας προσλάβει περισσότερες από μία φορές!). Ωστόσο, δεν πρέπει να λειτουργεί ούτε εδώ. Αντίθετα, μπορεί κάλλιστα να λειτουργήσει όταν αντιμετωπίζετε μόνο εφάπαξ προσπάθειες ή μοναδικές προσπάθειες που περιλαμβάνουν μοναδικές προσπάθειες - κάτι που ένας οφθαλμίατρος δεν θα το έκανε.

Τα μεγάλα έργα είναι ιδιαίτερα επιρρεπή σε παραποιήσεις όταν η λογοδοσία τους είναι διάχυτη, όπως όταν η κυβέρνηση που τα χρηματοδοτούσε αρχικά δεν κατέχει πλέον την εξουσία, πολλές επιχειρήσεις συμμετέχουν και συχνά δείχνουν με το δάχτυλο ή η ημερομηνία λήξης είναι μερικά χρόνια μακριά.
Ο Bent Flyvbjerg της Οξφόρδης γνωρίζει από κοντά έργα μεγάλης κλίμακας. Οι υπερβάσεις κόστους και χρονοδιαγράμματος είναι συνηθισμένες επειδή οι προσφορές που κερδίζουν δεν

αντικατοπτρίζουν πάντα τη συνολική αριστεία. Αντίθετα, εξαρτάται από το τι φαίνεται καλύτερα στο χαρτί - κάτι που ο Flyvbjerg αποκαλεί «αντίστροφο δαρβινισμό»: αυτός που παράγει τον πιο ζεστό αέρα συνήθως θα κερδίσει. Είναι η στρατηγική παραποίηση απλώς παραπλανητική πρακτική; Όχι απαραίτητα; Ακριβώς όπως οι γυναίκες που φορούν μακιγιάζ είναι απατηλές, ενώ οι άντρες που μισθώνουν Porsche για να δείξουν οικονομικά πλεονεκτήματα είναι παραπλανητικό - απατηλό αλλά κοινωνικά αποδεκτό, ώστε να μην εκνευριζόμαστε από αυτό - το ίδιο συμβαίνει με τις πρακτικές παραπλανητικής περιγραφής που χρησιμοποιούνται όταν οι γυναίκες φορούν μακιγιάζ ή οι άνδρες μισθώνουν Porsche για να δείξουν οι οικονομικές ικανότητες είναι αντικειμενικά εξαπατημένες αλλά κοινωνικά αποδεκτές, οπότε δεν μας στεναχωρεί ούτε αυτό! Το ίδιο ισχύει και με τα στρατηγικά σχήματα παραποίησης που χρησιμοποιούνται κατά τη διάρκεια των διαπραγματεύσεων - ακόμα κι αν μόνο ένα μέρος γνωρίζει για τις τακτικές παραποίησης που χρησιμοποιούνται εναντίον ενός άλλου μέρους, αλλά μπορεί να ξεφύγει από την παραπλανητική παρουσίαση κατά τη διάρκεια των διαπραγματεύσεων. Τα ίδια μετράνε όταν εφαρμόζονται στρατηγικά, η παραπλανητική δήλωση μπορεί να ξεφύγει από την ανυποληψία όταν εφαρμόζεται από την άποψη της εξαπάτησης όταν εφαρμόζεται επίσης στρατηγικά - όπως οι άντρες που μισθώνουν Porsche ως χρηματοοικονομική ικανότητα σήμανσης για να σηματοδοτήσουν την οικονομική ανδρεία απλώς λένε ψέματα από αυτή την άποψη τη λογομαχία, αλλά μην εκνευρίζεστε κοινωνικά αποδεκτό, ώστε να μην μας απασχολεί η στρατηγική παραπλανητική περιγραφή. Το ίδιο ισχύει και για τη στρατηγική παραποίηση που χρησιμοποιείται εναντίον τους και οι δύο χρησιμοποιούνται με παραπλάνηση εναντίον του ενός ή του άλλου από το αναμενόμενο ή αντιμετωπίζονται διαφορετικά ανάλογα με το. Το ίδιο με την παραπλανητική παρουσίαση όταν χρησιμοποιείται όταν παραποιήθηκε το lither.

Η στρατηγική παραποίηση μπορεί να μην έχει πάντα σοβαρές επιπτώσεις. Ωστόσο, όταν πρόκειται για θέματα που πραγματικά έχουν σημασία, όπως η υγεία σας ή οι μελλοντικοί υπάλληλοι, να είστε προσεκτικοί. Όταν έχετε να κάνετε με ανθρώπους (είτε είναι υποψήφιοι για αξιώματα, συγγραφείς ή οφθαλμίατροι), μην βασίζεστε σε αυτά που ισχυρίζονται. αντ' αυτού, κοιτάξτε τις προηγούμενες επιδόσεις τους. Όταν ασχολούμαστε με έργα (είτε πρόκειται για παρόμοια έργα είτε για νέες προτάσεις που φαίνονται εξωπραγματικά αισιόδοξες). Να είστε προσεκτικοί με ό,τι φαίνεται εξωπραγματικά αισιόδοξο. Ζητήστε από έναν λογιστή να εξετάσει διεξοδικά τα σχέδια. προσθέστε μια ρήτρα στις συμβάσεις που ορίζει κυρώσεις σε περίπτωση που προκύψουν· και μεταφέρετε αυτά τα χρήματα απευθείας σε έναν μεσεγγυητικό λογαριασμό για να προστατεύσετε τον μεσεγγυητικό λογαριασμό του ως πρόσθετο μέτρο έναντι των υπερβάσεων κόστους.

Δείτε επίσης το Εφέ υπερβολικής εμπιστοσύνης (κεφ. 15) για λεπτομέρειες και πού βρίσκεται ο διακόπτης απενεργοποίησης.

Υπήρχε κάποτε μια έξυπνη σαρανταποδαρούσα που καθόταν αδρανής στην άκρη ενός τραπεζιού όταν παρατήρησε έναν απολαυστικό κόκκο ζάχαρης στο δωμάτιο. Γρήγορα αξιολόγησε τις επιλογές του: σε ποιο πόδι τραπεζιού πρέπει πρώτα να ανέβει ή να κατέβει; Στη συνέχεια έπρεπε να καθορίσει ποιος έπρεπε να κάνει το πρώτο βήμα και με ποια σειρά. Επειδή ήταν ικανός στα μαθηματικά, έκανε όλους τους απαραίτητους υπολογισμούς και επέλεξε ένα μονοπάτι έναντι όλων των άλλων πριν κάνει τελικά το αρχικό του βήμα. Δυστυχώς, αν και ο υπολογισμός και η περισυλλογή του τον προκάλεσαν μπερδέματα στον αέρα, κάτι που τον έκανε να σταματήσει να πεθαίνει πριν επιτευχθεί περαιτέρω πρόοδος. στην πραγματικότητα τον λιμοκτονούσε και τελικά τον έσβησε πριν γίνει ποτέ πρόοδος και λιμοκτονούσε πριν φτάσει ποτέ πιο κοντά ή πιο μακριά στη ζωή από όσο ποτέ φανταζόμασταν και πέθανε λιμοκτονώντας λόγω υπερβολικής σκέψης.

Στο τουρνουά γκολφ British Open το 1999, ο Γάλλος παίκτης γκολφ Jean Van de Velde έπαιξε άψογα μέχρι την τελευταία τρύπα, όπου προηγήθηκε με τρεις βολές. Ακόμη και με αυτό το πλεονέκτημα των τριών βολών, μπορούσε άνετα να αντέξει οικονομικά δύο βολές έναντι των ισοτιμιών χωρίς να υπολείπεται. κάνοντας είσοδο στα μεγάλα πρωταθλήματα μόνο λίγα λεπτά μακριά! Καθώς ο Van de Velde βάδιζε στην πορεία, άρχισαν να σχηματίζονται χάντρες ιδρώτα στο μέτωπό του. Η πρώτη του ταλάντευση κατέληξε να πετάει στους θάμνους είκοσι πόδια από την τρύπα του στόχου του και έκανε τον Van de Velde όλο και πιο νευρικός για τις επόμενες βολές που απλώς ενίσχυσαν αυτή την αίσθηση άγχους. Ο Van de Velde χτύπησε την μπάλα του σε χορτάρι μέχρι το γόνατο πριν την ρίξει στο νερό, βγάζοντας τα παπούτσια του για να περάσει. Για μια στιγμή σκέφτηκε να πυροβολήσει από τη λίμνη. τελικά αν και αποφάσισε να εκτελέσει ένα πέναλτι στην άμμο. Αφού πυροβόλησε σε αυτό επτά φορές, τελικά πήρε το δρόμο του στο πράσινο και στην τρύπα του. Ο Van de Velde έχασε το Βρετανικό Όπεν, αλλά εξασφάλισε μια θέση στην αθλητική ιστορία μέσω αυτής της διάσημης, πλέον, τριπλής επίδοσης.

Η Consumer Reports πραγματοποίησε ένα γευστικό πείραμα με έμπειρους γευσιγνώστες τη δεκαετία του 1980, που αφορούσε 45 ποικιλίες ζελέ φράουλας. Αργότερα, οι καθηγητές ψυχολογίας Timothy Wilson και Jonathan Schooler πραγματοποίησαν παρόμοια τεστ χρησιμοποιώντας φοιτητές του Πανεπιστημίου της Ουάσιγκτον. προέκυψαν παρόμοια αποτελέσματα, με τους ειδικούς και τους μαθητές να προτιμούν παρόμοιες γεύσεις ζελέ. Αλλά ο Wilson προχώρησε παραπέρα: Διεξήγαγε ένα άλλο τεστ με μια άλλη ομάδα μαθητών που προτιμούσαν διαφορετικές από πριν - μόνο που αυτή τη φορά επέλεξαν διαφορετικές επιλογές συνολικά!
Στην πρώτη ομάδα, οι συμμετέχοντες συμπλήρωσαν ένα μακροσκελές ερωτηματολόγιο που δικαιολογούσε λεπτομερώς τις αξιολογήσεις τους και κατέληξαν σε εντελώς λανθασμένες βαθμολογίες, με μερικές από τις καλύτερες ποικιλίες στο κάτω μέρος.

Βασικά, η υπερβολική σκέψη εμποδίζει την πρόσβαση κάποιου στη σοφία των συναισθημάτων σας. Αν και αυτή η δήλωση μπορεί να φαίνεται ασυνήθιστη προερχόμενη από κάποιον σαν εμένα που προσπαθεί να απομακρύνει τον παραλογισμό από τις διαδικασίες σκέψης μου, τα συναισθήματα σχηματίζονται ακριβώς όπως οι κρυστάλλινες ορθολογικές σκέψεις. Τα συναισθήματα απλώς αντιπροσωπεύουν μια διαφορετική μορφή επεξεργασίας πληροφοριών που μπορεί να παρέχει σοφότερες συμβουλές από τα ορθολογικά.

Αυτό οδηγεί σε ένα σημαντικό ερώτημα: πότε πρέπει να ακούει κανείς το κεφάλι του ή το έντερο του; Ο εμπειρικός κανόνας μπορεί να περιλαμβάνει αυτό: όταν πρόκειται για δραστηριότητες όπως κινητικές δεξιότητες (σαρανταποδαρούσα, Van de Velde ή εκμάθηση μουσικού οργάνου) και ερωτήσεις που έχετε απαντήσει πολλές φορές στο παρελθόν (όπως ο «κύκλος ικανοτήτων» του Warren Buffett), είναι καλύτερο για να μην υπεραναλύουμε πολύ προσεκτικά. Η διαβουλευτική λήψη αποφάσεων υπονομεύει τις διαισθητικές σας ικανότητες να αντιμετωπίζετε προβλήματα. Ακριβώς όπως στην εποχή του λίθου, όταν παίρναμε αποφάσεις που σχετίζονται με το φαγητό και τη φιλία, τα λεγόμενα ευρετικά ήταν ανώτερα από την ορθολογική σκέψη. Ωστόσο, με πολύπλοκα ζητήματα όπως οι επενδυτικές αποφάσεις που απαιτούν νηφάλιο προβληματισμό, η εξέλιξη δεν μας εξόπλισε για τέτοιες σκέψεις, επομένως η λογική υπερτερεί πάντα της διαίσθησης.

Βλέπε επίσης Action Bias (Κεφ. 43). Προκατάληψη πληροφοριών (Κεφ. 59)

ΓΙΑΤΙ ΑΝΑΛΑΜΒΑΝΕΤΕ ΠΟΛΛΑ ΧΡΕΟΣ (Κεφάλαιο 91).

ΠΛΑΝΗ ΠΡΟΓΡΑΜΜΑΤΙΣΜΟΥ

Κάθε πρωί, όταν φτιάχνετε τη λίστα με τις υποχρεώσεις σας, πετυχαίνετε συχνά στο να επιλέγετε τα πάντα στο τέλος κάθε μέρας; Πόσο συχνά συμβαίνει αυτό για τους περισσότερους ανθρώπους; Οι περισσότεροι μπορεί να φτάσουν σε αυτή την κατάσταση μόνο μία φορά κάθε λίγους μήνες. Με απλά λόγια, αναλαμβάνεις πάρα πολλά. Τα σχέδιά σας είναι εξωπραγματικά φιλόδοξα - κάτι που θα συγχωρούσε αν ήταν η πρώτη φορά που συντάσσατε λίστες υποχρεώσεων, αλλά αυτή η συμπεριφορά έχει γίνει μέρος της ρουτίνας σας με την πάροδο του χρόνου. Έτσι, είστε εξοικειωμένοι με τις δυνατότητές σας και είναι απίθανο να τις υπερεκτιμάτε καθημερινά. Αυτό δεν είναι θέμα αστείου: σε άλλους τομείς της ζωής μαθαίνουμε από την εμπειρία - γιατί δεν υπάρχει αυτή όταν πρόκειται για τον προγραμματισμό; Παρόλο που οι περισσότερες από τις προηγούμενες προσπάθειές σας ήταν πολύ αισιόδοξες για την πραγματικότητα σήμερα. Ο Daniel Kahneman αναφέρεται σε αυτό το φαινόμενο ως πλάνη σχεδιασμού.

Ο Roger Buehler και η ερευνητική του ομάδα ζήτησαν από την τάξη του τελευταίου έτους, με επικεφαλής τον Καναδό ψυχολόγο Roger Buehler, να προσδιορίσουν δύο ημερομηνίες υποβολής: η μία ήταν ρεαλιστική ενώ η δεύτερη αντικατόπτριζε μια απίθανη ημερομηνία σεναρίου του χειρότερου σεναρίου. Μόνο το 30% τήρησε ρεαλιστικές προθεσμίες, ενώ συνήθως χρειαζόταν 50% επιπλέον χρόνο από ό,τι είχε αρχικά προγραμματιστεί και επιπλέον επτά ημέρες από ό,τι αναμενόταν για τις ημερομηνίες υποβολής που ορίστηκαν στα χειρότερα σενάρια.

Η πλάνη του σχεδιασμού είναι ιδιαίτερα εμφανής όταν οι άνθρωποι συνεργάζονται, είτε πρόκειται για επιχειρήσεις, επιστήμες ή πολιτική. Οι ομάδες τείνουν να υπερεκτιμούν τη διάρκεια και τα οφέλη ενώ υποτιμούν συστηματικά το κόστος και τους κινδύνους. Χαρακτηριστικό παράδειγμα είναι η Όπερα του Σίδνεϊ η οποία σχεδιάστηκε το 1957 με την ολοκλήρωσή της να αναμένεται το 1963 με αρχικό εκτιμώμενο κόστος 7 εκατομμυρίων δολαρίων, αλλά τελικά άνοιξε για τις επιχειρήσεις στα 102 εκατομμύρια δολάρια. 14 φορές υψηλότερο από το αναμενόμενο!

Γιατί δεν φαινόμαστε φυσικοί σχεδιαστές; Μπορεί να υπάρχουν δύο λόγοι για τις αναποτελεσματικές μας ικανότητες προγραμματισμού. Ο ένας είναι ευσεβής πόθος: Προσπαθούμε για επιτυχία σε ό,τι αναλαμβάνουμε. Δεύτερο: Πολύ συχνά, εστιάζουμε πολύ έντονα στο έργο μας, ενώ παραμελούμε εξωτερικές επιρροές, όπως απροσδόκητα γεγονότα που προκύπτουν απροσδόκητα (αυτό μπορεί να συμβεί και με τα καθημερινά προγράμματα, π.χ. η κόρη σας να θέλει κάτι) που μας οδηγούν σε μια απρόβλεπτη διαδρομή. ή πολύ λίγη προσοχή που δίνεται σε αυτά τα γεγονότα λόγω της πολύ στενής εστίασης σε αυτά (αυτό μπορεί να ισχύει ακόμη και εδώ - κατά τον προγραμματισμό).

Ο σκύλος σας καταπίνει ένα κόκαλο ψαριού. Η μπαταρία του αυτοκινήτου σας σβήνει απροσδόκητα. Μια προσφορά για ένα σπίτι εμφανίζεται και χρειάζεται επείγουσα εξέταση στο γραφείο σας - τα σχέδια πάνε στραβά ως αποτέλεσμα! Θα ήταν κάποια λύση η προετοιμασία βήμα προς βήμα; Όχι; Η προετοιμασία βήμα προς βήμα μεγεθύνει μόνο τις πλάνες προγραμματισμού περιορίζοντας περαιτέρω την εστίαση, μειώνοντας έτσι την ικανότητά σας να προβλέπετε εκπλήξεις στη ζωή.

Τι πρέπει να κάνετε λοιπόν; Μετατοπίστε την εστίασή σας από εσωτερικά πράγματα - όπως το έργο σας - σε εξωτερικά, όπως παρόμοια έργα. Ελέγξτε το βασικό επιτόκιο και αξιολογήστε τις προηγούμενες προσπάθειες. Εάν παρόμοια εγχειρήματα διήρκεσαν τρία χρόνια και κατανάλωσαν 5 εκατομμύρια δολάρια, αυτό πιθανότατα θα ισχύει και για το έργο σας - ανεξάρτητα από το πόσο προσεκτικά έχετε προγραμματίσει. Ως εκ τούτου, προτού ληφθούν αποφάσεις για οποιεσδήποτε αποφάσεις που σχετίζονται με αυτό, είναι σημαντικό να πραγματοποιηθεί μια «προθανάτια» συνεδρία (κυριολεκτικά σημαίνει «πριν από το θάνατο») πριν γίνουν αυτές οι σημαντικές επιλογές. Ο Gary Klein προτείνει να δώσετε αυτή τη σύντομη ομιλία σε οποιαδήποτε συγκεντρωμένη ομάδα: «Φανταστείτε ότι είναι ένα χρόνο μετά και ότι όλα πήγαν σύμφωνα με το σχέδιο, αλλά στη θέση του υπήρξε καταστροφή - αφιερώστε πέντε ή δέκα λεπτά γράφοντας για αυτήν την καταστροφή - οι ιστορίες θα σας δείξουν πώς τα πράγματα μπορεί να εξελιχθούν».

Βλέπε επίσης Αναβλητικότητα (κεφ. 85). Forecast Illusion (κεφ. 40); Zeigarnik Effect (κεφ. 93); Ομαδική σκέψη (κεφ. 25) για περισσότερα.

ΤΑ WILDERING HAMMERS ΒΛΕΠΟΥΝ ΜΟΝΟ ΚΑΡΦΙΑ

ΕΠΑΓΓΕΛΜΑΤΙΚΟ ΣΥΣΤΗΜΑ ΠΑΡΑΜΟΡΦΩΣΗΣ

Ένα άτομο παίρνει ένα δάνειο και ανοίγει τη δική του εταιρεία μόνο για να κηρύξει πτώχευση λίγο αργότερα.

Βιώνει κατάθλιψη και μετά αυτοκτονεί.

Διαβάζετε αυτήν την ιστορία ως επιχειρηματικός αναλυτής; Ως εκ τούτου, ως μέρος της δουλειάς σας θα πρέπει να προσπαθήσετε να αξιολογήσετε γιατί αυτή η ιδέα δεν πέτυχε: Ήταν αναποτελεσματικός ηγέτης, η στρατηγική ήταν λάθος, η αγορά ήταν πολύ μικρή ή ο ανταγωνισμός ήταν πολύ έντονος; Ως έμπορος, μπορείτε να υποθέσετε ότι οι καμπάνιες ήταν ανεπαρκώς οργανωμένες ή ότι απέτυχε να προσεγγίσει το κοινό που προοριζόταν. Οι χρηματοοικονομικοί εμπειρογνώμονες ενδέχεται να αναρωτηθούν εάν το δάνειο είναι το κατάλληλο χρηματοοικονομικό μέσο. ντόπιοι δημοσιογράφοι βλέπουν μια ευκαιρία σε αυτή την ιστορία: πόσο τυχερός που αυτοκτόνησε! Ως συγγραφέας, ίσως σκεφτείτε πώς ένα περιστατικό θα μπορούσε να γίνει αρχαία ελληνική τραγωδία. Οι τραπεζίτες μπορεί να υποψιάζονται ότι συνέβη σφάλμα στο τμήμα δανείων. Οι σοσιαλιστές τείνουν να κατηγορούν την αποτυχία του καπιταλισμού. Οι θρησκευτικοί συντηρητικοί μπορεί να θεωρήσουν αυτό το γεγονός ως θεϊκή τιμωρία ή οι ψυχίατροι θα αναγνώριζαν τα χαμηλά επίπεδα σεροτονίνης. Ποια άποψη λοιπόν πρέπει να επικρατήσει;

Κανένας. Ο Μαρκ Τουέιν παρατήρησε κάποτε, «Αν όλα τα εργαλεία σου είναι σφυριά, όλα σου τα προβλήματα θα είναι καρφιά». Ο Charlie Munger, επιχειρηματικός συνεργάτης του Warren Buffett και συγγραφέας του The Snowball Effect, παρατήρησε στον Charlie Munger το ακόλουθο αποτέλεσμα της χρήσης μόνο ενός μοντέλου: «Αλλά αυτός μπορεί να είναι ένας εντελώς καταστροφικός τρόπος σκέψης και λειτουργίας στον κόσμο. Επομένως, πολλαπλά μοντέλα πρέπει να προέρχονται από διαφορετικούς τομείς, καθώς δεν βρίσκεται όλη η σοφία σε ένα μόνο ακαδημαϊκό τμήμα».

Ακολουθούν μερικά παραδείγματα επαγγελματιών παραμόρφωσης: οι χειρουργοί επιδιώκουν να λύσουν κάθε ιατρικό πρόβλημα με χειρουργική επέμβαση. Οι στρατοί τείνουν να ευνοούν πρώτα τις στρατιωτικές λύσεις. οι μηχανικοί ειδικεύονται σε δομικές εργασίες. Οι γκουρού των τάσεων κάνουν συχνά παράλογες προβλέψεις - με λίγα λόγια: όταν ερωτώνται για ένα θέμα, οι περισσότερες απαντήσεις συνήθως σχετίζονται με έναν από τους τομείς της εξειδίκευσής τους.

Γιατί οι ράφτες δεν πρέπει να εξασκούν την ραπτική όπως ξέρουν καλύτερα; Το deformation professionnelle συμβαίνει όταν οι άνθρωποι εφαρμόζουν τις εξειδικευμένες διαδικασίες τους σε τομείς που δεν θα έπρεπε. Χωρίς αμφιβολία το έχετε δει να συμβαίνει μόνοι σας; Δάσκαλοι που μαλώνουν φίλους σαν μαθητές. Οι νέες μητέρες αντιμετωπίζουν τους συζύγους τους σαν παιδιά. Ή πάρτε υπολογιστικά φύλλα Excel - τα χρησιμοποιούμε ακόμη και όταν η χρήση τους δεν έχει νόημα, όπως όταν προβάλλουμε οικονομικές προβλέψεις για νεοφυείς επιχειρήσεις ή συγκρίνουμε πιθανούς εραστές που βρήκαμε μέσω ιστότοπων γνωριμιών - μπορεί κάλλιστα να είναι μια από τις πιο επικίνδυνες εφευρέσεις από τους υπολογιστές .

Ακόμη και μέσα στους δικούς τους τομείς, οι λογοτεχνικοί κριτικοί τείνουν να χρησιμοποιούν υπερβολικά το σφυρί. Οι αξιολογητές εκπαιδεύονται να εντοπίζουν αναφορές, σύμβολα και κρυφά μηνύματα μέσα στα βιβλία. Ως μυθιστοριογράφος ο ίδιος, βρίσκω αυτή την πρακτική εκνευριστική καθώς οι κριτικοί σκέφτονται τέτοιες συσκευές όπου δεν υπάρχουν. Όχι σε αντίθεση με αυτό που κάνουν οι επιχειρηματικοί δημοσιογράφοι - οι οποίοι εξετάζουν ακόμη και μικρά σχόλια των διοικητών των κεντρικών τραπεζών για τυχόν υπαινιγμούς για αλλαγές στη δημοσιονομική πολιτική μέσω της ανάλυσης των λέξεων που ειπώθηκαν δυνατά από αυτούς.

Συμπέρασμα: Όταν συμβουλευτείτε έναν ειδικό, μην περιμένετε μια συνολική καλύτερη λύση. περιμένουν μάλλον μια προσέγγιση που μπορεί να επιλυθεί χρησιμοποιώντας την εργαλειοθήκη τους. Να θυμάστε ότι το μυαλό μας δεν είναι κεντρικοί υπολογιστές, αλλά περιέχει πολλά εξειδικευμένα εργαλεία που μπορεί να χρειαστεί να χρησιμοποιηθούν σε διάφορα σημεία κατά τη διάρκεια του ταξιδιού τους. Δυστυχώς, τα «σουγιά» μας είναι ελλιπή. Λόγω των εμπειριών ζωής και της επαγγελματικής εξειδίκευσης, διαθέτουμε ήδη μερικές λεπίδες. Αλλά για να βελτιώσουμε περαιτέρω τις δεξιότητές μας, είναι απαραίτητο να προσθέσουμε δύο ή τρία εργαλεία - νοητικά μοντέλα που δεν εμπίπτουν στον τομέα της εξειδίκευσής μας - στην εργαλειοθήκη μας. Τα τελευταία χρόνια, υιοθέτησα μια βιολογική προοπτική για τη ζωή και απέκτησα νέα γνώση για πολύπλοκα συστήματα. Κάντε απολογισμό των ελλείψεών σας και αναζητήστε κατάλληλες γνώσεις και μεθοδολογίες για την αντιμετώπισή τους. Για να το κάνετε αυτό χρειάζεται περίπου ένα χρόνο προσπάθειας, αλλά θα αποφέρει οφέλη: το μαχαίρι σας θα γίνει μεγαλύτερο και πιο ευέλικτο, το μυαλό σας πιο κοφτερό!

Βλέπε επίσης Volunteer's Folly (κεφ. 65). Domain Dependence (κεφ. 76) και Gambler's Fallacy (κεφ. 29)

ΑΠΟΣΤΟΛΗ ΕΞΕΤΕΛΕΣΘΕΙ

ΕΦΕ ΖΕΙGARNIK

Βερολίνο, 1927: Αρκετοί φοιτητές και καθηγητές επισκέπτονται ένα εστιατόριο όπου ο σερβιτόρος παίρνει παραγγελία μετά από παραγγελία χωρίς να έχει σημειωθεί τεκμηρίωση, ανησυχώντας τους ότι σίγουρα κάτι κακό θα συμβεί. Ωστόσο, μετά από μια σύντομη αναμονή, όλα τα εστιατόρια έλαβαν ακριβώς αυτό που ζήτησαν. Έξω στο δρόμο μετά το δείπνο, ωστόσο, η Ρωσίδα φοιτήτρια ψυχολογίας Bluma Zeigarnik συνειδητοποίησε ότι είχε αφήσει το κασκόλ της στο εστιατόριο. Επιστρέφοντας στο εστιατόριο, συναντά τον σερβιτόρο που φημίζεται για την απίστευτη ανάμνησή του και ρωτά αν το έχει δει. Ωστόσο, δεν την γνωρίζει ή πού είχε καθίσει. στο οποίο εκείνη απαντά αγανακτισμένη ρωτώντας πώς ήταν δυνατόν να ξέχασε ποιοι ή που κάθονταν όταν η μνήμη του είναι τόσο απίστευτη! «Πώς μπόρεσες να με ξεχάσεις;» διεκδικεί, δύσπιστη για την έλλειψη επίγνωσής του. Η απάντησή του: «Κρατάω κάθε παραγγελία στο κεφάλι μου μέχρι να σερβιριστεί», απάντησε απότομα: «Κρατάω κάθε παραγγελία στο κεφάλι μου μέχρι να την εξυπηρετήσω» απάντησε απότομα: «Κρατάω κάθε παραγγελία μέχρι να το σερβίρω» «Ο σερβιτόρος απάντησε απότομα: «Κρατάω κάθε παραγγελία στο κεφάλι μου μέχρι να σερβιρίσω» και δεν θυμόταν ούτε τις προηγούμενες παραγγελίες μου» (γ).

Οι Zeigarnik και Kurt Lewin μελέτησαν αυτή τη μυστηριώδη συμπεριφορά και κατέληξαν στο συμπέρασμα ότι οι άνθρωποι γενικά λειτουργούν σαν σερβιτόροι: ποτέ δεν ξεχνάμε τις ημιτελείς εργασίες. γκρινιάζουν στη συνείδησή μας μέχρι να τους δώσουμε προσοχή. Μόλις ολοκληρωθούν, ωστόσο, αυτά τα στοιχεία εξαφανίζονται εντελώς από τη μνήμη.

Οι ερευνητές αναφέρονται τώρα σε αυτό το φαινόμενο ως φαινόμενο Zeigarnik. Η έρευνά της, ωστόσο, αποκάλυψε μερικές ασυνήθιστες περιπτώσεις: για παράδειγμα, ορισμένα άτομα παρέμειναν εντελώς άτονα παρά το γεγονός ότι είχαν ξεκινήσει πολλά έργα. Ο Roy Baumeister και η ερευνητική του ομάδα στο Florida State University έριξαν πρόσφατα λίγο φως σε αυτό το φαινόμενο. Χώρισε τους μαθητές που ήταν κοντά στο να δώσουν τις τελικές τους εξετάσεις σε τρεις ομάδες. Η ομάδα 1 αποτελούνταν από πάρτι που πραγματοποιήθηκαν κατά τη διάρκεια αυτού του εξαμήνου, ενώ οι ομάδες 2-4 επικεντρώθηκαν σε επίσημες εξετάσεις. Η ομάδα 2 έπρεπε να επικεντρωθεί στις επερχόμενες εξετάσεις της ενώ η ομάδα 3 έπρεπε να δημιουργήσει ένα λεπτομερές σχέδιο μελέτης. Στη συνέχεια, ο Baumeister ζήτησε από τους μαθητές των Ομάδων 2, 3 και 4 να συμπληρώσουν λέξεις υπό πίεση χρόνου - κάποιοι είδαν "Πανικός", ενώ άλλοι σκέφτηκαν το "Πάρτι" ή το Παρίσι. Αυτή η άσκηση αποδείχθηκε εξαιρετικά διορατική. Η ομάδα 1 φάνηκε χαλαρή όταν έδινε τις εξετάσεις ενώ εκείνοι στις ομάδες 2 δεν μπορούσα να σκεφτώ τίποτα άλλο!Αλλά αυτό που πραγματικά ξεχώρισε ήταν η ομάδα 3, όπου τα αποτελέσματά τους ήταν πραγματικά εκπληκτικά!
Αν και αυτοί οι μαθητές έπρεπε να επικεντρωθούν σε μια επερχόμενη εξέταση, το μυαλό τους παρέμενε χαλαρό και απαλλαγμένο από άγχος. Τα επόμενα πειράματα επαλήθευσαν αυτήν την παρατήρηση: οι εκκρεμείς εργασίες τείνουν να μας ροκανίζουν μόνο μέχρι να έχουμε ένα

οργανωμένο σχέδιο για το πώς θα τις αντιμετωπίσουμε. Ο Zeigarnik εσφαλμένα πίστευε ότι η ολοκλήρωση των εργασιών θα αρκούσε από αυτή την άποψη. Αντίθετα, θα πρέπει να αρκεί μια στρατηγική προσέγγιση.

Το βιβλίο του Ντέιβιντ Άλεν με τις μεγαλύτερες πωλήσεις Getting Things Done (GTD) διακηρύσσει τον στόχο του να έχει ένα μυαλό καθαρό σαν το νερό. Για να επιτευχθεί αυτός ο στόχος, δεν χρειάζεται κανείς μια ζωή σε τέλεια τάξη, αλλά πρέπει να δημιουργήσει ένα σχέδιο δράσης για να αντιμετωπίσει τα απρογραμμάτιστα ζητήματα της ζωής και να τα καταγράψει σε εργασίες βήμα προς βήμα - μόνο τότε μπορεί το μυαλό σας να βρει ηρεμία. Η σκοπιμότητα στον προγραμματισμό είναι πρωταρχικής σημασίας. αόριστοι στόχοι όπως «οργάνωση πάρτι γενεθλίων της γυναίκας μου» ή «εύρεση νέας εργασίας» δεν μπορούν να προσφέρουν ανακούφιση· ο Άλεν αναγκάζει τους πελάτες του να χωρίσουν αυτά τα έργα σε είκοσι έως πενήντα μεμονωμένες εργασίες πριν ξεκινήσουν τέτοια έργα, εάν είναι δυνατόν, προκειμένου να διασφαλιστεί η επιτυχία και να επιτευχθεί ηρεμία μυαλό.

Η σύσταση του Allen μπορεί να έρχεται σε αντίθεση με την πλάνη του σχεδιασμού (κεφάλαιο 91): ο λεπτομερής σχεδιασμός μπορεί να μας κάνει να παραβλέψουμε παράγοντες από το εξωτερικό που μπορούν να εκτροχιάσουν τα έργα, αλλά εκεί βρίσκεται το κλειδί: για ησυχία, επιλέξτε την προσέγγιση του Allen ενώ για πιο ακριβείς εκτιμήσεις του κόστους , τα οφέλη, η διάρκεια και άλλες πτυχές του έργου αναζητούν παρόμοια έργα αντί να δημιουργήσουν ένα λεπτομερές σχέδιο. Ή κάντε και τα δύο!

Ωστόσο, δεν χρειάζεστε gadget υψηλής τεχνολογίας για να το πετύχετε μόνοι σας - απλώς κρατήστε ένα σημειωματάριο δίπλα στο κρεβάτι σας και χρησιμοποιήστε το όταν δεν μπορείτε να κοιμηθείτε για να σημειώσετε τις εκκρεμείς εργασίες και τον τρόπο με τον οποίο θα τις αντιμετωπίσετε - αυτό θα βοηθήσει στη σιωπή του εσωτερικού φωνές που φωνάζουν συνέχεια: «θέλεις τον Θεό, αλλά δεν σου έχει μείνει τροφή για γάτες», όπως το έθεσε ο Άλεν - η συμβουλή του παραμένει έγκυρη ακόμα κι αν έχεις ήδη βρει τον Θεό ή δεν έχεις κατοικίδιο!

Βλέπε επίσης Αναβλητικότητα (κεφ. 85). Πλάνη προγραμματισμού (κεφ. 91) για πρόσθετες σκέψεις.

Η ΚΑΤΑΣΚΕΥΉ ΣΚΑΦΩΝ ΕΊΝΑΙ ΠΙΟ ΣΗΜΑΝΤΙΚΉ ΑΠΌ ΤΗΝ ΚΩΠΗΛΑΣΊΑ

ΓΙΑΤΊ ΕΊΝΑΙ ΤΌΣΟ ΛΊΓΟΙ ΟΙ ΚΑΤΆ ΣΥΡΡΟΉ ΕΠΙΧΕΙΡΗΜΑΤΊΕΣ

Γιατί φαίνεται να υπάρχουν τόσο λίγοι κατά συρροή επιχειρηματίες - επιχειρηματίες που ξεκινούν πολλές κερδοφόρες εταιρείες διαδοχικά; Σίγουρα, ο Steve Jobs και ο Richard Branson υπάρχουν - ωστόσο αντιπροσωπεύουν μια μικρή μειοψηφία. Οι κατά συρροή επιχειρηματίες αντιπροσωπεύουν λιγότερο από το ένα τοις εκατό όλων των ιδρυτών startup. Αλλά αυτοί οι κατά συρροή επιχειρηματίες αποσύρονται όλοι σε ιδιωτικά γιοτ αφού γνώρισαν την επιτυχία, όπως έκανε ο συνιδρυτής της Microsoft, Paul Allen; Με τίποτα. Οι αληθινοί επιχειρηματίες έχουν πάρα πολλή ενέργεια για να κάθονται σε μια ξαπλώστρα για ώρες. Ίσως αυτό οφείλεται στο ότι δεν θέλουν να εγκαταλείψουν τις εταιρείες τους μέχρι να κλείσουν τα 65, αν και οι περισσότεροι ιδρυτές ξεπουλούν τις μετοχές τους εντός 10 ετών από την ίδρυση των εταιρειών τους. Θα πίστευε κανείς ότι άνθρωποι προικισμένοι με ταλέντο, ένα εκτεταμένο προσωπικό δίκτυο και ισχυρά διαπιστευτήρια θα μπορούσαν να ιδρύσουν πολλές άλλες νεοφυείς επιχειρήσεις - ωστόσο πολλοί δεν το καταφέρνουν. Γιατί σταματούν; Δεν σταμάτησαν. απέτυχαν να το κάνουν με επιτυχία. Η τύχη παίζει μεγαλύτερο ρόλο από την ικανότητα όταν πρόκειται για επιχειρηματική επιτυχία, την οποία σε κανέναν επιχειρηματία δεν αρέσει να ακούει. Θυμάμαι ότι ένιωσα άβολα όταν έμαθα για πρώτη φορά αυτήν την ιδέα. Η άμεση σκέψη μου ήταν: «Ήταν απλώς τυχαία η επιτυχία μου;» Στην αρχή μπορεί να αισθάνομαι προσβλητικό που η τύχη έπαιξε τόσο μεγάλο ρόλο.

Ας ακολουθήσουμε μια ειλικρινή, ρεαλιστική προσέγγιση της επιχειρηματικής επιτυχίας. Πόσο από αυτό εξαρτάται από τη σκληρή δουλειά και το ξεχωριστό ταλέντο εναντίον της τύχης; Δυστυχώς, αυτή η ερώτηση μπορεί εύκολα να οδηγήσει σε εσφαλμένες αντιλήψεις. Ενώ το ταλέντο παίζει ουσιαστικό ρόλο στην ιστορία επιτυχίας οποιασδήποτε εταιρείας, η σκληρή δουλειά δεν μπορεί να επιτύχει αποτελέσματα μόνη της. Δυστυχώς, ούτε οι δεξιότητες ούτε η σκληρή δουλειά από μόνα τους αρκούν για την επιτυχία. και τα δύο στοιχεία είναι απαραίτητοι -αλλά όχι επαρκείς- παράγοντες. Πώς μπορούμε να το γνωρίζουμε αυτό; Υπάρχει ένα εύκολο και απλό τεστ: όταν κάποιος απολαμβάνει μακροπρόθεσμη επιτυχία σε σύγκριση με λιγότερο καταρτισμένους συνομηλίκους, το ταλέντο γίνεται πρωταρχικής σημασίας. Δυστυχώς αυτό δεν ισχύει για τους ιδρυτές της εταιρείας. Διαφορετικά, οι περισσότεροι επιτυχημένοι επιχειρηματίες θα συνέχιζαν να ξεκινούν πολλαπλές νεοφυείς επιχειρήσεις μετά την επίτευξη της αρχικής επιτυχίας.

Τι ρόλο παίζουν οι εταιρικοί ηγέτες στην επιτυχία μιας εταιρείας; Οι ερευνητές εντόπισαν χαρακτηριστικά που σχετίζονται με το να είσαι ισχυρός Διευθύνων Σύμβουλος - διαδικασίες διαχείρισης και προηγούμενη στρατηγική λαμπρότητα ως παραδείγματα.
Στη συνέχεια, οι ερευνητές μέτρησαν τη συσχέτιση μεταξύ των συμπεριφορών των CEO από τη μια πλευρά και της ανάπτυξης της αξίας της εταιρείας κατά τη διάρκεια της θητείας τους από

την άλλη. Το συμπέρασμά τους: Εάν δύο εταιρείες συγκριθούν τυχαία, στο 60% των περιπτώσεων ο ισχυρότερος Διευθύνων Σύμβουλος οδηγεί την ισχυρότερη εταιρεία. Ο Kahneman διαπίστωσε ότι στο 40% των περιπτώσεων, οι πιο αδύναμοι CEOs οδηγούσαν ισχυρότερες εταιρείες. Αυτό αντιπροσώπευε μόνο 10 ποσοστιαίες μονάδες περισσότερο από καμία σχέση. Κατέληξε σημειώνοντας πώς οι άνθρωποι γενικά δεν αγοράζουν με ενθουσιασμό βιβλία γραμμένα για ηγέτες επιχειρήσεων που είναι μόνο ελαφρώς καλύτερα από τον μέσο όρο κατά μέσο όρο. Ακόμη και ο Warren Buffett δεν βλέπει κανένα νόημα στην εξύψωση ορισμένων CEOs. η αποψη του? «[?...?] Ένα καλό διευθυντικό ιστορικό εξαρτάται περισσότερο από το σε ποιο σκάφος μπαίνει κανείς παρά από το πόσο αποτελεσματικά το οδηγεί»

Ορισμένοι τομείς δεν βασίζονται καθόλου στην ικανότητα. Ο Kahneman περιέγραψε στο βιβλίο του Thinking, Fast and Slow την επίσκεψή του σε μια εταιρεία διαχείρισης περιουσιακών στοιχείων, η οποία έστειλε ένα υπολογιστικό φύλλο με την απόδοση κάθε συμβούλου για οκτώ χρόνια ως μέρος της ενημέρωσης τους για αυτόν. Από αυτά τα δεδομένα, ο Kahneman όρισε σε κάθε ομάδα μια κατάταξη: 1, 2, 3 κ.λπ. με φθίνουσα σειρά. Γρήγορα υπολόγισε τη σχέση τους μεταξύ των ετών κατάταξης. Στη συνέχεια υπολόγισε τη συσχέτιση των βαθμολογιών από το έτος 1 έως το έτος 8 - με συμβούλους να βρίσκονται περιστασιακά σε κάθε άκρο. Αποδείχθηκε ότι ήταν καθαρά τυχαία ευκαιρία. Μερικές φορές φαινόταν ακόμη πιο κοντά στην κορυφή παρά μερικές φορές στο κάτω μέρος. Η απόδοση του συμβούλου ήταν ανεξάρτητη από τα προηγούμενα ή τα επόμενα χρόνια - η συσχέτιση ήταν μηδενική! Και όμως αυτοί οι σύμβουλοι έλαβαν μπόνους για το επίτευγμά τους. Με άλλα λόγια, η εταιρεία ανταμείβει την τύχη έναντι της ικανότητας.

Συμπέρασμα: Ορισμένα επαγγέλματα βασίζονται σε μεγάλο βαθμό σε ανθρώπους που χρησιμοποιούν τις ικανότητές τους, όπως πιλότοι, υδραυλικοί και δικηγόροι. Άλλοι τομείς απαιτούν δεξιότητες, αλλά δεν είναι κρίσιμοι - όπως οι επιχειρηματίες και οι ηγέτες. Και μερικές φορές η τύχη αποφασίζει τα πάντα, όπως στις χρηματοπιστωτικές αγορές. Εδώ, η ψευδαίσθηση της ικανότητας μπορεί να κυριαρχήσει. Δείξτε λοιπόν σεβασμό στους υδραυλικούς απολαμβάνοντας επιτυχημένους οικονομικούς γελωτοποιούς!
Βλέπε επίσης Beginner's Luck (κεφ. 49). Μεροληψία Survivorship (κεφ. 1), Μεροληψία αρχής (κεφ. 9), Επίδραση υπερβολικής εμπιστοσύνης, ψευδαίσθηση ελέγχου και μεροληψία αποτελέσματος στα επόμενα κεφάλαια (20 και 21 αντίστοιχα.

ΓΙΑΤΙ ΟΙ ΛΊΣΤΕΣ ΕΛΈΓΧΟΥ ΜΠΟΡΟΎΝ ΝΑ ΣΑΣ ΠΑΡΑΠΛΑΝΉΣΟΥΝ

Με την πρώτη ματιά, η σειρά Α φαίνεται αρκετά απλή. Όλοι οι αριθμοί του μοιράζονται κάτι κοινό - τα 394, 411, 054, 646 συνδέονται με τέσσερα χαρακτηριστικά, γεγονός που καθιστά αυτήν τη σειρά σχετικά απλή στην επίλυση. Ακολουθεί η σειρά Β. όλοι οι αριθμοί του χρησιμοποιούν έξι χαρακτηριστικά σε κάποιο σημείο. Τι μπορείτε να μάθετε από αυτό; Η απουσία μπορεί συχνά να είναι πιο δύσκολο να εντοπιστεί από την παρουσία. τείνουμε να δίνουμε μεγαλύτερη σημασία σε πράγματα που υπάρχουν παρά σε αυτά που δεν υπάρχουν.

Την περασμένη εβδομάδα, ενώ ήμουν έξω για μια βόλτα, με ξημέρωσε: τίποτα δεν πόνεσα. Αυτό ήταν αρκετά εκπληκτικό δεδομένου ότι σπάνια βιώνω πόνο ούτως ή άλλως και όταν εμφανίζεται μπορεί να γίνει έντονα αισθητός. Ωστόσο, σπάνια αναγνωρίζουν την απουσία του. Ήταν τέτοια η ομορφιά του που για μια στιγμή έφερε χαρά - μόνο για να ξεφύγει ξανά γρήγορα από το μυαλό!

Σε ένα κλασικό ρεσιτάλ, μια ορχήστρα ερμήνευσε την Ένατη Συμφωνία του Μπετόβεν με μεγάλη αναγνώριση σε μια ενθουσιώδη αίθουσα συναυλιών. Κατά τη διάρκεια της τέταρτης κίνησης της ωδής φαίνονται να τρέχουν δάκρυα, κάνοντας κάποιον να νιώθει ευγνώμων που υπάρχει. αλλά είναι αλήθεια; Χωρίς αμφιβολία όχι. αν το έργο δεν είχε συντεθεί, κανείς δεν θα το έχανε και ο σκηνοθέτης δεν θα δεχόταν θυμωμένα τηλεφωνήματα που απαιτούσαν να γραφτεί και να εκτελεστεί αμέσως αυτό το έργο τέχνης - αυτό το φαινόμενο γνωστό ως θετικό εφέ είναι αυτό που μας κάνει πραγματικά χαρούμενους σήμερα.

Οι εκστρατείες πρόληψης χρησιμοποιούν αυτή τη στρατηγική αποτελεσματικά. Για παράδειγμα, το «το κάπνισμα προκαλεί καρκίνο του πνεύμονα» είναι πολύ πιο πειστικό από το «το μη κάπνισμα οδηγεί σε μια ζωή απαλλαγμένη από καρκίνο του πνεύμονα». Οι ελεγκτές και άλλοι επαγγελματίες που βασίζονται σε λίστες ελέγχου συχνά υποκύπτουν σε αυτό το θετικό αποτέλεσμα: οι εκκρεμείς φορολογικές δηλώσεις εμφανίζονται αμέσως στους καταλόγους τους, ενώ οι δόλιες δραστηριότητες όπως αυτές της Enron ή του συστήματος Ponzi του Bernie Madoff όχι. Επίσης λείπουν από τέτοιες λίστες επιχειρήσεις «απατεώνων εμπόρων», όπως ο Nick Leeson και ο Jerome Kerviel που προκάλεσαν οικονομικές ιδιοτροπίες όπως αυτές - αποκρύπτοντας έτσι τέτοιες δραστηριότητες από τον δημόσιο έλεγχο.
Δεν υπάρχει λίστα ελέγχου για την παρακολούθηση των υποτιμήσεων. Και ενώ οι παράνομες πράξεις ενδέχεται να ληφθούν υπόψη από τις τράπεζες στεγαστικών δανείων, η υποτίμηση λόγω των μονάδων αποτέφρωσης μπορεί να συμβεί χωρίς να γίνει αντιληπτή η παρακολούθησή τους.

Φανταστείτε να δημιουργήσετε ένα ανεπιθύμητο προϊόν όπως το ντρέσινγκ για σαλάτες με αυξημένη περιεκτικότητα σε χοληστερόλη, αλλά θέλετε οι καταναλωτές να αισθάνονται ασφαλείς για τη χρήση του; Κατά την επισήμανση ενός τέτοιου προϊόντος, επισημάνετε όλα τα θετικά του χαρακτηριστικά. Οι πελάτες δεν θα παρατηρήσουν την απουσία του. ενώ τα θετικά χαρακτηριστικά θα διασφαλίσουν ότι οι καταναλωτές παραμένουν ενημερωμένοι.

Η ακαδημαϊκή έρευνα συχνά εμφανίζει το θετικό αποτέλεσμα. Η επιβεβαίωση των υποθέσεων συνήθως οδηγεί σε δημοσιεύσεις και μπορεί ακόμη και να κερδίσει βραβεία Νόμπελ. ενώ η παραποίηση υποθέσεων, αν και επιστημονικά επωφελής, είναι πολύ πιο δύσκολο να δημοσιευθεί και δεν έχει λάβει ποτέ αυτού του είδους την αναγνώριση. Ένα άλλο αποτέλεσμα της θετικής επίδρασης χαρακτηριστικών είναι η τάση μας να δεχόμαστε θετικές συμβουλές - όπως το να κάνουμε Χ - έναντι των αρνητικών συμβουλών (ξεχάστε το Υ). Αυτό μας κάνει πολύ πιο δεκτικούς σε θετικές συμβουλές παρά αρνητικές προτάσεις (όπως να ξεχάσουμε το Υ).

Συμπέρασμα: Τα ανθρώπινα όντα συχνά αγωνίζονται να αντιληφθούν με ακρίβεια τα μη γεγονότα. Έχουμε την τάση να αγνοούμε αυτό που δεν υπάρχει. Για παράδειγμα, αναγνωρίζουμε εάν υπάρχει πόλεμος, αλλά δεν εκτιμούμε την απουσία του σε καιρό ειρήνης. Ομοίως, σπάνια θεωρούμε ότι είμαστε άρρωστοι όταν είμαστε υγιείς. ομοίως αφότου έφτασε στο Κανκούν χωρίς να έχει βιώσει αεροπορικό δυστύχημα! Καλλιεργώντας περισσότερη προσοχή γύρω από την απουσία, θα μπορούσαμε κάλλιστα να γίνουμε πιο ευτυχισμένοι. αν και για να γίνει αυτό απαιτεί σκληρή διανοητική δουλειά και σκέψη - ένα χρήσιμο εργαλείο είναι η αμφισβήτηση γιατί υπάρχει κάτι και όχι το τίποτα, καθώς αυτή η ερώτηση χρησιμεύει ως ένας χρήσιμος τρόπος καταπολέμησης των θετικών αποτελεσμάτων των χαρακτηριστικών!

Βλέπε επίσης Forer Effect (κεφ. 64). Μεροληψία επιβεβαίωσης (κεφ. 7-8). Μεροληψία Self-Selection (κεφ. 47); Προκατάληψη διαθεσιμότητας (κεφ. 11); Ψευδαίσθηση Προσοχής (κεφ. 88)

ΠΡΟΛΗΨΗ ΕΠΙΒΕΒΑΙΩΣΗΣ ΜΕΤΑΞΥ ΒΕΛΟΥΣ ΚΑΙ ΣΠΑΡΡΟΟΥ

ΚΕΡΑΣΟΣΥΛΛΟΓΗ

Τα ξενοδοχεία παρουσιάζονται με τον καλύτερο τρόπο στο διαδίκτυο. Οι φωτογραφίες που απεικονίζουν όμορφες, μαγευτικές εικόνες επιλέγονται προσεκτικά. Οποιεσδήποτε μη κολακευτικές γωνίες, διαρροές σωλήνων ή μη ελκυστικές αίθουσες πρωινού απλώς κρύβονται από κουρελιασμένα χαλιά - φυσικά ξέρετε ότι αυτό ισχύει όταν αντιμετωπίζετε ένα αντιαισθητικό λόμπι για πρώτη φορά. Αντίθετα, απλώς σηκώνετε τους ώμους σας και πηγαίνετε προς το γραφείο εγγραφής όσο το δυνατόν γρηγορότερα.

Η συλλογή κερασιών, όπως εφαρμόζεται στα ξενοδοχεία, περιλαμβάνει την επιλογή και την έμφαση μόνο ελκυστικών χαρακτηριστικών, ενώ συγκαλύπτονται άλλα. Θα πρέπει να προσεγγίσετε και άλλες εμπειρίες με παρόμοιο τρόπο: φυλλάδια για αυτοκίνητα, ακίνητα ή δικηγορικά γραφεία είναι κάτι άλλο που πρέπει να προσεγγίσετε με προσοχή - το να ξέρετε πώς λειτουργούν δεν μας παγιδεύει στην έκσταση τους!

Αλλά έχετε την τάση να ανταποκρίνεστε διαφορετικά όταν διαβάζετε ετήσιες εκθέσεις εταιρειών, ιδρυμάτων και κυβερνητικών οργανισμών. Εδώ έχετε την τάση να περιμένετε αντικειμενικές απεικονίσεις. δυστυχώς θα κάνατε λάθος: αυτά τα σώματα συχνά επιλέγουν: οι στόχοι που επιτεύχθηκαν γιορτάζονται ενώ οι αποτυχίες περνούν απαρατήρητες.

Φανταστείτε τον εαυτό σας ως επικεφαλής ενός τμήματος. Το διοικητικό συμβούλιο σας προσκαλεί να παρουσιάσετε την κατάσταση της ομάδας σας. Πώς θα προσεγγίζατε αυτή την παρουσίαση; Δίνοντας έμφαση στις νίκες του, ενώ περιλαμβάνει κάποιες διαφάνειες που τονίζουν τις προκλήσεις. Οποιαδήποτε ανεκπλήρωτα επιτεύγματα ξεχνιούνται εύκολα.

Τα ανέκδοτα παρουσιάζουν μια μοναδική πρόκληση όταν πρόκειται για τη συλλογή κερασιών. Φανταστείτε ότι είστε ο MD μιας εταιρείας που κατασκευάζει τεχνικές συσκευές. Μετά τη διεξαγωγή μιας έρευνας ικανοποίησης πελατών, γίνεται προφανές ότι οι περισσότεροι πελάτες δεν μπορούν να χρησιμοποιήσουν το gadget σας λόγω της περίπλοκης φύσης του. Τώρα ο διευθυντής ανθρώπινου δυναμικού κραυγάζει: «Ο πεθερός μου το πήρε χθες και αμέσως έμαθε πώς να το δουλεύει. Πόσο βάρος θα δίνατε στο συγκεκριμένο κεράσι; Κοντά στο μηδέν." Η διάψευση ενός ανέκδοτου μπορεί να είναι προκλητική επειδή περιλαμβάνει μίνι ιστορίες που ελκύουν τον εγκέφαλό μας. Για να αντιμετωπίσουν αυτό το αποτέλεσμα, οι ικανοί ηγέτες εκπαιδεύονται καθ 'όλη τη διάρκεια της σταδιοδρομίας τους ώστε να γίνονται υπερευαίσθητοι σε ανέκδοτα που έρχονται στο δρόμο τους και απαντούν αμέσως με πυροβολισμούς ενάντια σε οποιεσδήποτε τέτοιες ιστορίες προκύψουν.

Η συλλογή κερασιών γίνεται πιο εμφανής καθώς βυθιζόμαστε σε πιο ανυψωμένα ή ελίτ χωράφια. Στο Antifragile, ο Taleb περιγράφει πώς όλοι οι τομείς της έρευνας - από τη φιλοσοφία μέχρι την ιατρική και την οικονομία - καυχώνται για τα αποτελέσματά τους: «Όπως οι πολιτικοί, ο ακαδημαϊκός κόσμος είναι ικανός να μας λέει τι έκαναν για εμάς αντί για τι όχι· αποδεικνύοντας έτσι τις απαραίτητες μεθόδους τους ." Αυτό μπορεί κάλλιστα να είναι επιλεκτικό, αλλά ο σεβασμός μας για τους ακαδημαϊκούς καθιστά αδύνατο να το εντοπίσουμε.

Ή σκεφτείτε το ιατρικό επάγγελμα: το να λέτε στους ανθρώπους να μην καπνίζουν είναι το μεγαλύτερο ιατρικό επίτευγμα από το τέλος του Β' Παγκοσμίου Πολέμου, σύμφωνα με τον γιατρό Druin Burch στο βιβλίο του Take the Medicine. Μερικά αντιβιοτικά που μοιάζουν με κεράσι χρησιμεύουν ως αποσπάσεις της προσοχής και έτσι οι ερευνητές φαρμάκων τείνουν να τιμούνται ενώ οι ακτιβιστές κατά του καπνίσματος όχι.

Τα διοικητικά τμήματα μεγάλων εταιρειών τείνουν να συμπεριφέρονται σαν ξενοδόχοι δοξάζοντας τον εαυτό τους διαφημίζοντας όλα όσα έχουν καταφέρει, αλλά ποτέ δεν επικοινωνούν ό,τι δεν έχει επιτευχθεί για την επιχείρηση. Τι μπορείτε να κάνετε για αυτό; Όταν υπηρετείτε στο εποπτικό συμβούλιο ενός οργανισμού, βεβαιωθείτε ότι ρωτάτε για «τα κεράσια που έχουν απομείνει», όπως αποτυχημένα έργα ή χαμένοι στόχοι - θα μάθετε πολύ περισσότερα από αυτά παρά από επιτυχίες! Είναι εκπληκτικό πόσο σπάνια τίθενται τέτοιες ερωτήσεις! Δεύτερον: Αντί να χρησιμοποιείτε έναν στρατό οικονομικών ελεγκτών για τον υπολογισμό του κόστους μέχρι το τελευταίο σεντ, αφιερώστε χρόνο για να αναθεωρείτε τακτικά τους στόχους. Ίσως εκπλαγείτε όταν διαπιστώσετε ότι, με την πάροδο του χρόνου, ορισμένοι αρχικοί στόχοι έχουν γίνει λιγότερο απτές και έχουν αντικατασταθεί με στόχους που επιβλήθηκαν από τον εαυτό σας που παραμένουν πάντα επιτεύξιμοι. Κάθε φορά που προκύπτουν τέτοιοι στόχοι, θα πρέπει να σηκώνουν κόκκινες σημαίες. θα ήταν το ισοδύναμο του να ρίξεις ένα βέλος και να δημιουργήσεις ένα ταύρο-μάτι γύρω από το σημείο που προσγειώνεται!

Σημειώσεις για τις προκαταλήψεις (κεφ. 13). Self-Serving Biases (κεφ. 45).

ΤΟ ΚΥΝΗΓΙ ΤΗΣ ΠΕΤΡΙΚΗΣ ΕΠΟΧΗΣ ΤΩΝ ΑΠΟΔΟΧΙΩΝ ΤΡΑΓΩΝ

ΑΠΟΤΥΧΙΑ ΑΝΆΛΥΣΗΣ ΜΕΜΟΝΩΜΕΝΗΣ ΑΙΤΙΑΣ

Ο Κρις Μάθιους είναι ένας από τους κορυφαίους δημοσιογράφους του MSNBC. Στην ειδησεογραφική του εκπομπή παίρνουν συνεντεύξεις πολιτικοί ειδικοί. Ποτέ δεν κατάλαβα τι συνεπαγόταν η δουλειά τους ή γιατί υπάρχουν τέτοιες καριέρες, αν και το 2003 η εισβολή των ΗΠΑ στο Ιράκ ήταν μπροστά και στο επίκεντρο. Ο Chris Matthews ρώτησε εμπειρογνώμονες μετά από εμπειρογνώμονες για τα κίνητρά του - από τις θεωρίες αποπληρωμής της 11ης Σεπτεμβρίου έως τα όπλα μαζικής καταστροφής που βρίσκονται πίσω από αυτή τη σύγκρουση - τόσο σημαντικές ήταν οι ερωτήσεις του: «Ποιο είναι το κίνητρο για τον πόλεμο; », στο «γιατί εισβάλαμε στο Ιράκ, εκτός από τα γήπεδα πωλήσεων». Και ούτω καθεξής... και ούτω καθεξής... και ούτω καθεξής... και ούτω καθεξής...

Ερωτήσεις όπως αυτή δεν με βολεύουν πλέον. αντικατοπτρίζουν ένα από τα πιο συχνά εμφανιζόμενα νοητικά λάθη - κάτι για το οποίο δεν υπάρχει καθημερινός όρος. Ως εκ τούτου, θα χρησιμοποιήσω αδέξια γλώσσα όπως "η πλάνη της μοναδικής αιτίας".

Πέντε χρόνια αργότερα, το 2008, ο πανικός επικράτησε ξανά στις χρηματοπιστωτικές αγορές και οι τράπεζες κατέρρευσαν, αναγκάζοντας τους φορολογούμενους να τους διασώσουν με φορολογικά δολάρια. Επενδυτές, πολιτικοί και δημοσιογράφοι ερεύνησαν κάθε πτυχή αυτής της οικονομικής κατάρρευσης: η χαλαρή νομισματική πολιτική του Γκρίνσπαν; Ηλιθιότητα των επενδυτών; Αμφίβολοι οίκοι αξιολόγησης; Διεφθαρμένοι ελεγκτές; Τα κακά μοντέλα κινδύνου ή η καθαρή απληστία ήταν όλες οι πιθανές αιτίες - όλα ήταν άξια ευθύνης εξίσου. Κανένας παράγοντας δεν μπορεί να διεκδικήσει την αποκλειστική ευθύνη, αλλά όλοι μπορούν να συμβάλουν σημαντικά.

Ένα ειδυλλιακό ινδικό καλοκαίρι, το διαζύγιο ενός φίλου, ο Πρώτος Παγκόσμιος Πόλεμος, ο καρκίνος, ένας πυροβολισμός στο σχολείο, η παγκόσμια επιτυχία μιας εταιρείας ή ακόμα και η ίδια η συγγραφή είναι γεγονότα που προκαλούνται από πολλούς παράγοντες που συμβάλλουν σε αυτά - ωστόσο εξακολουθούμε να προσπαθούμε να ρίξουμε όλη την ευθύνη ένα άτομο ή ένα πράγμα μόνο.

Το τι προκαλεί την ωρίμανση και την πτώση ενός μήλου δεν είναι ξεκάθαρο: είναι η βαρύτητα που το τραβάει προς τη γη, το στέλεχος του μαραίνεται κάτω από τις ακτίνες του ήλιου, ότι το βάρος του έχει αυξηθεί, ότι οι ριπές του ανέμου προκαλούν την ανατροπή του ή ότι ένα πρόθυμο παιδί που στέκεται από κάτω θέλει να το τσιμπολογήσω; Κανένας παράγοντας δεν ευθύνεται για την πτώση του». Στο Πόλεμος και Ειρήνη του Τολστόι αυτό το απόσπασμα το απεικονίζει όμορφα.

Φανταστείτε να είστε ο διευθυντής προϊόντων για μια εμβληματική μάρκα δημητριακών πρωινού και να έχετε παρουσιάσει πρόσφατα μια βιολογική ποικιλία με χαμηλή περιεκτικότητα σε ζάχαρη που αποδεικνύεται μια συντριπτική αποτυχία μετά από έναν μήνα πωλήσεων. Πώς θα ερευνούσατε τα αίτια της; Πρώτον, κατανοήστε ότι κανένας παράγοντας δεν θα ευθύνεται για αυτήν την αποτυχία. κάθε παράγοντας παίζει το δικό του ρόλο. Πάρτε ένα φύλλο χαρτιού και σκιαγραφήστε όλους τους πιθανούς λόγους, μαζί με τις βαθύτερες αιτίες τους. Όταν τελειώσετε, θα έχετε δημιουργήσει ένα περίτεχνο δίκτυο πιθανών επιρροών. Στη συνέχεια, προσδιορίστε αυτούς που μπορείτε να αλλάξετε (όπως η ανθρώπινη φύση) ενώ απορρίψτε ό,τι δεν μπορεί. Τέλος, πραγματοποιήστε εμπειρικές δοκιμές διαφοροποιώντας τους επισημασμένους παράγοντες μεταξύ των αγορών - αυτό απαιτεί χρόνο και χρήμα, αλλά είναι απαραίτητο εάν θέλουμε να προχωρήσουμε πέρα από επιφανειακές υποθέσεις.

Η πλάνη της μεμονωμένης αιτιότητας είναι και αρχαία και επικίνδυνη. Κατά τη διάρκεια των χιλιετιών έχουμε καταλήξει να πιστεύουμε ότι οι άνθρωποι είναι οι κύριοι της μοίρας τους - ο Αριστοτέλης έκανε αυτόν τον ισχυρισμό πριν από περισσότερες από δύο χιλιετίες! Τώρα καταλαβαίνουμε ότι αυτό είναι λάθος και ότι η ελεύθερη βούληση είναι ένα ανοιχτό ερώτημα. Οι ενέργειές μας καθορίζονται από ένα σύνθετο δίκτυο παραγόντων που κυμαίνονται από τη γενετική προδιάθεση και το περιβάλλον, την εκπαίδευση, τη συγκέντρωση ορμονών στα εγκεφαλικά κύτταρα και εξακολουθούμε να κολλάμε σταθερά σε μια ξεπερασμένη εικόνα αυτοδιακυβέρνησης. Αυτή η πρακτική είναι και επιβλαβής και ηθικά αμφισβητήσιμη. Εφόσον πιστεύουμε σε μοναδικούς λόγους για γεγονότα ή καταστροφές, θα είναι πάντα δυνατό να επιρρίπτουμε ευθύνες σε άτομα. Επιπλέον, οι άνθρωποι παίζουν εδώ και καιρό αυτό το παιχνίδι της εύρεσης κάποιου ή κάτι που κατηγορούν - δημιουργώντας την αντίληψη ότι η εξουσία πρέπει να ασκείται μέσω ενός ατόμου ή μιας ομάδας πάνω σε ένα άλλο.

Ωστόσο, η Tracy Chapman μπόρεσε να χτίσει ολόκληρη την παγκόσμια επιτυχία της πάνω σε αυτό - ιδιαίτερα μέσω του τραγουδιού, «Give Me One Reason». Δεν συνέβαλαν όμως και άλλοι παράγοντες;

Βλέπε επίσης αιτιολόγηση «Επειδή» (κεφ. 52). Παραποίηση της Ιστορίας (κεφ. 78). Hindsight Bias (κεφ. 14) και Θεμελιώδες σφάλμα απόδοσης (κεφ. 36) για περαιτέρω επεξήγηση.

Σφάλμα Intention-To-Treat

Αν και μπορεί να είναι δύσκολο να πιστέψουμε, οι δαίμονες της ταχύτητας οδηγούν στην πραγματικότητα με μεγαλύτερη ασφάλεια από τους λεγόμενους «προσεκτικούς» οδηγούς. Σκεφτείτε το εξής: από το Μαϊάμι μέχρι το West Palm Beach βρίσκεται περίπου 75 μίλια. Οι οδηγοί που διανύουν απόσταση σε λιγότερο από μία ώρα ταξινομούνται ως απερίσκεπτοι επειδή η μέση ταχύτητά τους υπερβαίνει τα 75 μίλια/ώρα. όλοι οι άλλοι ανήκουν στην ομάδα των προσεκτικών οδηγών μας. Ποια ομάδα βιώνει λιγότερα ατυχήματα; Θα έπρεπε να είναι οι απερίσκεπτοι οδηγοί. Και οι τρεις οδηγοί ολοκλήρωσαν το ταξίδι μέσα σε μία ώρα και, ως εκ τούτου, δεν θα έπρεπε να έχουν εμπλακεί σε κανένα ατύχημα. όποιος όντως βρέθηκε σε ατυχήματα εμπίπτει αυτόματα στην κατηγορία των πιο αργών οδηγών. Αυτό το παράδειγμα αποτελεί παράδειγμα μιας ύπουλης πλάνης που αναφέρεται ως σφάλμα πρόθεσης αντιμετώπισης που δυστυχώς δεν έχει ένα ελκυστικό όνομα.

Αυτό μπορεί να ακούγεται παρόμοιο με την προκατάληψη της επιβίωσης (κεφάλαιο 1), αλλά υπάρχει μια σημαντική διαφορά. Με την προκατάληψη επιβίωσης βλέπετε μόνο επιτυχημένα έργα ή αυτοκίνητα που εμπλέκονται σε ατυχήματα, ενώ με σφάλμα πρόθεσης θεραπείας αυτά τα αποτυχημένα έργα ή αυτοκίνητα εμφανίζονται εμφανώς αλλά απλώς κάτω από μια ακατάλληλη κατηγορία.

Πρόσφατα, μου έδειξε μια εντυπωσιακή μελέτη που διεξήχθη από έναν τραπεζίτη, η οποία αποκάλυψε ένα ενδιαφέρον γεγονός: οι εταιρείες με χρέος στους ισολογισμούς τους τείνουν να είναι σημαντικά πιο κερδοφόρες από τις εταιρείες που κατέχουν μόνο ίδια κεφάλαια ως χρηματοοικονομικά μέσα (δηλαδή χωρίς χρέος στον ισολογισμό) . Ο τραπεζίτης επέμεινε ότι κάθε εταιρεία πρέπει να δανείζεται κατά βούληση, με την τράπεζά του να είναι το καλύτερο μέρος για αυτόν τον σκοπό. Εξέτασα τη μελέτη του πιο προσεκτικά. Πώς θα μπορούσε να είναι αυτό; Από 1.000 τυχαία επιλεγμένες εταιρείες, εκείνες που έλαβαν μεγάλα δάνεια παρήγαγαν υψηλότερες αποδόσεις τόσο στα ίδια κεφάλαια όσο και στο συνολικό κεφάλαιο από ό,τι οι εταιρείες που χρηματοδοτήθηκαν ανεξάρτητα. Ήταν όλοι πιο επιτυχημένοι. Σύντομα ήρθε η συνειδητοποίηση: οι μη κερδοφόρες εταιρείες δεν πληρούν τις προϋποθέσεις για εταιρικά δάνεια και έτσι εμπίπτουν σε έναν όμιλο «μόνο για μετοχές», όπου οι εταιρείες με μεγαλύτερα μαξιλάρια μετρητών τείνουν να παραμένουν στη ζωή περισσότερο και να παραμένουν μέρος αυτής της μελέτης παρά τα προβλήματα υγείας που ενδέχεται να παρουσιάσουν. Από την άλλη πλευρά, οι επιχειρήσεις που δανείζονται βαριά τείνουν να αποτυγχάνουν πιο γρήγορα. Όταν δεν μπορούν πλέον να αποπληρώσουν τους τόκους των χρεών τους, οι τράπεζες αναλαμβάνουν και ξεπουλούν αυτές τις επιχειρήσεις. Όσοι παραμένουν εντός της «ομάδας χρέους» τείνουν να παραμένουν σχετικά υγιείς, ανεξάρτητα από το ύψος του χρέους στους ισολογισμούς τους. Να είστε προσεκτικοί αν νομίζετε ότι καταλαβαίνετε. Η αναγνώριση του σφάλματος πρόθεσης θεραπείας μπορεί να είναι δύσκολη. Ας χρησιμοποιήσουμε την ιατρική ως παράδειγμα: Μια φαρμακευτική εταιρεία δημιούργησε ένα νέο φάρμακο για την καταπολέμηση των καρδιακών παθήσεων. Μια μελέτη «αποδεικνύει» ότι αυτό το φάρμακο μειώνει σημαντικά τα ποσοστά θνησιμότητας των ασθενών σε σύγκριση με τη λήψη μόνο χαπιών εικονικού φαρμάκου. μεταξύ των τακτικών χρηστών το ποσοστό θνησιμότητας για πέντε χρόνια μειώνεται από 15% σε 11% εντός πέντε ετών και δύο φορές υψηλότερο μεταξύ των παράτυπων χρηστών που το έλαβαν σε διαφορετικές ποσότητες. οπότε θα μπορούσε πραγματικά να θεωρηθεί επιτυχημένο ή αποτυχημένο;

Το πρόβλημα είναι ότι τα χάπια μπορεί να μην είναι ο καθοριστικός παράγοντας. μάλλον είναι η συμπεριφορά των ασθενών που έχει τελικά σημασία. Ίσως οι ασθενείς να διέκοψαν τη θεραπεία λόγω σοβαρών παρενεργειών και να βρέθηκαν στην κατηγορία της «ακανόνιστης λήψης» ή να ήταν πολύ άρρωστοι για να συνεχίσουν να το παίρνουν τακτικά. Είτε έτσι είτε αλλιώς, μόνο σχετικά υγιή άτομα παρέμειναν στην ομάδα της «κανονικής λήψης», κάνοντας το φάρμακο να φαίνεται πολύ πιο αποτελεσματικό από ό,τι είναι στην πραγματικότητα. Αυτοί οι πραγματικά άρρωστοι ασθενείς που δεν μπορούσαν να λάβουν τακτικές δόσεις ήταν αυτοί που κατοικούσαν στις κοόρτες της «ακανόνιστης λήψης».

Οι έγκριτες μελέτες επιτρέπουν στους ιατρικούς ερευνητές να αναλύουν δεδομένα όλων των ασθενών που αρχικά σκόπευαν να θεραπεύσουν. ανεξάρτητα από το αν συμμετείχαν ή όχι στη δίκη. Δυστυχώς, ωστόσο, πολλές μελέτες αγνοούν αυτόν τον κανόνα είτε σκόπιμα είτε τυχαία. να είστε σε επιφυλακή: Ελέγχετε πάντα εάν τα υποκείμενα της δοκιμής - οδηγοί που εμπλέκονται σε ατυχήματα, χρεοκοπημένες εταιρείες και ασθενείς σε κρίσιμη κατάσταση έχουν εξαφανιστεί για κάποιο λόγο από τον πληθυσμό του δείγματός σας και καταθέστε τη μελέτη εκεί που ανήκει: στον κάδο απορριμμάτων.

Δείτε επίσης: Survivorship Bias (κεφ. 1); Will Rogers Phenomenon (κεφ. 58);

News Illusion Σεισμός στη Σουμάτρα. Αεροπορικό δυστύχημα στη Ρωσία. Άνδρας κρατά την κόρη αιχμάλωτη στο κελάρι για 30 χρόνια. Η Heidi Klum χωρίζει με τον Seal. ρεκόρ μισθών στην Bank of America. επίθεση στο Πακιστάν· παραίτηση του προέδρου του Μάλι· νέο παγκόσμιο ρεκόρ στη σφαιροβολία.

Χρειάζεστε πραγματικά αυτή τη γνώση;

Είμαστε εξαιρετικά καλά ενημερωμένοι, αλλά παραμένουμε πολύ αδαείς. Αυτό συμβαίνει επειδή πριν από δύο αιώνες εφεύραμε μια τοξική μορφή γνώσης που ονομάζεται ειδήσεις που ελκύει το μυαλό όπως κάνει η ζάχαρη στο σώμα - νόστιμη αλλά δυνητικά καταστροφική με την πάροδο του χρόνου.

Πριν από τρία χρόνια, έκανα ένα πείραμα. Σταμάτησα να διαβάζω και να ακούω ειδήσεις και ακύρωσα όλες τις συνδρομές σε εφημερίδες και περιοδικά. Τα τηλεοπτικά και ραδιοφωνικά κανάλια κόπηκαν από τη σύνθεση μου. Οι εφαρμογές ειδήσεων από το iPhone μου διαγράφηκαν εντελώς. Στην αρχή ήταν δύσκολο, καθώς ένιωθα διαρκώς ανήσυχος ότι κάτι σημαντικό θα μπορούσε να γλιστρήσει από την αντίληψή μου. αλλά μετά από λίγο καιρό ανέπτυξα μια διαφορετική οπτική. Τρία χρόνια αργότερα, οι προσπάθειές μου απέδωσαν πιο ξεκάθαρες σκέψεις, βαθύτερες ιδέες, καλύτερες αποφάσεις και πολύ περισσότερο ελεύθερο χρόνο. Το καλύτερο από όλα - τίποτα σημαντικό δεν χάθηκε λόγω του πραγματικού μου κοινωνικού δικτύου που λειτουργεί ως φίλτρο πληροφοριών και με κρατά ενήμερο.

Πρώτα απ 'όλα, ο εγκέφαλός μας αντιδρά δυσανάλογα σε διάφορα είδη πληροφοριών: σκανδαλώδεις, συγκλονιστικές λεπτομέρειες μας διεγείρουν. αφηρημένες, σύνθετες ή μη επεξεργασμένες λεπτομέρειες έχουν μικρό αποτέλεσμα. Οι παραγωγοί ειδήσεων κατανοούν αυτή τη δυναμική τέλεια - οι συναρπαστικές ιστορίες τους, οι περίεργες εικόνες και τα εντυπωσιακά «γεγονότα» τραβούν την προσοχή μας, ενώ οι διαφημιστές αγοράζουν χώρο, ώστε οι διαφημίσεις τους να είναι ορατές. Επομένως, όλες οι λεπτές, σύνθετες ή βαθιές ιστορίες πρέπει να φιλτράρονται προσεκτικά, παρόλο που αυτές μπορεί να έχουν πολύ μεγαλύτερη επίδραση για την κοινωνία στο σύνολό της.
Η κατανάλωση ειδήσεων διαστρεβλώνει την κατανόησή μας για τον κόσμο, με αποτέλεσμα να ζούμε με μια ανακριβή απεικόνιση των κινδύνων και των απειλών που αντιμετωπίζουμε στην πραγματικότητα.

Δεύτερον, οι ειδήσεις είναι άσχετες. Τους τελευταίους δώδεκα μήνες, μπορεί να έχετε καταναλώσει περίπου 10.000 αποσπάσματα ειδήσεων (ίσως έως και τριάντα την ημέρα). Να είστε ειλικρινείς: ονομάστε ένα που σας βοήθησε να πάρετε καλύτερες αποφάσεις στη ζωή, την καριέρα ή την επιχείρηση σε σύγκριση με το να μην έχετε αυτήν την είδηση σε σύγκριση με το να μην την έχετε καθόλου - από τις 10.000 ιστορίες που καταναλώθηκαν. Κανείς που ρώτησα δεν μπορούσε να αναφέρει περισσότερα από δύο χρήσιμα κομμάτια από όλα όσα καταναλώθηκαν - ένα άθλιο αποτέλεσμα από ειδησεογραφικούς οργανισμούς που ισχυρίζονται ότι οι πληροφορίες τους προσφέρουν ανταγωνιστικά πλεονεκτήματα ενώ στην πραγματικότητα η κατανάλωση αντιπροσωπεύει οικονομικό μειονέκτημα. αν βοηθούσαν τους ανθρώπους να προχωρήσουν περαιτέρω με την επαγγελματική ανέλιξη, οι δημοσιογράφοι θα ήταν στην κορυφή της πυραμίδας του εισοδήματος - ισχύει ακριβώς το αντίθετο

Οι ειδήσεις είναι επίσης μια αναποτελεσματική χρήση του χρόνου: κατά μέσο όρο, κάθε άνθρωπος σπαταλά μισή μέρα κάθε εβδομάδα διαβάζοντας τρέχουσες υποθέσεις, οδηγώντας σε τεράστιες απώλειες παραγωγικότητας παγκοσμίως. Πάρτε για παράδειγμα τις τρομοκρατικές επιθέσεις στη Βομβάη του 2008: μόνο από μια άσβεστη δίψα για αναγνώριση, οι τρομοκράτες σκότωσαν 200 αθώες ζωές καθαρά για να κερδίσουν φήμη και αναγνώριση. Ας υποθέσουμε ότι ένα δισεκατομμύριο άνθρωποι πέρασαν μία ώρα ακολουθώντας τα επακόλουθα: βλέποντας ενημερώσεις λεπτό προς λεπτό και ακούγοντας σχόλια από ειδικούς και αναλυτές - ένα εξαιρετικά πιθανό σενάριο δεδομένου ότι η Ινδία έχει πάνω από ένα δισεκατομμύριο κατοίκους. Ως εκ τούτου, ο συντηρητικός υπολογισμός μας: ένα δισεκατομμύριο άνθρωποι πολλαπλασιασμένο με την απόσπαση της προσοχής μιας ώρας ισοδυναμεί με ένα δισεκατομμύριο ώρες διακοπής εργασίας. Εάν μετατρέψουμε αυτόν τον αριθμό σε ζωές που χάθηκαν λόγω της κατανάλωσης ειδήσεων έναντι των απωλειών από επιθέσεις, αυτός ο αριθμός ανέρχεται σε περίπου 2.000 θανάτους που χάθηκαν μόνο από την κατανάλωση - μια ξεκάθαρη αλλά ακριβής παρατήρηση.

Η απομάκρυνση από τις ειδήσεις μπορεί να φέρει εξίσου βαθιά αποτελέσματα με την εξάλειψη οποιασδήποτε από τις άλλες ενενήντα οκτώ κακές συνήθειες που έχουμε περιγράψει εδώ. Κόψτε εντελώς τη συνήθεια των ειδήσεων. Αντ' αυτού, διαβάστε μεγάλα άρθρα ή βιβλία - τίποτα δεν ξεπερνά τα βιβλία για την κατανόηση του κόσμου μας!

Βλέπε επίσης Βασικό σφάλμα απόδοσης (κεφ. 36). Sleeper Effect (κεφ. 70); Μεροληψία επιβεβαίωσης (κεφ. 7-8). Μεροληψία πληροφοριών (κεφ. 59); Η προσωποποίηση (κεφ. 87) και η προκατάληψη της ιστορίας (κεφ. 13) ως συναφή φαινόμενα.

Ο Πάπας ρώτησε τον Μιχαήλ Άγγελο: «Πες μου το μυστικό της ιδιοφυΐας σου. Πώς δημιούργησες αυτό το άγαλμα του Δαβίδ, το αριστούργημα ανάμεσα σε όλα τα αριστουργήματα;». Ο Μιχαήλ Άγγελος απάντησε απλώς αφαιρώντας ό,τι δεν ήταν ο Ντέιβιντ.

Ας είμαστε ξεκάθαροι. Κανείς δεν ξέρει πραγματικά με βεβαιότητα τι μας κάνει επιτυχημένους ή ευτυχισμένους, ωστόσο καταλαβαίνουμε τι μειώνει είτε την επιτυχία είτε την ευτυχία. Η αρνητική γνώση (τι δεν πρέπει να κάνετε) είναι πολύ μεγαλύτερη δύναμη από τη θετική γνώση (τι πρέπει να γίνει).

Ο Μιχαήλ Άγγελος χρησιμοποίησε τη μέθοδο του Μιχαήλ Άγγελου για να σκέφτεται πιο καθαρά και να ενεργεί με σύνεση: αντί να κοιτάζει αποκλειστικά τον Ντέιβιντ, επικεντρωθείτε σε όλα αυτά που του εμποδίζουν και απομακρύνετέ τα αποσπασματικά. ομοίως στην περίπτωσή μας: εξαλείψτε τα λάθη για βελτιωμένη σκέψη!

Οι Έλληνες, οι Ρωμαίοι και οι μεσαιωνικοί στοχαστές επινόησαν έναν όρο για αυτήν την προσέγγιση που ονομάζεται via negative - κυριολεκτικά «αρνητική διαδρομή», μια προσέγγιση της απάρνησης, του αποκλεισμού και της μείωσης. Οι θεολόγοι ήταν οι πρώτοι πρωτοπόροι του via negative: δεν μπορούμε να πούμε τι είναι ο Θεός. Αντίθετα, μπορούμε μόνο να ορίσουμε την απουσία Του. Εφαρμόζεται στη σύγχρονη ζωή: η επιτυχία δεν μπορεί να οριστεί άμεσα. μόνο όσα εμποδίζουν την επιδίωξή του μπορούν να εντοπιστούν και να εξαλειφθούν - στην ουσία όλα όσα χρειάζεται να γνωρίζουμε!

Αυτή η καυτή θεωρία του παραλογισμού φούσκαρε για αιώνες. Ο John Calvin, ιδρυτής του αυστηρού Προτεσταντισμού στη δεκαετία του 1540, πίστευε ότι τέτοια συναισθήματα αντιπροσώπευαν το κακό και ότι μόνο στρέφοντας προς τον Θεό θα μπορούσατε να τα απωθήσετε. Οι άνθρωποι που βίωναν ηφαιστειακές εκρήξεις συναισθημάτων θεωρούνταν οπαδοί του Σατανά. γι' αυτό ακολούθησαν βασανιστήρια και δολοφονίες. Σύμφωνα με τη θεωρία του Αυστριακού ψυχαναλυτή Sigmund Freud, η οποία προτείνει ότι το εγώ και το ηθικολογικό υπερεγώ ελέγχουν την παρορμητική μας ταυτότητα και την καταστέλλουν μέσω του καθήκοντος ή της πειθαρχίας είναι κάτι που δεν μπορεί να συμβεί. Ξεχάστε την υποχρέωση ή την πειθαρχία - η σκέψη από μόνη της δεν μπορεί να ελέγξει τα συναισθήματά μας σε μεγαλύτερο βαθμό από το να προσπαθούμε να μεγαλώσουμε τα μαλλιά σας μόνο με τη δύναμη της θέλησης!

Από την άλλη, η ψυχρή θεωρία του παραλογισμού είναι ακόμα νέα. Μετά τον Β' Παγκόσμιο Πόλεμο, πολλοί προσπάθησαν να εξηγήσουν τον φαινομενικά παραλογισμό των Ναζί - ούτε συναισθηματικές εκρήξεις ούτε φλογεροί λόγοι ακούστηκαν από τον ίδιο τον Χίτλερ στις ηγεσίες. Ακόμη και οι πύρινες ομιλίες του ήταν απλώς αριστοτεχνικές παραστάσεις - ήταν ψυχρός υπολογισμός και όχι ξαφνικές εκρήξεις που τους οδήγησαν στο σκοτεινό μονοπάτι τους. το ίδιο ισχύει και για τον Στάλιν ή τους Ερυθρούς Χμερ.

Οι ψυχολόγοι άρχισαν να απομακρύνονται από τους ισχυρισμούς του Φρόιντ τη δεκαετία του 1960 και να εξετάζουν επιστημονικά τη σκέψη, τις αποφάσεις και τις πράξεις μας. Αυτό που προέκυψε ήταν μια ψυχρή θεωρία του παραλογισμού που υποστήριζε ότι η ίδια η σκέψη απέχει πολύ από το να είναι καθαρή. ακόμη και άτομα με υψηλή ευφυΐα πέφτουν θύματα γνωστικών παγίδων που οδηγούν σε λάθη. Επιπλέον, τα λάθη δεν κατανέμονται τυχαία: τα λάθη τείνουν να συγκεντρώνονται σε προβλέψιμα μοτίβα - καθιστώντας τα λάθη πιο προβλέψιμα αλλά ποτέ πλήρως διορθωμένα - ωστόσο η πηγή τους ήταν άγνωστη για δεκαετίες - ενώ οτιδήποτε άλλο στο σώμα μας φαινόταν σχετικά αξιόπιστο σε σύγκριση με τον εγκέφαλό μας.
Γιατί πρέπει ο εγκέφαλός μας να υποφέρει από συνεχείς αναποδιές;

Η σκέψη είναι ένα βιολογικό φαινόμενο, με την εξέλιξη να έχει παίξει τον ρόλο της στη διαμόρφωσή της όπως και κάθε άλλη πτυχή της φύσης. Φανταστείτε να πηγαίνουμε 50.000 χρόνια πίσω και να παίρνουμε έναν από τους προγόνους μας πίσω μαζί μας στο παρόν - να τον στέλνουμε για κομμωτική, να του στέλνουμε μαθήματα οδήγησης ή να του μαθαίνουμε πώς να χειρίζεται ένα κινητό τηλέφωνο, αλλά αναμφίβολα θα ταίριαζε. Άλλωστε, η βιολογική εξέλιξη μας έχει δώσει όλες αυτές τις ικανότητες ως κυνηγούς-τροφοσυλλέκτες που φορούν τα κοστούμια Hugo Boss (ή H&M σε ορισμένες περιπτώσεις)! Αν μπορούσαμε να κάνουμε ακριβώς αυτό, φανταστείτε να πάμε 50.000 χρόνια πίσω, να βγάλουμε έναν πρόγονο και να τον/την φέρουμε στο σημερινό ταξίδι στο χρόνο. Τότε ίσως, αντί να είναι έξω από το δρόμο, και να τον/την/τους στείλεις από εκείνη την εποχή με τα σημερινά ρούχα. να τον/την στείλεις για κούρεμα/κούρεμα/ντύσιμο στο κομμωτήριο/κομμώ/τους/τους/εμάς για να μακιγιάρουμε με μοντέρνα φόρεμα/ρούχα; Όχι; Η βιολογία έχει διαψεύσει κάθε αμφιβολία. Φυσικά συμπεριλαμβανομένου και γνωστικού, είμαστε κυνηγοί-τροφοσυλλέκτες ντυμένοι με Hugo Boss (ή H&M για αυτό το θέμα).

Αυτό που έχει αλλάξει σημαντικά από την αρχαιότητα είναι το περιβάλλον ζωής μας. Τα πράγματα ήταν απλά και σταθερά τότε - οι άνθρωποι ζούσαν σε ομάδες έως και πενήντα ατόμων χωρίς σημαντική τεχνολογική ή κοινωνική πρόοδο. Μόνο τα τελευταία 10.000 χρόνια ο κόσμος μας άρχισε να υφίσταται δραματικές αλλαγές, με τις καλλιέργειες, τα ζώα, τα χωριά, τις πόλεις, το παγκόσμιο εμπόριο και τις χρηματοπιστωτικές αγορές να αναδεικνύονται ως κύριες δυνάμεις στην εξέλιξή του. Από την εκβιομηχάνιση, πολλά από τα βέλτιστα για τη λειτουργία του ανθρώπινου εγκεφάλου εξαφανίστηκαν. Περάστε 15 λεπτά σε οποιοδήποτε εμπορικό κέντρο και θα προσπεράσετε περισσότερους ανθρώπους από αυτούς που είδαν οι πρόγονοί μας καθ' όλη τη διάρκεια της ζωής τους. Όποιος ισχυρίζεται ότι γνωρίζει πώς θα μοιάζει ο κόσμος σε 10 χρόνια συνήθως γίνεται απόκληρος μέσα σε μήνες αφού κάνει τέτοιες προβλέψεις. Εδώ και 10.000 χρόνια, έχουμε δημιουργήσει έναν κόσμο που δεν καταλαβαίνουμε πλέον. Όλα έχουν γίνει πιο εξελιγμένα αλλά πιο περίπλοκα συνδεδεμένα. Ως αποτέλεσμα, η οικονομική ευημερία έχει εκτοξευθεί στα ύψη, αλλά και ασθένειες του τρόπου ζωής (όπως ο διαβήτης τύπου δύο, ο καρκίνος του πνεύμονα και η κατάθλιψη) και τα λάθη στη σκέψη έχουν εκτοξευθεί καθώς η πολυπλοκότητα συνέχισε να αυξάνεται - αυτό θα επιδεινώσει περαιτέρω τα λάθη τους και θα τα μεγεθύνει περισσότερο.

Στις ρίζες των κυνηγών-τροφοσυλλεκτών μας, η δραστηριότητα αποδεικνύεται συχνά πιο επικερδής από τον προβληματισμό. Οι αστραπιαίες αντιδράσεις ήταν απαραίτητες, ενώ οι εκτεταμένες σκέψεις αποδείχθηκαν μοιραίες. Αν κάποιος από τους φίλους σας κυνηγούς-τροφοσυλλέκτες βιδώθηκε ξαφνικά, ήταν λογικό να ακολουθήσετε το παράδειγμά σας. άσχετα αν σε είχε ανησυχήσει μια τίγρη ή ένας κάπρος. Η αποτυχία να φύγετε μπορεί να κοστίσει τη ζωή σας. Αντίθετα, εάν το τρέξιμο από έναν κάπρο προκάλεσε σφάλμα, μπορεί να κοστίσει μόνο θερμίδες. Το να κάνουμε λάθος για παρόμοια θέματα απέδωσε καρπούς: οποιοσδήποτε συνδεόταν διαφορετικά έβγαινε πριν καν συμβούν συναντήσεις - κάνοντάς μας όλους απογόνους εκείνων των homines sapientes που τείνουν να αναλάβουν δράση γρήγορα από τις πρώτες γενιές που ηγήθηκαν. Είμαστε απόγονοί τους σήμερα.
Η σύγχρονη κοινωνία ευνοεί τον μοναδικό στοχασμό και την ανεξάρτητη δράση - όποιος έχει πέσει στη δημοσιότητα στο χρηματιστήριο το γνωρίζει από πρώτο χέρι.

Η εξελικτική ψυχολογία παραμένει ως επί το πλείστον υπόθεση, αλλά είναι πολύ πειστική στην εξήγηση πολλών ελαττωμάτων. αν και όχι όλα. Πάρτε, για παράδειγμα, αυτή τη δήλωση: «Κάθε μπάρα Hershey έρχεται σε καφέ περιτύλιγμα. Επομένως, όλες οι μπάρες καραμελών που μοιράζονται αυτό το χαρακτηριστικό πρέπει επίσης να είναι μπάρες Hershey». Ακόμη και τα έξυπνα άτομα μπορούν να πέσουν θύματα αυτής της παγίδας - όπως και οι ιθαγενείς φυλές που ζουν απεριόριστα από τον πολιτισμό - ακριβώς όπως οι πρόγονοί μας κυνηγοί-τροφοσυλλέκτες θα μπορούσαν ακόμα να βιώσουν λάθη στη λογική που δεν έχουν καμία σχέση με την περιβαλλοντική αλλαγή.

Γιατί αυτό? Η εξέλιξη δεν δημιουργεί τέλειους ανθρώπους. Όσο προχωράμε πέρα από τους ανταγωνιστές μας (δηλαδή, νικάμε τους Νεάντερταλ), η συμπεριφορά φορτωμένη με σφάλματα γίνεται ανεκτή από την εξέλιξη. Πάρτε για παράδειγμα το πουλί κούκου - για εκατομμύρια χρόνια γεννούσαν αυγά σε φωλιές ωδικών πτηνών, όπου μικρότερα πουλιά επωάζονταν και τάιζαν τους νεοσσούς που γεννήθηκαν από αυτά τα αυγά - μια πράξη που αντιπροσωπεύει ένα σφάλμα συμπεριφοράς που η εξέλιξη δεν κατάφερε να διορθώσει επειδή δεν ήταν. δεν θεωρείται αρκετά σοβαρό από τα μικρότερα πουλιά.

Μια πρόσθετη εξήγηση για τα λάθη μας προέκυψε στα τέλη της δεκαετίας του 1990: ο εγκέφαλός μας είναι συνδεδεμένος για αναπαραγωγή αντί για αναζήτηση της αλήθειας. Δηλαδή, χρησιμοποιούμε τις σκέψεις μας κυρίως για πειθώ παρά για αναζήτηση της αλήθειας. Όποιος μπορεί να πείσει άλλους αποκτά δύναμη και πόρους - περιουσιακά στοιχεία που παρέχουν σημαντικό πλεονέκτημα κατά το ζευγάρωμα και την εκτροφή απογόνων. Τα μυθιστορήματα συνήθως ξεπερνούν τις πωλήσεις των μη μυθιστορηματικών τίτλων παρά τη μεγαλύτερη ειλικρίνειά τους.

Τέλος, οι διαισθητικές αποφάσεις - ακόμη και αυτές που στερούνται λογικής - μπορεί να είναι ευεργετικές σε ορισμένες περιπτώσεις. Η λεγόμενη ευρετική έρευνα διερευνά αυτό το φαινόμενο. Δεδομένου ότι συχνά στερούμαστε όλες τις απαιτούμενες πληροφορίες όταν παίρνουμε σημαντικές αποφάσεις, οι νοητικές συντομεύσεις ή οι εμπειρικοί κανόνες (ευρετικά) γίνονται απαραίτητες. Για παράδειγμα, όταν επιλέγετε ρομαντικούς συντρόφους που σας ελκύουν, η μόνη λογική απόφαση θα ήταν να βασιστείτε αποκλειστικά στη λογική. Η χρήση της διαίσθησης συχνά οδηγεί σε καλύτερα αποτελέσματα σε αυτή την περίπτωση. Πολλές αποφάσεις πρέπει επίσης να αιτιολογηθούν αργότερα από λόγους ή κάποιου είδους αιτιολόγηση - κάτι που η λογική απλά δεν μπορεί.
Οι αποφάσεις (καριέρα, σύντροφος ζωής και επενδύσεις) συχνά συμβαίνουν υποσυνείδητα. Αργότερα διατυπώνουμε δικαιολογίες, ώστε να νιώθουμε ότι η επιλογή μας ήταν συνειδητή, αν και αυτό συχνά δεν μοιάζει καθόλου με επιστημονικές μεθόδους: αντίθετα, δημιουργούμε λόγους για να δικαιολογήσουμε προκαθορισμένα συμπεράσματα και όχι αντικειμενικά γεγονότα.

Επομένως, ξεχάστε τη διχοτόμηση μεταξύ αριστερού και δεξιού εγκεφάλου που περιγράφεται στα βιβλία αυτοβοήθειας. Πολύ πιο σημαντική είναι η διάκριση μεταξύ διαισθητικής και ορθολογικής σκέψης - και οι δύο έχουν έγκυρες χρήσεις. Τα διαισθητικά μυαλά τείνουν να είναι πιο γρήγορα, αυθόρμητα και εξοικονομούν ενέργεια, ενώ η ορθολογική σκέψη απαιτεί πολύ περισσότερη ενέργεια από το διαισθητικό αντίστοιχό της. Ο Daniel Kahneman εξήγησε περίφημα αυτό το φαινόμενο στο Thinking Fast and Slow.

Οι άνθρωποι συχνά ρωτούν πώς καταφέρνω να ζήσω μια ζωή χωρίς σφάλματα από τότε που άρχισαν να συσσωρεύονται τα γνωστικά μου σφάλματα, ωστόσο η αλήθεια είναι ότι δεν το κάνω. Και η απάντηση; Όχι; δεν είναι καν κοντά. Όπως όλοι οι άλλοι, παίρνω άμεσες αποφάσεις, συμβουλευόμενος όχι τις σκέψεις μου αλλά τα συναισθήματά μου. όταν παίρνετε γρήγορα αποφάσεις, η ερώτηση "Τι σκέφτομαι για αυτό;" συχνά αντικαθίσταται από το "Πώς νιώθω γι' αυτό;" Η πρόβλεψη και η αποφυγή σφαλμάτων είναι μια δαπανηρή προσπάθεια.

Για να διατηρώ τα πράγματα ξεκάθαρα και ξεκάθαρα, έχω θέσει στον εαυτό μου τους ακόλουθους κανόνες για τη λήψη αποφάσεων σε καταστάσεις με σημαντικές πιθανές επιπτώσεις (δηλαδή κάνοντας βασικές προσωπικές ή επιχειρηματικές επιλογές), προσπαθώ να παραμένω όσο το δυνατόν πιο λογικός και ορθολογικός όταν επιλέγω μεταξύ των επιλογών . Η προσέγγισή μου είναι παρόμοια με έναν πιλότο: βγάζω τη λίστα με τα λάθη μου και τα ελέγχω ένα-ένα, όπως θα έκανε ένας πιλότος αεροσκάφους. Για να βοηθήσω τον εαυτό μου να πάρει τεκμηριωμένες αποφάσεις πιο αποτελεσματικά (δηλαδή κανονικό ή διαιτητικό Pepsi, ανθρακούχο ή επίπεδο νερό;), χρησιμοποιώ επίσης ένα εξαιρετικό δέντρο αποφάσεων λίστας ελέγχου. Σε καταστάσεις με ελάχιστες συνέπειες (δηλαδή ανθρακούχο έναντι επίπεδου νερού;), το δέντρο απόφασης βοηθάει πάρα πολύ - για παράδειγμα, όταν επιλέγετε μεταξύ κανονικής ή δίαιτας Pepsi ή αφρώδους ή πλατιού νερού). Συχνά παραιτούμαι από τη λογική βελτιστοποίηση και αφήνω τη διαίσθησή μου να ηγηθεί. Η σκέψη μπορεί να είναι κουραστική. Επομένως, εάν η πιθανή ζημιά είναι ελάχιστη, τότε μην ασκείτε τον εαυτό σας για ασήμαντα θέματα. τέτοια λάθη δεν θα έχουν μόνιμες επιπτώσεις και αυτός ο τρόπος ζωής μπορεί να επιφέρει καλύτερες εμπειρίες συνολικά. Η φύση φαίνεται να μην ενδιαφέρεται για το αν οι αποφάσεις μας είναι τέλειες ή όχι. το μόνο που έχει σημασία είναι να πλοηγηθούμε στη ζωή με επιτυχία - αρκεί να είμαστε έτοιμοι να ενεργούμε ορθολογικά όταν τα πράγματα δυσκολεύουν. Επιπλέον, βασίζομαι συχνά στη διαίσθησή μου όταν λειτουργώ εντός του κύκλου των ικανοτήτων μου. Εξασκηθείτε σε ένα όργανο και τα δάχτυλά σας μαθαίνουν να παίζουν τις νότες του. Με την πάροδο του χρόνου, τα δάχτυλά σας γίνονται ικανά να χειρίζονται πλήκτρα ή χορδές. Οι μουσικές παρτιτούρες εμφανίζονται και οι νότες παίζονται σχεδόν αυτόματα - Ο Warren Buffett χρησιμοποιεί ισολογισμούς όπως οι επαγγελματίες μουσικοί κάνουν μουσικές παρτιτούρες!

Βρείτε τον κύκλο των ικανοτήτων σας - αυτόν τον τομέα στον οποίο κατανοείτε διαισθητικά και υπερέχετε - και αποκτήστε μια σταθερή αντίληψη. Συμβουλή: μπορεί να είναι μικρότερο από όσο φαντάζεστε! Όταν παίρνετε επακόλουθες αποφάσεις έξω από αυτόν τον κύκλο, εφαρμόστε τεχνικές σκληρής ορθολογικής σκέψης ενώ για λιγότερο πιεστικές αποφάσεις χρησιμοποιήστε ελεύθερα τη διαίσθηση.

ΤΟ ΤΕΛΟΣ